미국회계사가 쉽게 설명해주는

미국주식
투자 첫걸음

| 가장 쉬운 독학 |
미국회계사가 쉽게 설명해주는 미국주식 투자 첫걸음

초판 1쇄 발행 | 2024년 7월 5일
초판 3쇄 발행 | 2024년 10월 15일
지은이 | 한명호
발행인 | 김태웅
기획 | 김귀찬
편집 | 유난영
표지 디자인 | 남은혜
본문 디자인 | 디자인플러그
표지 일러스트 | 김동호
마케팅 총괄 | 김철영
제작 | 현대순
발행처 | (주)동양북스
등 록 | 제 2014-000055호
주 소 | 서울시 마포구 동교로22길 14 (04030)
구입 문의 | 전화 (02)337-1737 팩스 (02)334-6624
내용 문의 | 전화 (02)337-1763 이메일 dybooks2@gmail.com

ISBN 979-11-7210-054-4   13320

http://www.dongyangbooks.com

미국회계사가 쉽게 설명해주는

미국주식 투자 첫걸음

가장 쉬운 독학

한명호 지음

Apple

Google

NVIDIA

동양북스

★ ★ ★

이 책의 저자인 한명호 군은 예전에 내가 가르치는 국제금융론과 거시경제학 수업을 수강했었던, 날카로운 질문과 참신한 시각으로 수업 때마다 가르치는 재미를 느끼게 해 주었던 제자다. 금융기관에 근무하면서 성공적인 금융업무와 실무, 금융 전파에 힘쓰는 명호 군으로부터 이 책의 원고를 받아 보았다. 추천인이지만 한 사람의 개미로서도 무척 관심이 가는 내용이라 마음이 설레었다.

일단 목차를 읽어 내려가면서 그 내용의 포괄성과 구성의 세심함이 눈길을 끌었다. 본문을 읽으면서 설렘은 순수한 관심과 몰입으로 바뀌기 시작했고, 오랜 강의 경험에 의한 분석 본능이 되살아나기 시작했다. 결론은… 따로 분석해 봐야 할 필요성을 거의 못 느끼면서 글을 읽었다. 분석이 되는 건지도 모르게 분석 과정을 쉽고 재미있게 서술해 놓았기 때문이다. 어떤 분야건 그 분야 고유의 언어와 개념들이 있게 마련이고, 그것은 주식도 마찬가지다. 이 책은 문장이나 서술, 때로는 도표들조차도 누구나 알기 쉽게 표현해 놓았다. 어떤 절의 경우는 심지어 그대로 따라만 해도 될 정도의 매매기법에 가깝게 서술해 놓은 경우도 여럿 찾을 수 있었다.

이 책은 주식총서라 해도 과언이 아니다. 미국주식 투자서라고는 하지만, 내용으로나 구성으로 볼 때 한국주식을 하더라도 필수적인 지식과 투자 방향, 게다가 그 접근에 있어서조차 완벽하다고 할 수 있다. 나 또한 개미투자자(주식 경력 10년 정도)로서, 이런 내용의 책이 왜 진작 나오지 않았던 걸까 하는 아쉬움을 읽는 도중 빈번히 느꼈으니까.

(주식 투자 기법이라는 관점) 역사상 존재했던 많은 투자 전략들은, 비록 한때 유효한 것으로 여겨졌더라도 시간이 지남에 따라 여러 가지 이유로 인해 무력화되는 소위 '시간성의 한계'를 겪어 왔다. 그렇다면, 투자를 대하는 이 책의 접근 방식도 시간성이라는 것에 대해 동일한 한계를 가져야만 하지 않을까라는 의문이 생길 수도 있을 것이다. 여기에 바로, 이 책의 묘한 매력이 있다. 시간성이란 요소를 극복하기는 힘들지만, 특정 주식에 대해서 접근할 때마다 이 책의 접근 방식은 시의적절한 평가를 내놓는다. 과매도일 경우든 과매수일 경우든, 아니면 해당 종목이나 산업 등에 대해 어떤 점을 보고 싶든 그것을 판단하는 잣대를 내놓기 때문에 절묘하게 시간성이란 한계를 극복하는 것처럼 보인다.

더 정확히 말하면, 오히려 시간성을 더 정확히 짚어 낸다는 것이 이 책의 월등한 경쟁력을 만들어 내고 있다. 예를 들어, 과매수일 경우는 과매수라는 판정이 나올 수 있도록, 그것도 정통적인 접근법에 의해 아주 공정타당하게 그 과정을 제시해 주고 있다. 동일 종목에 대해서 과매도인 시기에 이 책을 적용해 보면 '과매도'라는 판정이 나오게 된다.

그런 면에서 볼 때 이 책은 시대가 변해도 변치 않는 접근 방식을 담고 있고 그들을 어떻게 적용하는가에 대해서도 쉽게 설명하고 있다. 주식 책뿐만 아니라 많은 책들이 좋은 말들은 많이 하지만 대부분 어떤 방향이나 일반론만 제시하고, 실제로 어떻게 하는가에 대한 설명이 빠진 경우들이 많다. 이 책은 틈날 때마다 이런 점들을 보완하려는 노력이 엿보인다. 그런 노력으로 써 내려가고 이들을 집대성하다 보니, 위와 같은 강력한 정통적 접근법을 잉태하게 된 것이다. 노력의 결과는 결코 헛되지 않다. 미국주식 투자 분야의 고전이 될 만한 책을 세상에 선보이게 됐으니 말이다.

(눈을 넓혀 보자) 미국주식은 아직도 상당히 많은 한국 투자자들에게는 낯선 분야다. 한국보다 30배 큰 주식 시장 규모부터 기업 환경 전반에 이르기까지 우리나라와는 완전히 다른 금융시장이기 때문이다. 그럼에도 반드시 미국주식에 투자해야 하는 이유는, 미국시장은 주주친화적 정책이 자리잡은 곳이고 매력적인 기업이 훨씬 많은 동시에 뉴욕증권거래소가 태동한 1792년부터 200년이 넘는 기간 동안 장기 우상향하고 있는 시장이기 때문이다.

거시경제학자이자 교수로서, 내가 가르쳤던 개방거시경제학의 일부 내용들이 이 책을 통해 이렇게 대중들에게 설파되는 것에 대해서도 많은 감회와 자랑스러움, 그리고 감사함을 느낀다. 나름 경제학을 전도?하고자 여러 가지로 고심하던 차에, 일반인들이 이 책을 읽음으로써 알게 모르게 상당 수준의 경제학을 조금이나마 이해하는 기회를 접하게 될 것을 생각하니 가슴이 뿌듯하다.

- 연세대학교 경제학과 교수 **김철삼**

★ ★ ★

미국주식 투자를 처음 시작하고자 하는 분들께 『미국주식 투자 첫걸음』을 강력히 추천합니다. 이 책은 미국주식 투자에 첫 발걸음을 내딛는 분들에게 필요한 기본 지식과 실질적인 조언을 풍부한 예시를 통해 제공하는 훌륭한 책입니다.

이 책은 미국주식 투자를 사업모델 이해, 재무 정보 분석, 비재무 정보 파악, 환율 이해 등의 단계별로 나누어 설명하고 있습니다. 주식투자의 기본을 체계적으로 설명하고 있으며, 특히 재무제표 분석을 주식 입문자가 쉽게 이해할 수 있도록 차근차근 설명하고 있습니다. 일반투자자에게 테슬라를 이용해 재무분석 방법을 설명하고, 이후 22개 기업의 최근 8년간 재무분석 자료를 제공한 것은 국내에 출간된 미국주식 입문서 중 첫 시도가 아닐까 합니다.

이 책은 미국주식 투자를 처음 시도해 보려는 분들뿐만 아니라 미국주식에 투자를 하고 있는 투자자에게도 매우 유용한 안내서가 되어 줄 것입니다. 많은 투자자들에게 미국주식에 첫걸음을 떼게 하고 성공적인 투자의 길잡이가 되어 줄 것이라 믿습니다.

- 알세온코리아자산운용 해외투자본부 **임재홍 이사**

★ ★ ★

미국주식은 어떤 투자자산보다도 검증된 안정성을 가지고 있음에도, 아직까지 미국주식 투자를 망설이는 이들이 많다. 전 세계 주식시장에서 우리나라가 차지하는 비중이 1% 중후반대의 수준인 것에 비해, 미국이 차지하는 비중이 60% 수준에 달한다는 사실은 미국주식이 그 어떤 시장보다도 안전하다는 시장의 인식을 증명하고 있다.

최근 미국 주식시장은 2019년 코로나19 이후 촉발된 인플레이션과 함께 시작된 국채 금리 부담 속에서 증가된 변동성을 유지하고 있으며, 위험 자산에 대한 높은 경계 심리를 유지하고 있다. 날이 갈수록 방향성을 찾기가 어려워지고 있는 시장 환경 속에서, 회계법인에서 M&A 전문가로, 또 메이저 제도권 금융회사에서 운용역으로 근무하며 본인의 역량을 증명해 온 저자의 시장에 대한 고민과 통찰을 고스란히 담은 본 도서를 통해, 미국주식 투자를 준비하는 많은 이들이 꿈꾸는 자산 증식을 이루어 낼 수 있을 것이다.

- KDB인프라자산운용 해외사업본부 **김재섭**

★ ★ ★

"사람들이 부동산에서 돈을 벌고, 주식에서는 돈을 잃는 이유가 있다. 그들은 집은 선택하는 데는 몇 달을 투자하지만 주식 선정은 수 분 안에 해 버린다."

– 월가의 거장, 피터 린치

코로나-19 이후 '서학개미'라는 말이 우리 삶에 수시로 등장할 정도로 미국주식 투자에 대한 관심이 높다. 그런데 미국주식 투자는 어떻게 하는 것이며, 정보도 생소한데 도대체 어떻게 접근해야 하는 것일까?

이 책의 저자는 미국주식 투자에 대한 설명을 마치 일상생활의 고민 해결에 접근하듯 이해하기 매우 쉽게 설명한다. 그리고 미국주식만이 아니라 기본적인 주식 투자에 대한 지식과 올바른 접근법, 그리고 투자 철학을 형성하기 위한 가이드를 제공한다.

이 책은 미국주식 투자를 처음 시도해 보려는 사람에게, 고민이 있을 때 찾아보고 고민을 쉽게 해결하는 데 도움을 주는 좋은 친구 같은 존재가 될 것이다.

- 삼성증권 IB부문(M&A) **문순홍**

★ ★ ★

주식투자 전략에 정답은 없다고 생각한다. 하지만 감으로 하는 투자가 아니라 충분한 이해와 학습을 기반으로 투자를 해야 리스크를 줄일 수 있다. 미국주식 및 거시경제의 흐름에 대한 이해와 정보를 찾고자 한다면 이 책을 읽어 보길 강력히 권한다.

- 삼정KPMG Deal Advisory(M&A) **이주환**

★ ★ ★

"미국주식을 처음 접하는 이들에게 올바른 길잡이가 되어 줄 책"

코로나19 이전 미국에서 근무할 당시 회계/금융 업계에 몸담고 있었지만, 정작 기업의 재무구조에 대한 깊은 이해나 분석 없이 누군가의 추천으로, 혹은 차트가 보여 주는 일시적인 현상에 의존하여 투자를 진행했었습니다. 기업의 fundamental에 대한 분석이 없으니 코로나19나 다른 외부 요인으로 인해 차트가 휘청일 때 투자한 회사에 대한 믿음이 없었고, 좋지 않은 결과로 이어졌던 기억이 있습니다.

주식의 등락은 회사 내부/외부 요인이 복합적으로 작용하여 움직이지만, 내실이 좋은, 즉 재무구조가 탄탄하며 기본기가 좋은 회사는 악조건 속에서도 꾸준히 성장할 여력을 가지고 있습니다. 그러한 회사를 찾아내는 능력을 기르는 것이 미국주식을 시작하기 전 가장 첫 번째 준비물일 것입니다.

이 책은 미국주식 투자에 필요한 기본적인 지식부터, 실제 회계법인에서 M&A 대상 기업의 가치를 평가할 때 실무적으로 활용하고 있는 여러 분석 방법들을 명확하고 쉽게 설명하고 있습니다. 미국주식 투자에 대해 막연한 두려움을 갖고 있거나, 이미 투자를 시작했지만 방향성을 잃고 있는 투자자들에게 이 책을 강력히 추천합니다.

- 삼정KPMG Deal Advisory(M&A) **최호준**

미국주식에 투자하는 사람이라면 누구나 한 번쯤은 궁금해했을 다양한 질문들이 있을 것입니다. 이 책은 독자 여러분의 바로 그 질문에 답하기 위한 목적으로 집필되었습니다. 예를 들면 "PER, PBR이란 무엇일까?"(Chapter 3), "기준금리와 국채금리는 어떻게 다를까?"(Chapter 4)와 같은 짧은 물음부터 "투자하고 싶은 기업이 있는데, 어느 날 갑자기 파산하진 않을까?"(Chapter 3), "앞으로 코로나 팬데믹과 유사한 전염병의 갑작스런 확산으로 미국 주식시장 전체가 하락하기 시작한다면, 대체 어디까지 하락할까?"(Chapter 4), "농산물 가격이 오를 때 실적이 같이 오르는 기업은 어떤 특징이 있을까?"(Chapter 1)와 같은 복잡한 물음까지 답할 수 있도록 최대한 많은 내용을 수록했습니다.

이 책을 통해 독자들이 얻어갈 수 있는 이점은 아래와 같습니다.

1. 경제적으로 중요한 사건이 발생했을 때, 이것이 미국 주식시장과 내 수익률에 미칠 영향을 파악할 수 있다.
2. 미국 주식시장을 대표하는 22개 기업의 최근 8년간 재무 자료를 살펴보면서, 무엇이 기업의 주가를 움직이는지 익힌다.
3. 미국주식과 관련된 미국 경제 지표 종류를 알고, 발표수치에 맞게 투자전략을 조성할 수 있다.

4. 언론이 보도하는 미국주식 관련 뉴스를 타당성을 판단하며 비판적으로 읽어 낼 수 있다.

5. 재무지표(PER, PBR, 유동비율 등)의 의미를 알 뿐만 아니라, 실제 주식 평가에 활용할 수 있다.

이 책의 목차 순서는 독자들이 최대한 이런 지식을 편하고 쉽게 얻어갈 수 있도록 고민하며 배치하였습니다.

먼저, Chapter 1에서는 미국주식 투자 시 거쳐야 할 4단계를 단계별 예시를 통해 자세히 소개합니다. 이어 Chapter 2에서는 장기투자자로서 건강한 투자마인드를 갖기 위해 알아야 할 주식의 본질과, 왜 다른 나라가 아닌 '미국'주식에 투자해야 하는지 알아봅니다. 또, 미국주식 투자가 처음인 분들을 위해 실제 주식을 거래하는 과정을 앱 화면을 통해 직접 따라가 봅니다.

Chapter 3은 재무지표 12개를 이용해 기업을 다각도로 분석하는 방법을 테슬라를 예로 들어 자세히 살펴봅니다. Chapter 4는 미국주식 투자에 필요한 필수지식을 수록한 챕터입니다. S&P500 등 미국의 대표 주가지수와 그 활용법, 경기사이클을 파악하는 법, 반드시 알아야 하는 미국의 4대 경제지표, 환율, ETF 등 폭넓은 주제에 대해 자세히 설명하고 있습니다.

Chapter 5부터 8까지는 미국 주식시장을 구성하고 있는 11개 섹터별로 기업을 2곳씩 선정해, 총 22개 기업의 최근 8년간 재무분석 결과 및 주가를 움직인 요인들을 자세히 설명합니다. 최근 8년간은 미국 주식시장에서 역사상 손꼽히는 상승장과 하락장을 모두 포함하고 있는 흥미로운 시기입니다. 2017년 트럼프 대통령의 취임, 2020년 확산한 코로나 팬데믹, 이를 극복하기 위한 미 정부의 전폭적인 경기부양책, 뒤이어 2022-23년에 걸친 11차례 급격한 기준금리 인상까지 주식시장을 격랑 속으로 빠지게 했던 사건들이 휘몰아쳤던 기간이기 때문입니다. 이 기간 동안 미국을 대표하는 22곳의 기업들 주가는 어떻게 움직였으며, 어떤 요인이 주가를 움직이게 했는지 자세히 알아봅니다.

Chapter 9에서는 역사상 가장 위대한 투자자로 꼽히는 워런 버핏이 경영하는 버크셔 해서웨이의 사업모델을 살펴보고, 워런 버핏의 투자 기준을 적용해 선별한 기업 154곳 리스트를 제공합니다. 책을 다 읽고 난 뒤 어떤 기업부터 분석을 연습해 봐야 할지 고민하는 투자자분들이 계시다면, 이 154곳 기업 중 원하는 섹터에 있는 기업을 골라 분석을 시작해 보는 것이 좋은 출발점이 될 것입니다. 그리고 부록으로 이 책에 등장했던 용어들 중 주요 용어들만을 골라 언제든 찾아볼 수 있도록 미국주식 용어사전을 수록했습니다.

마지막으로, 주식투자는 단거리 경주가 아닌 장거리 마라톤이라는 말씀을 꼭 드리고 싶습니다. 많은 서적과 영상들이 주식투자를 통해 단기차익을 얻는 방법을 소개합니다. 그러나 이는 주식시장의 성격에 대한 잘못된 이해에서 기인합니다. 주식시장은 대표적인 장기금융시장Capital Market 으로서 단기금융시장Money Market 과는 대조되는 시장입니다. 일반적으로 장기금융시장에서 거래되는 상품은 단기금융시장에서 거래되는 상품보다 금리변동에 따른 가격변동 위험이 큽니다. 그 중에서도 주식은 가격 변동폭이 특히 크기에 투자 위험이 높은 상품입니다. 애초에 주식시장은 단기차익을 얻기 위해 만들어진 시장이 아니라는 뜻입니다.

이 책을 읽은 독자들이 건강한 투자 마인드와 정확한 판단력으로 험난한 미국주식 시장을 잘 헤쳐나갈 수 있다면, 저자로서 그보다 큰 보람은 없을 것입니다.

차례

CHAPTER 1 미국주식 투자 4단계

CHAPTER 2 미국주식 시작하기

CHAPTER 3 미국주식 재무적으로 분석하기

CHAPTER 4 미국주식 기초 배경지식 쌓기

CHAPTER 5 경기불황에도 강한 주식

CHAPTER 8 경기가 불황의 터널을 빠져나올 때 반드시 사야 할 주식

CHAPTER 9 워런 버핏이 사용하는 방법으로 엄선한 154개 기업

미국주식 투자를 망설이게 만드는
주린이들의 주요 고민에 대하여

1. 미국주식은 어떻게 투자하나요?

미국주식 투자는 다음의 순서로 이루어집니다.

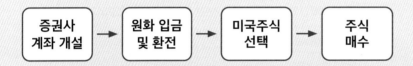

본서는 위 순서를 단계별로 이해하기 쉽고 자세하게 설명한 책입니다. 미국주식에

투자하는 일반인들이 올바른 기초 실력과 마인드를 갖고, 건강한 미국주식 투자를

이어갈 수 있게 하는 것을 목적으로 집필하였습니다. 증권사 계좌 개설, 원화 입금

및 환전 단계는 Chapter 2에서, 투자할 미국주식을 선택하는 단계는 Chapter 3

부터 Chapter 9까지 할애해 설명하고 있습니다. 비록 위 순서도에는 생략되어 있

지만, 미국주식 투자를 위해 가장 먼저 알아야 할 것이 있습니다. 바로 미국주식 이

름의 표시 방법입니다.

일반투자자가 거래할 수 있는 미국주식(이를 '상장주식'이라고 합니다)은 2023년 말 기

준 1만 개가 넘습니다. 카페에 갔는데 주문할 수 있는 음료의 개수가 1만 개라면, 아

마 메뉴판을 읽기도 전에 지칠 것입니다. 또 이름이 긴 메뉴의 경우 주문하는 손님

이나 주문을 받는 직원 모두 불필요하게 시간 낭비를 할 수도 있습니다.

미국주식도 마찬가지입니다. 투자할 수 있는 주식의 종류가 많은 만큼, 주식투자를 하기 위해 회사의 긴 이름을 전부 알아야 한다면 읽기도 번거로울 뿐만 아니라 여러 기업을 공부해야 하는 일반투자자 입장에서는 불편할 수 있습니다. 이를 해결하기 위해 미국주식은 모두 '티커(Ticker)'라고 부르는 고유한 이름을 가지고 있습니다. 길고 복잡한 회사 이름 대신, 바로 이 티커를 이용해 미국주식을 고르고 투자합니다. 티커를 이용해 미국주식을 표시하는 방법은 다음과 같습니다.

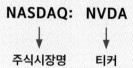

위는 미국의 반도체 기업인 엔비디아를 표시하는 방법을 예시로 든 것입니다. 미국 주식은 보통 양대 증권거래소인 뉴욕증권거래소(NYSE) 또는 나스닥(NASDAQ) 중한 곳에 상장되는데, 이 중 어떤 거래소에 상장되어 있는지를 먼저 표시합니다. 엔비디아는 미국의 양대 거래소 중 하나인 나스닥(NASDAQ)에 상장되어 있습니다(실제 주식거래를 할 때에는 어느 시장에 상장되어 있는지는 몰라도 상관없습니다). 뒤이어 나오는 NVDA가 바로 엔비디아의 고유한 이름, 티커(Ticker)입니다. 회사의 정식 명칭은 NVIDIA CORPORATION이지만 이를 4개 알파벳으로 줄여 NVDA라는 이름으로 부르고 있습니다. 미국에 상장된 주식들은 모두 이런 식으로 고유의 티커(Ticker)를 갖고 있습니다. 티커는 통상 알파벳 5자리 이내로 작성합니다. 티커를 이해했다면, 이제 여러분은 증권사 계좌 개설부터 시작해 미국주식에 투자할 기초 준비운동을 마쳤습니다!

2. 영어를 못하는데 미국주식에 투자해도 될까요?

영어는 단연 미국주식 투자를 힘들게 만드는 가장 큰 장애물로 꼽힙니다. 하지만 실제로는 알파벳만 알아도 얼마든지 미국주식 투자가 가능합니다(알파벳을 알아야 하는 이유는 티커(Ticker)를 읽을 수 있어야 하기 때문입니다).

어떻게 알파벳만 알아도 미국주식 투자가 가능할까요? 미국주식 투자에 있어 가장 큰 비중을 차지하는 것이 바로 숫자를 활용한 재무분석이기 때문에 그렇습니다. 미국에 상장된 기업들은 3개월마다 한 번씩 사업실적을 발표하는데, 이 사업실적을 분석하는 것이 바로 미국주식 투자의 핵심인 재무분석입니다. 이는 숫자로만 하는 분석이기에 높은 영어 실력을 요구하지 않습니다. 재무분석을 깊게 공부해 보지 않은 분들도 '매출액이 늘었다', '영업이익이 줄었다'와 같은 문장을 한 번쯤은 들어보셨을 텐데요, 이 매출액과 영업이익이 바로 재무분석의 대상이 되는 대표적인 항목들입니다.

물론 기업의 과거 실적인 사업실적 외에도, 기업이 앞으로 하고자 하는 사업 방향성이나 최근 뉴스를 아는 것 또한 중요합니다. 그리고 이런 자료들은 주로 영문 기사나 기업 보도자료의 형태로 발간되므로, 영어를 모르면 접근성이 떨어지는 것이 사실입니다. 그러나 기업의 최근 동향이나 미래 먹거리 사업에 대해서 설명하는 기사는 우리나라에서도 만만치 않게 많이 쏟아집니다. 화제성이 있고, 조회수가 보장되기 때문입니다.

앞서 소개한 엔비디아만 해도, 구글에 '엔비디아'를 검색하면 나오는 기사가 2024년 3월 한 달에만 300개 이상입니다. 그러나 이들 중 재무분석을 자세하게 소개한 기사는 없다시피 합니다. 재무분석 기사는 어렵고 딱딱하기 때문입니다. 투자환경이 이렇다 보니 재무분석이 주식투자에 있어 가장 중요한 과정임에도 서학개미들은 흥미 위주의 기사만 읽고 투자를 결정하는 아이러니가 발생합니다.

독자들이 재무분석과 친숙해질 수 있도록, 이 책은 불필요하고 어렵기만 한 재무분석은 생략하고 꼭 필요한 12개의 핵심 재무수치만 설명(부동산 섹터는 10개 재무수치)하였으며, 그 설명 또한 매우 이해하기 쉽게 기술하였습니다. 이에 더해 기업이 어떤 방식으로 돈을 버는지(사업모델), 현재 경제 상태가 투자해도 좋은 환경인지(비즈니스 사이클), 환전은 언제 하는 것이 좋은지(환율)에 대한 설명도 쉽고 자세하게 해 미국주식 투자의 전 과정을 이 책 한 권으로 한눈에 이해하기 쉽도록 정리하였습니다.

결론적으로 미국기업이 장사를 잘하고 있는지, 계속 투자해도 되는지에 대한 판단을 내리는 데는 그리 높은 영어 실력이 요구되지 않습니다.

3. 한국주식보다 미국주식을 하는 게 나을까요?

역사적으로 미국주식 투자는 한국주식 투자에 비해 더 높은 수익률을 가져다 주었습니다. 다음의 표는 각각 미국과 한국의 대표 주식지표를 추종하는 ETF에 투자했을 때의 성적표입니다.

+ 기간별 미국 대표 주가지수와 한국 대표 주가지수에 투자한 경우 수익률

집계 기간	투자 국가(종목)	
	미국(S&P500)	한국(코스피200)
3년(2021.2.28. ~ 2024.2.28.)	**+33%**	-13%
5년(2019.2.28. ~ 2024.2.28.)	**+82%**	+26%
10년(2014.2.28. ~ 2024.2.28.)	**+173%**	+38%

위 표를 보면 3년, 5년, 10년 세 개의 집계 기간 모두에서 미국주식 수익률이 한국 주식을 앞서는 것을 볼 수 있습니다. 특히, 10년간의 미국주식 투자 성과(173%)를 연단위로 환산해 보면 10년간 매년 10.6%의 수익을 낸 셈인데, 이는 같은 기간 한국의 연간 수익률인 3.3%보다 3배 이상 높은 수익률입니다. 앞으로도 미국주식 수익률이 높을 것이라는 장담은 아무도 할 수 없겠지만, 적어도 지금까지 미국주식의 수익률이 더 높았던 환경적 요소들은 앞으로도 지속될 가능성이 더 높습니다. 그 가장 큰 원인은 미국이 '전 세계의 투자자들 돈이 몰려드는 곳'이라는 데 있습니다. 미국은 달러라는 기축통화를 발행하는 국가입니다. 이 때문에 미국이 발행하는 달러 표시 국채의 채무불이행 가능성은 영(0)에 가까우며, 이는 곧 미국이 안전한 투자처임을 의미합니다. 미국이 매력적인 투자처임을 보여 주는 수치는 다양합니다. 미국의 브랜드컨설팅 회사 인터브랜드(Interbrand)가 2023년 11월 발표한 글로벌 100대 브랜드를 보면 절반 가까운 숫자가 미국기업이었던 반면, 한국은 불과 3개 회사만 포함되어 큰 격차를 보인 바 있습니다.

특히 100대 브랜드 중 브랜드가치 1위를 차지한 애플, 브랜드가치가 가장 빠르게 성장한 에어비앤비 등 화제성을 보인 기업들이 모두 미국회사였다는 점은 미국이 얼마나 기업 강국인지를 여실히 보여 준다고 할 수 있습니다.

이와 같은 이유로 전 세계의 투자자금은 미국으로 모여들고 있으며, 앞으로도 미국은 '기업 강국' 지위를 유지할 가능성이 큽니다. 우리가 미국주식에 투자해야 하는 이유입니다.

4. 계좌 개설부터 환전까지, 절차가 너무 생소합니다.

미국주식에 투자하기 위해선 증권사에서 해외주식 계좌를 개설해야 하며, 원화가 아닌 달러가 필요합니다. 보통 증권사 선택 시에는 크게 ①매매수수료 ②환전우대율 ③주식 앱 이용 편의성(주식거래 앱이 내가 활용하기 편하게 되어 있는지)의 크게 세 가지 요소를 기준으로 판단하는 것이 좋습니다. 미국주식을 처음 시작하는 독자들은 증권사 선택이 어려울 수 있는 만큼, 대표 증권사 4곳을 선정해 매매수수료와 환전우대율, 그리고 앱을 이용한 주식매수 및 환전 방법을 Chapter 2에서 자세히 설명합니다. 증권사 선택 시 유용하게 활용하시기 바랍니다.

5. 미국 주식시장은 밤에 열리는데, 직장인이 병행하는 게 가능할까요?

미국주식 투자는 한국 시간으로 평일 오후 6시(서머타임 적용 시 오후 5시)부터 가능합니다. 미국주식 투자자가 많아지면서 한국 증권사들도 프리마켓(Pre-Market) 거래 기능을 도입했기 때문입니다. 여기에 더해, 한국 시간으로 낮에 미국주식 거래가 가능한 주간거래(한국 시간 오전 10시부터 오후 4시까지) 기능도 최근에 속속 도입하는 증권사들이 많아졌습니다. 최근에는 미국주식 투자가 가능한 대부분의 증권사에서 프리마켓 기능을 지원하므로, 직장인이 일과 투자를 병행하는 것이 가능합니다. 한국 시간 기준 미국주식 거래 가능 시간은 아래와 같습니다.

+ 미국주식 거래 가능 시간(한국 시간 기준)

명칭	시간대*(서머타임 적용)	시간대*(서머타임 해제)
프리마켓	오후 5시 ~ 오후 10시 30분	오후 6시 ~ 오후 11시 30분
정규장	오후 10시 30분 ~ 오전 5시	오후 11시 30분 ~ 오전 6시
애프터마켓	오전 5시 ~ 오전 7시	오전 6시 ~ 오전 7시
주간거래	오전 10시 ~ 오후 4시	오전 10시 ~ 오후 5시

*증권사별로 차이 날 수 있음.

6. 주식으로 돈 날린 사람들을 여럿 봤습니다. 주식투자, 안전한가요?

주식투자를 안전하게 만드는 것은 오롯이 투자자의 몫입니다. 투자 전 기업을 꼼꼼히 공부하고, 장기간에 걸쳐 투자하며, 뉴스와 산업의 변동에 꾸준히 관심을 갖는다는 원칙만 잘 지킨다면 주식은 안전한 투자처가 될 것입니다.

원금손실 우려가 없는 은행예금보다는 주식의 변동성이 클 수 있겠으나, 주식투자의 매력은 예금보다 더 높은 수익률을 돌려줄 수 있다는 데 있습니다. 본 책을 통해 기업을 분석하는 법, 산업에 관한 정보를 읽는 법에 대해 습득하시고 연습하신다면, 장기적으로 수익을 내는 투자자가 되시리라 생각합니다.

다만 한 가지 주의할 점은, 주식은 단기투자 수단이 아닌 장기투자 수단(투자 기간 최소 1년 이상)이라는 점입니다. 금융시장은 크게 단기자금이 거래되는 시장인 단기금융시장(Money Market)과 장기자금이 거래되는 시장인 장기금융시장(Capital Market)으로 구분되는데, 주식시장은 대표적인 장기금융시장(Capital Market)에 해당합니다. 따라서 단기자금(전세자금, 사업자금 등)을 주식에 투자하는 것은 장기자금시장인 주식시장의 특성을 오해한 결과이며, 자칫 큰 손실을 야기할 수 있으므로 반드시 지양해야 할 투자 패턴입니다.

7. S&P500, 연방준비위원회, 테이퍼링… 용어들이 너무 어렵습니다.

미국주식 투자를 하다 보면 같은 단어들이 반복적으로 등장한다는 것을 알게 됩니다. 기업 실적을 언급할 때 항상 등장하는 PER(주가순이익비율), EPS(주당순이익), S&P500 등의 용어뿐만 아니라 전반적인 경제상황을 언급할 때 등장하는 인플레이션, 고용보고서, 소비자물가지수 등의 용어도 있습니다.

주식시장의 움직임에 따라 투자은행이나 기업, 기자들이 자주 사용하는 관용어구만 익히고 있다면 금방 친숙해지리라 생각합니다. 본 책의 전반에 걸쳐 주식시장의 주요 용어들을 소개했으며 맨 뒤에 부록으로 주요 용어도 정리해 놓았습니다.

8. 미국주식 투자 순서도 (이 책을 모두 읽고 나서 다시 보시기 바랍니다)

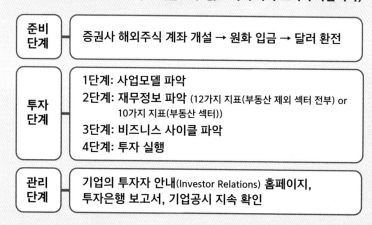

준비 단계 ── 증권사 해외주식 계좌 개설 → 원화 입금 → 달러 환전

투자 단계 ──
1단계: 사업모델 파악
2단계: 재무정보 파악 (12가지 지표(부동산 제외 섹터 전부) or 10가지 지표(부동산 섹터))
3단계: 비즈니스 사이클 파악
4단계: 투자 실행

관리 단계 ── 기업의 투자자 안내(Investor Relations) 홈페이지, 투자은행 보고서, 기업공시 지속 확인

U.S.
stock
investment

CHAPTER

1

미국주식
투자 4단계

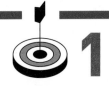

주식,
어떻게 고르고 계신가요?

쉽게 사고 쉽게 파는 투자 습관

오늘도 회사에서의 고단한 하루를 끝내고 집에 돌아왔습니다. 피곤한 몸을 이끌고 소파에 털썩 앉습니다. 하지만 오늘은 어제보다 마음이 가볍습니다. 바로 내일이 고대하던 월급날이기 때문입니다. 한 달간 수고한 나 자신이 대견하니 내일은 정말 맛있는 저녁을 나에게 선물해야겠습니다.

배달 앱을 켜고, 내일 시켜먹을 메뉴를 미리 알아보기 시작합니다. 리뷰가 많고 별점이 높은 식당 위주로 1차 스크리닝, 실제 음식을 먹어 본 사람들의 블로그 글을 보고 2차 스크리닝, 내일 저녁에 내가 제일 먹고 싶을 것 같은 음식으로 3차 스크리닝 후 고민 끝에 마침내 메뉴를 골랐습니다. 내일 저녁 메뉴는 요즘 한창 뜨는 브랜드의 신상 치킨입니다.

내일 저녁 메뉴를 정했으니, 이제는 차분히 다음 한 달간의 지출 계획을 세워 볼 차례입니다. 카드값, 친구 결혼 축의금, 적금액을 빼고 나니 100만 원이 남았습니다. 이제 이 금액은 전부 미국주식에 투자하려고 합니다. 이번 달 월급을 받으면 사려고 벼르던 주식이 있었습니다. 바로 미국을 대표하는 전기차 기업 '테슬라 NASDAQ: TSLA'입니다.

처음 테슬라 주식을 접한 건 한 포털 기사에서였습니다. '테슬라 바닥 확인됐나...서학 개미 폭풍 매수(2023.11.20.)', '모건스탠리가 꼽은 테슬라, 내년 주가 상승 3대 요인은(2023.12.28.)'이라는 언론 기사를 보고는 홀린 듯 기사를 누르고 읽었습니다. 기사를 읽고 나니 반드시 투자해야겠다는 생각이 들었습니다. 테슬라의 주력사업인 전기차 뿐만 아니라 차세대 사업인 휴머노이드 로봇 옵티머스, 자율주행 로보택시가 테슬라 주가 상승을 이끌 동력이라고 기사에서 소개하고 있었기 때문입니다. 기다리고 기다리던 테슬라 주식을 드디어 살 수 있다니 벌써부터 설렙니다. 월급날 당일 저녁 계획대로 테슬라 주식 3주를 사고 남은 돈으로 즐겁게 치킨을 먹습니다.

하지만 투자하고 얼마 안 되어 주가가 하락하기 시작합니다. 테슬라 주가가 2023년 12월 29일 248달러에서 2024년 4월 22일 142달러로 43%나 곤두박질친 것입니다. 역시 미국주식은 어렵다고 생각하며 주식을 팔고 맙니다.

. . . . .

미국주식, 3가지를 분석하면서 투자해야 한다

위 예시에 등장하는 투자자는 가상의 인물이지만 우리 주위에서 흔히 볼 수 있는 직장인이자 일반적인 미국주식 투자자입니다. 한 끼에 2만 원 하는 저녁 메뉴는 리뷰, 별점, 블로그 후기, 내일의 기분까지 꼼꼼히 따져 가면서 고르는데, 정작 100만 원의 현금이 투자되는 주식은 기사 몇 개만 읽고 나서 투자를 결정합니다. 더 큰 문제는 그 다음입니다. 위 가상 투자자가 주식을 매도한 4월 22일부터 4월 29일까지, 6거래일간 테슬라 주가가 무려 36%

상승한 것입니다. 자신이 손해보고 판 주식이 급등하면 투자자는 속 쓰린 마음에 며칠간 큰 스트레스를 받게 됩니다.

만약 위 투자자가 테슬라의 사업모델(현재는 전기차 회사지만, AI·로봇 회사로 확장을 시도하고 있다는 점)을 정확히 파악하고 있었고, 동종 회사 대비 우월한 재무지표를 기록하고 있다는 점을 미리 알고 있었다면(2023년 동종 회사인 제너럴 모터스General Motors 나 포드Ford Motor 보다 훨씬 높은 영업이익률과 순이익률을 기록했다는 점), 투자한 주식에 대한 믿음을 갖고 좀 더 기다릴 수 있지 않았을까요?

이 같은 사실은 분석하는 투자자만이 파악할 수 있는 정보입니다. 투자하는 금액의 크기뿐만 아니라, 우리의 일상에 미치는 영향만 봐도 미국주식을 선택할 때는 배달 음식을 고를 때보다 훨씬 큰 노력과 고민이 들어가야 합니다. 치킨은 먹는 순간에만 행복하지만, 주식은 돈이 투자되어 있는 한 지속적으로 우리의 기분을 좌우하기 때문입니다. 주식이 어떻게 내 평생의 기분을 좌우하는지, 다음의 표를 보면 쉽게 수긍하시리라 생각합니다.

· 주가변동에 따른 우리의 후회(고민) 표

주식 가격 변동	후회 또는 고민
산 주식이 올랐을 때	"더 살걸"
산 주식이 떨어졌을 때	"사지 말걸"
판 주식이 올랐을 때	"팔지 말걸"
판 주식이 떨어졌을 때	"다시 사야 되나(저점 매수)"

그럼, 주식투자를 잘 하기 위해선 어떻게 해야 할까요?

답은 '분석하면서 투자해야 한다'입니다. 주식투자로 수익을 보

▶주식투자를 잘 하려면?
분석하면서 투자해야 한다!

려면 제대로 분석해야 합니다. 주식을 처음 시작하거나 주식을 시작한 지 오래됐지만 제대로 된 분석 절차를 배운 적 없는 일반 투자자들은 아래의 4단계 분석을 거쳐 투자해야 합니다.

1단계	**사업모델 파악**
2단계	**재무정보 파악(12가지 지표)**
3단계	**비즈니스 사이클 파악**
4단계	**투자 실행**

▶ **비즈니스 사이클**
경기순환단계를 초기(Early), 중기(Mid), 후기(Late), 침체기(Recession)의 4단계로 나누어 설명하는 이론

내가 정말 열심히 공부한 후에 산 주식이 올랐을 때의 성취감은 매우 큽니다. 내 분석과 안목이 옳았다는 것을 증명한 셈이기 때문입니다. 주가가 떨어져도 느긋하게 기다릴 수 있습니다. 내 분석에 대한 확신이 있다면 언젠가는 오를 것을 알기 때문입니다. 어쩔 수 없이 손해를 보더라도 내가 열심히 공부한 만큼 실력 향상이 되어, 다음에는 더 좋은 투자를 할 수 있는 밑거름이 됩니다. 단순히 기사 몇 개를 보고 투자하는 것이 아닌, 사업모델부터 재무정보, 비즈니스 사이클까지 분석하면서 투자해야 하는 이유입니다.

2

어떤 사업을 하고 있는 기업이지?

사업모델을 이해하자 - 1단계

사업모델을 이해하는 것은 기업을 파악하는 첫 번째 단계입니다. 사업모델이 정확히 어떤 의미인지, 우리가 애용하는 케첩을 예로 들어 살펴보겠습니다.

★ ★ ★

여기, 세계 최대의 케첩 생산업체 중 하나인 크래프트 하인즈(Kraft Heinz)가 있습니다. 케첩시장은 글로벌 푸드 회사들 간 경쟁이 치열한 분야입니다. 델몬트(Del Monte), 헌츠(Hunt's) 등 쟁쟁한 회사들이 경쟁하고 있습니다. 하지만 하인즈 케첩은 독보적인 케첩 맛을 구현하면서 경쟁자들 대비 우수한 시장의 평가를 받고 있습니다. 미국의 식품 잡지인 《Taste of Home》이 2021년 4월에 진행한 블라인드테스트에서는 경쟁사 제품을 제치고 1위를 차지하기도 했습니다. 시식에 참가한 사람들은 하인즈 케첩이 구현한 토마토 맛, 특유의 톡 쏘는 맛과 단맛이 일품이라고 평가했습니다.

　이렇게 독자적 제조 기법으로 만들어진 하인즈 케첩은 전국적인 체인을 갖춘 월마트(Walmart) 같은 대형마트와 월그린스(Walgreens) 같은 소매점에 골고루 진열됩니다. 월마트는 우리나라의 이마트에 해당하는 대형마트로, 2024년 1월 기준 미국 전역의 월마트 매장은 4,615곳인데 이 중 약 88%를 자체 소유, 12%를 임차하고 있습니다. 소유하고 있는 매장 비중이 높은(88%) 만큼, 갑작스런 임차료 인상과 같은 외부요인으로부터 상대적으로 안전한 편입니다. 반면 월그린스는 소매 드러그스토어라고 부르는, 우리나라의 기업형 슈퍼마켓과 유사한 형태의 매장이며 2023년 8월 기준 미국 전역의 매장이 8,706곳이었는데 이 중 약 5%를 자체 소유, 95%를 임차하고 있었습니다. 임차하고 있는 매장 비중이 높은(95%) 만큼, 갑작스럽게 임대료 인상이 이루어진다면 비용 증가로 인한 타격을 받을 수밖에 없는 구조입니다.

　한편, 월마트와 월그린스를 모두 임차인으로 보유하고 있는 부동산임대회사로는 리얼티인컴(Realty Income)이 있습니다. 리얼티인컴은 주로 소매점을 대상으로 한 부동산임대회사로, 2023년 말 기준 월마트(샘스클럽 포함)에 매장 67곳, 월그린스에 매장 369곳을 임대해 주고 있습니다. 리얼티인컴의 2023년 전체 임대료 수입 중 월마트는 1.4%, 월그린스는 3.8%의 비중을 차지했습니다.

사례에 나온 기업들의 사업모델을 정리하자

위 사례는 현재 미국에서 실제로 이루어지고 있는 케첩의 공급 경로를 나열한 것입니다. 사례에 쓰인 숫자들은 모두 각 기업에서 발표한 실제 수치들이고요. 위에서 제시된 회사는 크게 4개 업체로, 사업모델과 주요 특징은 다음과 같습니다.

① 크래프트 하인즈(Kraft-Heinz): 케첩 제조회사. 토마토를 원료로 케첩 제조 후 납품

② 월마트(Walmart): 대형마트. 소유매장 비중이 높음.

③ 월그린스(Walgreens): 소형 소매점. 임차매장 비중이 높음.

④ 리얼티인컴(Realty Income): 부동산임대회사. 소매판매점을 주요 고객층으로 함.

상황1 **미국 부동산 임대료가 상승한다면 어떻게 해야 할까?**

자, 이제 사업모델을 이해하는 것이 주식투자에서 왜 중요한지 얘기할 차례입니다. 위 4개 회사 주식을 모두 보유 중인 여러분이 어느 날 다음과 같은 소식을 들었다고 가정해 보겠습니다.

"미국 상업용 부동산 가격 상승으로 부동산 임대료 덩달아 상승"

자, 여러분은 어떤 선택을 해야 할까요?

월그린스 주식 비중을 줄이고 리얼티인컴 주식 비중을 늘리는 것을 고민해 봐야 할 것입니다. 월그린스는 전체 매장의 95%가 임차 매장으로, 임대료 상승 시 비용 인상이라는 큰 타격을 받을 수밖에 없습니다. 반면 리얼티인컴의 매출은 증가할 것이므로 실

적 상승에 청신호가 켜진 셈입니다. 월마트는 애초에 임차 매장의 비중이 낮으므로, 임대료 인상으로 인한 피해가 크지 않을 것이며 따라서 다른 조건이 동일하다면 투자 비중을 줄일 필요가 없습니다.

물론, 임차료는 기업의 비용을 구성하는 많은 항목 중 하나일 뿐입니다. 또한 월그린스와 같은 대기업의 경우 통상 장기간 임차계약을 체결하면서 상승률을 미리 일정 범위로 제한하므로, 지금 당장 악영향은 적을 수도 있습니다. 온라인 매출은 임차료가 발생하지 않으므로 온라인 비중이 얼마나 높은지도 따져 봐야 합니다. 그러나 대부분의 매장을 임차하고 있는 기업에 임차료 상승 소식은 달갑지 않은 소식임에 분명합니다.

상황 2 토마토 가격이 폭등한다면 어떻게 해야 할까?

그런데 다음 날, 이런 뉴스가 뜹니다.

"기상이변으로 토마토 생산량 감소. 토마토 값 폭등"

자, 이번에는 어떤 선택을 하시겠습니까? 크래프트 하인즈 주식 비중을 늘리고 월그린스 주식 비중은 전체 매출에서 케첩이 차지하는 비중에 따라 줄이는 것을 고민해 봐야 할 것입니다.

토마토값 폭등은 크래프트 하인즈 입장에서는 비용 상승에 해당합니다. 토마토를 원재료로 케첩을 만들고 있기 때문입니다. 여기까지 생각하면 크래프트 하인즈 주식을 빨리 팔아야 할 것만 같습니다. 그러나 크래프트 하인즈는 토마토 가격 폭등으로 인한 비용 증가분만큼 판매가격을 높여 소매업체에 판매할 수 있는 시장지배력이 있습니다. 독보적인 케첩 맛을 내는 제조기술을 보유하고 있기 때문입니다.

토마토값이 오르는 것은 케첩 제조업체 모두에게 비용 상승을 의미하는 나쁜 뉴스지만, 소비자 충성도가 높은 크래프트 하인즈는 원재료가 오른 만큼 소매판매점 공급가격을 올릴 수 있습니다. 오히려 토마토 생산량 감소로 케첩 품귀 현상이 벌어진다면, 월마트와 월그린스는 비싼 가격을 지불하고라도 기꺼이 하인즈 케첩을 사 오려고 경쟁할 것입니다.

실제로, 크래프트 하인즈는 2023년 1분기 비싸진 원재료 가격으로 인해 제품 가격을 인상했고 이로 인해 판매량이 감소했지만, 제품 가격 인상 효과가 더 커 전체 매출이 전년 동기 대비 7% 상승하는 실적을 보인 바 있습니다.

반면 크래프트 하인즈의 경쟁 케첩 제조사들은 공급가격을 원하는 만큼 올릴 수 없지요. 맛의 경쟁력이 하인즈에 비해 떨어지기 때문입니다. 똑같은 토마토 가격 상승이라도 케첩 제조업체별로 실적에 미치는 영향이 다를 수 있는 이유입니다.

크래프트 하인즈의 주식에 관한 설명은 이해했는데, 월그린스의 주식은 왜 비중 축소를 고민해야 하는 걸까요? 답은 월그린스가 케첩의 공급가격 상승분 전부를 소비자에게 판매가격 인상으로 떠넘기는 것이 불가능하기 때문입니다. 소비자들은 케첩을 구매할 때 월그린스 외에도 월마트라는 대안을 갖고 있습니다. 따라서 월그린스는 케첩의 가격책정 시 월마트의 눈치를 볼 수밖에 없습니다. 월마트보다 1달러라도 비싸지는 순간 소비자들은 월그린스에서 케첩을 구매하지 않을 것이기 때문입니다.

여기에 더 큰 문제는, 월마트와 월그린스가 애초에 하인즈에서 케첩을 공급받는 가격이 다르다는 것입니다. 월마트는 대형마트인 만큼 케첩을 대량으로 구매할 것이고, 이에 따라 크래프트 하인즈와 협상해 낮은 가격에 케첩을 구입해 오는 것이 가능합니다. 월마트가 하인즈로부터 케첩을 한 통당 3달러를 주고 공급받는다면, 월그린스는 4달러를 주고 공급받는 식이지요. 즉, 월그린스는 하인즈로부터 케첩을 더 높은 가격에 사 오면서도 판매가격은 월마트와 비슷하게 책정해야 하므로 월마트에 비해 상대적으로 실적이 악화될 가능성이 있습니다.

월그린스의 전체 매출에서 케첩이 차지하는 비중이 낮다면 케첩 가격 인상이 별 문제가 안 되겠지만, 만약 높다면 내 전체 자산에서 월그린스 주식의 비중 축소를 고민해 볼 상황입니다(만약 케첩 품귀 현상이 매우 심해져 월마트의 판매대에서 케첩이 모두 동날 정도라면, 월그린스 또한 케첩 도매가격 인상분을 모두 소비자에게 전가할 수 있게 될 것입니다. 이때는 월그린스 주식을 보유하고 있어야 합니다).

투자기업의 사업모델을 이해하면 빠른 대응이 가능하다

투자하려는 기업의 사업모델을 이해하고 있으면 이렇듯 임대료 상승, 토마토 가격 폭등과 같은 상황에서 어떻게 행동해야 할지에 대한 빠른 판단이 가능합니다. 사업모델을 더 깊이 이해하고 있을수록 더 다양한 환경적 요소들을 고려해 올바른 판단을 내릴 수 있습니다. 사업모델에 대한 이해가 중요한 이유입니다. 투자의 귀재로 불리는 미국의 전설적 투자자 워런 버핏은 위에서 제시된 기업들 중 크래프트 하인즈의 주식을 2023년 말 기준 약 120억 달러, 한화 약 16조 원 규모로 보유 중입니다.

3

실적이 튼튼한 기업인가?

재무정보를 파악하자 - 2단계

"기업의 실적을 보고 투자해야 한다". 주식투자를 하는 사람이라면 한 번쯤 들어 봤을 말입니다. 기업이 적자를 내고 있진 않은지, 작년에 비해서 실적은 좋아졌는지에 대해 체크해 보고 투자해야 한다는 뜻입니다. 하지만 말처럼 쉽지 않습니다. 이 정보는 일반투자자에게는 생소한 '재무제표'에 나와 있는 정보이기 때문입니다. 매출액과 같은 가장 중요한 정보는 구글 검색만으로도 쉽게 찾아볼 수 있지만, 그보다 더 다양하고 검색을 통해 잘 나오지 않는 정보는 재무제표를 통해 얻어야 합니다.

재무제표는 '기업의 재무상황에 대한 정보를 담은 표'라는 뜻의 문서입니다. 4개의 표와 1개의 주석(긴 텍스트로 된 문서)으로 이루어져 있습니다. 길이가 보통 수십 페이지에서 수백 페이지에 이를 정도로 긴 편입니다. 일반투자자라도 주식투자를 고민하고 있다면 이를 모두 읽어 보는 것이 가장 좋겠지만, 시간 제약으로 이

▶재무제표
'재무상태표, 포괄손익계산서, 현금흐름표, 자본변동표, 주석'의 5가지 서류로 구성됨.

것이 불가능하다면 꼭 필요한 12가지 지표만 구할 줄 알아도 무방합니다. 재무제표를 활용한 분석은 Chapter 3에서 자세히 다루기로 하고, 여기서는 재무제표를 읽어 보고 투자해야 하는 이유를 가상의 투자자(김초보)를 통해 보여드리고자 합니다.

★ ★ ★

2017년 2월, 미국주식 투자자 김초보 씨는 스포츠 의류기업 주식을 미국주식 계좌에 추가할 필요성을 느꼈습니다. 건강과 운동을 중시하는 트렌드 덕분에 스포츠웨어가 연평균 8%의 높은 성장세를 구가하고 있었기 때문입니다. 당시만 해도 경기 불황 등으로 나머지 패션업계는 부진한 때였습니다.

당시 미국에서 가장 핫한 스포츠웨어 기업은 언더아머(NYSE: UAA)였습니다. 전직 미국 미식축구 선수가 창업한 브랜드로, 고기능성 소재를 내세워 폭발적으로 성장하고 있는 브랜드였습니다. 2014년 아디다스를 제치고 미국 스포츠 브랜드 시장에서 2위 자리를 차지한 브랜드로, 부동의 1위인 나이키(NYSE: NKE) 바로 다음이었습니다.

2016년 매출이 나이키의 7% 수준에 불과했던 언더아머가 시장의 주목을 받았던 이유는 '안티 나이키(anti-Nike)' 마케팅 덕분이었습니다. 톱스타들을 마케팅 모델로 기용하는 나이키에 맞서, 언더아머는 '1등이 아닌 도전자의 열정'을 내세우는 마케팅 전략을 구사했습니다. 때마침 언더아머가 후원했던 스포츠 선수(브라이스 하퍼(야구), 스테픈 커리(농구))들이 각 분야에서 뛰어난 성적을 거두었던 것도 브랜드의 흥행에 한몫했습니다.

1위를 수성하려는 브랜드(나이키)와 급성장하고 있는 2위 브랜드(언더아머)를 두고 고민 중, 김초보 씨는 나이키(NYSE: NKE)를 최종 투자처로 선택했습니다. 가장 큰 이유는 재무제표에서 살펴본 두 기업의 실적 차이 때문이었습니다.

외관상 두 기업의 재무제표는 모두 양호했습니다. 두 기업 모두 매출액이 다음과 같이 안정적으로 성장하고 있었기 때문입니다.

	2014년	2015년	2016년
나이키	278억 달러	306억 달러	306억 달러
언더아머	31억 달러	39억 달러	48억 달러

출처: 각 기업 연간보고서

위 수치를 보면, 올해 매출액을 전년도 매출액으로 나눈 비율인 매출성장률은 〈도표 1-2〉와 같이 언더아머가 나이키보다 확연히 매력적입니다. 다른 조건이 모두 동일할 때 기업이 급격히 성장하면 주가도 덩달아 급격히 오른다는 것을 생각해 본다면, 언더아머가 나이키보다 매력적인 투자처임에 틀림없었습니다.

+ 도표 1-2. 나이키와 언더아머의 매출성장률

	(2014년 대비) 2015년 매출성장률	(2015년 대비) 2016년 매출성장률
나이키	10.1%	5.8%
언더아머	25.8%	23.1%

하지만 기업을 얼마나 효율적으로 운영하고 있는지를 살펴보면 얘기가 달라집니다. 기업의 효율적 운영이란 불필요한 비용을 절감하거나, 우량한 고객에게만 물건을 판매하는 등 기업의 외형이 아닌 내실을 다지는 것을 말합니다. 이를 측정한 결과는 다음과 같았습니다(아래 두 수치는 모두 12개의 핵심 재무지표에 포함되며, 자세한 내용은 Chapter 3에서 다룰 예정입니다).

+ 도표 1-3. 나이키와 언더아머의 영업이익률: 불필요한 비용을 절감했는지 측정

	2014년	2015년	2016년	비고
나이키	13.24%	13.64%	13.64%	높을수록 좋음
언더아머	11.48%	10.36%	8.65%	

+ 도표 1-4. 나이키와 언더아머의 매출채권회전율: 우량한 고객에게만 판매했는지 측정

	2014년	2015년	2016년	비고
나이키	8.49%	9.01%	9.81%	높을수록 좋음
언더아머	12.59%	11.05%	9.14%	

연도를 거듭할수록 나이키의 재무수치가 개선(=상승)되고 있는 것과 달리, 언더아머의 지표는 악화(=하락)되고 있음을 볼 수 있습니다. 이는 언더아머의 성장 속도가 나이키보다는 빠를지 모르지만, 기업 운영이 효율적이지 않다는 뜻입니다. 결국 김초보 씨는 당시 미국에서 가장 핫한 브랜드였던 언더아머가 아닌 나이키에 투자하기로 결정합니다. 영업이익률이 하락한다는 것은 더 많은 옷을 팔고도 적은 이익을 낸다는 뜻이며, 매출채권회전율이 하락한다는 것은 기업의 판매 수익의 질이 떨어지고 있다는 뜻이기 때문입니다.

▶매출채권회전율
매출액을 평균매출채권으로 나눈 비율. 기업이 매출채권을 적당한 규모로 유지하고 있는지 판단하기 위해 활용.

결과는 어땠을까요? 2017년 2월 28일부터 2022년 2월 28일까지 5년간, 나이키의 주가는 138% 상승한 반면, 언더아머의 주가는 14% 하락했습니다. 매출액성장률과 영업이익률, 그리고 매출채권회전율의 3가지 지표를 확인하는 것만으로 무려 152%에 달하는 수익률 차이를 낸 것입니다.

+ 도표 1-5. **나이키와 언더아머의 5년(2017.2.28 ~ 2022.2.28)간 주가 추이**

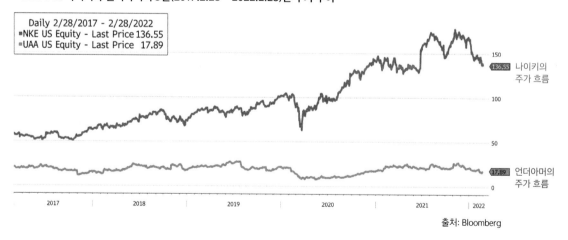

출처: Bloomberg

하지만 많은 투자자들은 김초보 씨와 같은 분석 단계를 거치지 않은 채, 단지 요즘 뜨는 브랜드라는 이유만으로 2017년 초 언더아머 투자를 감행했습니다. 결과는 처참했는데, 5년간 14% 손실을 기록했기 때문입니다. 주식투자에 수반되는 위험을 생각하면, 아무런 위험이 없는 은행 예금이자보다도 못한 수익률이었다는 것은 크게 실패한 투자라고 할 수 있습니다.

놀라운 것은 이렇게 분석한 지 얼마 안 되어 언더아머가 실제 손실을 냈다는 점입니다. 언더아머는 수익성이 악화된 사업부와 점포를 정리하면서 2017년 1, 2, 4분기 모두 손실을 냈고, 주당 30달러로 시작했던 2017년 초 주가는 1년 만인 2017년 말 15달러대로 50% 폭락하기에 이릅니다. 재무적인 분석이 얼마나 강력한 분석 도구인지 다시 한번 확인할 수 있는 예시라 하겠습니다.

현재 비즈니스 사이클은 어떤가?

비재무정보를 파악하자 - 3단계

투자 시 가장 중요한 정보는 재무정보이지만, 투자 결정 시에는 재무 이외의 정보에도 관심을 기울여야 합니다. 아무리 실적이 좋고 튼튼한 기업이라도, 경기침체와 같은 부정적 외부요인 발생 시에는 주가가 하락할 수밖에 없기 때문입니다. 주가에 영향을 주는 비재무적 요소는 크게 다음의 세 가지 범주가 존재합니다.

+ 도표 1-6. 비재무적 요소의 세 가지 범주

범주	내용	확인 경로
거시경제 차원	경제정책, 금리, 경기 사이클	비즈니스 사이클 도서, 주간지, 연구 자료
산업 차원	산업 주기, 산업 전망	
기업 차원	경영진, 신규 주식 발행, 신제품 출시	기사, 회사의 보도 자료

비재무정보를 파악해 초보 투자자도 쉽게 경기 상황을 진단하고 투자에 활용할 수 있는 방법이 있습니다. 바로 비즈니스 사이클과 장단기 금리 차를 확인하는 것입니다.

▶장단기 금리차
장기채권의 금리와 단기채권의 금리를 차감한 값. 보통 10년 만기 미 국채와 2년 만기 미 국채를 활용해서 계산.

방법 1 비즈니스 사이클을 확인하자

비즈니스 사이클이란 거시경제 차원과 산업 차원을 아우르는 지표입니다. 2024년 1월 초 기준, 운용자산 규모만 4.9조 달러(약 6,370조 원)에 이르는 세계 3위 자산운용사 피델리티Fidelity Investments 에서 측정 및 발표하고 있는 지표로 경기순환단계를 초기Early, 중기Mid, 후기Late, 침체기Recession 의 4단계로 나누고 있습니다.

피델리티는 분기마다 세계 주요 국가들의 비즈니스 사이클을 발표하는데, 투자자들은 이를 어떤 분야의 주식 비중을 줄이고 늘릴지 판단하는 데에 활용할 수 있습니다. 비즈니스 사이클의 최대 장점은 내가 직접 현재 경기 상황을 진단할 필요 없이, 전문가가 조사해 놓은 자료를 그대로 쓸 수 있다는 점입니다. 또한 누구나 무료로 이용 가능합니다.

참고로, 피델리티에서 2024년 2분기에 발표한 세계 주요국의 비즈니스 사이클은 〈도표 1-7〉과 같았습니다. 2024년 2분기 기준으로, 미국과 우리나라는 후기에서 침체기로 진입하고 있으며 중국은 침체기를 지나 초기에 접어들었습니다.

+ 도표 1-7. 세계 주요국의 2024년 2분기 비즈니스 사이클

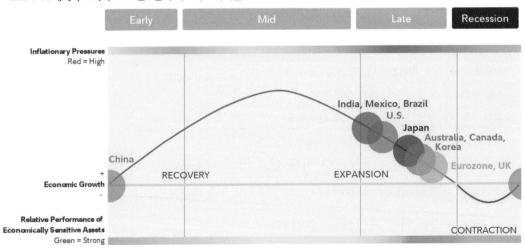

출처: FIDELITY INSTITUTIONAL®

방법 2 **장단기 금리 차를 확인하자**

첫 번째 방법인 비즈니스 사이클 확인이 현재 경기 상황을 진단했다면, 두 번째 방법인 장단기 금리 차 확인은 앞으로 다가올 경기 상황을 예측하는 방법입니다. 이 방법은 특히 경기침체를 예측하는 데 매우 유용하게 활용됩니다. 결론을 한 문장으로 요약하면 다음과 같습니다.

미국 국채의 장기(10년)와 단기(2년) 금리 차이가 음수값(−)이면

일정 기간 뒤(통상 12개월) 경기침체가 온다.

미국주식 투자에 갓 입문하신 분들은 이 문장이 다소 어려우실 거라 생각합니다. '미국 국채, 장기, 단기' 등 단어가 생소하기 때문입니다. 장단기 금리 차와 관련된 내용은 Chapter 4를 통해 이해하기 쉽게 설명하도록 하겠습니다. 그 전에, 이해를 돕기 위해 다음의 그래프를 통해 간략히 어떤 내용인지 살펴보겠습니다.

☞ p.166
'미국 국채금리로 경기침체를 예측할 수 있다고?' 참고

+ 도표 1-8. 10년 만기 국채와 2년 만기 국채의 금리 차

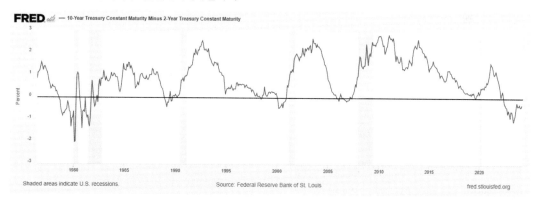

출처: Federal Reserve Economic Data, 2024.04.30. 기준

앞의 그래프는 미국의 장기(10년) 국채 이자율에서 단기(2년) 국채 이자율을 차감한 그래프입니다(음영 세로줄은 미국의 경기침체기를 나타냄). 그래프를 읽는 법은 다음과 같습니다.

▶국채
국가 운영에 필요한 자금을 조달하기 위해, 국가가 돈을 빌리면서 발행하는 증서. 미국 국채의 경우 만기에 따라 T-Bills(만기 1년 이하), T-Notes(만기 2년 이상 10년 이하), T-Bonds(만기 20년 또는 30년)의 세 가지 종류가 있다.

가운데를 가로지르는 0값을 중심으로,

그래프가 위에 있는 경우: 장기 국채 이자율 > 단기 국채 이자율

그래프가 아래 있는 경우: 단기 국채 이자율 > 장기 국채 이자율

이 그래프에는 아주 특별한 예지력이 있습니다. 바로 장기 국채 이자율에서 단기 국채 이자율을 차감한 값이 음수(-)가 되는 경우, 즉 그래프가 영(0) 이하로 떨어지는 경우 일정 기간 뒤(통상 12개월) 경기침체가 온다는 점입니다. 일명 '장단기 금리 역전'이라고 부르는 이 현상은 미국에서 지난 57년간(1960년대 후반부터 2024년 초까지) 있었던 8번의 경기침체를 모두 정확히 예측했습니다.

위 그래프에서 음영 처리된 세로선들은 미국의 공식 경기침체기입니다. 그리고 해당 경기침체기가 오기 전, 모두 그래프값이 (-)로 전환했었던 것을 볼 수 있습니다. 심지어 장단기 금리 역전은 코로나로 인한 경기침체까지도 정확히 예측했는데, 코로나로 미국 경기침체기가 시작하기 정확히 6개월 전인 2019년 8월, 장단기 금리 차가 -0.04를 기록했기 때문입니다.

이 장단기 금리 역전이란 무엇인지, 그리고 왜 이런 현상이 발생하는지와 이 수치를 어디서 볼 수 있는지는 Chapter 4에서 보다 자세히 다루겠습니다.

📖 p.191
'기준금리란?' 참고

현재 환율은 어떤가?

투자 실행하기 - 4단계

사업모델을 이해하고, 재무정보를 분석하고, 경기 사이클을 이해했다면 이제는 주식을 사는 마지막 단계만 남았습니다. 그런데, 이 마지막 단계를 실행하기 전 체크해야 할 항목이 하나 있습니다. 바로 '환율'입니다.

환율은 우리가 미국주식에 투자하기 때문에 고려해야 하는 항목입니다. 한국주식에 투자할 때는 환율을 전혀 고려할 필요가 없습니다. 그렇다면, 미국주식에 투자할 때는 왜 환율을 고려해서 투자해야 할까요? 그 이유는 바로 환율이 수익률에 직접적인 영향을 미치기 때문입니다.

미국주식에 투자하기 위해 우리는 증권사 계좌에 들어 있는 원화를 먼저 달러로 환전해야 합니다. 몇 년 전부터 증권사들에서 출시하기 시작한 원화주문이나 통합증거금 서비스도 마찬가지여서, 형식만 원화로 투자하는 것일 뿐 실제 수익률은 똑같이 환율의 영향을 받습니다. 단지 환전 과정을 투자자가 아닌 증권사가 자동으로 수행해 줄 뿐입니다.

환율이 수익률에 얼마나 큰 영향을 미칠 수 있는지 보기 위해, 코로나 시기에 미국주식에 투자했던 한 투자자의 예시를 들어 보겠습니다. 아래 예화의 환율은 실제 수치입니다.

★　★　★

투자자 A는 코로나가 주식시장에 영향을 본격적으로 미치기 시작한 2020년 2월, '이 위기는 금방 지나갈 것이다'라고 생각하며 큰 투자금으로 미국주식 투자를 시작합니다. 1억이라는 거금을 2020년 3월 19일 1달러당 1,290원에 환전하고, 평소 눈여겨보았던 미국 통신기업 AT&T(NYSE: T)에 다음 날 전액 투자한 것입니다. AT&T는 분기별로 배당하는 기업으로, 주가가 상승할 경우 주가 차익과 더불어 쏠쏠한 배당수익까지 얻을 수 있으리라 기대했습니다. 투자 당시 주가는 28.4달러로, A씨는 매수수수료를 차감한 뒤 총 2,726주를 매수합니다.

AT&T를 보유한 지 10개월이 된 2021년 1월 초 시점, 투자자 A씨는 자동차 구입 목적으로 투자금을 전액 회수하기로 결심합니다. 2021년 1월 5일 AT&T의 주가를 확인해 보니 29.45달러로, 수수료를 떼면 투자자 A씨는 정확히 1주당 1달러의 차익을 얻었습니다. 여기에 지난 10개월간 3번에 걸쳐 받은 배당금액은 세금을 제외하고 무려 3,614달러에 이르니, 총수익은 6,340달러(= 시세차익 2,726달러 + 배당수익 3,614달러)에 달했습니다. 기쁜 마음으로 1월 5일에 주식을 매도하고, 달러 대금이 들어오는 1월 8일에 전액 원화로 환전한 투자자 A씨, 그 사이 환율이 많이 내려가 1달러당 1,080원에 환전했습니다.

두근거리는 마음으로 원화 잔고를 확인한 A씨는 당혹감을 감추지 못합니다. 통장잔고가 9,056만 원에 불과했기 때문입니다. 분명 주식에서도 이익을 봤고, 배당수익도 두둑이 받았는데 왜 944만 원(= 1억 원 − 9,056만 원)을 손해 본 것인지, 투자자 A씨는 원인을 찾기 시작합니다.

앞의 예시에서, 투자자 A씨가 손해 본 원인은 환율 때문입니다. 투자했던 당시(2020년 3월)보다 회수했던 당시(2021년 1월)의 달러가 16.28%만큼 하락(약세)했기 때문에, 주식에서 8.19%에 이르는 이익을 봤음에도 불구하고 손실이 발생한 것입니다.

투자자 A씨의 투자 후 잔액 9,056만 원 = 1억 원 × (1+8.19%) × (1-16.28%)
투자 수익   환전 손실

1년간 주식에서 8.19%라는 우수한 수익률을 거두었음에도 불구하고 환율 하락만으로 인해 손실이 발생할 수 있다면, 미국주식 투자자는 환율에 그만큼 주의해 가면서 투자해야 합니다. 환율은 어떻게 해석해야 하며, 언제 투자하는 것이 가장 좋은지 Chapter 4에서 다루어 보도록 하겠습니다.

참고 p.198
'환율을 알아야 미국주식에 투자할 수 있다' 참고

U.S.
stock
investment

미국주식
시작하기

주식이란?

    많은 사람들이 주식투자를 합니다. 아마 주식이 가장 손쉽게 투자할 수 있는 대상이기 때문일 것입니다. 그럼, 주식이란 무엇일까요? 주식투자자는 흔하지만 이 질문에 대해 깊게 고민해 본 투자자는 결코 흔하지 않을 것이라 생각합니다. 질문에 대한 답을 찾기 위해 간략히 다른 자산들과 주식을 비교해 보겠습니다. 주식의 장점이 다른 투자자산들과 비교할 때 드러나기 때문입니다. 주식과 비교할 수 있는 투자자산으로는 부동산, 채권, 금이 있습니다.

주식투자의 가장 큰 장점은 '편리함'

    부동산과 비교했을 때 주식의 강점은 손쉽게 현금으로 바꿀 수 있다는 점입니다. 부동산은 표준화된 상품이 아니다 보니 거래 과정이 주식보다 길고 복잡합니다. 매물등록, 가격협의, 권리침해(가압류 등) 여부 조사, 소유권이전, 세금 계산 등 많은 단계를 거치게 되지요. 하지만 주식은 애플리케이션에서 '매도' 버튼을 눌러 간단히 현금화가 가능합니다.

채권과 비교했을 때 주식의 강점은 소액투자가 가능하다는 점입니다. 채권은 주로 장외시장에서 거래되며, 최소 거래단위가 통상 100억 원에 이릅니다. 채권시장의 주요 거래자가 은행이나 자산운용사 같은 기관투자자인 이유입니다. 이러한 단점을 극복하기 위해 요즘은 채권 투자수단이 다양해졌고 일반 개인도 ETF를 통해 채권에 간접투자하는 것이 가능해졌습니다. 가장 대표적인 채권ETF로 미국 나스닥에 상장된 BlackRock의 iShares 20 Plus Year Treasury Bond ETF NASDAQ: TLT 의 경우 2024년 5월 초 기준 한 주당 약 90달러(약 12만 원)에 투자가 가능합니다. 하지만 ETF를 통한 채권투자도 결국 '주식'의 형태로 채권에 투자하는 방법이라는 점에서 소액투자가 가능하다는 주식투자의 장점을 보여 주는 사례라고 할 수 있습니다.

금과 비교했을 때 주식의 강점은 낮은 수수료와 편리한 보관입니다. 실물 골드바에 개인이 투자하려는 경우, 매입 시 10%의 부가가치세와 5%의 수수료를 납부해야 합니다. 시작부터 -15%의 손해를 보고 투자를 시작하는 셈입니다. 게다가 도난의 위험으로부터 안전하게 실물 골드바를 보관할 수 있는 장소도 필요합니다. 이런 단점을 극복하기 위해 실물 금 가격을 추종하는 ETF가 등장했습니다. 하지만 이 또한 '주식'의 형태로 금에 투자하는 방법이라는 점에서, 주식투자의 우수함을 보여 주는 사례라고 볼 만합니다.

종합해 보면, 주식의 핵심적인 특징은 '편리하다'라는 한 단어로 요약할 수 있습니다. 주식투자가 이렇게 편리한 이유는 애초에 주식이 투자자의 편의성을 고려해 만들어진 발명품이기 때문입니다. 주식은 주식회사의 소유권을 나타내는 증서이며, 그렇기 때문에 주식회사가 어떻게 시작되었는지를 보고 나면 투자의 편리성이라는 주식의 본질을 이해할 수 있게 됩니다.

단기간에 대규모 자금을 모으기 위해 만들어진 제도, 주식회사

전 세계 최초의 주식회사는 네덜란드의 동인도회사입니다. 네덜란드는 본래 스페인의 지배를 받던 지역이었습니다. 그러다 세금정책에 반발해 1581년 독립하게 되는데, 이후 스페인이 기존 항구에서의 향신료 거래를 금지하자 직접 인도에서 향신료를 들여오기 위해 네덜란드 정부 주도로 만든 회사가 바로 네덜란드 동인도회사입니다. 직접 향신료를 들여와 대중에 판매했다는 점에서 오늘날 해운회사와 소매회사가 합쳐진 형태와 유사하다고 볼 수 있습니다.

동인도회사를 설립하고 운영하는 데는 많은 자금이 필요했습니다. 선박도 건조해야 하고, 선원들에게 임금도 주는 한편 인도까지 항해하는 동안 먹을 식량도 사야 했기 때문입니다. 이 자금을 마련하기 위해 네덜란드 왕실은 일반 대중을 대상으로 투자금을 모집하게 되는데, 이것이 오늘날 주식회사의 시초가 됩니다. 대중으로부터 투자금을 끌어모은 후, 각각의 투자자에게 그 금액만큼의 소유권을 나타내는 증서를 교부한 것입니다. 증세 없이 편리하게 대규모 자금을 모을 수 있는 제도, 네덜란드 정부가 교역에 필요한 자금 모집을 위해 만든 이 제도는 오늘날 대표적인 회사의 형태인 주식회사로 자리 잡게 되었습니다.

주식은 기업의 가치를 보고 장기간 투자하는 것이다

이렇게까지 주식의 역사를 자세히 설명하는 이유는, 주식투자에 입문하는 분들이 가져야 할 마음가짐에 대해 말씀드리기 위해서입니다. 많은 주식투자자들은 주식을 '단기에 큰 시세차익'을 얻기 위한 목적으로 투자합니다. 하지만 방금 주식회사의 기원에서도 보았듯이, 주식회사는 투자자의 투자편의성에 강조점을 두고 만든 제도이지, 단기간에 큰 시세차익을 돌려줄 목적으로 만든 제도가 아닙니다. 기업의 장기적인 가치를 보고 투자하는 가치투자가 필수인 이유입니다.

주식투자 시 기업의 장기적인 가치에 투자하는 가치투자가 필수인 이유는 수익률을 보면 더 명확해집니다. 오늘날 전 세계의 정부와 회사들이 더욱 긴밀히 연결되면서, 주식투자가 수반하는 위험은 더 광범위하고 다양해졌습니다. 지구 반대편에 있는 미국의 주택시장이 붕괴하자 다른 나라들의 주식시장도 같이 폭락하는 경우가 한 예입니다. 이렇듯 단기간의 변동성은 과거보다 더 클 수 있으나 중장기적으로 보면 주식은 다른 자산군보다 높은 수익률을 가져다 줍니다. 최근 10년간 주요 자산별 수익률은 〈도표 2-1〉과 같았습니다.

+ 도표 2-1. 미국주식과 기타 투자자산의 10년간 수익률 비교

투자자산	수익률(2014.02.28. ~ 2024.02.28.)
S&P500(미국의 대표적인 주가지수)	173%
금(XAU/USD)	53%
미국 주요 20개 도시 주택 매매가격	93%

위의 도표에서 확인할 수 있듯이, 미국주식의 중장기 수익률

은 금과 부동산 등의 대체 자산을 압도하고 있습니다. 하지만 주변에서 주식투자로 꾸준히 수익을 내고 있는 사람을 찾기는 쉽지 않습니다. 주식투자의 목적을 단순히 '단기간 시세차익' 정도로만 인식하고 장기투자하지 못하는 탓입니다. 이렇게 보면 거래가 신속하게 이루어진다는 점이 때로는 약점으로 작용하기도 합니다. 장기투자를 어렵게 만드는 요소이기 때문입니다.

결론적으로, 주식투자의 가장 큰 장점은 단기간 시세차익이 아닌, '투자편의성'입니다. 여기에 기업의 가치를 보고 장기간 투자하는 마음가짐까지 갖춘다면, 미국주식은 높은 수익률로 여러분께 보답할 것입니다.

미국주식에
투자해야 하는 이유

미국주식 투자자들은 모두 특정한 계기에 의해 미국주식을 시작합니다. 그 이유는 다양하며 개인 사정이 모두 다른 만큼 정답이 있는 것도 아닙니다. 필자에게도 미국주식을 해야 하는 이유에 대해 묻는 지인들이 종종 있습니다. 그러면 필자는 다음과 같이 답변합니다.

"미국주식은 공부할수록 수익률이 올라가는 투자자산이다"

지금부터 그 이유를 알아보겠습니다.

왜 미국인가?

왜 다른 나라 주식이 아닌 미국주식일까요? 1990년 2월 이후 34년 만에 주가지수가 사상 최고치를 기록한 일본, 2024년 2분기 현재 주요국 중 가장 먼저 침체기를 지나 경기 사이클 초기에 진입한 중국, 여타 신흥국 등 다른 매력적인 시장들도 있는데 말입니다. 이에 대한 답변은 간단합니다. 세계에서 가장 투자하기에 안전한 국가가 바로 미국이기 때문입니다.

먼저, 글로벌 금융시장에서 미국 정부가 발행한 국채는 흔히 '가장 안전한 자산'으로 통용됩니다. 지구상 모든 정부가 발행한 국채 중 미국 정부가 발행한 국채는 사실상 유일한 무위험자산 Risk-free asset 으로 인정 받으며, 위기 시 전 세계 투자자금은 어김없이 미국 국채로 몰립니다.

이를 잘 보여 주는 지표가 있습니다. 바로 국가별 투자위험도를 측정하는 지표인 CDS 프리미엄 Credit Default Swap Premium 입니다. CDS는 우리 말로 신용부도스와프라고 부르는데, 국채를 발행한 국가가 부도나더라도 원금을 보장받을 수 있도록 해 주는 일종의 보험상품에 해당합니다. 예컨대 미국 정부가 발행한 국채에 투자한 투자자가 CDS 상품에 가입하고 보험료에 해당하는 프리미엄을 내면, 미국 국채가 부도날 경우 원금을 돌려받을 수 있습니다.

위험한 운전자일수록 자동차보험료가 비싸지듯이 이 국가별 CDS 또한 부도 위험이 높은 국가일수록 값이 커지는데, 최근 들어 가장 큰 글로벌 위기라고 할 수 있었던 코로나 팬데믹이 극심했던 2020년 4월 1일 기준 주요 국가의 CDS 프리미엄은 〈도표 2-2〉와 같았습니다.

▶CDS
국가가 파산할 경우를 대비한 보험료 개념. 국가의 투자위험도를 판단하는 지표로 활용.

+ 도표 2-2. 주요 국가의 5년 만기 CDS 프리미엄(단위: bp. 1bp는 0.01%임.)

국가명	CDS 프리미엄*	국가명	CDS 프리미엄*
미국	28.7	영국	43.9
캐나다	34.7	한국	45.6
호주	42.3	중국	61.2
일본	43.0	이탈리아	188.7
프랑스	43.9	브라질	348.4

*2020년 4월 1일 기준

〈도표 2-2〉에서 볼 수 있듯이, 미국은 주요국에 비해 부도 시 보험료가 낮아 가장 안전한 나라로 평가받고 있습니다. 주식시장과 같은 금융시장은 예측하지 못한 돌발 변수에 가장 취약한데, 여기서 '안전한 국가'로 평가받는다는 것은 이 돌발 변수로부터 상대적으로 안전하다는 뜻입니다.

혹자는 '기업 주식에 투자하는데 국가 안전도가 무슨 상관이냐'고 생각하실지 모르겠습니다. 그러나 미국기업들 못지 않게 저력이 있는 우리나라 기업들이 주식시장에서 제값을 못 받는 일명 '코리아 디스카운트(한국 증시 저평가)'의 원인도 따지고 보면 소규모 개방경제인 우리나라 경제의 대외 취약성에 있음을 생각해 본다면, 주식시장에서 국가의 신용도가 매우 중요함을 알 수 있습니다.

주식투자를 하던 중 이 '돌발 변수'로 인한 주가 하락을 한 번이라도 경험해 본 분이라면 이것이 얼마나 아찔한지 아실 겁니다. 주식시장에서 돌발 변수가 얼마나 위험한지에 대한 이해를 돕기 위해 전자상거래 기업 알리바바NYSE: BABA를 예로 들어 볼까 합니다.

중국 최대 전자상거래 기업, 알리바바그룹

알리바바그룹은 중국 최대의 전자상거래 기업입니다. 2024년 2월 기준 우리나라 사람들이 가장 많이 사용한 이커머스 앱 순위에서 2위를 기록(1위는 쿠팡)한 알리익스프레스AliExpress, 중국 최대 전자상거래 플랫폼 중 하나인 타오바오Taobao.com, 중국 최대 수입 이커머스 플랫폼인 티몰Tmall 등을 운영하고 있습니다. 알리바바는 중국기업임에도 불구하고 미국에 먼저 상장했는데, 2014년 상장 당시 조달한 자금 규모(250억 달러)가 당시 기준으로 미국 역사상 최대 규모를 기록한 것으로 유명합니다.

상장 당시 알리바바는 여러 화젯거리로 유명했는데, 그중 하나가 손정의 소프트뱅크 회장과 관련된 에피소드입니다. 손정의 회장은 알리바바가 창업된 이듬해인 2000년 회장인 마윈을 만나 2,000만 달러(한화 260억)를 투자한 큰손입니다. 당시만 해도 알리바바는 신생 벤처기업에 불과했는데, 손정의 회장이 알리바바의 창업자인 마윈을 만난 지 5분 만에 그의 눈빛에 매료돼 투자를 결정했다고 합니다. 알리바바의 사업이 성공을 거듭하자 2004년 소프트뱅크는 6,000만 달러를 추가 투입하기도 했습니다.

그로부터 10년 뒤인 2014년, 알리바바가 상장을 하면서 손정의 회장이 이끄는 소프트뱅크가 소유한 주식의 가치는 747억 달러(한화 88조)에 이르게 됩니다. 두 번에 걸친 초기 투자금 대비 1,000배 가까이 상승한 셈입니다. 이후에도 알리바바의 주가는 더 상승해 손 회장의 투자수익률은 2,000배를 넘겼는데, 일각에서는 손정의 회장이 알리바바에 투자해서 번 돈이 평생 동안의 투자수익에서 80%를 차지한다는 분석을 하기도 했습니다.

▶ **상장(Initial Public Offering)** 기업이 주식을 거래소에 등록하여 누구나 사고팔 수 있도록 기업을 공개하는 과정

중국 정부 비판 이후 줄곧 하락한 알리바바 주가

그러나 상장 첫날 페이스북 시가총액을 추월해 한때 구글에 이은 전 세계 2위 인터넷 기업이었던 알리바바의 주가에 먹구름이 끼기 시작합니다. 발단은 마윈 회장과 중국 당국의 갈등이었습니다. 2020년 10월, 마윈은 상하이의 한 포럼에서 중국 정부의 보수적인 감독 정책을 비판했는데 그 뒤로 홀연히 종적을 감춥니다. 실종설, 납치설 등 다양한 억측이 난무했습니다. 다행히 3개월 뒤 마윈 회장은 다시 모습을 드러냈지만, 중국 정부의 기업 규제 리

스크를 불안해한 투자자들의 주식 매도가 지속되면서 그 사이 주가는 이미 20% 가까이 폭락한 상태였습니다.

알리바바의 악재는 여기서 그치지 않았습니다. 상장하기로 예정되어 있던 핀테크 자회사 앤트그룹의 상장 절차가 2020년 11월 전격 중단되었고, 이듬해 4월에는 중국 당국으로부터 사상 최고인 182억 위안(한화 3.1조 원)의 벌금을 부과받기도 했습니다. 2021년 7월에는 중국 당국의 기업 규제가 알리바바뿐만 아니라 미국에 상장된 기업 전반으로 확산되면서 중국 기술 기업들의 주가가 큰 타격을 받았습니다. 일명 '차이나 리스크'가 본격화된 시기입니다.

계속된 기술 기업 규제로 부각된 차이나 리스크

2021년 7월, 중국은 기술 기업들에 대한 새로운 감독정책을 발표합니다. 빅테크 기업들에 대한 규제를 국가 안보 차원에서 확대하겠다는 내용이었습니다. 표면적 이유는 빅테크 기업들의 데이터 보안 침해를 조사한다는 취지였지만, 실제로는 정부의 뜻을 거스르고 미국에 상장한 기업들에 대한 보복 조치라는 해석이 지배적이었습니다. 실제 중국 당국의 규제도 미국에 상장한 중국기업들 위주로 이루어졌는데, 규제 전과 후의 주요 기업들의 주가 하락폭은 〈도표 2-3〉과 같았습니다.

+ 도표 2-3. 중국의 2021년 7월 규제 이후 6개월간 주요 기업 주가 하락폭

기업명	주가변동(21년 7월 → 22년 1월)	하락폭
알리바바(NYSE: BABA)	$221.87 → $115.32	(-) 48.1%
디디추싱(NYSE: DIDI)	$16.4 → $4.18	(-) 74.6%
신동방(NYSE: EDU)	$7.81 → $1.38	(-) 82.4%
탈에듀케이션(NYSE: TAL)	$23.4 → $2.93	(-) 87.5%

문제는 중국 당국의 이러한 규제 조치로 중국기업에 대한 외국 투자자들의 신뢰가 크게 떨어졌다는 점입니다. 미국의 싱크탱크인 Atlantic Council은 이로 인한 중국의 손실이 2030년까지 약 45조 달러(한화 5경 2천조 원)에 이를 수 있다는 분석을 내놓기도 했습니다. 이렇듯 2020년 10월 알리바바에서 시작된 중국 당국의 '빅테크 탄압'은 왜 주식투자에서 각국 정부의 대외신인도가 중요한지를 적나라하게 보여 준 사건이라고 할 수 있습니다.

기업환경과 주가에 큰 영향을 미치는 국가위험

〈도표 2-3〉의 주가폭락 예에서 볼 수 있듯이, 기업들은 해당 기업이 속한 국가가 지니는 고유의 위험을 안고 있습니다. 이를 금융시장에서는 '국가위험 Country Risk'이라고 칭합니다. 국가위험의 대표적인 특징은 어떤 정부의 정책 등이 해당국의 대외신용도를 순식간에 무력화한다는 것이며, 중국이 안고 있는 정치적 위험이 대표적인 국가위험이라 할 수 있습니다.

국가위험으로 인해 해당 국가의 기업들이 피해를 보는 사례는 이 외에도 다양합니다. 필리핀은 2021년 갑자기 주식·외환 시장을 무기한 휴장하는 조치를 내렸습니다. 폭락장을 방지하기 위한 조치였지만, 투자자들의 자금 회수를 정부가 나서서 막는 행위라는 데에 비판이 이어졌습니다. 뿐만 아니라 터키에서는 정치적 목적으로 금리인하를 단행하는 대통령에 의해 자국 화폐인 리라화 가치가 폭락한 사례도 있습니다. 이런 국가위험들은 실제 발생 시 파급효과가 크고, 위험이 발생할 것을 투자자들이 미리 예측하기 힘든 특징을 갖고 있어 발생 시 주식가격을 급락시키는 요소로 작용합니다.

앞서 살펴본 CDS 프리미엄이 특정 국가의 신용위험Sovereign Credit Risk, 즉 채무 상환능력만을 측정하는 지표라면 국가위험Country Risk 은 보다 넓은 의미에서 정치·경제·사회 리스크를 포괄하는 측정 지표이며 선진국 중 미국은 가장 낮은 수준의 신용위험, 국가위험을 자랑합니다. 요약하면, '신용위험, 국가위험으로 인해 주식시장이 하락할 위험이 가장 적은' 국가가 미국이기 때문에 미국 주식에 투자해야 한다고 할 수 있습니다.

미국주식이 공부할수록 수익률이 올라가는 자산인 이유

미국주식 시장은 전 세계 주식시장 중 다음의 법칙이 가장 잘 적용되는 시장입니다.

"좋은 기업의 주가는 장기적으로 반드시 우상향한다"

이 법칙은 전 세계 모든 주식시장에 적용되는 법칙 아니냐고 반문하실 수 있습니다. 그러나 방금 살펴본 알리바바의 예처럼 좋은 사업모델을 가진 우량한 기업도 당국의 정치적 제재로 주가 급락을 겪는 것에서 볼 수 있듯이, 이 법칙이 적용되려면 미국처럼 낮은 국가위험으로 안정적인 기업환경을 제공하는 국가라는 전제 조건이 필요합니다. '좋은 기업의 주가는 장기적으로 반드시 우상향한다.'라는 법칙이 미국주식에 적용될 수 있는 이유입니다.

미국 주식투자 역사상 가장 위대한 투자자로 일컬어지는 워런 버핏 또한 다음과 같은 말을 남겼습니다. "버크셔 해서웨이(워런 버핏의 회사)가 이만큼 성장할 수 있었던 이유는, 회사가 미국에 있었기 때문입니다. 미국은 버크셔 해서웨이가 없이도 여전히 오늘날과 같은 강대국이었겠지만, 버크셔 해서웨이는 미국이 아닌 다른 나라에 있었다면 결코 이만큼 성장할 수 없었을 것입니다(2021년 주주서한 중에서)."

앞서 살펴본 컨설팅회사 인터브랜드Interbrand의 글로벌 100대 브랜드 안에 포함된 기업 수만 봐도 미국이 얼마나 대단한 기업 강국인지 명확해집니다. 11년째 베스트 글로벌 브랜드를 유지하고 있는 애플, 최근 AI와 클라우드를 통해 제2의 전성기를 맞이한 마이크로소프트, 전 세계 클라우드 1위 기업 아마존, 전기차에서 휴머노이드 로봇으로 사업 영역을 확장하고 있는 혁신의 아이콘 테슬라 등 21세기를 대표하는 기업들이 모두 미국 태생 기업들이기 때문입니다.

결론적으로, 미국주식 투자자인 우리에게 남겨진 과제는 명확합니다. 바로 국가위험을 걱정할 필요 없는 미국의 주식시장에서, 좋은 기업을 발굴하는 데에만 집중하는 것입니다. 우리는 '어떤 기업이 좋은 기업인지'만 판별하면 됩니다. 이러한 투자 과정은 Chapter 1에서 살펴보았던 4단계(사업모델 파악 → 재무정보 파악 → 비즈니스 사이클 파악 → 투자실행)를 거침으로써 이루어집니다.

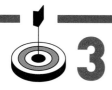

미국주식을 시작하기 위해 반드시 거쳐야 하는 기관,
증권회사

　지금까지는 주식이란 무엇인지, 그리고 왜 미국주식에 투자해야 하는지에 대해서 다루었습니다. 지금까지 내용이 투자자로서 가져야 할 마음가짐에 관한 것이었다면, 이제부터는 실제 주식투자를 하기 위해 밟아야 하는 순서에 대해서 알아보겠습니다.

　미국주식을 시작하기 위한 첫 번째 단계는 바로 계좌 개설입니다. 혹시, '나는 내 이름으로 된 은행계좌가 있으니, 그럼 이 단계는 넘어가도 되겠구나'라고 생각하셨나요? 아쉽지만 은행계좌로는 미국주식을 구매할 수 없습니다. 주식을 구입하기 위해서는 증권회사의 해외주식 계좌가 필요합니다. 이번 장에서는 증권회사에 대해서 알아보겠습니다.

기업과 투자자를 연결해 주는 증권회사

　증권회사는 자금이 필요한 기업과 투자자를 연결해 주는 역할을 하는 기관입니다. 일상에서는 주로 가운데 '회'자를 떼고 '증권사'라고 통용됩니다. 한국에선 미래에셋증권이나 한국투자증권

등이 대표적 증권사라면, 미국에는 찰스 슈왑Charles Schwab, 피델리티Fidelity, 뱅가드Vanguard 등의 증권사가 있습니다. 증권사가 기업과 투자자를 연결하는 가장 대표적인 사례로는 주식의 상장IPO 이 있습니다. 실제 미국기업의 상장 사례를 예로 들어 증권사의 업무를 이해해 보겠습니다.

+ 도표 2-4. 미국 주식거래 앱인 Robinhood의 상장 뉴스를 다룬 기사

> EXCLUSIVE IPOS
>
> ## Robinhood IPO Prices at \$38 a Share
> The investing platform is expected to start trading Thursday in a highly anticipated deal

출처: The Wall Street Journal (2021.07.29.)

위 기사는 미국 증권사이자 혁신적인 주식 앱으로 유명한 로빈후드NASDAQ: HOOD 의 상장을 다룬 기사 제목입니다. '상장Initial Public Offering, IPO'이란 기업의 주식을 일반인들도 앱을 통해 쉽게 사고팔 수 있도록 증권시장에 등록하는 절차를 가리킵니다. Chapter 2를 시작할 때, 기업은 돈이 필요할 때 주식을 발행해 자금을 모집한다고 했습니다. 이때 더 많은 사람이 참여할수록 자금 모집이 수월해지므로, 투자자 범위를 가장 넓은 일반인까지로 확대하려는 절차가 바로 이 상장 절차입니다.

상장 절차는 매우 복잡합니다. 일반인들이 최초로 주식을 매입할 가격을 합리적으로 정해야 하며, 심사를 위해 정부기관에 제출해야 하는 서류의 종류도 엄격하고 다양합니다. 이런 업무는 부분적으로는 상장하려는 회사가 자체적으로 수행할 수 있지만, 기업이 상장 시 금융시장에서 증권사만 수행할 수 있는 업무 영

역이 있기에 일부 업무는 증권사가 대신 업무를 위탁받아 처리합니다.

로빈후드의 경우 2021년 7월 29일에 미국 나스닥Nasdaq 시장에 상장되었는데, 이때 상장 업무를 위탁받았던 증권사(미국에서는 관행적으로 증권사 대신 투자은행IB, Investment Bank이라는 용어를 사용합니다만, 본 책에서는 편의상 증권사로 기재했습니다)는 골드만삭스Goldman Sachs와 제이피모건J.P.Morgan이었습니다. 상장 당시 로빈후드의 주가는 한 주에 38달러로, 총 5,500만 주를 매각해 21억 달러(한화 2.7조 원) 모집에 성공하게 됩니다.

+ 도표 2-5. 투자자의 자금이 기업에게 연결될 수 있도록 하는 증권회사

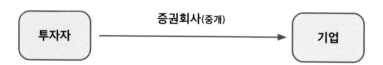

주식이 상장된 이후에야 비로소 우리도 투자할 수 있게 된다

현재 주식시장에서 거래되고 있는 주식들은 모두 로빈후드NASDAQ: HOOD처럼 과거에 상장 과정을 거쳤던 주식들입니다. 주식은 일단 상장되기만 하면, 그때부터는 기업과 무관하게 일반투자자들 사이에서 거래됩니다.

위에서 예로 든 로빈후드NASDAQ: HOOD의 경우, 상장 당시 공모가는 38달러였다고 말씀드렸습니다. 하지만 상장된 직후부터 주가는 끊임없이 변동합니다. 2021년 7월 29일 상장된 로빈후드의 주가는 그로부터 일주일 뒤인 8월 4일, 85달러까지 약 123% 수직상승했습니다. 그러나 〈도표 2-6〉에서 볼 수 있듯이 이후 하락을 거듭해 2024년 2월 말에는 16달러까지 떨어지기에 이릅니다.

하지만 주가가 상승한다고 해서 로빈후드가 일반투자자들로부터 돈을 더 받는다거나, 하락했다고 해서 로빈후드가 돈을 돌려주는 것은 아닙니다. 로빈후드는 처음 주식이 상장될 때 주식을 발행하는 대가로 38달러를 받아갈 뿐이며, 그 이후의 주식 가격은 로빈후드와 무관하게 일반투자자들 사이에서 사고팔리는 가격으로 형성됩니다. 이렇게 주식이 일반투자자들 사이에서 사고팔리는 시장을 우리는 유통시장Secondary Market 이라고 부릅니다.

+ 도표 2-6. 로빈후드의 주가 움직임 (2021.7.28. ~ 2024.2.28.)

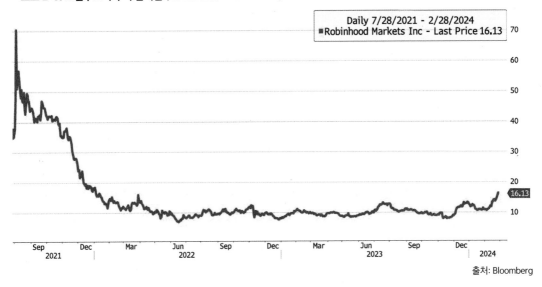

출처: Bloomberg

주식의 유통시장에서 일반투자자들을 연결해 주는 증권회사

우리가 미국주식에 투자하기 위해 주식을 사고파는 곳은 유통시장이라고 말씀드렸습니다. 유통시장이라고 하면 왠지 어려운 느낌이 들 수 있지만, 우리가 스마트폰 앱에 접속해 주식을 사고파는 곳이 바로 유통시장입니다. 바로 이 유통시장에서도, 증권사는 주식 매도인(파는 사람)과 매수인(사는 사람)을 연결해 주는 역할을 합니다. 우리가 미국주식에 투자하기 위해 증권사 계좌가 필요한 이유입니다.

그럼 왜 은행 계좌로는 주식 투자를 할 수 없고, 증권사 계좌로만 가능할까요? 그 이유는 각국에서 주식거래 과정을 관리하는 공인 기관인 증권거래소Stock Exchange에 회원으로 등록해야만 주식거래를 중개할 권한이 생기는데, 증권사에게만 이 회원사Membership 지위가 부여되기 때문입니다. 따라서, 미국주식 투자를 시작하기 위해서는 반드시 증권사에 해외주식 계좌를 만들고 그 계좌를 통해 주식을 거래해야 합니다.

미국주식을 매수하는 순서

그럼 이제 본격적으로 한국에서 미국주식을 거래할 수 있는 방법을 알아보겠습니다. 미국주식을 사는 방법에는 다음의 3가지 유형이 있습니다.

+ 도표 2-7. 미국주식 매수 방법 3가지

유형	거래 순서	특징
유형 1	증권사 계좌 개설 → 원화 입금 → 환전 → 주식 매수	기본 형태
유형 2	증권사 계좌 개설 → 원화 입금 → 주식 매수	다음 날 자동 환전
유형 3	증권사 계좌 개설 → 달러 입금 → 주식 매수	환전 불필요

미국주식은 오로지 달러로만 매입 가능합니다. 미국주식은 미국 내 증권거래소에 상장되어 있으며, 미국의 법정통화fiat money는 달러이기 때문입니다. 그래서 〈도표 2-7〉에 설명된 3가지 방법들도 모두 달러로 먼저 환전한 후에 미국주식을 산다는 공통점이 있습니다. 유형 2의 경우도 원화로만 미국주식을 사는 것처럼 보이지만, 사실은 원화를 달러로 환전하는 과정을 우리가 아닌 증권사가 대신 수행해 주는 것입니다.

다음 장에서는 이 중 유형1에 따라 환전하는 방법 및 미국주식을 주문하는 과정을 실제 증권사 앱 화면을 보면서 설명드리겠습니다.

★ ★ ★

왜 은행이 아닌 증권회사만 주식매매를 중개할 수 있을까?

은행과 증권사(투자은행) 간 분리의 시초는 1900년대 초반으로 거슬러 올라갑니다. 1900년대 초반만 해도 미국의 금융회사들은 업무의 경계가 없었습니다. 상업은행(예금과 대출을 주 업무로 하는 은행)이 주식투자(증권업)나 보험상품 판매(보험업)까지 병행할 수 있었습니다. 하지만 이로 인한 금융회사들의 도덕적 해이는 심각한 수준이었습니다.

당시 금융회사들의 도덕적 해이를 조사했던 특별위원회에 의하면, 상업은행의 대출을 만기에 갚지 못하는 부실기업이 생기면 증권사(투자은행)가 그 부실기업의 무보증회사채를 인수해서 자금을 공급해 주었다고 합니다. 상업은행의 주가가 떨어지면 증권사(투자은행)가 나서서 주가 하락을 방어해 주기도 했습니다.

급기야 이러한 도덕적 해이는 1929년 미국의 경제 대공황(The Great Depression)의 원인이 되기에 이릅니다. 그러자 미국 의회는 1933년 은행법(The Banking Act of 1933)을 제정해 상업은행이 투자은행 업무를 겸업할 수 없도록 막습니다. 이 법안은 공동 제안자인 민주당 소속의 두 의원, 카터 글래스(Carter Glass)와 헨리 스티걸(Henry Steagall)의 이름을 따 글래스-스티걸법(Glass-Steagall Act of 1933)이라고도 불리는데요. 1933년 이 법이 통과되며 대표적으로 당시 미국 최대 은행이었던 제이피모건(J.P.Morgan)은 상업은행(J.P.Morgan)과 투자은행(Morgan Stanley)으로 나뉘게 됩니다. 이러한 상업은행과 증권사(투자은행)의 분리는 이후 일종의 글로벌 스탠더드가 되어 일본, 캐나다, 호주 등 다른 국가로 확산되기에 이릅니다. 우리나라도 이러한 분리를 받아들여, 은행과 증권회사가 각각의 고유 금융서비스만을 제공할 수 있도록 제한했습니다.

현재 증권사를 통해서만 주식을 매매할 수 있는 이유입니다.

하지만 1999년 11월 12일, 미국에서 이 은행-증권사 분리에 중대한 변화가 일어납니다. 글래스-스티걸법이 폐지된 것입니다. '신규 금융상품이 등장하고 있는 현시대에 글래스-스티걸 법안은 시대를 역행한다'는 것이 그 이유였습니다. 월가 및 여론의 비판을 수용해 당시 빌 클린턴 대통령이 폐지에 서명했고, 1999년 11월 12일 이 법안은 역사의 뒤안길로 사라지게 됩니다.

그 뒤 금융시장에서는 금융회사 간 업무 영역을 제한해선 안 된다는 일명 '겸업주의(universal banking)' 논의가 활발하게 제기됩니다. 한국은 현재 각 금융회사의 핵심 업무를 제외한 업무에 대해서만 겸업을 허용하는 부분적 겸업주의를 채택하고 있어, 여전히 주식의 매매는 증권회사 계좌를 통해서만 가능합니다.

미국주식 투자 시작을 위한 마지막 단계,
증권사 선택 및 계좌 개설

증권사 선택은 미국주식 투자를 결심하고 나서 일반투자자가 가장 먼저 맞닥뜨리는 고민거리일 것입니다. 최근 서학개미들의 미국주식 투자가 활발해지면서 증권사들도 경쟁적으로 신규 고객 유치에 열을 올리고 있고, 덩달아 증권사들이 제공하는 수수료 혜택도 점점 풍성해지고 있습니다. 투자자 입장에서는 반가운 일입니다.

그러나 이제 막 미국주식 투자를 시작한 투자자라면 막상 어떤 증권사를 선택해야 하는지 고민에 빠지게 됩니다. 여러 증권사에서 동시에 계좌를 개설한 후 직접 사용해 보고 결정하면 가장 좋겠지만, 한 증권사에서 계좌를 개설하기도 번거로운 탓에 현실적으로 여러 증권사에 계좌를 개설해 비교하기가 쉽지 않기 때문입니다. 또 현재 금융감독원은 단기간에 다수의 계좌를 개설할 수 없도록 제한하고 있어, 만약 특정 증권사에서 계좌를 개설했다면 20 영업일이 지난 시점부터 타 증권사 계좌 개설이 가능합니다. 여러 증권사에 동시에 계좌를 개설하는 것이 물리적으로도 불가능한 것입니다.

그렇기 때문에 이번 장에서는 대표적인 네 곳의 증권사 앱을 비교해 가면서, 독자 여러분들이 가장 적합한 증권사 앱을 고르는 데 도움을 드리는 시간을 가져 보려 합니다. 증권사 앱을 평가할 때는 대체로 매매수수료, 환전우대율, 인터페이스의 3가지 기준을 활용합니다. 지금부터 증권사들 앱 4개의 매매수수료와 환전우대율을 비교해 보고 마지막으로 증권사 앱 1개를 예시로 들어 환전 방법, 주식 매수 방법, 주식 매도 방법을 직접 화면을 보면서 설명하겠습니다(이번 장에서 언급되는 증권사들은 단순히 비교 목적으로 필자가 직접 선별한 곳들이며, 광고료는 전혀 받지 않았음을 말씀드립니다).

---

1. 매매수수료: 주식을 사고팔 때 내는 수수료. 살 때와 팔 때 각각 부과됨.
2. 환전우대율: 원화를 달러로, 달러를 원화로 환전할 때 적용되는 수수료 할인율
3. 인터페이스: 실제 주식을 거래하는 버튼이 있는 화면. 개인 선호도가 모두 다름.

---

1 주식을 사고팔 때마다 적용되는 매매수수료

매매수수료는 주식을 사고팔 때마다 부과되는 수수료입니다. 예컨대 매매수수료가 0.1%라면 1,000달러에 해당하는 주식을 샀을 때 계좌에서는 수수료인 1달러(= 1,000달러×0.1%)를 포함한 1,001달러가 출금됩니다. 반대로 1,000달러에 해당하는 주식을 팔았을 때는, 수수료인 1달러를 차감한 999달러를 계좌에 입금해 줍니다.

〈도표 2-8〉은 네 곳 증권사가 이벤트를 실시했을 때 적용됐던 매매수수료율을 정리한 표입니다. 이벤트 기간이 아닌 평상시의 정상수수료율은 네 증권사 모두 0.20%~0.25% 수준입니다. 수수

료가 주식을 사고팔 때 각각 한 번씩 부과되는 것임을 고려하면, 정상수수료 부과 시 한 번 주식을 사고팔 때 0.4%~0.5%의 수수료가 부과되는 셈입니다. 이는 5만 달러(약 6천 5백만 원)를 굴리는 투자자의 경우 200달러(약 26만 원)에서 250달러(약 33만 원)에 해당하는 금액으로, 결코 적지 않은 금액입니다. 투자금액 단위가 커질수록 반드시 이벤트 기간을 적극 활용해 증권사에 계좌를 개설해야 하는 이유입니다.

증권사들은 수시로 이벤트를 진행합니다. 따라서 이번 이벤트 기간을 놓쳤더라도 너무 아쉬워할 필요는 없습니다. 특히 대부분의 증권사들은 각 회사의 최초 계좌 개설 고객에게만 혜택을 제공하고 있기 때문에, 꼭 이용하고 싶은 증권사가 있다면 이벤트 기간에 계좌를 개설하는 것이 좋습니다.

매매수수료 혜택을 볼 때 한 가지 주의할 점이 있습니다. 혜택이 평생 적용되는지, 한시적으로만 적용되는지 살펴보는 것입니다. 예컨대 〈도표 2-8〉의 증권사 4곳 중 혜택을 평생 적용받을 수 있는 증권사는 한국투자증권입니다. 한국투자증권의 경우 이벤트 적용 후 미국주식을 매년 1주 이상 거래한다면 매매수수료 우대 혜택을 1년 단위로 매년 연장할 수 있습니다. 요건만 충족할 경우 평생 우대 혜택을 적용받을 수 있는 것입니다.

NH투자증권(나무증권)은 최초 계좌 개설일 이후 1년간만 매매수수료 할인 혜택을 제공합니다. 대신증권의 경우는 최초 계좌 개설 고객에 대해 첫 1년간 매매수수료 할인 혜택을 제공하며, 혜택 적용 기간 내 한 번이라도 미국주식 거래 시 혜택을 1년 연장한다는 점이 특징입니다. 키움증권의 경우 최초 계좌 개설 고객이 아니라도 비대면계좌를 보유하기만 하면 매매수수료 할인 혜

택을 적용하며, 대신증권과 마찬가지로 이벤트 적용 기간은 1년
이나 한 번이라도 미국주식을 거래할 시 혜택을 1년 연장합니다.

이렇듯 증권사마다 이벤트 적용 기간이 한시적인지, 조건부로
평생 적용이 가능한지 차이가 있으므로 한시적으로 수수료를 인
하해 주는 이벤트를 적용받고 계좌를 개설했다가, 자칫 신경 쓰
지 못한 채 적용 기간이 경과해 자신도 모르는 사이 원래대로 높
은 수수료를 낼 수 있으므로 적용 기간과 유의사항을 꼼꼼히 읽
어 보고 계좌를 개설해야 합니다. 제가 아래 〈도표 2-8〉에 정리해
놓은 매매수수료 이벤트는 실제 독자 여러분이 계좌를 개설하는
시점에 변동될 수 있으므로, 꼭 직접 이벤트 적용 요건을 확인 후
거래하시기 바랍니다.

+ 도표 2-8. 각 증권사별 이벤트 적용 시 미국주식 매매수수료

· 미국주식 살 때

증권사	국내수수료	해외수수료	총수수료	이벤트 신청 기간
NH투자증권	0.09%	-	0.09%	2024.2.1. ~ 2025.01.31.
대신증권	-주1)	-	-주1)	2023.8.1. ~ 2024.12.31.
키움증권	0.07%	-	0.07%	2024.4.1. ~ 2024.6.30.
한국투자증권	-주2)	-	-주2)	2024.1.1. ~ 2024.6.30.

주1) 첫 2개월간 0%이며, 이후 10개월간 0.07%
주2) 첫 1개월간 0%이며, 이후 11개월간 0.09%

· 미국주식 팔 때

증권사	국내수수료	해외수수료	총수수료	이벤트 신청 기간
NH투자증권	0.09%	0.0008%	0.0908%	2024.2.1. ~ 2025.01.31.
대신증권	-주1)	0.0008%	0.0008%	2023.8.1. ~ 2024.12.31.
키움증권	0.07%	0.0008%	0.0708%	2024.4.1. ~ 2024.6.30.
한국투자증권	-주2)	0.0008%	0.0008%	2024.1.1. ~ 2024.6.30.

주1) 첫 2개월간 0%이며, 이후 10개월간 0.07%. 0.07% 적용 시 총수수료는 0.0708%임.
주2) 첫 1개월간 0%이며, 이후 11개월간 0.09%. 0.09% 적용 시 총수수료는 0.0908%임.

2 환전 시 적용되는 환전우대율

미국주식은 반드시 달러로 거래해야 합니다. 때문에 미국주식에 투자하기 위해선 반드시 환전 과정을 거쳐야만 합니다. 환전하는 방법에는 크게 두 가지 방법이 있습니다. 첫 번째는 투자자가 직접 원화를 달러로 환전하는 방식입니다. 두 번째는 투자자가 일단 원화로 미국주식을 주문하면, 환전은 증권사에서 자동으로 해 주는 방식입니다.

투자자에 따라 더 선호하는 방식을 활용하면 되겠지만, 두 번째 방식의 경우 매매한 다음날의 환율로 증권사가 자동 환전하는 시스템이기 때문에 환율이 크게 변동한다면 손해를 볼 수도 있다는 단점이 있습니다. 통상 미국주식 가격이 하락하는 시기에는 원달러 환율이 상승하게 되는데, 이때 미국주식 가격이 떨어진 것만 보고 자동 환전을 통해 주식을 샀다면 추후 달러 가치가 안정(환율 하락)되었을 경우 환전 과정에서 손해를 볼 수도 있다는 뜻입니다. 때문에 가급적이면 평소 원달러 환율이 낮을 때 조금씩 환전을 해 두는 첫 번째 방식이 더 바람직합니다.

〈도표 2-9〉는 각 증권사가 이벤트 기간에 제시했던 환율우대율을 정리한 표입니다. 증권사들은 이벤트를 통해 환전우대율을 적용해 주기도 하지만, 증권사 예치금 규모가 일정 금액 이상인 고객이라면 고객센터의 전화 상담을 통해 수수료를 할인해 주기도 합니다. 때문에 혹여나 환전우대 이벤트를 신청하지 못했더라도, 각 증권사의 고객센터와 전화 상담을 통해 한 번쯤 우대환율 적용 가능 여부를 문의해 보는 것이 바람직합니다.

+ 도표 2-9. 각 증권사별 이벤트 적용 시 환전우대율

증권사	환전우대율	이벤트 신청 기간
NH투자증권	100%(자동 환전), 95%(수동 환전)	2024.2.1. ~ 2025.01.31.
대신증권	95%	2024.1.5. ~ 2024.12.30.
키움증권	95%	2024.4.1. ~ 2024.6.30.
한국투자증권	90%	2024.1.1. ~ 2024.6.30.

환전우대란?

환전우대 70%, 환전우대 90%와 같은 말들을 많이 들어 보셨을 겁니다. 여기서 환전우대란 전체 환율에서 70%나 90%를 깎아 준다는 뜻이 아니라, 매매기준율과 매수(도)환율의 차이(스프레드)에서 70%나 90%를 할인해 준다는 것을 의미합니다.

매매기준율이란 금융기관 간 달러를 사고팔면서 결정된 환율입니다. 국민은행, 신한은행과 같은 한국의 시중은행도 달러를 구하기 위해서는 외부에서 사와야 하므로, 금융기관 입장에서 매매기준율은 달러의 원가에 해당하는 금액이라고 할 수 있습니다. 우리 같은 일반투자자가 달러를 사거나 팔 때에는 이 매매기준율에 환전수수료, 일명 '스프레드'를 포함한 금액으로 거래하게 됩니다. 금융기관 입장에서는 달러를 사 온 가격에 마진을 붙여 파는 셈입니다. 증권사의 스프레드는 통상 1% 수준입니다.

스프레드가 1%일 때, 달러의 매매기준율이 1,000원이라면 달러를 매수하려는 일반투자자는 1,000원에 1%를 더한 1,010원을 주고 사야 합니다. 그리고 증권사가 제공하는 환율우대 혜택은 바로 이 스프레드, 즉 10원에 대해 적용하는 할인율을 말합니다. 환율우대가 90%라면, 전체 스프레드 10원 중 9원(= 10원×90%)을 할인한 1,001원에 환전할 수 있다는 뜻입니다.

이 예시는 달러를 매수할 때의 예시이며, 달러를 매도할 때 90% 환율우대를 받았다면 달러당 999원에 매도할 수 있게 됩니다. 결국 우대환율이란 증권사가 환전수수료를 깎아 주는 대신 고객을 유치하기 위한 유인책인 것입니다.

3 실제 주식을 거래하는 화면, 인터페이스

앞서 본 매매수수료와 환전우대율은 객관적 비교가 가능한 평가기준입니다. 이번에 살펴볼 인터페이스UI, User Interface란 주식 어플을 사용할 때 투자자가 만나게 될 화면을 의미하는 것으로, 디자인과 관련되어 있기에 이용자별로 개인차가 있을 수 있는 영역입니다. 그러나 대체로 동의할 만한 좋은 인터페이스의 특성은 있는데, 바로 아래 조건들을 만족하는 것입니다.

- 메뉴가 번잡하지 않고, 꼭 필요한 기능 위주로 간결하게 배치되어 있다. (직관성)
- 미국주식에 필요한 모든 기능(주식 매수, 매도, 환전, 잔고 확인 등)들을 하나의 메뉴에서 하위항목으로 모아서 제공한다. (효율성)
- 주식을 매수/매도하는 화면에서 이용자가 누르는 버튼 또는 입력하는 정보란이 크게 디자인되어 있어, 거래과정이 편하고 불필요한 실수를 방지할 수 있다. (사용성과 가시성)
- 각 화면의 모양, 버튼 스타일, 색상, 글꼴 등 디자인이 조화롭고 일관성이 있어 이용자가 시각적 불편함 없이 거래과정에만 집중할 수 있도록 해 준다. (일관성)

이번 코너에서는 증권사 앱 활용이 생소할 수 있는 독자분들을 위해, 대신증권의 주식거래 앱인 크레온을 예시로 들어 환전하는 방법, 주식 매수 방법, 매도 방법을 직접 화면으로 준비했습니다. 대신증권 앱을 선택한 이유는, 인터페이스가 직관적이어서 주식 입문자도 쉽게 이용할 수 있다고 생각하기 때문입니다. 화면은 모바일(스마트폰 앱)을 기준으로 작성하였습니다.

대신증권

대신 크레온

대신증권의 스마트폰 앱명은 크레온입니다(계좌 개설 겸용).

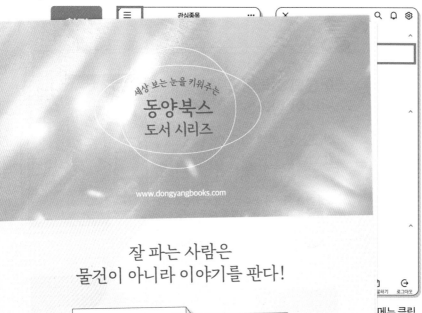

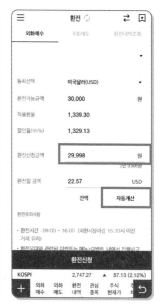

메뉴 클릭

3. 환전신청 금액 입력 후, 자동계
산 버튼 클릭. 금액 확인 후 환전신
청 클릭

4. 환전신청 내용 확인 후 환전신청
버튼 클릭

5. 확인 버튼 클릭

주식
매수
방법

1. 앱 실행 첫 화면에서 왼쪽 상단 햄버거버튼 클릭

2. 해외 탭에서 관심종목 클릭

3. 오른쪽 상단 메뉴 버튼 클릭

4. 그룹편집 메뉴 클릭

5. 오른쪽 상단 그룹추가 버튼 클릭

6. 신규 그룹 이름 입력 후 하단 확인 버튼 클릭

7. 신규 그룹에서 가운데 관심종목 추가 버튼 클릭

8. 찾는 해외주식 명칭(티커 또는 전체 회사 이름) 입력 후 아래 목록에서 클릭

9. 추가된 해외주식 클릭

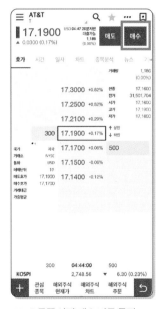

10. 오른쪽 상단 매수 버튼 클릭

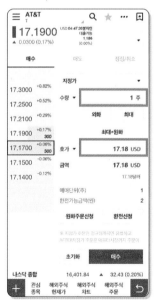

11. 매수 희망 수량과 호가(매수 희망 금액) 입력 후 하단 매수 버튼 클릭

12. 매수 주문 내역 확인 후 매수확인 버튼 클릭

13. 매수 주문 완료. 확인 버튼 클릭

14. 주식이 매수되었는지 확인하려면, 해외 탭에서 잔고 메뉴 클릭

15. 현재 보유하고 있는 주식을 보여 주는 화면으로, 주식이 성공적으로 매수되었음을 볼 수 있음.

주식 매도 방법

1. 앱 실행 첫 화면에서 왼쪽 상단 햄버거버튼 클릭

2. 해외 탭 내에서 잔고 메뉴 클릭

3. 아래 보유주식 중 매도 희망 주식 클릭

4. 매도 버튼 클릭

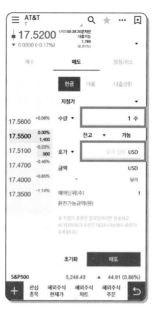

5. 수량과 호가(매도 희망 가격) 입력

6. 모두 입력되었으면, 하단 매도 버튼 클릭

7. 매도 주문 내역 확인 후 매도확인 버튼 클릭

8. 확인 버튼 클릭

9. 매도 주문이 체결된 경우, 체결 알림이 옴.

U.S.
stock
investment

CHAPTER

3

미국주식
재무적으로
분석하기

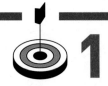

재무제표를 이용한 기업분석 방법, 12개 항목으로 끝내기

_재무제표 연구로 172조 원의 자산을 일군 워런 버핏

주식투자의 목적은 단순합니다. 주식을 싼값에 사서 비싼 값에 파는 것입니다. 문제는 어떻게 싼 주식을 찾아서 투자하느냐는 것인데, 주변 사람의 추천만 믿고 투자하면 '묻지 마 투자', 뉴스 기사만 보고 투자하면 '팔랑귀 투자'라고 할 수 있을 것입니다. 하지만 무엇보다 가장 좋은 방법은 기업의 재무제표를 분석해 투자하는 것입니다.

이를 가치투자라고 부르는데, 한마디로 주식의 진정한 가치가 주식 가격보다 높은 기업의 주식을 사서 장기간 보유하는 투자 방식입니다. 가치투자로 전 세계에서 가장 성공한 대표적 투자자는 워런 버핏Warren Buffett 입니다. 그는 이러한 투자 방식을 고수해 2024년 4월 말 현재 순자산이 172조 원에 이르는 부자가 될 수 있었습니다.

누구나 워런 버핏이 될 수 있다

워런 버핏의 취미 중 하나는 기업의 재무제표를 연구하는 것이

▶**재무제표**
기업의 재무 상황에 대한 정보를 담은 표로 '재무상태표·포괄손익계산서·현금흐름표·자본변동표·주석'의 5가지 서류로 구성됨.

▶**워런 버핏**
2023년 미국에서 매출이 3번째로 높은 기업인 버크셔 해서웨이(Berkshire Hathaway)의 CEO. 59년(1964~2023)간 주가 상승률 4,384,748%라는 경이로운 투자 실적을 만들어낸 인물

라고 합니다. 그는 재무제표를 통해 실제 가치보다 주가가 낮은 기업을 선별해 내고 투자합니다. 버핏은 투자 대상을 결정할 때 추세나 유행을 따르지 않으며, 한번 매수한 주식은 장기 보유하는 것으로도 유명합니다.

워런 버핏이 투자하는 방법은 매우 단순하며, 그가 투자 시 참고하는 재무제표 지표는 대중에게 공개되어 있습니다. 누구나 워런 버핏처럼 투자할 수 있다는 뜻입니다. 그러나 실제로 워런 버핏처럼 투자에 성공한 사람은 매우 드뭅니다. 재무제표를 읽지 않고 투자하기 때문입니다. 누구나 읽어 볼 수 있도록 공개된 자료가 무슨 가치가 있겠냐고 생각해, 재무제표 연구를 등한시하는 것입니다.

하지만 자료가 모두에게 공개되어 있다고 해서 가치가 없는 것은 아닙니다. 역대급으로 어려운 수능이었던 2022학년도 수능에서 유일하게 전 과목 만점으로 수석을 차지한 학생 인터뷰를 읽어 보니, 기출문제를 가장 우선순위로 두고 공부했다고 합니다. 기출문제는 누구에게나 공개되어 있지만 어떻게 공부하느냐에 따라 전국 수석을 만들어 낼 수 있는 것처럼, 재무제표 또한 모두에게 공개된 자료이지만 어떻게 활용하느냐에 따라 뛰어난 투자자를 만들어 낼 수도 있고, 아닐 수도 있습니다.

주식 분석 활용 재무지표 12가지

워런 버핏이 투자할 때 반드시 참고한다고 알려진 지표들, 그리고 장기적 주가 성장과 밀접한 관계가 있는 지표들을 종합해 보면 다음 표의 12개 지표로 정리할 수 있습니다. 이 12개 지표는 모두 재무제표를 분석하는 지표이기에, 회계 용어에 익숙한 투자자가 아니고서는 이 지표들을 계산하기 어려운 것이 사실입니다. 지표를 계산하기 위한 기초 수치들조차 어디서 구해야 할지 몰라 막막하지요.

이러한 초보자들을 위해, 지금부터는 미국 주식시장에서 꾸준히 주목받는 기업인 테슬라NASDAQ: TSLA를 예로 들어, 기업의 재무 정보를 찾기 위해 인터넷에서 어떻게 검색을 해야 하는지부터 실제 분석 과정까지 세세하게 설명해드리겠습니다. 이뿐만 아니라, 구하고자 하는 비율의 의미도 함께 설명할 예정입니다. 비율의 의미를 알아야 지속적인 흥미와 호기심으로 스스로 실제 투자에 활용할 수 있기 때문입니다. 요약해 보면, 이번 장에서는 주식투자 시 활용해야 하는 12개 지표의 의미와 산식을 알아보고 실제 인터넷 검색을 통해 이를 계산하는 것까지 연습해 볼 것입니다.

이번 장에서 연습한 내용을 바탕으로, Chapter 5~8에서는 11개 분야Sector별로 미국기업 2개씩을 골라 총 22개 기업(11개 분야 × 기업 2개)에 대해 2017년부터 2024년 초까지 8년간 재무분석을 연습해 볼 예정입니다. 비교 대상 기업으로는 11개 섹터별로 2017년 2월부터 2022년 2월까지 주가상승률이 높았던 기업 1곳, 낮았던 기업 1곳씩 총 22개를 선정했습니다. 이 시기를 선정한 이유는 주식시장이 상승사이클을 탔던 시기이기 때문입니다.

미국 증시는 트럼프 전 대통령 집권기였던 2017년부터 강세를 보였으며, 트럼프 재임기간 동안 미국 주식시장 대표 지수인 S&P500 지수는 연간 13.7%씩 뛰었습니다. 특히 코로나 팬데믹으로 주가가 폭락했던 2020년 3월부터 2년간 S&P500 지수는 2배 상승하여, 숱한 화제를 낳았던 기간이기도 합니다.

이 시기에 주가가 크게 상승했던 주식과 그렇지 않은 주식을 비교 분석해, 재무지표들이 이 기업들에 대해 어떤 신호를 보내고 있었는지 살펴볼 예정입니다. 이는 다가올 다음 주가 상승기를 대비하기 위함입니다.

그러나 주식시장 상승기가 끝나고 침체기가 찾아왔을 때 주가가 어떻게 움직이는지 또한 중요합니다. 주식을 장기간 보유할 투자자라면 침체기에도 주가가 덜 하락하고 잘 버텨 주는 주식을 고르는 것도 중요하기 때문입니다. 따라서 본서에서는 침체기가 시작되었던 2022년 초부터 2024년 초까지의 기간도 분석 대상에 포함해, 22개 기업의 주가가 어떤 이유로 변동했는지까지 추적했습니다. 이를 통해 향후 주가가 꾸준히 상승할 기업을 선정할 수 있는 안목을 기르기 위함입니다.

+ 도표 3-1. 주식 분석을 위한 재무지표 12가지

활용 목적	지표	계산 방법	
(1) 주가의 과대평가 여부	①PER(Price-to-earnings ratio)	$\dfrac{\text{1주당 주가}}{\text{EPS}}$	▶EPS: 주당순이익
	②PBR(Price-to-book ratio)	$\dfrac{\text{1주당 주가}}{\text{BPS}}$	▶BPS: 1주당 순자산가치
(2) 기업 운영의 효율성	③자산회전율(Asset Turnover)	$\dfrac{\text{매출액}}{\text{평균자산}}$	
	④매출채권회전율(Receivables Turnover)	$\dfrac{\text{매출액}}{\text{평균매출채권}}$	
	⑤재고자산회전율(Inventory Turnover)	$\dfrac{\text{매출원가}}{\text{평균재고자산}}$	
(3) 비용통제 능력	⑥매출액영업이익률(Operating margin)	$\dfrac{\text{영업이익}}{\text{매출액}}$	
	⑦매출액순이익률(Profit margin)	$\dfrac{\text{당기순이익}}{\text{매출액}}$	
(4) 기업의 안정성	⑧부채비율(Debt-to-equity ratio)	$\dfrac{\text{부채}}{\text{자본}}$	
	⑨유동비율(Current Ratio)	$\dfrac{\text{유동자산}}{\text{유동부채}}$	
	⑩이자보상비율(Interest coverage ratio)	$\dfrac{\text{영업이익}}{\text{이자비용}}$	
(5) 기업의 수익성	⑪ROE(Return on shareholder's Equity)	$\dfrac{\text{당기순이익}}{\text{평균자본}}$	
(6) 기업의 성장성	⑫매출액증가율(Revenue growth rate)	$\dfrac{\text{올해 매출액 - 전년도 매출액}}{\text{전년도 매출액}}$	

미국기업의 실제 재무자료
다운받아 보기
_테슬라(NASDAQ: TSLA)를 활용한 실제 주식 분석 연습

2020~21년은 많은 미국주식 투자자들을 흥분의 도가니로 몰아넣은 시기였습니다. 코로나 팬데믹으로 주가가 바닥을 쳤던 2020년 3월부터 2021년 12월까지 약 1년 9개월간 S&P500(미국 500개 대형 기업의 주가를 가중평균) 지수가 106.78% 상승했는데, 이는 2013년 5월부터 코로나 이전인 2020년 2월까지 약 7년 동안 S&P500이 기록한 상승률과 비슷한 수준이었기 때문입니다.

불과 4분의 1에 해당하는 기간 동안 같은 수익률을 낸 것인데, 이는 100미터를 36초에 달리던 사람이 기록을 단축해 100미터를 9초에 달린 것과 동일한 것임을 생각해 보면, 얼마나 가파른 주가 상승률인지 짐작해 볼 수 있습니다.

가파른 상승률 만큼이나 이 시기는 많은 주식들이 숱한 화제를 낳았습니다. 그중 단연 많은 투자자들로부터 큰 주목을 받은 주식이 있습니다. 바로 테슬라NASDAQ: TSLA입니다. 테슬라는 미국의 전기차 제조업체입니다. 코로나 팬데믹 시기 각국 정부는 내수 진작을 위해 전기차 구매 보조금을 확대했는데, 테슬라는 이때 가장 큰 수혜를 입은 종목으로 꼽힙니다.

그보다 한국투자자들에게 테슬라가 유명한 이유는 따로 있습니다. 전체 해외주식을 통틀어 2020년과 2021년 한국투자자가 가장 많이 순매수한 종목이 바로 테슬라였기 때문입니다. 특히 일부 투자자들의 테슬라 사랑은 유난히 각별했는데, 회사에 대한 믿음이 종교에 가깝다는 걸 빗대어 '테슬람(테슬라+이슬람)'이라는 신조어도 생길 정도였습니다.

테슬라가 전기차 업계에서 돋보인 이유 세 가지

경쟁이 심한 전기차시장에서 유독 테슬라가 돋보인 이유는 크게 세 가지가 거론됩니다.

첫 번째는 전기차 업계 선구자로서 테슬라가 가진 브랜드 가치입니다. 테슬라는 2008년, 세계 최초의 전기 스포츠카인 테슬라 로드스터Tesla Roadster를 출시했습니다. 비록 로드스터는 2008년부터 2012년까지 총 2,400여대가 팔리며 초라한 판매성적표를 거두었지만, 이후 2012년 출시한 첫 대량 판매 차 모델 S, 2015년 출시한 첫 SUV 모델 X, 2017년 출시한 준 중형급 세단 모델 3, 2019년 출시한 SUV 모델 Y가 연이어 히트를 치면서 테슬라는 전기차를 대표하는 브랜드로 자리잡았습니다.

특히, 테슬라의 대표 차종인 모델 Y는 2023년 한 해 동안 123만 대가 팔리면서 전 세계에서 가장 많이 팔린 자동차에 이름을 올렸는데, 이는 역사상 최초로 전기차가 글로벌 판매량 1위에 오른 진기록이기도 합니다.

두 번째는 안정적인 공급망입니다. 테슬라는 경쟁사들이 심각한 차량용 반도체 공급난을 겪고 있을 때 안정적인 공급망 관리로 경쟁 우위를 확보하였습니다.

세 번째는 독보적인 기술력입니다. 테슬라의 자율주행 기술은 완성차업체들 중 가장 앞서 있다는 평가를 받습니다.

이 같은 테슬라에 대한 시장의 평가는 주가에 그대로 반영되었는데, 코로나로 인해 주가가 바닥을 쳤던 2020년 3월부터 2021년 12월까지 주가상승률이 약 1,135.86%에 이른 것입니다. 이는 같은 기간 S&P500 지수의 상승률(106.78%) 대비 10배가 넘는 어마어마한 수익률이며, 주요 경쟁사인 포드(379.68%)나 제너럴 모터스(223.21%)에 비해서도 월등히 높은 수익률이었습니다. 이 같은 테슬라의 경쟁 우위와 주가상승률이 한국투자자들의 미국주식 투자 붐과 맞물려, 2020년에서 2021년까지 2년간 한국에는 테슬라 열풍이 불게 됩니다.

2021년 11월 고점 대비 60% 하락한 2024년 4월 테슬라 주가, 원인은?

비록 한국투자자들의 많은 사랑을 받았던 테슬라지만, 주가가 2021년 11월 4일 최고점이었던 409.97달러를 찍은 이후에는 줄곧 내리막길을 걸어왔습니다. 테슬라 중국 공장 생산 중단, 미국 금리 인상, 전기차 시장 경쟁 격화 등 다양한 주가 하락 원인이 있었지만 가장 큰 원인으로는 테슬라가 신차 개발을 소홀히 한 점과 성장세가 둔화된 점이 꼽힙니다.

J.P.Morgan의 애널리스트 라이언 브링크만Ryan Brinkman이 발행한 2024년 4월 3일 자 보고서는 이를 잘 보여 주고 있습니다. 특히 이 보고서의 발행 시점은 테슬라가 발표한 2024년 1분기 차량 인도대수(38만 7천 대)가 시장 예상치(44만 3천 대)나 2023년 1분기 차

량 인도대수(42만 3천 대)를 크게 하회하면서 주가가 하락한 시점입니다. 라이언 브링크만은 보고서에서 테슬라에 대해 투자의견 '비중 축소Underweight', 2024년 12월 말 목표주가 115달러를 제시했는데, 특히 테슬라의 주가 하락 원인을 찾는 물음에 다음과 같이 답했습니다.

"그동안 착시현상으로 인해 애널리스트들과 투자자들은 테슬라의 실적에 대해 지나치게 높은 전망을 해 왔다. 착시현상이 시작된 시점은 2022년이다. 2022년 상반기 대비 2022년 하반기 테슬라의 차량 인도대수는 33% 상승한 바 있다. 애널리스트들과 투자자들, 완성차업체들은 이를 큰 폭의 '수요' 증가로 인식했으나, 사실 이는 테슬라가 이 시기 텍사스 오스틴과 베를린에 신설한 공장이 가동되면서 그동안 밀려 있던 대기주문이 해소된 것에 불과할 뿐, 실제로 수요가 증가한 것은 아니었다. 그럼에도 차량 인도대수 증가를 수요 증가로 오인한 착시현상이 발생한 것이다.

다른 요인으로는, 과거 지적했던 것처럼 테슬라가 신차 개발을 소홀히 했다는 점을 꼽을 수 있다. 다른 완성차업체들이 속속 신규 모델을 발표하며 전기차 경쟁이 치열해지고 있음에도, 테슬라는 장기간 신규 모델을 출시하거나 기존 모델을 개량하는 일 없이 가격 경쟁에만 치중해 왔다."

라이언 브링크만의 보고서가 잘 보여 주듯, 테슬라의 성장세가 둔화하면서 주가는 부진에 빠져 있으며 현재 테슬라는 실적으로 투자자들의 믿음을 회복해야 하는 과제를 안고 있습니다.

언론의 양극화된 평가, 테슬라의 자구책

테슬라 주가는 2024년 들어 4월 초까지 30% 하락했고, 이 같은 주가 부진에 대해 애널리스트들은 낙관론과 비관론의 양극화된 평가를 쏟아냈습니다.

헤지펀드 매니저 페르 르칸더 Per Lekander 는 2024년 4월 3일 한 인터뷰에서 "주식시장의 역사에서 가장 큰 거품이었던 테슬라의 종말이 시작되는 것이며, 회사는 파산할 수도 있다고 본다."라고 평가하는가 하면, 투자은행 웨드부시 Wedbush 의 애널리스트인 댄 아이브스는 4월 11일 한 언론사와의 인터뷰에서 "2030년 전체 자동차 중 5%가 완전 자율주행 차량이 될 것이며, 테슬라가 보유한 자율주행 기술이 테슬라에게 제2의 전성기를 안겨 줄 것."이라고 평가했습니다.

한국투자자들이 가장 사랑한 종목이자 현재 평가가 양극단으로 갈리고 있는 회사인 만큼, 이번 Chapter 3에서 재무비율 분석을 연습할 대상으로 테슬라를 선정했습니다. 재무비율 분석에서는 회사의 안정성, 수익성, 비용통제 능력 등을 검토하므로 독자들이 직접 테슬라가 향후에도 지속 가능한 회사인지 검토해 보고, 투자 결정의 기초자료로 삼기에 적합한 기업이라고 생각했기 때문입니다.

이번 장에서는 테슬라가 2024년 1월 26일 발표한 1년간(2023년 1월~2023년 12월)의 재무제표를 토대로 재무비율 분석을 연습해 보겠습니다.

테슬라의 재무자료를 직접 다운로드 받아서 분석해 보자

이제부터 테슬라의 재무자료 분석을 위해, 재무제표를 다운받을 수 있는 사이트로 먼저 접속해 보겠습니다.

① 인터넷을 켜고, 구글(www.google.com)에 접속합니다.

② 검색창에 "Tesla IR"을 입력한 후 엔터를 누릅니다. (IR은 Investor Relations의 줄임말)

③ 상단에 검색되는 "Tesla Investor Relations"를 클릭합니다.

④ 스크롤바를 내려, 2023 Q4행의 맨 오른쪽 끝에 있는 10-K를 클릭합니다.

⑤ 두 번째 페이지에 있는 차례(INDEX)에서, PART Ⅱ - Item 8. Financial Statements and Supplementary Data를 클릭합니다. 곧바로 46페이지로 이동하게 됩니다.

⑥ 스크롤바를 내려, 우리가 재무지표 분석 시 활용할 재무상태표(49페이지)와 손익계산서(50페이지)를 확인합니다.

위 ①부터 ⑥까지의 단계를 거쳐 독자 여러분이 접속하신 페이지는, 테슬라의 2023년 1월 1일부터 2023년 12월 31일까지 사업 실적을 담은 2023년 재무제표입니다. 이 재무제표를 활용해, 주식 분석을 위한 12개 재무지표 계산을 차례대로 연습해 보겠습니다. 분석에 활용할 테슬라의 재무자료는 〈도표 3-3〉과 〈도표 3-4〉로 요약해 놓았습니다. 처음에는 이 요약표를 참고하면서 익숙해지는 연습을 하고, 나중에는 직접 재무제표를 보면서 재무 분석을 연습해 보시기 바랍니다.

+ 도표 3-3. 2023년 말 기준 테슬라의 손익계산서(Consolidated Statements of Operations)

(단위: 백만 달러)

	2023년	2022년	2021년
매출(Total revenues)	96,773	81,462	53,823
매출원가(Total cost of revenues)	(79,113)	(60,609)	(40,217)
매출총이익(Gross profit)	**17,660**	**20,853**	**13,606**
영업비용(Total operating expenses)	(8,769)	(7,197)	(7,083)
영업이익(Income(loss) from operations)	**8,891**	**13,656**	**6,523**
이자비용(Interest expense)	(156)	(191)	(371)
(…중략…)			
당기순이익(Net income (loss) attributable to common stockholders)	**14,997**	**12,556**	**5,519**

	2023년	2022년	2021년
기본주당이익(Net income (loss) per share of common stock attributable to common stockholders) - Basic	4.73	4.02	1.87

+ 도표 3-4. 2023년 말 기준 테슬라의 재무상태표(Consolidated Balance Sheets)

(단위: 백만 달러)

계정(Accounts)	2023년 말	2022년 말
유동자산(Current assets)	49,616	40,917
현금 및 현금성자산(Cash and cash equivalents)	16,398	16,253
매출채권(Accounts receivable, net)	3,508	2,952
재고자산(Inventory)	13,626	12,839
기타유동자산(other current assets)	16,084	8,873
비유동자산(Non-current assets)	57,002	41,421
자산 총계(Total assets)	**106,618**	**82,338**

(단위: 백만 달러, 발행주식 수는 백만 주)

계정(Accounts)	2023년 말	2022년 말
유동부채(Current liabilities)	28,748	26,709
비유동부채(long-term liabilities)	14,261	9,731
부채 총계(Total liabilities)	**43,009**	**36,440**
지배기업 소유주 지분(Total stockholders' equity)	62,634	44,704
비지배지분(Noncontrolling interests in subsidiaries)	733	785
자본 총계(Equity)	**63,609**	**45,8983**
발행주식수(Shares issued and outstanding)	3,185	3,164
부채와 자본 총계(Total liabilities and equity)	**106,618**	**82,338**

현재 기업의 주가가
얼마나 과대평가되어 있을까?
_PER과 PBR

① PER(Price-to-earnings ratio)

PER은 가장 대표적인 주식 가치평가 관련 지표로, 어떤 기업의 주가가 같은 산업 내에 있는 다른 기업들과 비교해 과대평가되었는지 판단하는 기준입니다. 우리말로는 '주가순이익비율'이라고 부릅니다. PER을 구하는 식은 다음과 같습니다.

$$PER = \frac{1주당\ 주가}{EPS}$$

▶ 1주당 주가: 주식 1주당 가격
▶ $EPS = \dfrac{당기순이익}{전체\ 주식\ 수}$

PER의 분자 및 분모 항목은 처음에는 어려워 보이지만, 의미를 파악하면 쉽게 친숙해질 수 있습니다.

먼저, 1주당 주가란 현재 주식시장에서 거래되고 있는 '주식 1주당 가격'을 의미합니다. 보통 앞 글자를 떼고 '주가'라고 부릅니다. 주가는 구글www.google.com 에서 'TSLA stock'이라고 검색할 경우 실시간으로 조회가 가능합니다. 2023년 12월 31일 테슬라 주식의 종가는 $248.48로 조회됩니다.

▶종가
주식시장이 마칠 때의 마지막 거래 가격

이제 분모에 있는 EPS를 배워 보겠습니다. EPS는 한국말로 '1주당 당기순이익'이라고 부릅니다. 기업의 전체 당기순이익을 전체 주식 수로 나누어 계산합니다. 당기순이익은 기업이 1년 동안 기업을 운영하고 나서 최종적으로 남은 이익을 가리키는 말입니다. 이를 전체 주식 수로 나누니, 주식 1주당 당기순이익이 얼마인지 계산하는 지표가 됩니다. 예컨대 기업의 1년간 당기순이익이 100이고 전체 주식이 10주라면, EPS는 10으로 계산됩니다.

테슬라의 PER 계산해 보기

원래대로라면 EPS(PER의 분모)는 직접 당기순이익과 전체 주식 수를 찾아서 나누어야 하지만, 미국기업은 재무제표에 EPS를 직접 계산해서 공시합니다. 테슬라의 손익계산서에 있는 "Net income per share of common stock attributable to common stockholders" 항목이 바로 EPS를 공시하고 있는 부분입니다. Basic을 보면 되는데, 2023년의 1주당 당기순이익(EPS)은 $4.73으로 확인됩니다. 이제 PER을 구하기 위한 자료는 모두 찾았습니다. 수식에 값을 넣어 보겠습니다.

$$PER = \frac{1주당\ 주가}{EPS} = \frac{\$248.48}{\$4.73} = 52.5$$

테슬라의 PER은 52.5로 계산되는데, 중요한 것은 이 PER의 의미를 이해하는 것입니다. PER은 기업이 창출하는 1주당 당기순이익($4.73)을 주식시장에서 몇 배의 가치($248.48)로 평가하고 있는지 나타내는 값입니다. 테슬라 주식 1주가 2023년 한 해 동안 창출했던 $4.73의 이익에 대해 시장은 그 값어치를 52.5배인 $248.48로 평가하고 있다는 뜻(주가가 $248.48이므로)입니다.

1주당 벌어들인 이익이 $4.73인데 왜 테슬라 1주는 $248.48의 가치로 평가받을까요? 이는 테슬라의 사업이 앞으로도 지속될 것이기 때문입니다. 테슬라의 1주당 당기순이익은 그 값이 $1.87(2021년) → $4.02(2022년) → $4.73(2023년)으로 계속 상승해왔습니다. 테슬라가 앞으로도 사업을 계속하면서 성장할 것이라는 주식투자자들의 기대가 있기 때문에, 2023년 테슬라의 주식 1주당 이익인 $4.73은 시장에서 52.5배인 $248.48의 가치로 평가받는 것입니다. 한마디로 PER은 미래에 대한 기대치가 반영된 값이라고 할 수 있습니다.

테슬라의 PER, 어떻게 활용해야 할까?

PER값은 기업의 미래에 대한 투자자들의 기대치를 반영한다고 했으므로, 언뜻 생각하면 클수록 좋은 값인 것 같습니다. 하지만 반대로 생각해 보면, PER값이 너무 크다는 것은 기업의 미래에 대한 투자자들의 기대치가 '너무 과하다'는 의미입니다. 즉, PER값이 너무 큰 경우는 주식의 가격이 과대평가되어 있다고 추론해 볼 수 있으며, 반대로 PER값이 너무 작은 경우는 주식의 가격이 과소평가되어 있다고 추론해 볼 수 있습니다.

따라서 주식투자 시에는 같은 값이면 PER이 낮은 기업을 선택해야 합니다. PER이 낮은 기업에 투자한 경우의 수익률이 반대의 경우보다 더 우수하다는 사실은 Fama and French(1992)의 연구결과로 입증된 바 있습니다(하지만 기업들은 임직원의 역량, 기업문화, 보유 제품 등 모든 면에서 서로 다르기에, '같은 값이면'이라는 전제는 성립할 수 없습니다. 따라서 PER값이 낮은 기업의 투자수익률이 우수하다는 것은 대체로 성립하지만, 항상 성립하지는 않습니다).

그럼, PER값이 너무 큰지 또는 작은지는 어떤 수치를 기준치로 평가할까요? 바로 기업이 속한 산업군의 평균 PER값입니다. 2023년 말 기준, 테슬라가 속한 산업군인 S&P500 임의소비재(Consumer Discretionary) 기업들의 PER값 평균치는 25.9였습니다 (S&P500에 대해서는 Chapter 4에서 다루겠습니다).

비교 범위를 보다 좁혀 S&P500에 포함된 다른 완성차업체들과 비교해 볼 경우, 제너럴 모터스(General Motors)의 2023년 12월 말 PER은 4.4, 포드(Ford Motor)는 5.3으로 테슬라의 PER 52.5가 두드러지게 높은 값이라는 사실을 알 수 있습니다. 이를 통해 테슬라의 과대평가 여부를 염두에 두고 신중하게 투자해야 한다고 결론 내릴 수 있는 셈입니다.

② PBR(Price-to-book ratio)

우리말로 '주가순자산비율'이라고 부르는 PBR은 주가가 과대평가 또는 과소평가되었는지를 측정하는 지표로, PER과 함께 병행하여 사용합니다. PBR을 구하는 식은 다음과 같습니다.

$$PBR = \frac{1주당\ 주가}{BPS}$$

▶ 1주당 주가: 주식 1주당 가격
▶ BPS = $\frac{순자산}{전체\ 주식\ 수}$

먼저, 분자에 있는 1주당 주가는 PER을 계산하는 식에서 분자에 등장했던 항목과 동일합니다. PBR을 계산하고자 하는 시점의 주가를 검색해서 대입합니다. PER의 경우와 동일하게, 2023년 12월 31일의 주가 $248.48을 활용하겠습니다.

분모에 있는 BPS는 Book value Per Share의 앞 글자 알파벳을 딴 것으로, 우리말로는 '1주당 순자산'이라고 부르는 항목입니다. 전체 순자산의 가치를 전체 주식수로 나누어, 1주당 순자산 금액은 얼마인지 보여 주는 역할을 합니다. 전체 순자산 금액이 500이고 전체 주식이 10주라면, BPS는 50으로 계산됩니다.

순자산이란 자산에서 부채를 차감한 금액을 말합니다. 기업이 10억짜리 공장 부지를 소유하고 있는데, 이 부지를 매입하기 위해 은행에서 5억을 빌렸다면 기업의 순자산은 5억입니다. 만약 이 공장 부지를 활용해 열심히 물건을 만들어 팔았고 올해 2억의 현금을 남기기까지 했다면, 순자산은 7억으로 늘어납니다. 자산은 12억(공장 부지 10억 + 현금 2억)인데 부채는 그대로 5억이니, 12억-5억=7억이 되는 것입니다. 순자산은 다른 말로 '자본'이라고도 부르며, 순자산과 자본은 같은 말입니다.

종합해 보면, 순자산은 기업이 지금까지 사업한 결과로 현재 소유 중인 전체 재산에서 부채를 차감한 잔액이라고 할 수 있습니다. 이를 전체 주식 수로 나누니, 그 의미는 '주식 1주당 소유하고 있는 순자산의 가치'가 됩니다.

테슬라의 PBR 계산해 보기

이번에도 테슬라의 재무제표를 활용해 이 수치를 직접 계산해 보겠습니다. 1주당 주가는 $248.48로 검색해 놓았으니, BPS만 구하면 될 것입니다. BPS를 구하려면 두 개의 수치가 필요합니다. 첫째는 전체 순자산, 둘째는 전체 주식 수입니다. 먼저, 순자산은 재무상태표(Consolidated Balance Sheets)에서 찾을 수 있습니다.

재무상태표에 Total stockholders' equity라고 되어 있는 부분이 보이시나요? $62,634라고 표시되어 있습니다. 이 금액이 바로 테슬라의 2023년 12월 31일 자 순자산 금액입니다. 다만, 표의 윗부분에 단위를 백만 달러라고 표시하고 있으니 실제로는 626.34억 달러라고 할 수 있습니다.

 잠깐! 알아두세요!!

어떤 비율을 구하느냐에 따라 자본총계(Equity)와 지배기업 소유주 지분(Total stockholders' equity) 중 어떤 금액을 자본으로 쓸지는 달라집니다. PBR을 구할 때 자본으로는 지배기업 소유주 지분(Total stockholders' equity)을 사용하며, 잠시 후 살펴볼 부채비율을 구할 때 자본으로는 자본총계(Equity)를 사용합니다(자본총계(Equity)와 지배기업 소유주 지분(Total stockholders' equity)은 보통 비지배지분(Noncontrolling interests in subsidiaries)만큼 차이 나게 되는데, 비지배지분이란 테슬라가 소유한 자회사 중 테슬라가 아닌 다른 회사가 보유 중인 소유권을 나타냅니다. 이는 본서의 범위를 넘어서는 개념이기 때문에, 독자 분들은 결론만 기억하셔도 좋습니다.).

순자산 금액을 찾았으니, 이제 전체 주식 수를 찾을 차례입니다. 전체 주식 수도 재무상태표에서 찾을 수 있습니다. Equity의 하위 항목 중, Common stock;…. 3,185 … shares issued and outstanding이라고 되어 있는 부분이 보이실 겁니다. 여기서 'issued and outstanding'이라는 표현은 '발행되어 거래되고 있다'는 뜻으로, 여기 있는 숫자인 3,185가 바로 2023년 12월 31일 자로 시장에서 거래되고 있는 테슬라의 총주식 수를 의미합니다. 다만 전체 주식 수의 단위 또한 백만 단위라고 표시하고 있으므로, 실제로는 31.85억 수라고 할 수 있습니다.

이제, 테슬라의 BPS를 계산하기 위한 수치를 모두 찾았으니,

대입해 보겠습니다.

$$\text{BPS} = \frac{\text{전체 순자산}}{\text{전체 주식 수}} = \frac{\$626.34억}{31.85억\ 주} = \$19.67$$

테슬라의 1주당 순자산 금액은 $19.67로 계산됩니다. 테슬라 주식 1주를 보유한 주주는 $19.67에 해당하는 만큼의 테슬라 순자산을 보유 중이라는 뜻입니다. 하지만 여기서 끝이 아닙니다. 우리가 BPS 수치를 힘들게 계산했던 이유는 PBR을 구하기 위해서였지요. 최종적인 PBR값은 다음과 같이 계산할 수 있습니다.

$$\text{PBR} = \frac{\text{1주당 주가}}{\text{BPS}} = \frac{\$248.48}{\$19.67} = 12.6$$

테슬라의 PBR, 어떻게 활용해야 할까?

테슬라의 최종 PBR값은 12.6으로 계산됩니다. 이 수치는 어떤 의미일까요? 테슬라 주식 1주당 순자산은 $19.67임에도 불구하고, 실제로는 이 1주가 주식투자자들 사이에서 12.6배인 $248.48의 가치로 평가받고 있다는 뜻입니다. 테슬라 주식이 이렇게 높은 가격으로 평가받는 이유는 크게 두 가지입니다.

첫 번째는 브랜드가치입니다. 재무상태표에는 테슬라의 브랜드가치를 기록하지 않습니다. 하지만 테슬라는 전기차 분야의 선두 기업으로 실제 엄청난 브랜드가치를 보유한 회사이며, 주식투자자들은 이러한 테슬라에 대해 1주당 순자산보다 높은 가격을 기꺼이 지불하고자 합니다.

두 번째는 테슬라가 벌어들일 미래의 수익입니다. 테슬라가 현재 보유한 순자산은 과거 사업 활동의 결과지만, 테슬라는 앞으로도 계속 사업을 지속해 나갑니다. 테슬라의 주가는 이에 대한 기대를 반영하기에, 실제 순자산 대비 12.6배에 이르는 높은 가격으로 거래되는 것입니다.

하지만 PER과 마찬가지로, PBR도 그 값이 높은 경우에는 주식이 과대평가되어 있을 가능성이 있음을 암시합니다. 주식의 실제 가치 대비 현재 주가가 너무 높아, 향후 주가가 상승할 확률보다는 하락할 확률이 높은 것입니다. 실제 Fama and French(1992)의 연구에 의하면, PBR이 낮은 기업에 투자한 투자자가 PBR이 높은 기업에 투자한 투자자보다 연간 약 12% 높은 수익률을 거두었다고 합니다. 주식투자 시 같은 값이면 PBR이 낮은 기업에 투자하는 것이 투자수익률을 높일 수 있다는 뜻입니다.

2023년 말 기준, 테슬라가 속한 S&P500 임의소비재 기업 평균 PBR은 12.8이었습니다. 그러나 비교 범위를 보다 좁혀 S&P500에 포함된 다른 완성차업체들과 비교해 볼 경우, 제너럴 모터스(General Motors)의 2023년 12월 말 PBR은 0.7, 포드(Ford Motor)는 1.1로 테슬라의 PBR인 12.6이 상대적으로 고평가된 값이라는 사실을 알 수 있습니다. PER을 통해 살펴본 것과 마찬가지로, PBR 값 분석을 통해 테슬라의 과대평가 여부를 염두에 두고 신중하게 투자해야 한다고 결론 내릴 수 있는 셈입니다.

PER과 PBR 활용 방법

① 같은 산업군의 전체 평균과 비교
② 다른 기업 대비 수치가 높을수록 주가는 과대평가되어 있을 가능성이 높다.

기업이 얼마나 효율적으로
운영되고 있을까?
_자산회전율, 매출채권회전율, 재고자산회전율

기업은 외형적으로 성장하는 것도 중요하지만, 성장하고 있는 기업을 얼마나 내실 있게 운영하는지도 중요합니다. Chapter 1 에서 살펴봤던 나이키NYSE: NKE와 언더아머NYSE: UAA의 비교 분석 결과를 기억하실 겁니다. 기업의 외형에 해당하는 매출액성장률 은 언더아머가 더 가팔랐지만, 기업을 더 내실 있게 운영한 쪽은 나이키였습니다. 그 결과 두 회사의 5년간 주가상승률 차이가 극 명했지요. 주식투자를 하기 전 기업의 내부 운영 측면을 미리 점 검해 봐야 하는 이유입니다.

기업이 내실 있게 운영되고 있는지 여부는 크게 3가지 측면에 서 측정해 볼 수 있습니다. 첫째 보유한 자산을 얼마나 효율적으 로 활용하고 있는가(자산회전율), 둘째 외상으로 판매한 물건 대금 을 얼마나 빨리 회수하고 있는가(매출채권회전율), 셋째 재고를 얼 마나 빠른 속도로 판매하고 있는가(재고자산회전율)입니다. 3가지 항목을 측정 지표별로 각각 살펴보겠습니다.

③ 자산회전율(Asset Turnover)

자산회전율은 기업이 보유하고 있는 자산을 얼마나 낭비 없이 최대치로 사용하고 있는지 나타내는 지표입니다. 1년에 1만 권의 책을 인쇄할 수 있는 기계를 동시에 구입한 출판사 A와 출판사 B가 있다고 가정해 보겠습니다. 그런데 기계를 활용해 출판사 A는 1만 권을, 출판사 B는 5천 권의 책을 인쇄해 팔았다면 출판사 A의 자산회전율은 출판사 B보다 2배 높다고 할 수 있습니다.

바꿔 말하면, 자산회전율이란 자산 1원이 얼마나 많은 수입을 창출하고 있는가를 측정하는 지표라고도 할 수 있습니다. 출판사 A의 판매 부수(1만 권)가 B의 판매 부수(5천 권)보다 2배 많기 때문입니다. 이 수치가 높을수록 기업은 자산을 효율적으로 활용하고 있다고 평가할 수 있습니다. 자산회전율은 다음과 같이 계산됩니다.

$$자산회전율(Asset\ Turnover) = \frac{매출액}{평균자산}$$

▶ 평균자산:
$$\frac{올해\ 말\ 자산 + 작년\ 말\ 자산}{2}$$

위 식에서 매출액은 기업이 최근 1년 동안 벌어들인 모든 판매 금액을 말합니다. 자산은 공장 건물, 생산 기계, 현금 등과 같이 기업이 현재 보유 중인 모든 재산을 가리킵니다. 매출이 최근 1년 동안의 수입을 집계하여 산출되므로, 기간을 일치시키기 위해 자산 또한 최근 1년 동안의 평균 수치를 활용합니다. 이는 간단히 구할 수 있는데, 올해 말 자산과 작년 말 자산 금액을 더한 후 절반으로 나누는 것입니다. 실무적으로도 평균자산을 구힐 때는 이 방법을 활용합니다.

테슬라의 자산회전율 계산해 보기

테슬라의 재무제표를 활용해 실제 수치를 계산해 보겠습니다. 최근 1년간의 매출액은 손익계산서에서 찾을 수 있습니다. Total revenues가 바로 매출이고, $96,773백만이라고 표시되어 있습니다. 단위가 백만 달러이므로, 실제 매출액은 967억 달러가 됩니다. 한화 약 126조 원에 달하는 천문학적 금액입니다.

다음으로 평균자산 금액을 구해 보겠습니다. 자산은 재무상태표에 Total assets라고 표시된 부분입니다. 2023년 12월 31일 자 전체 자산 금액Total assets은 $106,618백만으로 확인됩니다. 우리가 구하고 있는 자산 금액은 평균자산이니, 2022년 12월 31일 자 전체 자산 금액인 $82,338백만과 더한 후 2로 나누면 $94,478백만이 평균자산이라고 계산됩니다. 마찬가지로 단위는 백만 달러이기 때문에, 실제 평균자산액은 반올림하면 945억 달러가 됩니다.

이제 자산회전율을 구할 준비가 끝났습니다. 테슬라의 2023년 매출액($967억)을 평균자산($945억)으로 나눈 자산회전율은 1.02로 계산됩니다.

$$\text{테슬라의 자산회전율} = \frac{\text{매출액}}{\text{평균자산}} = \frac{\$967억}{\$945억} = 1.02$$

테슬라의 자산회전율, 어떻게 활용해야 할까?

테슬라가 자산 1달러당 창출하는 매출은 1.02달러이며, 이는 동종업계 다른 기업과의 비교를 통해 자산 활용도의 높고 낮음을 비교하는 용도로 활용합니다. 자산회전율은 수치가 클수록 자산을 효율적으로 사용하고 있다는 의미입니다.

2023년 말 기준, 테슬라가 속한 S&P500 임의소비재 기업 53곳의 평균 자산회전율은 1.08로 테슬라의 자산회전율보다 소폭 높았습니다. 그러나 비교 범위를 보다 좁혀 다른 완성차업체들과 비교해 볼 경우, 제너럴 모터스의 자산회전율은 0.6, 포드는 0.7로 테슬라의 자산활용이 보다 효율적이라는 사실을 알 수 있습니다.

④매출채권회전율(Receivables Turnover)

기업이 물건을 팔면서 바로 현금을 받는 '현금거래'만 하면 좋을 것 같지만, 현실적으로는 외상거래도 병행하게 됩니다. 여기에는 다양한 이유가 있는데, 대표적인 이유는 매출을 증대하기 위해서입니다. 항상 현금을 준비해 놓고 있는 고객은 많지 않기에, 외상거래를 허용한다면 그렇지 않을 때보다 더 많은 고객을 확보할 수 있기 때문입니다. 이때, 물건을 건네준 직후부터 나중에 외상 대금을 현금으로 받을 때까지 생기는 돈 받을 권리를 회계용어로 매출채권Accounts receivable 이라고 합니다.

매출채권은 대부분의 기업에서 반드시 생길 수밖에 없지만, 너무 많으면 문제가 될 수 있습니다. 물건을 받아 간 기업이 나중에 구매 대금을 못 갚을 확률이 커지기 때문입니다. 하지만 매출채권 금액은 사업 규모가 커짐에 따라 자연스럽게 커질 수밖에 없으므로, 무조건 적게 유지하는 것보다는 매출액의 증감에 맞춰 적당한 규모로 유지하는 것이 중요합니다. 매출채권 금액이 적정하게 유지되고 있는지 측정하는 지표가 바로 매출채권회전율이며, 다음과 같이 계산합니다.

$$\text{매출채권회전율(Receivables Turnover)} = \frac{\text{매출액}}{\text{평균매출채권}}$$

▶ 평균매출채권:
$$\frac{\text{올해 말 매출채권 + 작년 말 매출채권}}{2}$$

테슬라의 매출채권회전율 계산해 보기

테슬라의 재무제표를 통해 계산 연습을 해 보겠습니다. 먼저, 매출액은 앞서 자산회전율을 구할 때 활용했던 수치와 동일합니다. 손익계산서에서 확인할 수 있으며, 그 금액은 967억 달러였습니다.

평균매출채권 금액은 재무상태표에서 찾을 수 있습니다. 유동자산의 하위 분류인 Accounts receivable, net 항목이 바로 매출채권 항목입니다. 여기서 net이란 '순 금액'이라는 뜻으로, 외상으로 팔았지만 추후 환불 등의 사유로 취소된 외상매출액은 차감했음을 나타냅니다.

2023년 12월 31일 자에 남아 있는 매출채권 잔액은 $3,508백만입니다. 단위가 백만 달러임을 고려하면 35.1억 달러인 셈입니다. 다만 분자에 있는 매출액이 지난 1년간의 집계액이므로, 매출채권 또한 지난 1년간의 평균 금액을 구해 주어야 합니다. 평균 금액을 구하는 방법은 자산회전율을 구할 때와 동일하게, 전년도 말 잔액(29.5억 달러)과의 평균을 구합니다. 이렇게 구한 매출액과 평균매출채권 금액으로 테슬라의 2023년 매출채권회전율을 구해 보면 다음과 같습니다.

$$\text{테슬라의 매출채권회전율} = \frac{\text{매출액}}{\text{평균매출채권}} = \frac{\$967억}{\$32.3억} = 29.9$$

테슬라의 매출채권회전율, 어떻게 활용해야 할까?

매출채권회전율은 기업이 고객으로부터 판매 대금을 얼마나 빨리 회수하는지를 보여 주는 지표로서, 높을수록 회수 속도가 빠르다는 의미입니다. 매출채권회전율이 높을수록 테슬라의 판매 수익의 질, 즉 테슬라에 유리한 조건으로 체결된 외상거래가 많아졌다고 해석할 수 있습니다. 특히 매출채권회전율을 활용해 매출채권의 평균회수기간을 계산하는 것도 가능한데, 1년의 총 일수인 365일을 매출채권회전율로 나누어 보는 것입니다.

▶ 매출채권회전율이 높다. = 판매대금의 회수 속도가 빠르다.

테슬라의 경우 365일을 매출채권회전율로 나누면 되는데, 이때 산출되는 365일 ÷ 29.9 = 12.2일은 평균회수기간을 의미합니다. 즉, 테슬라가 외상으로 물건을 판매해 현금으로 회수하기까지 평균 12.2일이 걸린다는 의미입니다.

매출채권회전율은 다른 기업과의 비교 및 변동 추세를 확인하여 기업의 판매 수익의 질이 높은지 확인하는 용도로 활용합니다. 2023년 말 기준, 테슬라가 속한 S&P500 임의소비재 기업들의 평균 매출채권회전율은 40.9였으며 이와 비교를 통해 테슬라의 매출채권 회수 속도가 다소 느린 편임을 알 수 있습니다.

그러나 테슬라가 판매하는 제품은 자동차로서, 임의소비재 산업군 내 다른 기업들이 판매하는 상품인 의류, 전자기기, 가구, 취미용품 들에 비해 회수기간이 장기일 수밖에 없습니다. 이런 경우는 보다 비교 범위를 좁혀, 테슬라와 같은 제품을 판매하는 회사들과 비교하는 것이 더 의미 있는 결과를 도출할 수 있습니다.

테슬라의 경쟁업체이자 S&P500에 속한 완성차업체들을 보면 제너럴 모터스의 매출채권회전율이 3.5, 포드는 3.0으로 모두 테슬라보다 훨씬 낮은 매출채권회전율을 기록해, 테슬라가 동종기업 대비 훨씬 매출채권 회수 속도가 빠르다는 것을 파악해 볼 수 있습니다.

⑤재고자산회전율(Inventory Turnover)

기업이 판매를 위해 보유하고 있는 자산을 재고자산이라고 부릅니다. 재고자산은 너무 적어도, 너무 많아도 기업에 골칫거리입니다. 보유 중인 재고자산이 너무 적어 금방 바닥나는 경우, 다음 고객이 물건을 받기 위해 대기하는 시간이 길어지며 이는 고객층 이탈로 이어질 수 있습니다. 반대로 보유 중인 재고자산이 너무 많으면 보관 비용이 커지거나(전기차 재고가 많은 경우 보관 창고를 새로 임대해야 하므로), 재고자산의 가치가 시간이 지남에 따라 하락하는 현상(구형 전기차는 신형 모델이 나온 뒤에는 가격이 떨어지므로)이 벌어집니다.

재고자산이 적거나 많은 경우 모두 문제가 되지만, 일반적으로 주식투자자들은 재고가 적은 경우보다 많은 경우를 더 심각한 문제로 인식합니다. 기업의 재고 수준이 너무 많은 것은 아닌지 판단하는 지표로는 재고자산회전율이 있으며, 다음과 같이 계산합니다.

$$\text{재고자산회전율(Inventory Turnover)} = \frac{\text{매출원가}}{\text{평균재고자산}}$$

직접 계산해 보기 전에, 먼저 분자와 분모 항목을 간단히 알아보겠습니다. 분자에 있는 매출원가란 올해 팔린 제품의 원가 금

▶재고자산회전율
(Inventory Turnover)
매출원가를 평균재고자산으로 나눈 비율. 기업이 재고자산을 적정한 규모로 관리하고 있는지 판단 하기 위한 지표.

▶평균재고자산:
올해 말 재고자산 + 작년 말 재고자산
2

액을 나타내는 항목입니다. 테슬라는 전기차를 만드는 제조업체이기 때문에 전기차를 만들 때 들어간 원가 금액을 항상 내부적으로 집계하고 있습니다. 이 원가는 각종 부품 원가, 공장 직원들의 인건비, 공장의 임차료 등을 포함합니다. 만약 올해 테슬라가 전기차를 1,000대 팔았는데 1대당 제조원가 금액이 50달러라면, 테슬라의 1년간 매출원가는 1,000대 × 50달러 = 50,000달러로 계산됩니다.

분모의 재고자산은 앞서 설명한 바와 같이, 기업이 판매를 위해 보유하고 있는 자산입니다. 올해 테슬라가 전기차를 다 판매하고 500대가 남았는데 마찬가지로 제조원가 금액이 50달러라면 올해 재고자산 금액은 500대 × 50달러 = 25,000달러가 되는 셈입니다. 분자의 매출원가가 1년간의 매출원가를 집계한 것이므로, 분모의 재고자산 또한 작년 금액과 올해 금액을 이용해 평균을 구하고, 이를 식에 대입합니다.

테슬라의 재고자산회전율 계산해 보기

이제 테슬라의 재무제표를 통해 재고자산회전율을 직접 구해 보겠습니다. 먼저, 분자의 매출원가는 손익계산서에 있는 Total cost of revenues 항목입니다. 2023년 한 해 동안의 매출원가는 $79,113백만입니다. 단위가 백만 달러임을 고려하면 실제 매출원가는 791억 달러라고 할 수 있습니다.

재고자산을 찾아볼 차례입니다. 재고자산은 재무상태표에 있는 Inventory 항목입니다. 표시 단위가 백만 달러임을 감안하면, 2023년 12월의 재고자산은 136억 달러, 2022년 12월의 재고자산은 128억 달러임을 알 수 있습니다. 이 둘을 평균한 평균재고자산 금액은 132억 달러입니다. 이제 매출원가와 평균재고자산 금액을 활용해 재고자산회전율을 계산해 보면, 아래와 같이 5.99로 도출됨을 알 수 있습니다.

$$\text{테슬라의 재고자산회전율} = \frac{\text{매출원가}}{\text{평균재고자산}} = \frac{\$791억}{\$132억} = 5.99$$

테슬라의 재고자산회전율, 어떻게 활용해야 할까?

재고자산회전율은 그 수치가 높을수록 기업이 재고를 빨리 판매한다는 것을 의미합니다. 재고자산은 판매를 위해 보유하고 있는 자산이므로 일단 재고자산을 만들었다면 빨리 판매하는 것이 중요하며, 그렇기 때문에 재고자산회전율이 높을수록 재고관리가 효율적으로 이루어지고 있는 것으로 진단할 수 있습니다. 하지만 재고자산회전율이 너무 높은 경우, 재고가 부족해 고객층이 이탈하는 사례가 발생할 수 있으므로 재고자산회전율은 변동 추이를 분석하여 그 적정성 여부를 판단하는 데에 활용합니다.

특히, 1년의 전체 일수인 365일을 재고자산회전율로 나누면 재고의 평균 보유일을 계산하는 것도 가능합니다. 테슬라의 경우, 365일 ÷ 5.99 = 61일로 계산되는데, 이는 테슬라가 제품을 만든 후 팔기까지 평균 61일이 소요된다는 의미입니다.

2023년 말 기준, 테슬라가 속한 S&P500 임의소비재 기업들의 평균 재고자산회전율은 23.3이었으며 보다 범위를 좁힌 동종기업들과 비교해 볼 경우 제너럴 모터스가 8.9의 재고자산회전율을, 포드가 10.8의 재고자산회전율을 기록해 테슬라의 재고자산이 다소 비효율적으로 관리되고 있음을 파악해 볼 수 있습니다.

5

기업에서 과도한 비용이
지출되고 있진 않을까?
_매출액영업이익률, 매출액순이익률

최근 미국기업들의 최대 화두는 '인건비 상승'이었습니다. 코로나 팬데믹이 발생하자 일할 사람을 구하기 어려워졌고, 이로 인해 인건비가 상승하여 수익에 악영향을 끼치기 시작했기 때문입니다.

미국 최대의 물류기업 중 하나인 페덱스NYSE: FDX도 미국을 강타한 인건비 상승을 피해가지 못했습니다. 택배 물건을 분류할 인력을 구하지 못해 인건비를 인상했는데, 이로 인해 직원 급여 지출이 13.5% 늘어나자 2021년 6~8월 3개월간의 영업이익이 1년 전에 비해 12%나 줄어든 것입니다. 해당 발표의 충격으로, 실적 발표 다음 날 페덱스의 주가는 9.1% 폭락하게 됩니다.

페덱스의 예에서 볼 수 있듯, 비용의 증가는 기업실적에 악영향을 끼치며 이는 곧 주가 하락으로 이어질 가능성이 큽니다. 주가는 기업의 미래 실적에 대한 기대감으로 상승하는데, 비용 증가는 기업의 실적을 악화해 장기적 성장 여력을 감소시키기 때문입니다. 페덱스의 2021년 6~8월 매출액이 1년 전보다 14% 상승했

음에도 주가가 하락한 것은 기업 운영에서 비용 관리의 중요성을
보여 주는 단적인 예라 하겠습니다.

　기업의 비용통제 능력은 매우 중요하며, 이를 측정하기 위한 지
표 또한 주식투자 시 반드시 사전 점검해야 할 대상입니다. 기업
의 비용통제 능력을 측정하는 지표는 크게 두 가지로, 매출액 대
비 영업이익을 측정하는 매출액영업이익률과 매출액 대비 당기
순이익을 측정하는 매출액순이익률이 있습니다.

⑥매출액영업이익률(Operating margin)

　매출액영업이익률은 매출액 대비 영업이익이 어느 정도인지
측정하는 지표입니다. 통상 '영업이익률'이라고 줄여 부릅니다.
영업이익이란 매출액에서 기업 운영에 필수적인 지출들을 차감
한 후의 이익인데, 계산 과정을 다음과 같이 도식화해 볼 수 있습
니다.

▶매출액영업이익률
(Operating Margin)
영업이익을 매출액으로 나눈
비율. 기업의 영업 비용 통제
능력을 판단하기 위한 지표.

+ 도표 3-5. 영업이익 계산 과정

매출액	- 영업비용	= 영업이익
제품 판매 수익	제품원가, 인건비, 임차료, 광고비, 감가상각비, 연구개발비	기업의 주된 사업 운영 결과

　영업이익을 매출액으로 나눈 값으로 계산되는 영업이익률은
기업이 비용을 잘 통제할수록 상승합니다.

$$영업이익률 = \frac{영업이익}{매출액}$$

기업의 매출액이 $100이고 영업비용이 $20이라고 가정해 보겠습니다. 이때 영업이익은 $100-$20=$80, 영업이익률은 80%로 계산됩니다. 그런데 기업이 제품을 만드는 데 들어가는 부품 개수를 절반으로 줄여 영업비용을 $10으로 절감했다면, 이때 영업이익은 $90, 영업이익률은 90%로 상승하게 됩니다. 영업비용을 줄인 만큼 영업이익이 증가해, 영업이익률을 증가시킨 것입니다. 비용을 줄이면 기업의 이익이 늘어난다는 점에서 비용통제는 매출액이 늘어나는 것과 같은 효과를 발휘하기 때문에, 기업들은 사활을 걸고 비용을 줄이기 위해서 노력합니다.

테슬라의 영업이익률 계산해 보기

테슬라의 영업이익률은 손익계산서를 통해 구할 수 있습니다. 먼저, 분자에 들어갈 영업이익은 Income from operations라고 표시되어 있는 항목입니다. 2023년 한 해 동안 테슬라가 벌어들인 영업이익은 89억 달러로 집계되어 있습니다. 매출액은 자산회전율을 구할 때와 동일하게 967억 달러입니다. 두 수치를 활용해 테슬라의 영업이익률을 구해 보면 다음과 같습니다.

$$테슬라의\ 영업이익률 = \frac{영업이익}{매출액} = \frac{\$89억}{\$967억} = 9.2\%$$

테슬라의 영업이익률, 어떻게 활용해야 할까?

테슬라의 영업이익률은 9.2%이며, 이는 임의소비재 산업군에 속한 S&P500 기업 전체의 2023년 평균인 9.7%와 대비해서는 낮은 수치입니다. 그러나 보다 비교 범위를 좁혀 S&P500에 포함된 다른 완성차업체와 비교해 볼 경우 2023년 제너럴 모터스가 5.4%의 영업이익률을, 포드가 3.1%의 영업이익률을 기록해 테슬라가 동종기업 대비 많게는 3배 가까운 영업이익률을 올리고 있음을 파악해 볼 수 있습니다.

영업이익률을 높이는 것이 특히나 중요한 이유는, 기업 간 경쟁이 치열해질수록 비용 절감이 중요해지기 때문입니다. 경쟁이 치열하다는 것은 경쟁업체와 가격경쟁을 해야 한다는 의미인데, 이때 비용을 더 적게 들이는 기업이 경쟁에서 살아남을 확률이 더 커집니다.

영업이익률은 산업평균과의 비교 및 기업의 과거 추세를 통하여 미래 이익 수준을 예측하는 데 중요하게 활용되는 지표이므로, 기업분석 시 반드시 참고해야 합니다.

⑦ 매출액순이익률(Profit margin)

매출액순이익률은 매출액 대비 당기순이익이 얼마나 되는지 측정하는 지표로, 통상 순이익률로 줄여서 부릅니다. 당기순이익이란 영업이익에서 비영업비용이라 불리는 기타 비용들을 차감한 값으로, 특히 주주들에게 매우 중요한 수치입니다. 오롯이 주주들 몫으로 남겨진 이익이 바로 당기순이익이기 때문입니다.

〈도표 3-6〉에서 확인할 수 있듯이, 비영업비용의 대표적인 두 항목은 이자비용과 법인세입니다. 이자비용은 회사에 자금을 빌려 준 대여자가, 법인세는 정부가 가져가는 몫이며 이 둘이 각각 이자비용과 법인세를 가져가고 난 후의 잔액(당기순이익)을 주주는

▶매출액순이익률
(Profit Margin)
당기순이익을 매출액으로 나눈 비율. 기업의 전체 비용통제 능력을 판단하기 위한 지표.

배당금으로 가져갈 수 있습니다.

+ 도표 3-6. 당기순이익 계산 과정

영업이익	- 비영업비용	= 당기순이익
기업의 주된 사업 운영 결과	이자비용, 법인세	주주 몫

당기순이익을 매출액으로 나눈 값으로 계산되는 순이익률은 기업이 영업비용과 비영업비용 모두를 잘 통제할수록 상승합니다.

$$순이익률 = \frac{당기순이익}{매출액}$$

테슬라의 순이익률 계산해 보기

테슬라의 순이익률은 손익계산서를 통해 구할 수 있습니다. 먼저, 당기순이익은 손익계산서 표 하단부에 위치한 Net income attributable to common stockholders라는 항목입니다. 2023년 한 해 동안 테슬라가 남긴 당기순이익은 149억 달러로 집계되어 있습니다. 매출액은 영업이익률을 구할 때 찾았던 수치와 동일합니다. 두 수치를 활용해 테슬라의 순이익률을 구해 보면 다음과 같습니다.

$$테슬라의\ 순이익율 = \frac{당기순이익}{매출액} = \frac{\$149억}{\$967억} = 15.4\%$$

테슬라의 순이익률, 어떻게 활용해야 할까?

임의소비재 산업군에 속한 S&P500 기업들이 2023년에 기록한 순이익률 평균은 8.1%인데, 테슬라의 순이익률(15.4%)은 이 두 배에 가까운 높은 수치를 기록하고 있습니다. 보다 비교 범위를 좁혀 S&P500에 포함된 다른 완성차업체와 비교해 볼 경우 2023년 제너럴 모터스가 5.9%의 순이익률을, 포드가 2.5%의 순이익률을 기록해 테슬라가 동종기업 대비 많게는 6배 가까운 높은 순이익률을 올리고 있음을 파악해 볼 수 있습니다.

특히, 순이익률은 영업이익률보다 주주들이 더 관심 있게 보는 지표입니다. 영업이익에서 자금 대여자가 이자를, 정부가 세금을 가져간 이후 남는 진정한 주주 몫이 바로 순이익이기 때문입니다. 미국주식 투자자가 받는 배당금 역시 이 당기순이익을 재원으로 합니다. 당기순이익은 주주가치의 핵심 지표일 뿐만 아니라 11번째 지표로 살펴볼 ROE(자기자본이익률)를 계산할 때도 등장하는 만큼, 투자자라면 꼭 숙지하고 있어야 합니다.

어느 날 갑자기
기업이 파산하면 어쩌지?
_부채비율, 유동비율, 이자보상비율

미국 통신회사의 주가 명암을 가른 부채 수준

우리나라의 통신시장과 마찬가지로 미국의 통신시장 또한 3개의 거대 통신회사가 삼파전을 벌이고 있습니다. 바로 AT&T(46.9%), Verizon(28.6%), T-Mobile(23.5%)이 그들입니다(괄호 안 숫자는 2023년 3분기 기준 미국 내 무선통신 시장점유율). 그런데, 이 세 회사 중 한때 주가상승률이 가장 저조했던 회사는 AT&T입니다. 2016년 11월부터 2021년 11월까지 주가가 41% 하락했기 때문입니다.

세 통신사 중 가장 큰 시장점유율을 갖고 있는 AT&T의 주가상승률이 왜 가장 저조했을까요? 그 원인은 바로 AT&T의 과도했던 부채 수준에서 찾을 수 있습니다.

AT&T는 세 통신회사 중 유독 미디어 사업에 욕심을 낸 회사입니다. 2015년에는 위성TV 회사인 DirecTV를 671억 달러(약 80조 원)에, 2018년에는 CNN과 Warner Bros. 등을 소유한 Time Warner를 1,080억 달러(약 130조 원)에 인수하는 공격적 사업 확장을 단행했습니다. 미국 통신시장의 경쟁이 격화하는 가운데, 미디어시장으로 사업을 확장하여 활로를 찾으려 한 것입니다.

문제는 AT&T가 두 회사를 인수하면서 너무 과도한 빚을 졌다는 점입니다. 넷플릭스로 대표되는 스트리밍 서비스의 성장세와 코로나19로 인한 영화산업의 침체로 AT&T가 인수한 기업들이 힘을 발휘하지 못하자, AT&T가 두 회사를 인수할 때 졌던 빚은 과도한 부담이 되어 돌아왔습니다.

인수한 기업들이 기대만큼 수익을 내야 그 수익을 재원으로 원금과 이자를 갚을 수 있는데, 인수 기업들의 사업이 부진하자 되려 수익성은 악화되고 부채로 인한 파산위험까지 걱정할 처지에 내몰린 것입니다. 실제 2020년 말 기준, 세 통신사 중 영업이익보다 이자비용이 더 큰 기업은 AT&T가 유일했습니다. 주력사업에서 벌어들인 돈으로 이자도 갚지 못하는 상황에 직면한 것입니다.

시장의 우려는 주가에 반영되기 마련입니다. AT&T가 두 회사를 모두 인수한 후 2018년 7월 33달러 수준이었던 주가는 2020년 말 29달러까지 하락하게 되고, 결국 2021년 AT&T는 두 회사를 매각하고 본업인 통신사업에 집중하겠다는 계획을 발표하게 됩니다.

AT&T의 예시에서 볼 수 있듯, 기업에게 과도한 부채는 경기침체와 같은 기업환경 악화 시 주가 하락의 원인이 되며 더 심한 경우 기업을 파산에 이르게 합니다. 이번 장에서는 기업의 부채 수준 적정성을 측정하는 세 가지 지표를 알아보겠습니다.

⑧ 부채비율(Debt-to-equity ratio)

기업이 지속적으로 성장하기 위해서는 자금(돈)이 필요합니다. 새 공장을 짓거나 다른 기업을 인수하려면 자금이 소요되기 때문입니다. 이때 필요한 자금을 마련하기 위한 가장 좋은 방법은 기존 사업에서 이윤을 남기고 이를 다시 성장 자금으로 활용하는 것입니다. 하지만 대부분의 경우, 사업에서 남기는 이윤만으로는 충분한 자금 마련이 어렵습니다. 이때 기업이 발행하게 되는 것이 바로 부채, 즉 빚입니다.

부채를 발행하는 경우(돈을 빌리는 경우) 기업은 매년 사전에 정해진 이자율만큼의 이자비용을 부담하게 되는데, 이는 기업경영에 약이 될 수도 있고 독이 될 수도 있습니다. 돈을 빌려서 확장한 사업이 성공한다면 정해진 이자비용만 내고 나머지 이익은 모두 기업이 가져가게 되지만, 실패하는 경우 자칫 이자도 못 갚는 상황에 처할 수 있기 때문입니다. 기업이 이자를 못 갚는 상황을 우리는 '부도'라고 부르며, 이 경우 주식이 휴짓조각이 될 수도 있는 위험에 처하게 됩니다.

따라서, 주식투자자들은 기업이 감당 가능한 수준의 빚을 지고 있는지 항상 확인하고 싶어합니다. 그리고 이때 활용하는 지표가 바로 부채비율로, 다음과 같이 계산됩니다.

▶부채비율
(Debt-to-Equity Ratio)
부채를 자본으로 나눈 비율.
기업의 장기안정성을 판단하기 위한 지표.

$$부채비율 = \frac{부채}{자본}$$

테슬라의 부채비율 계산해 보기

테슬라의 부채비율은 재무상태표를 통해 구할 수 있습니다. 먼저, 분자에 들어갈 부채 금액은 Total liabilities 항목으로, 2023년 12월 말 기준 테슬라의 부채 금액은 430억 달러로 집계됩니다.

분모에 들어갈 자본은 PBR 비율을 계산할 때 등장했던 자본과 동일한 항목을 지칭합니다. 다만, PBR 계산 과정에서 설명했던 바와 같이 부채비율을 구할 때 자본은 보통 자본총계Equity를 사용합니다. 이제 테슬라의 부채비율을 구해 보면 다음과 같습니다.

$$\text{테슬라의 부채비율} = \frac{\text{부채}}{\text{자본}} = \frac{\$430억}{\$636억} = 67.6\%$$

테슬라의 부채비율, 어떻게 활용해야 할까?

부채비율은 그 값이 클수록 부채를 많이 사용하고 있음을 나타냅니다. 이 경우, 혹여 경영환경이 악화된다면 부채를 상환하지 못해 기업이 파산할 위험이 높아집니다. 기업 운영을 위해 적정량의 부채는 필요하지만, 이 비율이 과도한 기업을 피해야 하는 이유입니다.

테슬라의 경우, S&P500 임의소비재 산업군에 속한 기업들의 2023년 평균 부채비율이 326.8%에 달하는 것과 비교해 보면 상대적으로 안정적인 수준으로 부채를 관리하고 있음을 알 수 있습니다.

⑨ 유동비율(Current Ratio)

　기업의 부채는 언제까지 갚아야 하는지에 따라 크게 단기부채와 장기부채로 분류합니다. 이때 단기와 장기를 나누는 기준은 '내년'입니다. 내년 말까지 갚아야 하는 부채는 단기부채, 그 이후에 갚아도 되는 부채는 장기부채로 분류합니다.

　보통 기업의 파산위험을 언급할 때는 장기부채를 주로 거론하지만, 단기부채를 갚을 능력이 있는지 또한 주식투자자라면 꼭 점검해 봐야 할 대상입니다. 장기부채를 상환할 수 있는 충분한 능력이 있는 회사라도, 당장 단기부채를 갚을 여력이 충분하지 않으면 파산할 수 있기 때문입니다.

　기업이 단기부채를 갚을 여력이 충분한지 분석할 때 사용되는 것이 바로 유동비율입니다. 유동비율은 다음 식과 같이 단기자산(유동자산)을 단기부채(유동부채)로 나누어 계산합니다. 단기자산이란 현금으로 전환이 간편해 단기부채를 갚는 데 사용될 수 있는 자산을 말합니다. 재무제표에서 단기자산은 유동자산, 단기부채는 유동부채로 부르기 때문에 유동비율이라는 명칭이 붙었습니다.

$$\text{유동비율} = \frac{\text{유동자산}}{\text{유동부채}}$$

▶ 유동비율(Current Ratio)
유동자산을 유동부채로 나눈 비율. 기업의 단기 안전성을 판단하기 위한 지표.

테슬라의 유동비율 계산해 보기

　테슬라의 유동비율은 재무상태표를 통해 구할 수 있습니다. 먼저, 2023년 말 기준 단기자산(유동자산) 금액은 Current assets 항목으로 그 값이 496억 달러로 집계됩니다. 단기자산을 구성하는 항목으로는 현금 및 현금성자산, 매출채권, 재고자산 등이 있습니다.

단기부채(유동부채) 금액은 Current liabilities 항목으로 그 값이 287억 달러로 집계됩니다. 이제 테슬라의 유동비율을 구해 보면 다음과 같습니다.

$$\text{테슬라의 유동비율} = \frac{\text{유동자산}}{\text{유동부채}} = \frac{\$496억}{\$287억} = 172.8\%$$

테슬라의 유동비율, 어떻게 활용해야 할까?

유동비율은 그 값이 높을수록 단기부채 지불 능력이 커짐을 의미합니다. 테슬라의 경우, 유동자산 금액이 유동부채의 1.72배(172.8%)이기 때문에 단기채무 지불 능력은 충분하다고 평가할 수 있습니다. 일반적으로 유동비율값이 100% 이상이면 안정적이라고 평가합니다.

다른 기업들과 비교해 봐도 테슬라의 유동비율은 안정적인 수준이라고 할 수 있습니다. 2023년 말 기준, 테슬라가 속한 S&P500 임의소비재 기업 53곳의 평균 유동비율은 테슬라와 동일한 172.8%이었으며 보다 범위를 좁힌 동종기업들과 비교해 볼 경우 제너럴 모터스가 107.6%의 유동비율을, 포드가 119.6%의 유동비율을 기록해 테슬라의 단기부채 지불능력이 안정적임을 파악해 볼 수 있습니다. Chapter 5~8 분야별 미국주식 분석 사례에서 22개 기업분석을 통해 유동비율을 활용하는 연습을 해 보겠습니다.

⑩이자보상비율(Interest coverage ratio)

우리가 은행에서 돈을 빌리고 나면 매달 나가는 비용이 있습니다. 바로 이자비용입니다. 이는 기업도 마찬가지입니다. 기업이 부채를 발행하면 반드시 이자를 갚아 나가야 하며, 이는 기업의 경영 상황이 좋든 나쁘든 상관없이 일정하게 갚아야 하는 금액입니다. 바로 이 이자비용 때문에, 기업이 부채를 많이 사용할수록 파산위험은 커지게 됩니다.

기업이 부채를 발행하는 목적은 사업을 확장하고, 영업이익을 늘리기 위해서입니다. 이때 기업의 원래 의도대로 영업이익이 증가한다면 부채 사용은 문제가 되지 않으며, 오히려 적극 권장할 만합니다. 정해진 이자 금액만 지불하고 나면 남는 금액은 모두 기업이 가져갈 수 있기 때문입니다.

하지만 기업의 예상과는 다르게 사업이 잘되지 않으면, 기업은 자칫 이자 부담을 걱정해야 할 처지에 이를 수 있습니다. 바로 이러한 '이자 부담을 걱정해야 하는 처지'가 부채를 사용하고 있는 기업에 투자할 때 점검해 봐야 할 항목입니다. 이자보상비율은 이때 활용하는 지표로서, 기업의 영업이익이 이자비용을 지불하기에 충분한지 측정합니다.

$$이자보상비율 = \frac{영업이익}{이자비용}$$

▶이자보상비율
(Interest Coverage Ratio)
영업이익을 이자비용으로 나눈 비율. 기업이 이자를 안정적으로 지불할 수 있는지 판단하기 위한 지표.

테슬라의 이자보상비율 계산해 보기

테슬라의 이자보상비율은 손익계산서를 통해 구할 수 있습니다. 먼저, 영업이익 금액은 영업이익률 Operating margin 을 구할 때 찾았던 금액과 동일한 금액으로 89억 달러입니다.

테슬라의 이자비용 금액은 손익계산서에 Interest expense로 표시되어 있으며, 2023년 한 해 테슬라가 지출한 이자비용은 모두 1.6억 달러입니다. 이 두 항목을 활용해 테슬라의 이자보상비율을 구해 보면 다음과 같습니다.

$$\text{테슬라의 이자보상비율} = \frac{\text{영업이익}}{\text{이자비용}} = \frac{\$89억}{\$1.6억} = 55.6배$$

테슬라의 이자보상비율, 어떻게 활용해야 할까?

이자보상비율의 값이 클수록 기업이 이자비용을 지급할 수 있는 여력은 커집니다. 경영 상황이 악화해도 파산위험으로부터 안전하다는 의미입니다. 테슬라의 경우, 영업이익이 이자비용의 55.6배이기 때문에 이자비용을 지급하는 능력이 높다고 평가할 수 있습니다. 기업이 사업을 지속하기 위한 이자보상비율은 최소한 1(=100%) 이상이어야 하기 때문입니다.

다른 기업들과 비교해 봐도 테슬라의 이자보상비율은 안정적인 수준입니다. 2023년 기준 테슬라의 동종기업인 제너럴 모터스가 10.2의 이자보상비율을, 포드가 4.2의 이자보상비율을 기록해 테슬라의 이자지불 능력이 안정적임을 파악해 볼 수 있습니다. Chapter 5~8 분야별 미국주식 분석 사례에서 22개 기업분석을 통해 이자보상비율을 활용하는 연습을 해 보겠습니다.

수익성 있는 사업을 운영하고 있을까?

_자기자본이익률(ROE)

1962년, 미국의 한 젊은 펀드매니저가 버크셔 해서웨이라는 이름의 직물회사 주식에 투자하기 시작합니다. 펀드매니저의 관심은 회사가 매년 벌어들이는 막대한 현금에 있었습니다. 비록 성장이 정체된 회사였음에도, 버크셔 해서웨이는 매년 엄청난 양의 현금을 벌어들이고 있었으며 공장 건물과 토지 등을 매각할 경우 상당한 현금을 확보할 수 있는 자산들을 보유 중이었습니다.

회사의 가치를 높이 평가한 펀드매니저는 비로소 1965년 5월 10일, 회사의 주가가 저평가되었다고 판단하고 이 직물회사를 통째로 인수하기에 이릅니다. 그리고는 자신의 종전 고객들에게 다른 데 투자하는 대신 이 회사 주식에 투자할 것을 제안합니다. 이 펀드매니저가 바로 이후 전설적인 투자자로 이름을 날리게 된 워런 버핏입니다. 만약 1964년에 워런 버핏의 제안대로 버크셔 해서웨이에 1,000만 원을 투자했다면, 59년이 지난 2023년 말에 자산은 438억 원으로 불어나 있게 됩니다. 워런 버핏이 그 후 59년간 총 4,384,748%라는 경이로운 수익률을 달성했기 때문입니다.

투자의 귀재로 불리는 워런 버핏이 주식투자 시 가장 중요하게 보는 지표가 있습니다. 바로 자기자본이익률입니다. 자기자본이익률이란 주주로부터 투자받은 자금으로 회사가 얼만큼의 이익을 창출했는지 측정하는 비율입니다. 보통 기업은 주주와 채권자로부터 자금을 투자받아 사업을 하는데, 이때 채권자의 몫인 이자비용을 주고 난 뒤 주주에게 돌아가는 몫이 얼마나 되는지 측정하는 지표입니다. 주주의 투자수익률에 가장 근접한 지표로, 주식투자자에게 가장 중요한 지표라고 할 수 있습니다.

⑪ 자기자본이익률(Return on Shareholder's Equity)

자기자본이익률은 주주로부터 투자받은 자금 대비 회사가 창출한 이익이 얼마나 되는지 측정하는 지표입니다. 따라서 분자에는 이익이, 분모에는 주주의 투자자금이 들어가게 됩니다. 이때, 분자의 이익 자리에는 (영업이익이 아닌) 당기순이익을 입력합니다. 당기순이익은 채권자 몫에 해당하는 이자비용을 차감한 값으로, 순수하게 주주가 가져가는 몫을 나타내기 때문에 그렇습니다.

그렇다면, 분모에 오는 주주의 투자자금은 어떤 항목을 입력해야 할까요? 바로 PBR과 부채비율을 계산할 때 등장했던 '순자산', 즉 자본입니다. 자본은 자산에서 부채를 차감한 값이므로, 주주의 투자자금을 측정하는 항목으로 이 자본을 활용하는 것입니다. 이때 자본은 (자본총계Equity 가 아닌) 지배기업 소유주 지분Total stockholders' equity 금액을 활용한다는 것을 주의해야 합니다. 분자에 오는 당기순이익이 1년간의 측정치이므로 분모의 자본도 작년과 올해 수치를 평균한 평균자본을 사용합니다.

$$자기자본이익률 = \frac{당기순이익}{평균자본}$$

▶ 자기자본이익률
(Return on Equity)
당기순이익을 평균자본으로 나눈 비율. 주주로부터 투자 받은 자금 대비 회사가 창출한 이익의 상대적인 크기를 측정.

테슬라의 자기자본이익률 계산해 보기

테슬라의 자기자본이익률은 재무상태표와 손익계산서를 모두 봐야 구할 수 있는데, 우리는 이미 계산에 필요한 항목을 다 찾아본 적이 있습니다. 당기순이익은 매출액순이익률을 구할 때 썼던 금액과, 자본은 PBR을 계산할 때 썼던 금액과 동일합니다.

다만, PBR을 계산할 때는 2023년 12월이라는 특정 시점의 자본 금액을 썼지만 자기자본이익률 계산 시에는 작년과 올해 말 자본을 평균한 값을 사용한다는 차이점이 있습니다. 이 두 수치를 활용해 테슬라의 자기자본이익률을 구해 보면 다음과 같습니다.

$$테슬라의 자기자본이익률 = \frac{당기순이익}{평균자본} = \frac{\$149억}{\$537억} = 27.7\%$$

테슬라의 자기자본이익률, 어떻게 활용해야 할까?

ROE(자기자본이익률)값은 클수록 주주 자금의 투자수익률이 높음을 의미합니다. 다른 기업들과 비교해 보면 테슬라의 자기자본이익률은 안정적인 수준입니다. 2023년 말 기준 테슬라의 동종기업인 제너럴 모터스가 15.2%의 자기자본이익률을, 포드가 10.1%의 자기자본이익률을 기록해 테슬라의 주주자금 투자수익률은 상대적으로 높은 편임을 파악해 볼 수 있습니다.

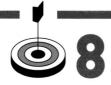

꾸준히 성장하고 있는 기업인가?

_매출액증가율

 2020년 초, 전 세계를 강타한 코로나로 인해 기업들은 막대한 타격을 입었고 이듬해인 2021년 말까지도 서비스 분야 기업의 주가는 코로나 이전 수준으로 회복하지 못했습니다. 하지만 코로나 팬데믹으로 수혜를 입은 기업도 존재합니다. 그중 하나가 영상회의 기업 줌NASDAQ: ZM 입니다. 줌은 영상회의를 주최할 수 있는 온라인 계정을 판매하여 수익을 올리는 기업입니다. 온라인으로 회의를 개설하고 다른 회의 참가자들을 초대할 수 있는 호스트 계정을 유료로 판매하는 것입니다.

 코로나로 인해 재택근무가 확산되고 영상회의가 업무에 필수적인 도구가 되자, 줌의 매출은 폭발적으로 증가했습니다.

+ 도표 3-7. 줌(NASDAQ: ZM)의 매출 추이

회계연도	매출액	전년 대비 상승률
2017년	6,081만 달러	-
2018년	1억 5,147만 달러	149.1%
2019년	3억 3,051만 달러	118.2%
2020년	6억 2,265만 달러	88.4%
2021년	26억 5,136만 달러	325.8%

줌의 회계연도는 매년 2월 1일에 시작해 다음 해 1월 31일에 끝나므로, 2021 회계연도로 표시되어 있는 기간은 실제로는 2020년 2월 ~ 2021년 1월입니다. 이 기간은 코로나가 발생했던 시기와 겹치는데, 이 시기 줌의 매출상승률이 전년 대비 325.8%에 달했음을 볼 수 있습니다. 가히 폭발적이라 할 만합니다.

매출의 증가는 곧장 주가에 반영되기 마련입니다. 매출이 증가하면서 줌의 주가도 거침없이 상승세를 이어 갔습니다. 2019년 4월 18일 36달러에 상장한 줌은 코로나로 인한 비대면 흐름을 타고 2020년 10월 12일, 최고가인 565달러에 거래되기에 이릅니다. 약 1년 반 만에 주가가 15배 넘게 상승한 것입니다.

+ 도표 3-8. 줌(NASDAQ: ZM)의 주가변동 그래프(2019.4.17. ~ 2024.2.28.)

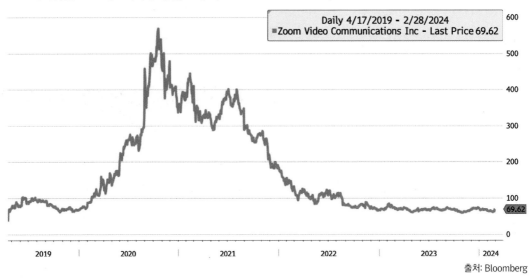

출처: Bloomberg

하지만 이러한 주가상승세는 오래가지 않아 꺾였을 뿐만 아니라, 2024년 2월 말 주가가 69달러로 최고점($565) 대비 88% 가까이 하락하게 됩니다. 비대면 흐름을 타고 성장했던 주가가 왜 갑자기 하락한 것일까요? 가장 큰 원인은 투자자들이 '이러한 매출

성장세가 지속 가능하지 않다'고 판단했기 때문입니다.

줌을 제외하고도 화상회의 서비스를 제공하는 경쟁사들은 많으며, 앞으로 당분간 코로나 팬데믹처럼 화상회의 수요를 폭발적으로 견인할 만한 요소는 찾기 힘들기 때문이었습니다. 이를 통해, 기업의 매출액을 볼 때 확인해야 할 두 가지 측면을 정리해 볼 수 있습니다. 매출이 증가할 뿐만 아니라, 그 증가세가 꾸준해야 한다는 것입니다. 이를 확인해 볼 수 있는 지표가 바로 매출액성장률입니다.

⑫ 매출액성장률(Revenue growth rate)

매출액성장률은 올해 매출액이 전년 대비 얼마나 성장했는지 측정하는 지표입니다. 계산이 간단하므로, 바로 테슬라의 2023년 매출액성장률을 구해 보겠습니다.

$$\text{테슬라의 매출액성장률} = \frac{2023년\ 매출 - 2022년\ 매출}{2022년\ 매출} = \frac{\$967억 - \$815억}{\$815억} = 18.7\%$$

테슬라의 주가가 코로나 시기 폭발적으로 상승한 이유는 앞으로도 매출이 증가할 뿐만 아니라, 그 증가세가 꾸준할 것이라는 투자자들의 믿음이 있었기 때문입니다. 매출액성장률은 기업의 성장성을 확인하기 위한 필수 지표라 할 수 있습니다.

9

테슬라의 최근 8년간 재무자료 요약본

지금까지 테슬라의 재무제표를 이용해 2023년 말 기준 테슬라의 12가지 재무지표를 산출하는 연습을 해 보았습니다. 재무비율 분석은 산업분석, 거시경제 분석과 함께 사용할 경우 좋은 기업을 고를 수 있는 강력한 도구가 되기에, 미국주식 투자자라면 반드시 주식투자 전 재무분석을 거쳐야만 합니다.

이번 장에서는 테슬라의 재무비율을 동종 산업군, 동종기업과 비교했지만 테슬라의 재무비율이 시간이 지남에 따라 어떻게 변화하고 있는지 분석하는 '시계열 분석'도 이와 병행되어야 합니다. 이를 위해, 〈도표 3-9〉에서는 테슬라 투자를 고민하고 계신 독자 분들을 위해 최근 8년간 테슬라의 재무비율을 요약했습니다.

+ 도표 3-9. 테슬라의 최근 8년간 재무자료와 주가

재무지표	FY2016 2016/12/31	FY2017 2017/12/31	FY2018 2018/12/31	FY2019 2019/12/31	FY2020 2020/12/31	FY2021 2021/12/31	FY2022 2022/12/31	FY2023 2023/12/31
PER	-45.7	-26.3	-58.2	-85.9	953.5	188.7	30.6	52.5
PBR	7.3	12.4	11.7	11.4	30.5	36.2	8.7	12.6
자산 회전율	0.46	0.46	0.74	0.77	0.73	0.94	1.13	1.02
매출채권 회전율	21.0	23.2	29.3	21.6	19.6	28.3	33.5	29.9
재고자산 회전율	3.23	4.40	6.48	6.15	6.51	8.16	6.52	5.99
영업 이익률	-9.5%	-13.9%	-1.8%	-0.3%	6.3%	12.1%	16.8%	9.2%
순이익률	-9.6%	-16.7%	-4.5%	-3.5%	2.3%	10.3%	15.4%	15.4%
부채비율	283.2%	408.8%	371.0%	323.0%	119.8%	96.7%	79.4%	67.6%
유동비율	107.4%	85.6%	83.1%	113.5%	187.5%	137.5%	153.2%	172.8%
이자보상 비율	-3.4	-3.5	-0.6	-0.1	2.7	17.6	71.5	55.6
ROE	-22.9%	-43.6%	-21.3%	-14.9%	4.8%	21.0%	33.5%	27.7%
매출액 증가율	73.0%	68.0%	82.5%	14.5%	28.3%	70.7%	51.4%	18.7%

U.S.
stock
investment

CHAPTER

4

미국주식
기초 배경지식
쌓기

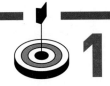

미국 주식시장의 3대 지수

신문의 경제 분야 1면에는 늘 위와 같은 제목의 기사가 등장합니다. 전체 미국주식의 가격 등락폭이 어땠는지 알려 주는 기사들입니다. 위 기사 제목에서 등장한 S&P500, Nasdaq, Dow는 미국의 대표적인 3대 주식 가격지수에 해당합니다.

이 세 가격지수는 모두 '주가지수Stock market Index', 즉 미국에 상장된 주식의 가격변동을 종합해 전체 주식시장의 가격 상승폭 또는 하락폭을 측정할 수 있도록 만든 지표입니다. 상승하는 주식이 더 많은 날은 지수가 상승, 하락하는 주식이 더 많을 때는 지수가 하락하도록 고안되었습니다. 이번 장에서는 미국 주식시장의 3대 지수가 무엇인지 알아보겠습니다.

▶상장
기업이 주식을 거래소에 등록하여 누구나 사고팔 수 있도록 기업을 공개하는 과정

S&P500이란?

S&P500은 세계 3대 신용평가기관 중 하나인 Standard & Poor's Global 그룹이 1957년 3월 4일부터 산정하고 있는 지수입니다. 500개 대기업의 주가를 시가총액 기준으로 가중평균하여 산정하고 있기에, 지수를 작성하는 회사명Standard & Poor's에 지수에 포함되는 기업 개수(500개)를 붙여서 S&P500이라는 이름이 붙었습니다. S&P500 지수에 포함되는 기업 수는 500개이지만, 2024년 2월 말 기준 지수에 실제 포함되어 있는 주식 종목은 503개입니다. 회사는 1개이지만 종류가 서로 다른 주식 2종목이 S&P500에 포함되어 있는 기업이 총 3곳(구글ALPHABET INC, 뉴스코프 NEWS CORP, 폭스FOX CORP) 있기 때문입니다. 대상이 되는 500개의 기업은 시가총액과 일일 거래량, 산업 대표성을 종합적으로 고려해 선택되며, 주요 편입 기준은 다음과 같습니다.

+ 도표 4-1. S&P500지수 포함 기업의 주요 편입 기준

---

① 미국 소재 기업일 것
② 시가총액이 158억 달러 이상일 것
③ 직전 분기 및 최근 4분기 합계 당기순이익(중단 사업 제외)에서 손실을 내지 않았을 것

S&P500 지수에 포함된 기업들의 시가총액은 전체 미국 주식시장 규모의 약 80%를 차지하므로, S&P500은 미국 주식시장에 대한 대표성이 가장 높은 지수로 통용됩니다. S&P500 지수는 1년에 총 4번(3월, 6월, 9월, 12월 두 번째 금요일) 포함 기업을 개편합니다.

2024년 4월 말 기준, S&P500의 최근 10년간 지수 상승률은 총 167%에 이릅니다. 지수를 추종하는 대표 ETF인 VOO에 10년 전

▶Sebastian Segerstrom, 「THROUGH THE LOOKING GLASS: PREDICTING S&P500 CONSTITUENT CHANGES」, 『FACTSET』, December 2, 2021

1억을 투자했을 경우, 현재 잔고가 2억 6,700만 원에 이른다는 의미입니다. 미국 내 S&P500 지수를 추종하는 ETF는 2023년 말 기준 약 1.5조 달러(약 1,950조 원)로 천문학적인 규모에 이르며, 대표적인 ETF로는 다음의 세 가지가 있습니다.

+ 도표 4-2. 대표 S&P500 ETF

ETF명	티커	운용사	배당수익률	운용 보수
SPDR S&P500 ETF Trust	SPY	State Street	1.27%	0.09%
Vanguard S&P500 ETF	VOO	Vanguard	1.34%	0.03%
iShares Core S&P500 ETF	IVV	BlackRock	1.32%	0.03%

*배당수익률, 운용 보수는 2024년 4월 말 기준

S&P500 지수의 현재 수치는 구글에 'S&P500'을 검색하면 간단히 조회가 가능합니다.

NASDAQ이란?

나스닥지수에는 크게 두 종류가 있습니다. 나스닥 종합주가지수Nasdaq Composite Index와 나스닥100 지수Nasdaq 100 Index입니다. 두 지수 모두 미국 나스닥 거래소에 상장된 주식을 대상으로 산정하는 지수라는 공통점을 갖고 있습니다. 다만 지수 계산 시 포함하는 주식 종목의 개수가 2024년 2월 말 기준 전자는 3,372개, 후자는 101개라는 점이 다릅니다. 보통 매스컴에서 나스닥지수라고 말할 때는 나스닥 종합주가지수Nasdaq Composite Index를 지칭합니다.

나스닥 종합주가지수란, 나스닥 거래소에 상장된 모든 기업들을 대상으로 1971년 2월 1일부터 산정하기 시작한 지수를 말합니다. 2024년 2월 말 기준, 포함 종목은 3,372개에 이릅니다. 계산 방식은 S&P500과 동일하게 시가총액을 기준으로 가중평균하는 방법을 채택하고 있으나, 이 외 산정 기준은 사뭇 다릅니다. 나스닥 종합주가지수에 편입되기 위한 기준은 다음과 같습니다.

+ 도표 4-3. 나스닥 종합주가지수(Nasdaq Composite Index) 포함 기업의 주요 편입 기준

① NASDAQ 시장에만 상장된 기업일 것
② 외국기업도 가능
③ 특정 증권 형태는 제외(ETF, 우선주, 신주인수권 등)

나스닥 종합주가지수가 S&P500과 차별화되는 가장 큰 특징은 높은 기술주 의존도에 있습니다. 2024년 4월 말 기준, S&P500 지수의 IT 기업 비중은 29% 수준이었지만 나스닥 종합주가지수의 기술 기업 비중은 무려 59%에 달했습니다. 이는 나스닥 거래소에 상장한 기업들 중 기술 기업 비중이 높기 때문입니다.

1971년에 설립된 나스닥 거래소는 당시 거래소 중에서는 최초로 전자 주식거래 방식을 도입했고, 이는 기술 기업들의 상장을 유도하는 데 큰 역할을 했습니다. 우리에게 친숙한 애플, 메타(페이스북의 사명 변경 후 이름), 알파벳(구글의 모회사), 마이크로소프트, 넷플릭스 등이 대표적인 나스닥 거래소 상장 기업에 해당합니다. 2024년 4월 말 기준, 최근 10년간 나스닥 종합주가지수 상승률은 280%에 이릅니다. 10년 전 1억을 나스닥지수를 추종하는 ETF인 ONEQ에 투자했다면, 현재 통장 잔액은 3억 8천만 원에 이르는 셈입니다.

나스닥100의 경우, 나스닥에 상장된 기업들 중 시가총액 상위 100개 기업을 대상으로 1985년부터 산정하기 시작한 지수입니다. 나스닥 종합주가지수와는 달리 금융회사는 제외하여 산정합니다. 대표성은 나스닥 종합주가지수보다 떨어지지만, ETF 투자는 훨씬 활성화되어 있습니다. 상위 100대 기업만 포함하는 만큼, 주가

상승률이 높아 더 많은 투자자금을 끌어들였기 때문입니다. 실제 2024년 4월 말 기준, 최근 10년간 나스닥100 지수의 상승률은 387%를 기록해 나스닥 종합주가지수보다 107%p만큼 높은 수익률을 기록했습니다. 나스닥에 투자하는 주요 ETF로는 〈도표 4-4〉의 두 가지가 있습니다.

+ 도표 4-4. 대표 NASDAQ 추종 ETF

추종지수	ETF명	티커	배당수익률	운용 보수
Nasdaq Composite	Fidelity NASDAQ Composite Index ETF	ONEQ	0.73%	0.21%
Nasdaq 100	Invesco QQQ Trust	QQQ	0.54%	0.20%

*배당수익률, 운용 보수는 2024년 4월 말 기준

나스닥지수는 구글에 'Nasdaq Composite' 혹은 'Nasdaq 100'을 검색하면 간단히 조회가 가능합니다.

DOW JONES란?

다우존스 산업평균 지수Dow Jones Industrial Average, 줄여서 '다우the Dow'라고도 부르는 다우지수는 주요 세 지수 중 가장 먼저인 1896년 5월 26일 다우존스 회사Dow Jones & Co.에서 집계하기 시작한 지수입니다. 최초의 다우지수는 12개 기업의 주가를 단순합산한 후 이를 12로 나누어 계산하는 방식이었습니다. 계산 방법은 간단했지만, 여러 기업들의 주가를 합산해 주식시장 움직임을 한눈에 보여 준다는 발상은 당시로서는 파격적인 아이디어였습니다.

현재 다우지수는 미국의 대형 기업 30곳을 대상으로 계산하고 있으며, 계산 방식도 단순합산 방식이었던 초기에 비해 복잡해졌습니다. 하지만 다우지수는 긴 역사에도 불구히고 나머지 두 지수에 비해 대표성이 떨어지는 것으로 평가받고 있는데, 그 이유는 다음과 같이 지수 편입 기준이 협소하기 때문입니다.

+ 도표 4-5. 다우존스 산업평균 지수(Dow Jones Industrial Average) 주요 산정 기준

① S&P500 기업 중 명성, 규모, 주가, 산업 대표성을 고려해 대형 미국기업 30개사 선택
② 주가 가중평균 방식(The index is price weighted)
③ 운송(항공, 물류, 철도) 및 유틸리티(전기, 가스, 수도) 기업 제외

위 산정 기준에서 보는 바와 같이, 다우지수는 미국기업만을 그 대상으로 합니다. 기업 선택 방식이 S&P500 기업 중 30개 기업을 가려내는 방식이기 때문에, S&P500 지수에 비해 대표성이 다소 떨어진다고 볼 수 있습니다. 지수의 계산 방식 또한 주가Stock Price를 기준으로 한다는 점에서, 시가총액Float-adjusted market cap을 기준으로 계산하는 나머지 두 지수에 비해 계산의 정교함이 부족합니다. 이뿐만 아니라, 다우지수는 운송 및 유틸리티 기업을 산정 대상에서 제외하여 별도의 지수로 산정하고 있습니다. 나머지 두 지수에 비해 다우 지수의 대표성이 상대적으로 낮은 이유입니다.

그럼에도 불구하고, 다우존스는 세 지수 중 가장 역사가 긴 지수로 미국 주식시장의 변동을 오랜 기간 추적해 온 지표라는 장점으로 인해 주요 3대 지수 중 하나로 꼽히고 있습니다. 주가지수의 근본적인 역할이 주식시장의 가격 변동을 기록하는 것이라 할 때, 역사가 길다는 것은 그만큼 그 역할에 충실한 것으로 볼 수 있기 때문입니다. 다우지수의 최촛값은 40.94(1896년 5월 26일)였으며, 2024년 4월 말 종가는 37,815.92였는데 이렇게 지수가 약 924배 성장하는 동안 미국 주식시장 또한 그만큼 팽창해 왔다는 것을 짐작해 볼 수 있습니다.

다우지수를 추종하는 대표적인 ETF는 〈도표 4-6〉과 같으며, 2024년 4월 말 기준 최근 10년간 지수 상승률은 약 128%에 이릅니다. 10년 전 약 1억 원을 다우지수를 추종하는 ETF인 DIA에 투자했을 경우, 현재 잔액은 2억 2,800만 원인 셈입니다.

+ 도표 4-6. 대표 Dow Jones 추종 ETF

추종지수	ETF명	티커	배당수익률	운용 보수
Dow Jones Industrial Average	SPDR Dow Jones Industrial Average ETF Trust	DIA	0.63%	0.16%

*배당수익률, 운용 보수는 2024년 4월 말 기준

다우지수는 구글에 'Dow Jones'를 검색하면 간단히 조회가 가능합니다.

세 지수 비교

지금까지 언급한 세 지수의 주요 차이점 및 공통점을 비교하면 다음과 같이 정리할 수 있습니다.

+ 도표 4-7. S&P500, Nasdaq, The Dow 비교표

	S&P500	Nasdaq Composite	Nasdaq 100	The Dow
대상 거래소	NYSE NASDAQ	NASDAQ	NASDAQ	NYSE NASDAQ
포함 종목 수 (2024년 2월 말 기준)	503개	3,372개	101개	30개
개편 주기	분기별 1회	매일	분기별 1회	수시
10년 전 1억 원 투자 시 현재 가치 (2024년 4월 말 기준)	2.67억 원	3.80억 원	4.87억 원	2.28억 원
대표성	가장 높음	높음	낮음	가장 낮음

더 알아 가기

개편 후 S&P500에 새롭게 포함되는 주식들의 경우, 지수를 추종하는 ETF들이 해당 주식을 의무적으로 사야 하기 때문에 일반적으로 주가가 상승한다고 통용되고 있으나(일명 "Index Effect"), 이는 항상 성립하는 것은 아닙니다. 다음 도표는 2011년부터 2021년까지 10년간 S&P500에 신규 편입되었던 주식을 대상으로 한 연구 결과를 요약한 것입니다.

+ **도표 4-8. S&P500 신규 편입 주식의 기간별 초과수익률**

측정 시작일	측정 종료일	전체 주식시장 대비 초과수익률
발표일	실제 편입일	-0.04%
실제 편입일	5 거래일 이후	0.04%
실제 편입일	21 거래일 이후	-0.12%

발표일은 지수관리위원회(S&P DJI)에서 신규로 편입할 종목을 발표하는 날이며, 실제 편입일은 그로부터 약 2주 경과한 날입니다. 위 도표를 보면, S&P500에 신규로 편입된다는 것이 발표되거나 실제 편입되더라도, 전체 주식시장 대비 추가로 얻는 이익(초과수익)이 미미하거나 심지어 마이너스(-)인 경우도 있음을 볼 수 있습니다.

물론 위 연구 결과는 과거 자료를 평균한 통계치이기 때문에, 실제 개별 주식의 결과는 다를 수 있습니다. 그러나 2024년 3월에 S&P500 지수에 신규로 편입되었던 아래 2개 기업의 경우 지수에 실제 편입된 날(2024.3.18.)부터 21 거래일간 평균 9.6% 하락한 바 있습니다.

+ **도표 4-9. 2024년 3월 S&P500 신규 포함 기업 2곳의 21 거래일간 주가 움직임**

기업명	티커	주가변동(2024.3.18. ~ 2024.4.16.)
Super Micro Computer	SMCI	8.66%↓ (하락)
Deckers Outdoor	DECK	10.54%↓ (하락)
평균 주가하락률		9.6%↓ (하락)

결론적으로, 어떤 기업이 단순히 S&P500에 신규로 편입되었다는 이유만으로 단기차익을 얻기 위해 투자하는 것은 바람직하지 않음을 알 수 있습니다.

3대 지수, 어떻게 활용해야 할까?
_미국 주가지수 활용 방법 3가지

주가지수를 통해 우리는 현재 전반적인 주식시장이 과대평가되어 있는지 과소평가되어 있는지 가늠해 볼 수 있습니다. 그러나 주가지수가 단순히 높이 올라갔다고 해서 과대평가, 많이 내려갔다고 해서 과소평가라고 판단할 수는 없습니다. 주가지수가 올라가는 이유가 경제성장, 기업의 이익 증가와 같이 실제 경영 성과와 연계되어 있다면 이러한 상승세는 앞으로도 지속될 수 있기 때문입니다. 이는 주가가 떨어지는 경우에도 마찬가지입니다.

따라서 주가지수의 숫자만을 보고 성급한 판단을 내리기보다는, 이 주가지수들을 재료로 활용해 주식시장 전체 PER(주가순이익비율)과 등락폭을 계산해 보고 과거 유사한 환경에서의 주가지수 수준에 비추어 봤을 때 어느 정도 수준인지를 간접적으로 파악해 보는 것이 바람직합니다.

이뿐만 아니라, 주가지수는 내 투자 성과를 판단하는 기준 지표로도 활용해 볼 수 있습니다. 이번 장에서는 주가지수를 활용할 수 있는 방법 3가지를 소개해 볼까 합니다.

+ 도표 4-10. S&P500의 PER 그래프(1991.1.14. ~ 2024.2.28.)

Daily 1/14/1991 - 2/28/2024
■S&P 500 INDEX - Price Earnings Ratio (P/E) 24.2038

24.2038

출처: Bloomberg

그럼 어떻게 주가지수를 통해 주식시장의 과열 여부를 판단할 수 있을까요? 바로 주식시장의 전체 PER(주가순이익비율)을 활용하는 것입니다. PER은 Chapter 3에서 제일 처음 배웠던 지표입니다. 기업의 주가와 이익을 비교해, 현재 주가가 이익 대비 몇 배로 거래되고 있는지 측정하는 지표였습니다. Chapter 3에서는 PER을 개별 기업의 주가와 이익을 비교하는 용도로 사용했었지만, 대상을 확대해 S&P500 기업의 전체 순이익 대비 주가가 몇 배로 거래되고 있는지 측정하는 용도로 쓰일 수도 있습니다.

〈도표 4-10〉은 S&P500 기업 전체의 PER을 1991년 1월부터 2024년 2월까지 집계한 표입니다. 이 중 S&P500 기업들의 전체 PER이 30을 초과했던 시기는 3번 있었습니다.

첫 번째 시기는 일명 '전설과 같은 10년'이라 불리는 미국의 경제 호황이 시작된 1993년입니다. 미국에선 1980년대 말부터 1990년

대 초까지 기업 구조 조정, 연준의 저금리 정책이 지속되고 있었으며 이 같은 요인이 1993년 빌 클린턴 미국 대통령 취임 후 재정개혁과 맞물려 1993년 미국 증시의 호황을 이끌어 냈습니다.

두 번째 시기는 흔히 '닷컴버블'이라 불리는 1999년 12월로, 이때 S&P500 기업들의 PER은 30.7에 달했습니다.

세 번째 시기는 코로나 팬데믹이 한창이었던 2021년 3월이었는데, 이때 미국을 비롯한 각국 정부가 팬데믹 극복을 위한 경기부양책을 펼치면서 시중에 막대한 양의 현금이 넘쳤고 이 시기 S&P500 기업들의 PER은 32.5에 달했습니다. S&P500 기업들이 창출하는 이익 대비 주가가 무려 32.5배에서 형성되어 있었다는 의미입니다.

역사적으로 S&P500 기업의 PER이 대체로 15에서 25 사이에서 형성되어 있었음을 고려하면, 32.5는 상당히 높은 수치였습니다. 특히 기업들의 실적 증가가 뒷받침되지 못했던 닷컴버블의 경우, 2000년 3월부터 주식시장이 폭락을 겪었으며 결국에는 역사적 평균이었던 20 초반대로 회귀하게 됩니다. 이 과거 데이터를 통해, 우리는 S&P500 기업들의 PER이 30이 넘을 경우 주식시장이 과열되어 있는 편이라고 판단해 볼 수 있습니다. 참고로, 2024년 4월 말 현재 S&P500 기업의 PER은 22.6 수준입니다.

현재 주식시장의 S&P500 기업 전체 PER은 손쉽게 조회할 수 있습니다. 직접 계산할 필요 없이, 미국 정보 사이트들이 무료로 제공하는 수치를 활용하는 것입니다. 대표적으로 미국의 저명한 일간지인 월스트리트저널은 다음 사이트(https://www.wsj.com/market-data/stocks/peyields)에서 주요 3대 지수의 PER을 모두 제공하고 있습니다.

② 현재 주식시장이 저평가되어 있는지 파악하는 데 활용: 과거 하락율 사용

+ 도표 4-11. 미국 나스닥 종합주가지수 그래프(1990.1.2. ~ 2024.2.28.)

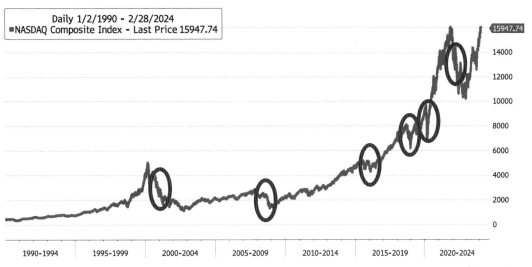

Daily 1/2/1990 - 2/28/2024
■NASDAQ Composite Index - Last Price 15947.74

출처: Bloomberg

S&P500 기업들의 전체 PER을 통해 현재 주식시장이 과열인지 파악할 수 있다면, 과거 그래프를 통해서는 현재 주식시장이 저평가되어 있는지 파악할 수 있습니다. 〈도표 4-11〉은 나스닥 종합주가지수의 1990년부터 2024년까지 그래프입니다. 그림에 표시된 부분과 같이, 나스닥 지수가 크게 상승했다가 폭락을 경험했던 시기는 총 6번입니다. 이를 시기별로 나누어 하락 원인과 하락율을 각각 분석해 보면 다음과 같습니다.

+ 도표 4-12. 나스닥 폭락 시기와 원인, 하락폭

기간	하락 원인	하락율(하락폭)
2000년 3월 10일 ~ 2002년 10월 10일 (2년 7개월)	닷컴버블 붕괴	55.7%↓ (2,861.51 → 1,265.52)
2007년 10월 31일 ~ 2009년 3월 9일 (1년 5개월)	글로벌 금융위기	55.7%↓ (2,861.51 → 1,265.52)
2015년 7월 20일 ~ 2016년 2월 11일 (7개월)	중국발 주식시장 거품 붕괴	19.5%↓ (5,231.94 → 4,209.76)

2018년 8월 30일 ~ 2018년 12월 24일 (4개월)	미중 무역분쟁 미국 연준 금리인상	23.8% ↓ (8,133.30 → 6,190.17)
2020년 2월 19일 ~ 2020년 3월 23일 (1개월)	코로나 팬데믹 확산	32.5% ↓ (9,838.37 → 6,631.42)
2021년 11월 22일 ~ 2022년 12월 28일 (1년 1개월)	미국 Fed 금리인상	37.0% ↓ (16,212.23 → 10,207.47)

미국 나스닥이 폭락했던 6번의 시기와 그 원인

〈도표 4-12〉를 보면, 나스닥 종합주가지수가 가장 큰 폭으로 하락했던 시기는 바로 닷컴버블 붕괴 시기입니다. 닷컴버블이란 1990년대 후반, 인터넷을 기반으로 한 IT 기업들에 대해 지나치게 낙관적인 전망이 확산되면서 주가가 비이성적으로 상승했던 시기를 일컫는 용어입니다. 1995년 1,000이었던 나스닥지수는 불과 5년 만인 2000년에 5,000으로 5배 상승하기에 이릅니다. 그러나 주가가 과도하다는 분위기가 형성되면서 거품은 붕괴되었고, 2000년 3월부터 2002년 10월까지 약 2년 7개월간 나스닥지수는 78.4% 폭락하기에 이릅니다. 이후 닷컴버블은 주식시장의 거품이 얼마나 무서운지 보여 주는 대표 사례로 자리매김합니다.

2007년부터 표면화된 글로벌 금융위기는 미국의 부동산 버블을 배경으로 발생하였습니다. IT버블 붕괴에 대응하는 과정에서 미국이 저금리 정책을 유지하자 주택 가격이 급격하게 상승했고, 높아진 주택 가격이 급락하는 과정에서 미국의 4대 투자은행 중 한 곳이었던 리먼 브라더스가 파산(2008년 9월 15일)하며 금융위기가 본격적으로 시작되었습니다. 2007년 10월부터 2009년 3월까지 약 1년 5개월간 나스닥지수의 하락폭은 55.7%에 달했습니다.

2015년의 나스닥 하락은 중국발 주식시장 거품 붕괴에서 시작했습니다. 시진핑-리커창 체제하에서 중국은 주식시장을 적극적으로 부양하는 정책을 실시했고, 과도한 대출로 상승한 중국 주식시장의 거품이 터지자 미국도 그 여파를 받은 것입니다. 2015년 7월부터 2016년 2월까지 약 7개월간 나스닥지수의 하락율은 19.5%를 기록했습니다.

트럼프 행정부 때 촉발된 미중 무역분쟁과 미 연준의 금리인상이 맞물렸던 2018년에는 나스닥지수가 23.8%, 코로나 팬데믹이 확산되었던 2020년에는 나스닥지수가 32.5% 하락합니다.

마지막 하락기는 2021년 11월부터 시작되어 2022년 12월까지 지속되었습니다. 2021년 11월 22일에 기록한 16,212.23에서부터 2022년 12월 28일 기록한 10,207.47까지, 나스닥지수는 37% 하락했으며 그 원인은 물가를 잡기 위한 미국 Fed의 공격적인 금리인상 때문이었습니다.

▶Fed
연방준비제도, 약칭 연준은 미국의 중앙은행

과거 하락율을 향후 주식시장 저점 예측에 활용해 보자

이렇듯 총 6번에 걸친 나스닥지수의 큰 폭의 하락은 우리에게 향후 비슷한 일이 벌어졌을 때 나스닥지수의 저점이 어디쯤일지 예측해 볼 수 있게 하는 기준점 역할을 합니다. 예컨대 코로나처럼 인류의 보건을 위협하는 전염병 사태가 추후 다시 발생하는 경우, 나스닥지수가 약 1개월간 32.5% 하락하다가 반등했던 코로나 팬데믹 사태를 참고해 주가가 바닥을 쳤는지 여부를 판단하고, 투자 시기를 저울질할 수 있는 식으로 말입니다.

또 하나 주목할 만한 것은 나스닥지수의 폭락이 지속되는 기간입니다. 2022년 하락을 제외한 나머지 5번의 하락기의 경우, 위기 상황을 거칠 때마다 주가가 하락하기 시작해 반등하기까지 걸린 기간은 점차 짧아졌습니다(2년 7개월 → 1년 5개월 → 7개월 → 4개월 → 1개월). 이는 투자자들의 학습 효과와 정부의 위기 대응이 결합되어 나타난 결과라 볼 수 있습니다. 투자자들은 과거 위기 상황 때마다 결국은 주가가 바닥을 딛고 반등한다는 것을 봐 왔으며, 경제위기가 닥쳤을 경우 이를 극복하기 위해 정부가 각종 재정부양책과 금리인하를 실시한다는 것을 알고 있습니다. 이렇듯 과거 하락 시기의 주가지수 자료를 활용해 현재 주식시장이 저평가되어 있는지 파악하는 것 또한 주가지수의 활용 방법 중 하나라고 할 수 있습니다.

③ 나의 투자 성과를 평가하는 데 활용

마지막으로, 가격지수는 '나의 투자 성과를 평가하기 위해' 필요합니다. 예컨대 우리에게 윈도우즈와 오피스로 친숙한 기업이자 2023년 1월 OpenAI에 거액을 투자해 생성형 AI 분야 선두주자로 자리매김하고 있는 마이크로소프트NASDAQ: MSFT 주식 투자자를 상정해 보겠습니다. 2019년 5월 1일, 한 투자자가 1억 원을 들여 마이크로소프트 투자를 시작했고, 매입가격은 128달러였습니다. 이 주식이 5년 뒤인 2024년 5월 1일 394달러가 되었고, 배당금까지 포함하면 총 수익률은 224.5%에 이르렀습니다. 같은 금액을 은행에 예금(연간 예금 이자율 3% 가정)했을 때 5년간 이자수익률인 16% 대비 약 14배에 이르는 수익을 얻은 것입니다. 투자자는 자연스럽게 '다른 주식에 투자했다면, 같은 기간 얼마를 벌었을까?'를 생각해 보게 되고 다른 미국주식들의 같은 기간(2019년 5월 1일 ~ 2024년 5월 1일) 수익률을 찾아보게 됩니다.

+ 도표 4-13. 마이크로소프트(NASDAQ: MSFT)와 다른 기업들의 수익률 비교

마이크로소프트보다 높았던 주식들*	마이크로소프트보다 낮았던 주식들*
슈퍼 마이크로 컴퓨터: +3,131.1% (NASDAQ: SMCI)	구글(NASDAQ: GOOG): +183.5%
엔비디아(NASDAQ: NVDA): +1,753.1%	골드만삭스(NYSE: GS): +135.6%
모더나(NASDAQ: MRNA): +322.2%	아마존(NASDAQ: AMZN): +87.3%
애플(NASDAQ: AAPL): +234.2%	맥도날드(NYSE: MCD): +58.6%

*기업으로부터 받은 배당금은 재투자한 것으로 가정

〈도표 4-13〉을 보면서 알 수 있는 점은, 어떤 주식과 비교하느냐에 따라 마이크로소프트의 투자 성과가 더 좋아 보이기도 하고, 더 나빠 보이기도 한다는 것입니다. 때문에 성과 평가 역할을 할 수 있는 한 가지 기준점이 필요하게 됩니다. 이때 내 투자 성과를 판단하는 기준점 역할을 하는 것이 바로 이번 장에서 살펴본 '주가지수'입니다.

일례로, 앞서 살펴본 S&P500 지수는 배당금을 전액 재투자했다고 가정할 경우 2019년 5월 1일부터 2024년 5월 1일까지 5년간 86.3% 상승했습니다. 마이크로소프트에 투자한 사람은 이것보다 2.6배 더 높은 224.5%의 수익률을 기록했으므로, 상당히 성공적인 투자 수익을 거두었다고 할 수 있습니다.

주가지수보다 좋은 수익률을 거두는 것이 뭐가 어렵냐 하실 수 있지만, 실제로 주가지수보다 투자 성과가 좋기가 여간 어려운 것이 아닙니다. 예컨대 S&P500에 포함된 주식 503개 중 2019년 5월 초부터 2024년 5월 초까지 5년간 S&P500 지수보다 투자 성과가 좋았던 주식은 불과 170개, 전체의 34%에 불과했습니다. 이렇듯 주가지수는 나의 투자 성과를 객관적으로 판단해 보기 좋은 지표라고 할 수 있습니다.

미국주식, 섹터(Sector)를 알아야 실력이 는다

2020년 주식시장을 강타한 코로나 팬데믹, 미국 연준Fed의 혹독한 금리인상이 시작된 2022년 등 유달리 주식시장이 큰 충격들을 겪었던 2020년대 초반을 거쳐 2024년 5월 현재, 미국에 상장된 수천 개의 기업들은 서로 다른 주가 성적표를 받아 들고 있습니다. 코로나 팬데믹에 이은 금리 인상기를 회사가 보유한 경쟁력으로 돌파한 기업이 있는 반면, 사업이 크게 위축되어 아직까지 주가가 팬데믹 이전 수준을 회복하지 못한 기업도 있기 때문입니다.

기업들 간 주가 흐름 차이를 보기 위해, 코로나 팬데믹이 발생하기 직전 해인 2019년부터 2024년까지 5년간 주가를 비교해 보겠습니다.

2019년 5월 초부터 2024년 5월 초까지 5년간 주가가 상승한 기업과 하락한 대표적 기업은 다음과 같습니다.

+ 도표 4-14. 최근 5년(2019.05.01. ~ 2024.05.01.)간 주가가 크게 상승한 기업

기업명	섹터(Sector)	총 수익률*	주가상승률 순위**
슈퍼 마이크로 컴퓨터 (NASDAQ: SMCI)	정보기술	+3,131.1%	1위
일라이 릴리 (NYSE: LLY)	헬스케어	+609.9%	6위
알파벳(구글 모회사) (NASDAQ: GOOG)	커뮤니케이션	+183.5%	61위

*기업으로부터 받은 배당금은 재투자한 것으로 가정
**S&P500에 포함된 주식 종목 503개 중 순위

+ 도표 4-15. 최근 5년(2019.05.01. ~ 2024.05.01.)간 주가가 크게 하락한 기업

기업명	섹터(Sector)	총 수익률*	주가상승률 순위**
도미니언 에너지 (NYSE: D)	유틸리티	-17.8%	458위
보스턴 프로퍼티스 (NYSE: BXP)	부동산	-46.1%	480위
월그린스 부츠 (NASDAQ: WBA)	필수소비재	-59.2%	484위

*기업으로부터 받은 배당금은 재투자한 것으로 가정
**S&P500에 포함된 주식 종목 503개 중 순위

대개의 경우, 주가는 기업 자체의 이슈로 인해 큰 영향을 받습니다. 기업이 신기술을 개발하거나 중요 고객과의 계약을 성사하면 주가가 상승하는 반면, 제품에 결함이 발견되거나 시장점유율이 하락하면 주가는 하락하게 마련입니다. 그러나 주가는 개별 기업 차원과 더불어 기업이 속한 산업, 즉 섹터Sector의 영향을 받기 마련입니다.

2019년 5월 초부터 2024년 5월 초까지 5년간 S&P500에 속한 각 섹터 주식들의 주가 움직임은 다음과 같았습니다.

+ 도표 4-16. 최근 5년(2019.05.01. ~ 2024.05.01.)간 S&P500 섹터별 지수 움직임

섹터(Sector)	주가상승률	비고
정보기술(IT)	158.9%	슈퍼 마이크로 컴퓨터
S&P500 지수	71.6%	
커뮤니케이션(Communication Services)	68.5%	알파벳(구글 모회사)
헬스케어(Health Care)	59.0%	일라이 릴리
소재(Materials)	58.8%	
산업재(Industrials)	57.1%	
임의소비재(Consumer Discretionary)	50.9%	
에너지(Energy)	47.0%	
금융(Financials)	45.6%	
필수소비재(Consumer Staples)	36.5%	월그린스 부츠
유틸리티(Utilities)	16.3%	도미니언 에너지
부동산(Real Estate)	1.7%	보스턴 프로퍼티스

출처: S&P Dow Jones Indices

최근 5년간 주가가 크게 상승 또는 하락한 기업들을 보여 주는 〈도표 4-14〉와 〈도표 4-15〉, 그리고 전체 주식 섹터별 주가 움직임을 보여 주는 〈도표 4-16〉 사이의 연관성을 찾으셨나요? 그렇습니다. 주가가 상승한 3개의 기업(슈퍼 마이크로 컴퓨터, 일라이 릴리, 구글)은 나란히 주가상승률이 높은 상위 섹터에 속한 반면, 주가가 하락한 3개의 기업(도미니언 에너지, 보스턴 프로퍼티스, 월그린스 부츠)은 모두 주가상승률이 낮은 하위 섹터에 속해 있는 것을 볼 수 있습니다.

이렇게 개별 기업의 주가와 섹터가 같은 방향으로 움직인 이유는, 유사한 산업 그룹에 속한 기업들을 묶어 놓은 것이 섹터Sector 이다 보니 특정 섹터에 영향을 미치는 경제적 사건은 대개 그 섹터에 속한 기업에도 유사한 영향을 미치기 때문입니다. Chat

GPT의 개발로 생성형 AI가 단순한 기대감 차원을 넘어 실질적인 수익 창출로 연결되자, 이와 연관된 IT 섹터 기업들의 주가가 전반적으로 상승한 것을 예로 들 수 있습니다.

섹터란 IT 산업, 헬스케어 산업 등과 같이 기업이 속한 특정 산업군을 가리키는 용어입니다. 섹터는 부분, 산업군 등 다양한 명칭으로도 불리나, 이 책에서는 섹터Sector 라는 용어를 사용하겠습니다. 가장 널리 활용되는 섹터 분류 기준은 1999년에 개발된 GICSGlobal Industry Classification Standard 기준이며, S&P500에 소속된 모든 기업은 영위하는 사업의 특성에 따라 GICS의 11개 섹터 중 하나로 분류됩니다. 11개 섹터별 설명과 각 섹터를 대표하는 기업은 〈도표 4-17〉과 같습니다.

+ 도표 4-17. S&P500의 각 섹터(Sector) 소개

섹터(Sector)	설명	대표 기업
정보기술 (IT)	소프트웨어나 하드웨어 등 기술 분야 산업	애플, 마이크로소프트, 엔비디아, 퀄컴, 어도비, 인텔
임의소비재 (Consumer Discretionary)	호텔, 자동차, 여행 등 생활필수품이 아닌 소비재 기업을 포함. 경기 상황에 가장 민감한 분야	아마존, 테슬라, 나이키, 스타벅스, 제너럴 모터스, 힐튼, 도미노 피자, 랄프로렌
커뮤니케이션 (Communication Services)	통신사와 각종 콘텐츠를 제공하는 미디어 기업을 포함	구글, 메타(페이스북), 디즈니, 넷플릭스, AT&T, 버라이즌, 워너브라더스
소재 (Materials)	다양한 원자재를 생산하는 산업	프리포트 맥모란(구리), 뉴코(철강), 알버말(리튬), 뉴몬트(금)
헬스케어 (Health Care)	의료용품이나 의약품을 제조하는 기업을 포괄하는 산업	존슨앤존슨, 화이자, 암젠, 조에티스, 모더나
부동산 (Real Estate)	리츠(REITs)와 부동산 관리 회사를 포함하는 산업	아메리칸 타워, 리얼티인컴, 프로로지스, 사이먼 프로퍼티 그룹, 디지털 리얼티

산업재 (Industrials)	산업용 설비 제조와 물류서비스, 항공우주 산업 등. 주로 제조업 기업이 포함됨.	UPS, 허니웰, 보잉, 디어, 캐터필러, 록히드마틴, 페덱스, 델타항공사
금융 (Financials)	상업은행, 투자은행, 증권사, 자산운용사, 보험사 등 금융회사를 포함하는 분야	버크셔 헤서웨이, JP모건, 비자, 블랙록, 무디스, 골드만삭스, 나스닥, 마스터카드
필수소비재 (Consumer Staples)	식품, 세제 등 일상생활에 필수적인 산업. 경기상황에 상대적으로 덜 민감한 분야	월마트, P&G, 코카콜라, 코스트코, 크래프트 하인즈, 에스티로더, 허쉬, 펩시코
유틸리티 (Utilities)	전기, 가스, 수도를 생산하는 산업	넥스트에라, 듀크 에너지, 에디슨 인터내셔널, 도미니언 에너지
에너지 (Energy)	석유와 가스의 탐사, 개발, 생산 등 전 단계를 포괄하는 분야	엑손 모빌, 쉐브론, 코노코필립스, 옥시덴탈 페트롤리엄

출처: S&P Dow Jones Indices

섹터와 주가는
밀접한 관계가 있다

코로나 팬데믹, 러시아-우크라이나 전쟁, Chat GPT의 등장과 같은 큰 외부 충격이 발생하는 경우 같은 섹터에 속한 기업들은 대체로 비슷하게 주가에 긍정적/부정적 영향을 받게 되며, 이같이 기업들의 주가 움직임이 집단적인 경향성을 보이면서 각 섹터별 주가지수도 움직이게 됩니다.

최근 5년간(2019.05.01. ~ 2024.05.01.) 주가 상승폭이 높거나 낮았던 6개 섹터에 영향을 주었던 산업 트렌드 및 이 같은 트렌드가 구체적으로 어떻게 개별 기업들의 주가에 전이되었는지 살펴보겠습니다. 예시에 등장하는 기업들은 〈도표 4-14〉, 〈도표 4-15〉에서 주가의 등락을 얘기할 때 언급됐던 기업들입니다.

최근 5년간 주가가 상승한 섹터와 기업

정보기술 섹터의 경우, 최근 5년간 대표적인 산업 트렌드는 코로나 팬데믹으로 인한 재택근무의 확산과 Chat GPT로 촉발된 인공지능AI의 성장입니다. 이는 곧 클라우드 및 데이터센터 등 IT

인프라 구축 증가로 이어졌고, 서버 제조업체인 슈퍼 마이크로 컴퓨터NASDAQ: SMCI와 AI 훈련에 필수적인 그래픽처리장치GPU를 만드는 엔비디아NASDAQ: NVDA의 주가가 폭발적으로 성장했습니다. 그 결과 이 두 기업은 최근 5년간 주가상승률에서 S&P500 전체 기업 중 나란히 1, 2위를 차지하는 기염을 토했습니다.

커뮤니케이션 섹터에서 가장 눈에 띄었던 산업 트렌드는 대규모 데이터 처리를 위한 클라우드 컴퓨팅의 폭발적 성장과 콘텐츠 산업의 흥행입니다. 클라우드는 데이터센터 구축을 위해 막대한 투자금이 소요되는 장치 산업입니다. 클라우드 분야 경쟁사인 아마존AWS, 마이크로소프트MS 대비 후발주자에 해당하는 구글NASDAQ: GOOG이 수년간 돈을 쏟아부은 끝에 2023년 1분기 클라우드 사업부의 첫 흑자 전환에 성공, 2024년 1분기에는 전년 동기 대비 클라우드 매출이 27% 성장하면서 커뮤니케이션 섹터 주가 상승을 이끌었습니다. 이와 함께 콘텐츠 분야에서는 넷플릭스NASDAQ: NFLX가 2023년 말 총 가입자 수 2.6억 명을 달성, 설립 이래 최고 기록을 달성하면서 콘텐츠 산업 흥행을 이끌었습니다.

헬스케어Health Care 섹터의 최대 화두는 코로나19 백신과 비만 치료제였습니다. 대표적인 코로나19 백신 개발사였던 모더나NASDAQ: MRNA는 2020년 1월 초 19달러였던 주가가 2021년 8월 9일 484달러로 약 2,447% 상승하면서 코로나19 백신의 대표적인 수혜주로 자리매김했습니다. 코로나 팬데믹 이후 제약업계를 가장 뜨겁게 달군 화두는 GLP-1 계열 비만치료제입니다. 포만감을 느끼게 하는 호르몬인 GLP-1 성분 비만치료제는 기존 치료제 대비 적은 부작용과 확실한 효과로 2023년 제약업계의 최대 관심사에 올랐습니다. 대표 GLP-1 비만치료제인 젭바운드를 개발한 일라이 릴리NYSE: LLY의 주가는 2022년 말부터 2024년 5월 초까지 106% 상승하면서 시가총액이 7천억 달러(약 910조 원)를 달성해, 전 세계에서 가장 큰 제약회사에 이름을 올렸습니다.

최근 5년간 주가가 하락한 섹터와 기업

필수소비재Consumer Staples 섹터는 식품, 세제 등 우리 생활에 필수적인 물품을 생산하는 산업군입니다. 최근 미국의 필수소비재 기업들을 가장 옥죄고 있는 것은 높은 물가상승률입니다. 물가상승으로 구매 여력이 감소하자 미국 소비자들이 식품과 기타 필수품을 제외한 물품 구매를 줄이고 있기 때문입니다. 미국판 다이소에 해당하는 달러 제너럴NYSE: DG은 물가상승률이 극심했던 2022년 5월 초부터 2024년 5월 초까지 2년간 주가가 41.7% 하락했고, 약국 체인 겸 소매업체인 월그린스NASDAQ: WBA 또한 같은 기간 주가가 59.2% 하락했습니다.

유틸리티 섹터는 생활을 유지하기 위해 필수적인 전기, 가스, 수도를 공급하는 산업군입니다. 투자자들은 유틸리티 섹터의 주식들을 채권처럼 인식하는 경향이 있어, 물가상승(인플레이션)과 시중금리 상승이 예상되는 경우 주가 흐름이 부진한 특징을 갖고 있습니다. 이는 2021년 상반기에 시작되어 2024년 중반인 현재까지 이어지고 있는 미국 국채금리 상승 때도 예외가 아니었어서, 대표 유틸리티 기업인 도미니언 에너지NYSE: D는 최근 5년간 전체 S&P500 기업 중 458위의 낮은 주가상승률을 기록합니다.

부동산 섹터는 부동산 임대수익을 주요 수입원으로 하는 리츠 REITs가 포함되어 있는 산업군입니다. 최근 부동산 섹터에 타격을 준 두 가지 악재는 코로나 팬데믹과 기준금리 인상이었습니다.

일례로 코로나 팬데믹으로 재택근무가 활성화되며 사무실 수요가 줄어들자 대표적인 오피스 리츠인 보스턴 프로퍼티스가 큰 타격을 받았고, 통행이 제한되면서 대형 쇼핑몰 리츠였던 사이먼 프로퍼티 그룹의 주가도 크게 하락했습니다. 또, 코로나 팬데믹이 종식될 무렵 시작된 금리인상으로 다시 한번 부동산 섹터 전체가 부진을 겪었습니다. 이는 금리가 올라가면 투자 매력이 떨어지는 리츠의 특성에 기인합니다. 코로나 팬데믹과 기준금리 인상이라는 두 외부 충격으로, 2019년 5월 초부터 2024년 5월까지 최근 5년간 S&P500 부동산 섹터의 주가상승률은 1.7%에 불과했으며 전체 11개 섹터 중 가장 낮은 상승률을 기록했습니다.

투자할 주식을 선정할 때는 비즈니스 사이클 분석이 필수!

방금 예시에서 다룬 것처럼 한 섹터 내에 속한 기업들의 주가는 소속 섹터가 외부 충격으로부터 어떠한 영향을 받았는지에 따라 대체로 유사한 영향을 받습니다. 때문에 평소에 11개 섹터의 특성과 그 섹터에 속한 기업에 대해 익숙해지는 것은 경제에 특정 외부 충격이 발생했을 때 내 자산에 미치는 부정적 영향을 최소화하면서도 향후 오를 주식으로 투자자산을 재정비하기 위한 투자의 기본이라고 할 수 있습니다. 그러면 코로나19와 같은 갑작스런 사회적 변화가 닥쳤을 때 어떤 분야의 비중을 줄이고 어떤 분야의 비중을 늘려야 할지 빠른 판단을 내리는 것이 가능하기 때문입니다. 이는 곧 투자수익률 차이로 이어지기 마련입니다.

섹터에 대한 이해의 중요성을 감안해, Chapter 5~8에서 미국 주식을 분석하는 연습을 할 때는 섹터별로 기업을 2개씩 선정해 비교해 볼 것입니다.

비즈니스 사이클에 따른
미국주식 투자전략

미국주식에 투자할 때, 각 기업이 속한 섹터가 어딘지 알고 있다면 해당 섹터와 지금부터 배울 비즈니스 사이클이 어떤 관계를 갖고 있는지에 대한 지식을 가미해서 투자에 활용하는 것이 가능합니다. 비즈니스 사이클이란 초기Early-중기Mid-후기Late-침체기Recession로 이어지는 4단계의 경기 사이클을 말합니다. 각 사이클별로 강세를 보이는 섹터와 약세를 보이는 섹터가 있는데 이는 금리, 인플레이션, 매출, 재고자산이 사이클에 따라 변화하기 때문입니다.

〈도표 4-18〉과 〈도표 4-19〉는 비즈니스 사이클을 가장 잘 설명하고 있는 자료로, 2024년 1월 초 운용자산 기준 글로벌 3위 자산운용사인 피델리티Fidelity Investments에서 발간한 보고서를 발췌한 것입니다. 두 도표는 비즈니스 사이클과 경제성장률의 관계(〈도표 4-18〉), 비즈니스 사이클에 따라 각 섹터가 받는 영향(〈도표 4-19〉)을 잘 보여 주고 있습니다. 이번 장에서는 각 비즈니스 사이클이 어떤 특징을 지니는지 알아보겠습니다.

+ 도표 4-18. 비즈니스 사이클 주기

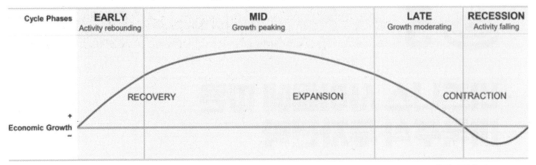

출처: Fidelity Investments

+ 도표 4-19. 비즈니스 사이클에 따른 섹터별 역대 투자 성과

비즈니스 사이클	초기(EARLY)	중기(MID)	후기(LATE)	침체(RECESSION)
평균 이상 수익률을 낸 분야	임의소비재 금융 산업재 IT 소재 부동산	IT 커뮤니케이션	필수소비재 에너지 유틸리티	필수소비재 유틸리티 헬스케어
평균 이하 수익률을 낸 분야	헬스케어 유틸리티	소재 유틸리티	임의소비재 IT	금융 산업재 IT 부동산

출처: Fidelity Investments

초기 비즈니스 사이클(평균 지속 기간 약 1년)

초기는 경기가 침체에서 벗어나 빠르게 회복하기 시작하는 단계입니다. GDP성장률이 마이너스(-)에서 플러스(+)로 전환되며, 중앙은행의 완화적 통화정책과 함께 기업이 금융시장을 통해 자금을 조달하는 것이 수월해집니다. 이는 사업 환경을 개선해 기업들의 매출 증대, 재고자산 감소, 이익폭 확대가 수반됩니다.

역사적으로 보면 이 시기의 주가 성적표가 가장 높았습니다. 1962년부터 2021년까지 집계된 자료에 따르면, 초기 사이클 때 전체 주식시장 수익률은 연평균 20%에 이르며 그 지속 기간은 통상 1년간 이어졌습니다. 이 시기에 투자하기에 유망한 분야는 낮은 이자율과 경기회복의 수혜를 가장 크게 받는 종목들입니다.

낮은 이자율로 인한 수혜주는 임의소비재, 금융, 부동산 섹터의 주식입니다. 낮아진 이자율로 차입을 늘려 사업을 확장하거나 이익률을 개선하는 데 따른 수혜가 가장 큰 섹터들이기 때문입니다. 경기회복으로 인한 수혜주는 산업재, IT, 소재 섹터의 주식입니다. 경기가 개선될 것으로 예상될 경우 기업과 일반 소비자들이 씀씀이를 확대하면서 매출이 증가하는 대표적 섹터이기 때문입니다.

반면, 헬스케어와 유틸리티 섹터는 이 시기 투자를 피해야 할 종목들입니다. 의료비와 전기, 가스, 수도료는 경기 개선에 상관없이 사람들의 지출이 일정하여 경기회복에 따른 매출 증대 효과가 다른 분야에 비해 낮기 때문입니다.

중기 비즈니스 사이클(평균 지속 기간 약 4년)

중기는 비즈니스 사이클 중 가장 지속 기간이 긴 단계입니다. GDP성장률이 여전히 플러스(+)이지만 성장률이 초기 사이클보다는 감소하는 특징을 가집니다. 중앙은행의 금융완화 기조와 함께 경기 상승 기대감이 경제 전반으로 확산되고, 금융시장을 통한 자금 공급의 규모가 더욱 확대됩니다. 중기 사이클의 지속 기간은 평균 4년으로, 다른 사이클 단계에 비해 기간이 길다는 특징을 가집니다. 기업들의 이익률은 높은 상태를 유지하며, 재고 수준과 매출이 동시에 증가해 기업활동이 균형 상태를 달성합니다.

이 시기에 유망한 주식 섹터는 확실한 경제성장 기조와 함께 수요가 증가하는 분야인 IT와 커뮤니케이션 섹터입니다. IT 섹터의 경우 특히 반도체와 하드웨어 분야 기업의 주가 성장세가 두드러 졌는데, 경제성장 기조가 확실시되면서 사업 확장에 대한 자신감을 얻은 회사들이 반도체와 하드웨어 분야에 대한 투자를 늘리기 때문입니다. 커뮤니케이션 섹터의 경우는 하위 산업 중 미디어 산업의 강세가 두드러졌습니다. 반면, 소재와 유틸리티 섹터의 주식은 이 시기 약세를 면치 못했습니다.

그럼에도 불구하고, 중기 비즈니스 사이클의 특징은 나머지 3개의 사이클(초기, 후기, 침체기)보다 11개 섹터와의 상관관계가 가장 낮다는 것입니다. 중기 비즈니스 사이클 때는 섹터별 수익률의 차이가 4개 사이클 중 가장 작았습니다. 역사적으로 어떠한 섹터의 수익률 우세도 중기 사이클 기간의 절반 이상 이어지지 못했습니다. 그만큼 수익률이 가장 높은 섹터가 자주 바뀌었다는 뜻입니다.

따라서 현재 경기가 중기 사이클에 있다면, 섹터에 기초한 투자 전략 수립에만 그치는 것이 아니라 추가적인 전략에 대한 고민이 필요합니다. 중기 사이클의 주식시장 전체 수익률 연평균은 10% 중반대로, 초기 사이클보다는 낮지만 상당히 높은 축에 속합니다.

후기 비즈니스 사이클(평균 지속 기간 약 1년 6개월)

후기는 통상 경제활동이 정점을 찍는 시기입니다. GDP성장률이 여전히 플러스(+)이지만 그 값은 중기 사이클보다 더 감소하게 됩니다. 경기가 과열되어 구인난은 증대하고 유휴설비는 감소하며 인플레이션(물가상승) 압력이 커집니다. 이렇듯 높아지는 인플레이션 압력과 구인난은 기업의 이익률을 저하시키는 요인으로 작용합니다. 중앙은행은 경기 과열을 억제하기 위해 긴축적 통화정책을 실시합니다.

이 시기의 투자 유망 섹터는 에너지, 필수소비재, 유틸리티입니다. 에너지 섹터는 인플레이션(물가상승)으로 인한 석유의 가격 상승으로 인해 수혜를 입기 때문이고, 필수소비재와 유틸리티는 후기 사이클 이후 이어질 침체기에 대한 경기방어주로 선호되는 섹터이기 때문입니다. 식품이나 주방용품 등 생활에 필수적인 제품들(필수소비재)과 전기, 가스, 수도(유틸리티)는 경기 상황이 좋든 안 좋든 생활 유지를 위해 반드시 일정량을 소비해야 하는 만큼, 경기가 침체기에 진입하더라도 다른 분야에 비해 매출에 타격이 적기 때문입니다.

반면, IT와 임의소비재 섹터는 역사적으로 후기 사이클 시기의 수익률이 시장평균 대비 낮았던 분야입니다. 물가가 상승함에 따라 이익률이 감소하기 때문이기도 하고, 경기가 정점을 찍고 점점 악화함에 따라 다른 회사와 소비자들이 구매를 미루는 분야이기 때문입니다. 후기 비즈니스 사이클에서 전체 주식시장은 평균 연 5%의 상승세를 보였습니다.

침체기(평균 지속 기간 약 1년 미만)

침체기는 경제활동이 위축되는 시기입니다. 기업의 매출과 이익이 감소하고 금융시장을 통한 자금 공급이 감소(신용경색)합니다. 중앙은행은 통화정책을 긴축적 기조에서 완화적 기조로 전환합니다.

이 시기는 역사적으로 4개의 사이클 중 지속 기간이 가장 짧으며, 전체 주식시장의 수익률도 가장 낮았습니다. 경제가 성장을 멈추고 위축되면서, 경기에 민감한 주식들은 낮은 수익률을 면치 못했습니다. 이 시기에 가장 투자수익률이 높은 섹터는 필수소비재, 유틸리티, 그리고 헬스케어입니다. 치약(필수소비재)이나 전기(유틸리티), 약품(헬스케어)은 경제 상황에 관계없이 필수적으로 소비해야 하는 물품들이기 때문입니다. 특히 필수소비재 섹터는 역사적으로 있었던 침체기 시기에 한 번도 빠짐없이 모두 주식시장 평균수익률을 앞섰습니다.

반면, 악화된 경기 상황과 높은 이자율에 민감한 섹터의 기업들은 고전하는 시기입니다. 침체기에 전체 주식시장의 평균수익률 대비 낮은 수익률을 보인 대표적 분야들로는 금융, 산업재, IT, 부동산이 있습니다.

현재 비즈니스 사이클을 확인하는 방법

비즈니스 사이클과 주식 섹터 간의 관계를 투자에 활용하고 싶다고 해도, 가장 큰 마지막 장애물이 남아 있습니다. 가장 중요한, 현재 경기 상황이 비즈니스 사이클의 어디쯤 와 있는지 확인하는 것이 어렵다는 것입니다.

그런 일반투자자들을 위해서, 피델리티 Fidelity Investment 에서는 매 분기마다 주요국들의 비즈니스 사이클이 어디쯤 와 있는지를 무료로 발표하고 있습니다. 피델리티의 온라인 페이지에 접속하면 주요 국가들의 가장 최근 분기 비즈니스 사이클을 확인할 수 있습니다. 2024년 6월 현재 가장 최근 자료인 〈도표 4-20〉을 보면 2024년 2분기 기준 미국, 한국, 캐나다, 영국 경제는 후기를 지나고 있으며, 중국 경제는 초기에 들어섰음을 알 수 있습니다.

+ 도표 4-20. 주요 국가별 비즈니스 사이클

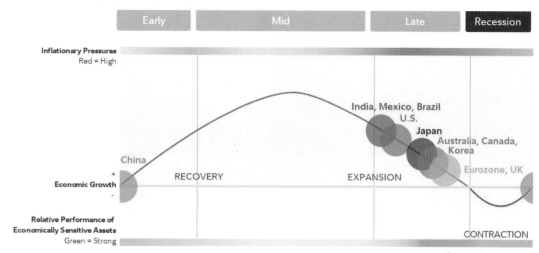

출처: Fidelity Investment

06

미국 국채금리로
경기침체를 예측할 수 있다고?

Chapter 1에서 현재 경제가 경기 사이클 중 어디쯤 와 있는지 판단하는 지표로 미국 국채의 장기(10년)와 단기(2년) 금리 차이를 말씀드렸습니다. 이번 장에서는 관련 얘기를 자세히 해 볼까 합니다.

국채란?

먼저, 국채란 국가 운영에 필요한 자금을 조달하기 위해, 국가가 돈을 빌리면서 발행하는 증서입니다. 예컨대 미국 정부에 돈을 빌려주는 대가로 받은 이 증서를 들고 있으면, 정해진 만기가 됐을 경우 원금에 이자까지 얹어 돌려받을 수 있습니다. 만기란 상환기한을 지칭하는 말입니다. 1년 만기 국채는 1년 뒤 원금을, 10년 만기 국채는 10년 뒤에 원금을 상환받게 됩니다.

미국의 경우 정부 부처 중 하나인 재무부U.S. Department of the Treasury 가 국채 발행을 담당하기 때문에, 미국 국채는 재무부의 첫 알파벳인 T를 따서 T-Bills(만기 1년 이하), T-Notes(만기 2년 이상 10년 이하), T-Bonds(만기 20년 또는 30년)라고 줄여 부르기도 합니다.

　미국 국채는 TreasuryDirect.gov라는 온라인 사이트에서 경매를 거쳐 발행되는데, 만기별로 매주 발행되는 것부터 매달 발행되는 국채까지 종류가 다양합니다. 참고로 이때 경매에는 연기금 같은 대형 기관뿐만 아니라 개인투자자도 참여 가능합니다.

　미국 국채는 달러만큼이나 안전한 자산입니다. 미국 정부가 원금과 이자 상환을 보증하기 때문입니다. 지구상 모든 정부가 발행한 국채 중 미국 정부가 발행한 국채는 사실상 유일한 무위험자산Risk-free asset으로 인정받습니다. 그래서 미국 국채는 안전한 자산에 투자하고자 하는 투자자들에 의해 꾸준한 수요가 있는 투자처입니다. 국채는 한번 경매를 거쳐 발행되고 나면, 이후에는 민간투자자들 사이에서 자유롭게 거래되기 시작합니다. 이때 국채가 처음 발행되는 거래를 발행시장Primary market, 민간투자자들 사이에서 사고파는 거래를 유통시장Secondary market 이라고 부릅니다.

국채의 속성 1 ▶ 국채의 시장금리와 국채의 가격은 반비례한다

　우리가 신문 기사에서 보는 국채금리, 그리고 이번 장에서 제가 언급하고 있는 국채금리란 유통시장Secondary market 에서의 국채금리를 가리킵니다. 다른 말로 시장금리Market Yield 라고도 불리는 금리입니다. 이는 국채를 구입했을 때 원금과 별도로 따라오는 표면이자Coupon rate 와는 다른 금리입니다. 표면이자란 국채가 처음 발행될 때 확정되는 이자입니다. 만기가 10년인 T-Notes가 원금 100만 달러, 연 이자율 1.5% 조건으로 발행되었다면 1년에 총 1만 5천 달러의 이자를 받게 되는데, 이때 받는 이자 금액이 바로 표면이자입니다.

다시 시장금리 얘기로 돌아가서, 국채의 시장금리란 국채의 유통시장에서 채권이 사고팔릴 때 그 채권의 가격을 표시하는 역할을 하는 금리를 말합니다. 이는 발행 시 확정되는 표면이자와는 달리 매일 변동하는 금리입니다. 주식에 가격이 있고 그 가격이 매일 변동하는 것처럼 국채 또한 가격이 있으며 그 가격은 매일 변동하는데, 이때 채권의 가격을 표시하는 수단이 바로 시장금리입니다. 이해를 돕기 위해 쉽게 설명해 보겠습니다.

2025년 1월 1일, 연 표면이자율 1.5%로 100만 달러짜리 국채가 발행되었습니다. 만기는 10년입니다. 그런데 한 달도 안 되어, 미국 재무부에서는 추가 자금이 필요해 이번에는 연 표면이자율 2%로 100만 달러 국채를 한 번 더 발행하기로 합니다. 이자율이 오른 이유는 현재 상승세를 탄 경제 덕분에 주식시장이 상승세에 있어, 투자자들을 유인하려면 더 높은 이자율을 제시해야 하기 때문입니다.

이때, 기존에 발행되어 민간투자자들 사이에 거래되고 있던 1.5% 표면이자율의 국채 가격은 유통시장에서 얼마에 거래될까요? 100만 달러보다는 낮은 가격일 것입니다. 100만 달러를 주고 최근에 발행된 국채를 사면 1년에 2%의 이자(= 2만 달러)를 주는데, 같은 가격을 내고 1년에 1.5%의 이자(= 1만 5천 달러)를 받으려는 사람은 없을 것이기 때문입니다. 그럼 최초 발행 당시에 100만 달러였던 1.5% 이자율의 채권 가격은 내려가기 시작해, 95만 달러 수준에서 거래되기 시작합니다.

즉, 새로 발행되는 국채의 이자율이 올라가자(1.5% → 2%) 기존에 발행되어 유통되고 있던 국채의 가격이 하락(100만 달러 → 95만 달러)한 것입니다. 이때 기존에 발행된 국채의 가격을 얘기할 때 우리는 '95만 달러'라고 하는 대신 '시장금리 2%'라고 지칭하게 됩니다. 이 예시를 통해 우리는 다음의 결론을 이끌어 낼 수 있습니다.

국채의 시장금리와 국채의 가격은 반비례한다

국채의 시장금리가 올라갔다는 것은, 기존에 발행된 국채들보다 더 높은 표면이자를 지급하는 새로운 국채가 발행되었다는 뜻입니다. 원금이 같은데 더 높은 이자를 주는 채권이 발행된다면 자연스레 기존에 발행된 국채의 가격은 하락할 수밖에 없습니다. 국채의 시장금리와 가격이 반비례하는 이유입니다.

국채의 속성 2 ▶ 국채 가격은 경기상승기에 하락, 경기하락기에 상승한다

지금까지 읽으신 내용이 국채를 이해하는 데 있어 가장 중요하고도 기본적인 내용이며, 나머지 국채의 속성들은 여기에서 파생되는 부차적인 속성에 해당합니다. 그중 하나의 속성이 바로 국채 가격은 경기상승기에 하락, 경기하락기에 상승한다는 것입니다. 이는 다음과 같이 주식과 채권의 관계를 생각해 보시면 쉽게 이해하실 수 있습니다.

주식과 국채는 목돈을 들고 투자하려는 사람들 앞에 놓인 두 개의 선택지입니다. 투자자들은 둘 중 위험 대비 더 높은 수익률을 줄 것으로 기대되는 대상에 투자하려고 합니다. 그런데 보통 경기상승기에는 기업 실적이 좋아지기 때문에, 주가가 가파르게 상승합니다. 주식투자를 통해 얻을 수 있는 수익률이 높아지는 것입니다. 이렇게 주식의 투자수익률이 높아지기 때문에, 새로운 국채를 발행하기 위해 미 재무부는 기존 국채보다 더 높은 이자율을 제시해야 합니다. 그래야 투자자들의 선택을 받을 수 있기 때문입니다.

이 관계는 〈도표 4-21〉에 잘 나타나 있습니다. 〈도표 4-21〉은 미국 국채 수익률과 S&P500 지수의 움직임을 1995년 1월부터 2024년 2월까지 추적한 그래프입니다. 빨간색 그래프는 10년 만기 미 국채의 수익률(국채의 수익률은 국채 가격 역할을 합니다)을, 검은 그래프는 S&P500 지수의 흐름을 나타냅니다. 그래프를 보면, S&P500 지수가 하락(= 주식 가격 하락)하는 시기에는 국채 수익률도 대체로 하락(= 국채 가격 상승)하며, S&P500 지수가 상승(= 주식 가격 상승)하는 시기에는 국채 수익률도 대체로 상승(= 국채 가격 하락)한다는 것을 알 수 있습니다.

경기상승기에는 이렇듯 새로 발행하는 국채의 이자율이 높아지기 때문에, 기존에 발행된 채권의 가격은 하락하게 됩니다(= 시장이자율 상승). 이렇게 경기가 상승할 때 국채의 시장이자율이 올라 가격이 하락하는 위험을 우리는 '이자율 위험Interest rate risk'이라고도 부릅니다.

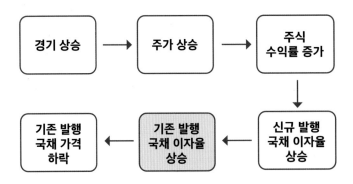

+ 도표 4-21. S&P500 지수와 10년 만기 미 국채 수익률 비교(1995.1.3 ~ 2024.2.28)

출처: Bloomberg

국채의 속성 3 ⟩ 만기가 긴 국채일수록 시장이자율이 높다

이번 장을 시작할 때, 국채에는 다양한 만기가 있다고 말씀드렸습니다. 실제 미국 국채 중에는 만기가 3개월인 단기 국채부터 30년인 장기 국채까지 다양한 만기의 국채가 존재합니다. 실제로 2021년 10월 1일, 다양한 만기의 미국 국채에 대한 시장이자율은 〈도표 4-22〉와 같았습니다.

+ 도표 4-22. 만기별 미국 국채 수익률

만기	시장이자율
3개월	0.04%
1년	0.09%
10년	1.48%
20년	1.99%
30년	2.04%

출처: U.S. Department of Treasury, 2021.10.1.

만기별 시장이자율을 보면 일정한 규칙이 존재함을 알 수 있습니다. 바로 만기가 길수록 시장이자율이 높다는 것입니다. 이것이 바로 채권시장이 정상적인 상태에 있을 때의 모습입니다. 왜 국채는 만기가 길수록 시장이자율이 높아질까요?

그 답은 바로 이자율 위험Interest rate risk 에서 찾을 수 있습니다. 앞서 이자율 위험이란, 경기가 상승할 때 국채의 시장이자율이 올라 기존 국채의 가격이 하락하는 위험이라고 말씀드린 바 있습니다. 그런데 국채의 만기가 길수록 바로 이 이자율 위험에 노출될 위험이 커지기 때문에, 국채 투자자들은 만기가 긴 채권에 대해 더 높은 이자율을 요구하게 됩니다. 국채의 시장이자율은 투자자 입장에서 투자수익률이라고 할 수 있으므로, 더 큰 이자율 위험을 부담하는 대신 더 높은 투자수익률을 요구하는 셈입니다.

국채의 3가지 속성

- 국채의 시장금리와 국채의 가격은 반비례한다.
- 국채 가격은 경기상승기에 하락, 경기하락기에 상승한다.
- 만기가 긴 국채일수록 시장이자율이 높다.

장단기 금리 역전 현상, 경기 침체를 100% 정확히 예측한다

이제 앞에서 배운 국채의 속성 3가지를 이용해, 어떻게 국채 수익률로 경기 사이클을 예측할 수 있는지 결론을 내 볼 차례입니다. 앞서, 국채의 시장이자율은 만기가 길어질수록 높아진다고 말씀드린 바 있습니다. 만기가 길수록 이자율 위험에 노출될 확률도 커지니, 그에 대한 보상으로 투자수익률이 높아지는 차원이라고 설명했습니다. 그런데, 국채 시장에서는 간혹 장기국채의 시장수익률이 단기국채보다 낮아지는 기현상이 일어납니다.

전문가들이 '장단기 금리 역전 현상Inverted Yield Curve'이라고 부르는 이 기현상은 국채시장 투자자들이 얼마 안 가 경기가 침체될 것이라 예측하기 때문에 일어나는 현상입니다. 경기침체가 오는 경우 국채의 시장이자율은 하락(= 국채 가격 상승)하게 되므로, 이를 미리 예측한 투자자들의 자금이 장기국채(10년)에 몰리면서 가격이 역전되는 것입니다.

알기 쉽게 설명해 보겠습니다. 먼저, 경기침체가 오는 경우 국채 가격이 상승하는 원리는 경기상승기와 반대의 이유로 이해하면 쉽습니다. 경기가 하락하는 경우 기업 실적 악화로 주가는 하락하기 때문에, 투자자들의 자금은 주식시장에서 안전한 국채시장으로 옮겨 가게 됩니다. 국채를 발행하는 미 재무부 입장에서는 국채의 이자율을 조금만 줘도 투자자들이 앞다투어 (주식 대신) 국채를 사려고 하는 상황이므로, 굳이 높은 이자율을 책정할 필요가 없게 됩니다. 이렇게 새로 발행하는 채권의 이자율을 낮추면 기존에 발행된 국채의 시장이자율도 덩달아 하락(= 국채 가격 상승)하게 됩니다.

경기침체가 예상되는 경우 국채 수요가 몰리면서 국채의 가격이 상승(= 시장이자율 하락)하는 것은 이해했는데, 왜 장기국채(10년)의 시장이자율이 단기국채(2년)보다 더 큰 폭으로 하락하는 것일까요? 답은 가격 변화 폭에 있습니다. 국채의 만기가 길수록 시장이자율 하락에 따른 국채의 가격 상승 폭이 크기 때문입니다. 국채의 만기가 길수록 이자와 원금이 긴 기간에 걸쳐 있기 때문에, 같은 시장이자율 변화가 일어나더라도 만기가 짧은 국채에 비해 가격이 더 크게 반응합니다.

즉, 경기침체가 와서 시장이자율이 하락할 경우, 더 큰 폭으로 가격이 상승할 수 있는 장기국채에 투자금이 몰리면서 장기국채의 시장이자율이 단기국채보다 낮아지는 이상현상이 벌어지는 것입니다. 이러한 이상현상을 우리는 '장단기 금리 역전 현상'이라고 부르며, 이는 미국의 경기침체를 매우 정확하게 예측하는 지표로 알려져 있습니다. 실제 장단기 금리 역전 현상은 경기침체에 대한 예측력이 가장 정확한 지표로, 미국에서 지난 57년간 (1960년대 후반부터 2024년 초까지) 있었던 8번의 경기침체를 모두 정확히 예측했습니다.

장단기 금리 차와 경기침체의 높은 상관관계, 그래프로 확인해 보자

〈도표 4-23〉은 1976년 6월부터 2024년 5월 초까지 장기금리(10년)에서 단기금리(2년)를 차감한 값을 추적한 것입니다. 장단기 금리 차를 산출할 때 장기국채로는 보통 10년 만기 국채를, 단기국채로는 2년 만기 국채를 사용하기에 이 그래프는 연준에서 따로 집계하여 매일 발표하고 있을 정도로 중요도가 높은 그래프입니다.

회색으로 음영 처리한 세로줄 6개는 모두 과거 미국의 공식 경기침체기를 나타내는데, 해당 침체기가 나타나기 전 모두 그래프 값이 0(가운데 굵은 수평선) 아래로 내려갔던 것을 확인할 수 있습니다. 장단기 금리 차는 심지어 2020년대 초 닥친 코로나 위기도 예측했을 정도로 정확해서, 코로나로 인한 경기침체(2020년 2월)가 시작되기 전인 2019년 8월 -0.04를 기록한 바 있습니다(참고로, 그래프에 공식 경기침체기가 6개만 표시되어 있는 이유는 나머지 2번의 경기침체가 장단기 금리 차 집계 시작 이전인 1969년, 1973년에 발생했기 때문입니다).

마지막으로 눈여겨봐야 할 부분은 현재 계속 마이너스(-) 상태에 머물러 있는 장단기 금리 차입니다. 2022년 4월 1일에 장단기

금리 차는 처음 마이너스로 진입(-0.05)하였으며, 그 후 플러스로
잠깐 전환했다가 다시 2022년 7월 6일 마이너스로 떨어진 이후
2024년 5월 초 현재까지 줄곧 마이너스 영역에 머무르고 있습니
다. 늦어도 2025년에는 침체기가 올 가능성이 높다고 진단해 볼
수 있는 것입니다.

+ 도표 4-23. 10년 만기 국채와 2년 만기 국채의 금리 차

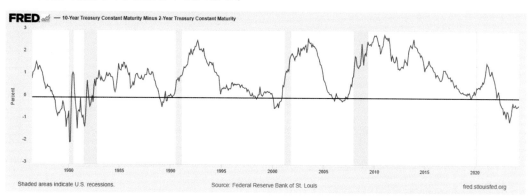

출처: Federal Reserve Economic Data, 2024.05.06. 기준

장단기 금리역전 현상, 어떻게 주식투자에 활용할까?

장단기 금리역전 현상을 활용하는 방법은 간단합니다. 역전 현
상이 나타났고 경제 여건을 보아 경기침체가 올 가능성이 높다고
판단되면, 그때부터 전체 자산 중 상대적으로 주식 비중을 줄이
고 현금 비중을 늘리는 것입니다. 이 그래프는 미 연준의 경제데
이터 사이트인 FRED https://fred.stlouisfed.org 에서 확인 가능합니다. 사
이트 접속 후 검색란에 "10-Year Treasury Constant Maturity
Minus 2-Year Treasury Constant Maturity"를 검색하면 무료
로 그래프를 확인할 수 있습니다.

미국주식을 움직이는
4가지 경제지표

　미국 주식시장과 거시경제는 밀접한 관련을 맺고 있습니다. 거시경제란 물가, 실업률, GDP 등 국민 경제활동의 총합을 나타내는 전체 경제 상태를 지칭합니다. 하지만 경제 공부를 깊게 하지 않는 일반투자자들이 이런 거시경제를 매번 추적하면서 주식에 활용하기란 여간 어려운 일이 아닙니다. 또, 발표되는 거시지표의 수도 수십 가지가 넘어 일반투자자가 그중에 중요한 지표만 골라서 찾아보는 것도 녹록치 않습니다.

　이런 일반투자자들을 위해, 주식시장에 가장 큰 영향을 미치는 상위 10개 거시경제 지표를 정리한 책이 있습니다. 바로 미국 와튼스쿨에서 발행한 [경제지표의 비밀The Secrets of Economic Indicators]입니다. 이 책에서 연구한, 주식시장에 영향을 미치는 상위 10개 거시지표는 〈도표 4-24〉와 같습니다. 순위가 높을수록 주식시장에 미치는 영향력이 큰 지표입니다.

+ 도표 4-24. 주식시장에 영향을 미치는 상위 10개 경제지표

순위	경제지표
1	고용보고서(Employment Situation Report)
2	ISM 제조업지수(Manufacturing ISM Report On Business)
3	주간 신규 실업수당 청구 건수(Weekly Claims for Unemployment Insurance)
4	소비자물가지수(Consumer Prices Index)
5	생산자물가지수(Producer Price Index)
6	소매판매(Retail Sales)
7	소비자신뢰지수 & 소비자심리지수(Consumer Confidence & Sentiment Surveys)
8	개인 소득과 지출(Personal Income & Spending)
9	내구재 주문 추정치(Advance Report on Durable Goods)
10	국내총생산(GDP)

출처: The Secrets of Economic Indicators

이 중 가장 영향력이 높은 1위 지표부터 4위 지표까지만 제대로 알아도 주식시장을 이해하기는 충분합니다. 지표들이 무엇이며, 주식시장에 어떻게 영향을 미치는지 지금부터 알아보겠습니다.

① 고용보고서(Employment Situation Report)

고용보고서는 노동시장에 대해 미국 노동통계청U.S. Bureau of Labor Statistics이 발행하는 보고서입니다. 매월 첫 번째 금요일 오전 8시 30분(미국 동부 시간)에 발표하는 월간보고서입니다. 보고서에서 핵심적인 내용은 두 가지인데, 바로 미국의 비농업부문 고용인구 Total nonfarm payroll employment와 실업률Unemployment rate 입니다.

보고서가 작성되는 과정

보고서는 두 개의 자료를 종합해 작성되는데, 하나는 기업 설문조사Payroll Survey이고 다른 하나는 가구 설문조사Household Survey입니다.

기업 설문조사는 추정치입니다. 미국에 있는 11만 9천 개의 기업들과 정부기관들을 대상으로 설문조사를 하고, 이를 바탕으로 미국의 전체 고용 상황을 추정하는 방법으로 만들어집니다. 이때 설문 대상이 되는 취업자 수는 '전체 산업(농업은 제외)의 근로소득자'입니다. 따라서 자영업자이거나 근로소득자라 하더라도 농업부문에서 일하고 있는 사람은 조사 대상에서 취합하는 고용인구에서 제외됩니다. 기업 설문조사를 통해 비농업부문 고용인구Total nonfarm payroll employment가 산출됩니다.

가구 설문조사 또한 추정치입니다. 군인이나 요양 시설에 거주 중인 시민들을 제외한 인구 중 6만 가구를 선정해 취업 여부를 조사합니다. 기업 설문조사와는 달리, 이때는 자영업자나 농업부문 근로자도 조사 대상에 포함됩니다. 이는 가구 설문조사의 목적이 '일자리'가 아닌 '고용인구'를 파악하는 데에 있기 때문입니다. 가구 설문조사를 통해 실업률Unemployment rate이 산출됩니다.

고용보고서의 핵심은 바로 이 '비농업부문 고용인구'와 '실업률'입니다. 따라서 보고서를 활용해서 주식투자를 할 때에도 이 두 가지에 주목해야 하며, 어떻게 주식투자에 활용할 수 있을지 살펴보겠습니다.

비농업부문 고용인구와 주가지수의 관계

비농업부문 고용인구는 지난 달 대비 증감 수치를 발표하는데

이 증가 수치가 ①15만 명 이상인지 ②꾸준히 증가하는지를 보는 것이 중요합니다. 15만 명 이상인지 봐야 하는 이유는 이것이 경제의 침체 여부를 판단하는 기준치이기 때문이며, 꾸준히 증가하는지 봐야 하는 이유는 현재 추세를 이해하기 위해서입니다. 이해를 돕기 위해, 2024년 4월의 발표 수치를 요약한 〈도표 4-25〉를 보겠습니다.

+ **도표 4-25. 미국의 비농업부문 고용인구 증가 현황**

	2024년 3월	2024년 4월	증감
비농업부문 고용인구 총계	1억 5,811만 명	1억 5,828만 명	17.5만 명↑

출처: U.S. Bureau of Labor Statistics

〈도표 4-25〉에서 2024년 4월의 비농업부문 고용인구가 전월에 비해 17만 5천 명 증가한 것을 볼 수 있습니다. 그러므로 경제활동이 뜨겁지도, 차갑지도 않은 적정 상태라고 판단할 수 있는데, 이는 현재 경제침체의 판단 기준이 되는 15만 명을 소폭 상회했기 때문입니다. 경제활동이 활발하면 기업 실적에 대한 기대감이 높아질 뿐만 아니라 경제가 성장하고 있다는 뜻이므로, 일반적으로 비농업부문 고용인구의 증가는 주가를 높이는 방향으로 작용합니다. 하지만 고용인구의 증가가 장기간 큰 폭으로 지속될 경우 인플레이션에 대한 우려가 높아지기 때문에, 미국 연준의 금리인상 가능성을 높여 주가에 부정적인 영향을 미치기도 합니다.

실업률과 주가지수의 관계

경기가 과열되어 있는지 여부를 판단하는 실업률 기준은 약 4.5%이며, 이를 일컬어 '자연실업률Natural Rate of Unemployment'이라고 부릅니다. 실업률이 4.5%보다 낮은 상태로 지속되는 경우(예: 2%) 근로자의 임금이 올라 물가가 동반 상승할 위험이 있습니다. 이 경우 미 연준은 예상보다 빠른 금리인상을 고려하게 되며, 이는 주식시장에 악영향을 끼치게 됩니다. 따라서, 언뜻 생각할 때 맞는 것처럼 보이는 '실업률 하락=주가 상승'이라는 등식은 항상 성립하지는 않습니다. 실업률과 주가지수의 관계는 〈도표 4-26〉과 같이 정리할 수 있습니다.

+ 도표 4-26. 실업률과 주가지수의 관계

	실업률과 주가지수의 관계
경기상승기	실업률 상승 → 주가지수 상승
경기하락기	실업률 상승 → 주가지수 하락

출처: U.S. Bureau of Labor Statistics

Boyd(2005) 등의 연구에 따르면, 실업률이 상승했다는 뉴스가 주가에 미치는 영향은 경제가 상승기에 있는지 하락기에 있는지에 따라 다르다고 합니다. 경기상승기에는 실업률이 높을수록 중앙은행의 금리인상 시기가 지연되기 때문에 주식시장에 긍정적으로 작용하지만, 경기하락기에는 실업률이 높을수록 기업의 실적 전망이 나빠지므로 주식시장에 부정적으로 작용한다는 것입니다.

비농업부문 고용인구와 실업률을 활용한 주식투자 방법

〈도표 4-27〉은 각 비즈니스 사이클에서 비농업부문 고용인구 증가와 실업률 증가가 주가지수에 어떤 영향을 미치는지 니타낸 표입니다. 비농업부문 고용인구가 증가하는 경우, 초기 비즈니스

사이클과 침체기에는 일반적으로 주가지수가 상승(경기회복 신호)하며 중기와 후기 비즈니스 사이클에는 주가지수가 하락(금리인상 우려)합니다.

실업률이 증가하는 경우, 초기 비즈니스 사이클과 침체기에는 일반적으로 주가지수가 하락(경기회복 지연 우려)하며 중기와 후기 비즈니스 사이클에는 주가지수가 상승(금리인상 지연)합니다. 이를 주식투자에 활용 시, 현재 비즈니스 사이클이 어떤 단계에 있는지에 따라 다른 전략을 세워 볼 수 있습니다.

예컨대 현재 비즈니스 사이클이 중기MID 단계인데 미국 경기 상황이 좋아 비농업부문 고용인구가 계속 증가하는 추세에 있는 경우, 다음 고용보고서 발표일 즈음에는 평소보다 현금을 더 비축해 두는 식입니다. 전문가들이 예측했던 것보다 비농업부문 고용인구 증가세가 훨씬 클 경우, 이는 금리인상 우려를 확산시켜 주가지수를 하락시킬 것이며 보다 저렴한 가격에 주식을 매수할 수 있는 기회를 제공할 수 있습니다. 그러나 같은 중기 단계라도 초기에서 갓 중기로 진입한 상태인지, 후기로 넘어가기 직전의 성숙한 중기인지에 따라 시장 반응은 다를 수 있으므로 〈도표 4-27〉에 본인만의 판단을 가미해 대응하는 것이 필요합니다.

+ 도표 4-27. 비즈니스 사이클에 따른 고용보고서와 주가지수의 관계

비즈니스 사이클	비농업부문 고용인구 증가	실업률 증가
초기(EARLY)	+	-
중기(MID)	-	+
후기(LATE)	-	+
침체(RECESSION)	+	-

② ISM 제조업지수(Manufacturing ISM Report On Business)

ISM 제조업지수의 정식 명칭은 '구매관리자지수PMI, Purchasing Managers' Index'이며, 제조기업 운영 여건이 개선(또는 악화)되고 있는지 여부를 파악하기 위해 미국 내 각 업종(기계, 식음료, 컴퓨터, 전자부품 등)을 대표하는 400개 이상의 회사를 대상으로 설문조사한 결과를 취합해 발표하는 지수입니다. 공급관리자협회ISM가 발표하는 지수는 크게 제조업지수와 서비스업지수가 있는데, 제조업지수가 서비스업지수보다 더 경기에 민감하게 반응하기 때문에 경기 판단 지표로 더 널리 활용됩니다.

설문조사 대상은 각 회사의 원자재 구매담당자이며, 〈도표 4-28〉에 나와 있는 다섯 개 항목에 대해 응답자들이 개선Better, 불변Same, 악화Worse 중 하나로 답변하면 이를 취합해 매월 첫 영업일에 발표합니다.

+ 도표 4-28. 구매관리자지수(PMI)를 산출하기 위한 설문 항목 답변 예시

설문 항목	개선(Better)	불변(Same)	악화(Worse)
(1)신규주문(New Orders)	√		
(2)생산(Production)		√	
(3)고용여건(Employment)		√	
(4)원자재 공급(Supplier Deliveries)	√		
(5)재고수준(Inventories)			√

*실제 설문 항목은 더 많으나, PMI를 산출하는 데 쓰이는 5개 항목만 표시

제조업 구매관리자지수를 활용한 주식투자 방법

〈도표 4-28〉과 같은 설문지를 바탕으로 산출된 구매관리자지

수는 0부터 100 사이의 값으로 표현되며, 숫자가 클수록 제조기업 운영 여건이 개선되고 있음을 나타냅니다. 이때, 제조업 경기가 확장 중인지 수축 중인지 판단하는 기준이 되는 값은 50입니다. 지수가 50을 초과했다면 전월보다 제조업 경기가 활발하다는 뜻이며, 50 미만인 경우는 전월보다 제조업 경기가 위축됐다는 뜻입니다. 지수가 50인 경우는 전월과 유사한 수준임을 나타냅니다.

구매관리자지수는 경기의 선행지수, 즉 미래의 경기동향을 미리 측정하는 지수입니다. 그렇기 때문에 구매관리자지수의 증감에 따라 현재 경제가 비즈니스 사이클의 어디쯤 와 있는지 파악해 볼 수 있으며, 이를 바탕으로 투자전략을 세우는 것이 가능합니다. 2023년과 2024년의 비즈니스 사이클과 구매관리자지수의 관계를 표로 나타내면 〈도표 4-29〉와 같습니다.

+ 도표 4-29. 2023~24년 분기별 비즈니스 사이클과 PMI 자료

	2023년								2024년			
	5월	6월	7월	8월	9월	10월	11월	12월	1월	2월	3월	4월
	후기 비즈니스 사이클											
PMI	46.6	46.4	46.5	47.6	48.6	46.9	46.6	47.1	49.1	47.8	50.3	49.2

〈도표 4-29〉를 보면 최근 1년 중 제조업 구매관리자지수가 가장 높았던 달은 2024년 3월입니다. 비록 비즈니스 사이클은 최근 1년간 후기에 머물러 있었지만, 특이하게도 2023년 3, 4분기와 2024년 1분기는 침체기에 가까운 후기LATE였던 반면 2024년 2분기는 침체기에서 멀어지고 보다 중기에 가까운 후기LATE 상태를 보였는데, 이를 통해 2024년 3월의 높은 구매관리자지수가 침체

기를 지연시킨 미국 경제 상태를 한 발 앞서 예측했다고 볼 수 있습니다.

PMI 지수를 활용해 비즈니스 사이클을 예상할 때는 반드시 다른 경제지표들과 함께 활용해야 합니다. 미국 경제의 2/3는 민간 소비가 차지하고 있기에, 제조업 경기에 한정해서 산출되는 PMI 지수만으로 미국 경제 전체를 판단하기에는 다소 무리가 있기 때문입니다.

③ 주간 신규 실업수당 청구 건수 (Weekly Claims for Unemployment Insurance)

실업수당이란 실직한 사람에게 국가가 제공하는 사회보험입니다. 현재 미국의 모든 주State는 연방법에 따라 주별로 독립된 실업수당 프로그램을 운영하고 있습니다. 일단 미국인이 실직하게 되면 자신이 일했던 주State에 실업수당을 신청하게 되는데, 주마다 조금씩 차이는 있지만 보통 별다른 결격사유가 없는 경우 최대 6개월까지 실업급여를 지급받을 수 있습니다.

주간 신규 실업수당 청구 건수는 미 노동부에서 매주Week 집계하는 수치로, 지난 일주일간 신규로 실업수당을 청구한 미국인의 숫자를 나타냅니다. 이를 집계하는 이유는 국가 경제의 건전성을 평가하는 데 있어 고용이 가장 중요한 지표 중 하나이기 때문입니다. 신규로 청구된 실업수당 건수를 집계함으로써 변화하는 실업률 추이를 바로 파악할 수 있을 뿐만 아니라, 향후 경기침체가 오는지도 예측할 수 있습니다.

주간 신규 실업수당 청구 건수와 주가지수와의 관계

주간 신규 실업수당 청구 건수는 지난 일주일간 청구 건수를 취합해 매주 목요일 발표합니다(예시: 2024년 7월 7일부터 7월 13일까지 취합된 청구 건수를 7월 18일에 발표). 이때 중요한 기준은 시장의 예측치 consensus estimates에 비해 신규 청구 건수가 높은지 여부입니다. 〈도표 4-30〉과 같이 전문가(경제학자, 투자은행가 등)의 예측치와 실제 발표치의 차이에 따라 주식시장에 미치는 영향은 다릅니다.

+ 도표 4-30. 비즈니스 사이클에 따른 신규 실업수당 청구 건수와 주가지수의 관계

비즈니스 사이클	전문가 예측 건수 > 실제 건수	전문가 예측 건수 < 실제 건수
초기(EARLY)	+	-
중기(MID)	-	+
후기(LATE)	-	+
침체(RECESSION)	+	-

경제학자 등 전문가 집단이 예측한 수치에 비해 실제 청구 건수가 낮은 경우, 현재 경기가 상승하고 있는 중기 비즈니스 사이클이라고 가정한다면 예상보다 빠른 경기과열 우려로 인해 주가지수가 하락할 위험이 있습니다. 이는 〈도표 4-31〉에 잘 나타나 있습니다.

+ 도표 4-31. 신규 실업수당 청구 건수가 주식시장에 미치는 영향

중기 비즈니스 사이클(= 경기상승기) 가정
전문가 예측 청구 건수보다 실제 건수가 낮음 → (예상보다 빠른) 취업자 증가 → (예상보다 빠른) 가계소득 증가 → (예상보다 빠른) 민간소비 증가 → (예상보다 빠른) GDP 증가 → 기대인플레이션 상승 → 중앙은행의 빠른 기준금리 인상 우려 → 주식시장 하락

〈도표 4-31〉을 주식투자에 활용하는 경우, 이론적으로 (중기 비즈니스 사이클이라면) 전문가들의 예측치에 비해 실제 청구 건수가 높은 경우는 실제 수치 발표 전 주식 매수를, 반대의 경우는 실제 수치 발표 후 주식을 매수해야 함을 알 수 있습니다. 하지만 실제 청구 건수가 발표되기 전에 이를 안다는 것은 불가능하므로, 신규 실업수당 청구 건수는 이를 예측해서 주식투자에 활용하기보다는 과거 변화 추이를 확인해서 경기침체를 미리 예측하는 용도로 활용하는 것이 바람직합니다.

주간 신규 실업수당 청구 건수를 활용한 주식투자 방법

실업수당 청구 건수의 과거 변화 추이를 확인해서 경기침체를 예측하려 할 때 활용하는 것이 4주 이동평균The 4-week moving average 입니다. 4주 이동평균이란 지난 4주간의 신규 청구 건수를 단순평균하는 것을 말합니다. 〈도표 4-32〉는 1967년부터 2020년 초까지 53년간 신규 실업수당 청구 건수(4주 이동평균)와 경기침체의 관계를 보여 주는 그래프입니다. 그래프를 보면 경기침체(세로 음영 줄 7개)가 오기 전에는 어김없이 실업수당 청구 건수가 증가함을 볼 수 있습니다.

이는 미국주식 투자자라면 매주 발표되는 신규 실업수당 청구 건수를 면밀히 관찰하여, 4주 이동평균이 증가하는 추세가 확인되는 경우 다른 경제지표들을 함께 살펴보고 경기침체가 올지 예측한 후 이에 맞는 투자전략을 실행해야 한다는 것을 의미합니다.

+ 도표 4-32. 신규 실업수당 청구 건수(4주 이동평균)와 경기침체의 관계

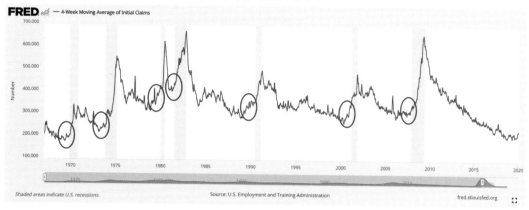

출처: FRED

④ 소비자물가지수(Consumer Prices Index)

　소비자물가지수(이하 CPI)는 일반소비자들이 구입하는 물건 및 서비스의 평균가격 변동을 측정하는 지표입니다. 매달 물건 가격을 측정해 전월 대비 변동률, 전년 동월 대비 변동률을 발표하며 발표 기관은 미 노동통계국U.S. Bureau of Labor Statistics 입니다. CPI를 이해하기 위한 주요 내용은 다음과 같습니다.

- CPI는 매달 10일을 전후로 발표되며, 바로 전월 통계치를 발표 (예시: 2024.4.10.에 발표된 2024년 3월 CPI는 2023년 3월 대비 2024년 3월의 물가상승률, 2024년 2월 대비 2024년 3월의 물가상승률을 조사. 시장 참가자들이 더 주목하는 지표는 전년 동월 대비 변동률임("the 12-month change is the most frequently referenced change").)
- CPI 산출에는 총 8개의 상품군이 포함 (음식료(농산물, 스낵 등), 주거비(월세, 가구), 의류, 교통비(석유류, 비행기 티켓 등), 의료비, 레저(스포츠용품, 박물관 입장료 등), 교육(대학 등록금 등), 기타(담배 등))
- CPI 산출에서 제외되는 대표 항목은 주택 가격(월세는 CPI에 포함), 주식, 이자비용 등이며, 주택 가격이 제외되는 이유는 주택을 소비의 대상이 아닌 투자자산으로 취급하기 때문

- CPI를 산출하기 위해 매달 조사하는 품목의 개수는 약 9만 4천 개에 이름. 주요 조사 방법은 소매판매점을 대상으로 한 방문, 전화, 인터넷 검색(판매자 웹사이트에서 가격 조사)이며 월세의 경우 실제 거주 중인 소비자에게 설문조사함(본인 소유의 집에 거주 중인 소비자의 경우, OER(Owners' equivalent rent of primary residence)법을 통해 월세로 변환해서 반영).
- CPI는 도시에 거주하는 소비자들이 구매하는 물건과 서비스를 구매 비중에 따라 가중평균하여 산출.

소비자물가지수와 개별 기업 주가의 관계

CPI와 주식시장의 상관관계는 개별 기업 차원과 시장 전체 차원에서 정의해 볼 수 있습니다. 먼저, CPI가 상승하는 경우 기업의 실적에는 긍정적일 것으로 해석해 볼 수 있습니다. 물가가 상승한다는 것은 시중에서 판매하는 물건의 가격이 상승한다는 뜻이고, 이는 곧 기업의 매출 상승으로 이어지기 때문입니다.

하지만, 물가상승으로 판매량이 감소한다면 반대로 기업실적이 악화할 수도 있습니다. 예컨대, 물건의 판매가격을 20% 올렸는데 판매량이 30% 감소한다면 최종적으로 매출은 16% 감소(= 1 × (1+20%) × (1-30%))할 것입니다. 여기에 물건을 만들기 위한 자잿값까지 상승한다면 이익은 더 큰 비율로 감소할 것입니다. 결국 물가가 상승할 경우 기업실적이 개선될 것인지 여부는 그 기업의 시장지배력, 점유율, 경쟁의 강도, 공급망 등 그 기업의 특수성에 따라 판단해야 합니다. Chapter 6 및 7에서 살펴보겠지만, 물가상승기에 주가가 상승하는 대표 업종으로는 에너지Energy 섹터, 주가가 하락하는 대표 업종으로는 임의소비재Consumer Discretionary 섹터가 있습니다.

소비자물가지수와 전체 주식시장의 관계

CPI가 모든 기업에 공통적으로 영향을 미치는 경로도 있습니다. 바로 미국의 기준금리 역할을 하는 '연방기금금리Federal Funds Rate'입니다. 바로 다음 장에서 자세히 살펴보겠지만, 연방기금금리는 미국의 중앙은행인 연방준비제도The Federal Reserve System(이하 연준)가 관리하는 금리입니다. 이 금리가 상승하면 연동되어 움직이는 주택담보대출 금리, 신용대출 금리가 줄줄이 상승해 경제활동이 위축되고, 반대로 금리가 인하되면 경제활동이 활성화됩니다. 그럼 연방기금금리와 전체 주식시장은 어떤 관계가 있을까요?

연방기금금리와 전체 주식시장이 어떻게 연결되는지 보기 위해, CPI가 지속적으로 높게 발표되는 상황을 가정해 보겠습니다. CPI가 높다는 것은 물가가 지속적으로 상승하고 있다는 뜻이며, 이는 곧 경기과열이 우려되는 상황이라는 뜻입니다. 물가상승은 경제가 빠르게 성장해 상품과 서비스에 대한 수요가 과할 때 나타나는 현상이기 때문입니다.

이 경우 뜨거운 경기를 식히기 위해 연준은 기준금리를 올리게 되는데, 기준금리가 올라간다는 것은 곧 '현재 보유 중인 화폐'의 가격이 비싸진다는 뜻이므로 주식과 같은 투자자산을 먼 미래에 팔아 보유하게 될 '미래 화폐'의 가격은 상대적으로 하락하게 됩니다. 쉽게 말해, 기준금리가 오르면 은행 예금금리도 덩달아 상승하기 때문에 사람들이 주식시장에서 돈을 빼 안전하고 높은 예금이자를 주는 은행으로 옮겨 간다는 뜻입니다. 이를 정리하면 〈도표 4-33〉과 같습니다.

소비자물가지수 상승 → 기준금리 상승 → 주식을 통해 얻을 수 있는 미래수익의
현재가치 하락 → 주식가격 하락

소비자물가지수 하락 → 기준금리 하락 → 주식을 통해 얻을 수 있는 미래수익의
현재가치 상승 → 주식가격 상승

핵심 소비자물가지수(CPI for all items less food and energy)

앞서 소비자물가지수에 포함되는 8가지 상품군을 소개한 바 있습니다. 그런데 이 중
농산물과 석유류는 가격변동이 매우 심해, 전체 소비자물가지수를 왜곡하는 경우가
종종 발생하곤 합니다. 이 때문에 농산물과 석유류를 제외하고 보다 안정적인 물가
지수를 산정할 필요가 있는데, 이렇게 산정된 물가지수를 핵심 소비자물가지수(이하
핵심 CPI)라고 부릅니다.

핵심 CPI는 일반 CPI보다 물가 수준의 장기적인 추세를 파악하기 수월하다는 장점이
있습니다. 따라서 정책 당국이 주요 결정을 위해 참고하는 지표로 더 중요하게 활용
됩니다. 핵심 CPI는 일반 CPI와 함께 발표됩니다.

+ 도표 4-34. 2024년 3월의 핵심 CPI와 일반 CPI 자료(2024.4.10.)

> The all items index rose 3.5 percent for the 12 months ending March, a larger increase
> than the 3.2-percent increase for the 12 months ending February. The index for
> all items less food and energy rose 0.4 percent in March, as it did in each of the 2
> preceding months.
>
> "2024년 3월의 일반 CPI는 전년 동월 대비 3.5% 올라 2024년 2월에 기록한 3.2%를 상회했
> 다. 2024년 3월의 핵심 CPI는 전월 대비 0.4% 상승해 3달 연속 0.4% 상승을 기록했다."

소비자물가지수(CPI)와 개인소비지출(PCE)

비록 [경제지표의 비밀(The Secrets of Economic Indicators)]에서 언급된 물가지수는 소비
자물가지수(CPI)이지만, 미국의 물가상승률을 측정하기 위한 지표는 한 가지가 더 존
재합니다. 바로 개인소비지출(Personal Consumption Expenditures)입니다.

개인소비지출(PCE)은 미국 경제분석국에서 매달 발표하는 자료로, CPI보다 포함하는
지출 대상이 훨씬 넓습니다. 예컨대, 의료비의 경우 CPI는 소비자가 지출한 금액만
반영하는 데 비해 PCE는 민간보험사와 정부의 의료보험에서 지출된 금액까지 반영
해 산출되는 식입니다.

CPI가 조사 대상 품목을 정하기 위해 일반 소비자를 대상으로 설문조사를 하는 데 반
해, PCE는 기업체를 대상으로 해 훨씬 정확도가 높은 것도 차이점입니다. 이러한 이유
로 인해, 현재 연준이 기준금리 책정 시 참고하는 물가지표는 개인소비지출(PCE)입니
다. 역사적으로 PCE는 CPI보다 미세하게 낮은 것이 일반적이었습니다.

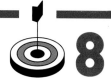

기준금리란?

지금까지 살펴본 거시경제 지표는 모두 1차적으로 기준금리에 영향을 끼치고, 이 기준금리가 다시 2차적으로 주식시장에 영향을 끼친다고 하였습니다. 지금부턴 기준금리가 정확히 무엇이며, 이 기준금리가 어떻게 주식시장에 영향을 미치는지 알아보겠습니다.

기준금리란?

현실에는 다양한 금리(이자율)가 존재합니다. 우리에게 친숙한 대표적인 금리로는 예금금리와 대출금리가 있습니다. 예금금리란 우리가 은행에 현금을 예치했을 때 받을 수 있는 이자율을, 대출금리란 우리가 은행으로부터 현금을 빌렸을 때 부과되는 이자율을 말합니다.

그런데 이러한 예금금리와 대출금리 및 여러 다른 이자율들을 산정하는 기준이 되는 금리가 있습니다. 바로 기준금리입니다. 기준금리는 각국의 중앙은행이 정합니다. 어떤 금리를 기준금리로 지정할지는 각 나라별로 다른데, 미국의 경우 은행들 간 자금을 빌려줄 때 적용하는 연방기금금리federal funds rate를 현재 기준금리로 활용하고 있습니다.

미국의 기준금리인 연방기금금리는 미국 내에 존재하는 다양한 금리를 산정할 때 기준으로 활용되는 금리이므로 경제 전체 및 주식시장에 미치는 영향력이 매우 큽니다. 신용도가 가장 높은 고객에게 적용되는 프라임레이트Prime rate, 주택담보대출mortgages 등이 연방기금금리와 연동되는 대표적 대출상품입니다. 연방기금금리는 어떻게 정해지는 금리이며, 주식시장에 어떠한 영향을 미치는지 알아보겠습니다.

미국의 기준금리인 연방기금금리는 어떻게 정해질까?

우리가 은행에서 현금을 빌리는 것처럼, 은행 간에도 서로 부족한 자금을 빌려주는 경우가 있습니다. 이렇게 은행 간에 부족한 자금을 빌려 오는 시장을 연방기금시장federal funds market이라 부르고, 이 시장에서 정해지는 이자율을 연방기금금리federal funds rate라고 부릅니다.

연방기금시장에서 은행들이 돈을 빌리는 이유는 법정지급준비금reserves 때문입니다. 은행들은 일반 고객들로부터 예치받은 총예금액 중 일정 비율을 관련 법에 따라 반드시 중앙은행에 보관해야 합니다. 이를 법정지급준비금이라고 합니다. 그런데 은행에 따라서는 이 예치금이 부족한 경우가 생깁니다. 이 경우, 비교적 자금 사정이 넉넉한 은행이 지급준비금이 부족한 은행에게 자금을 대여해 주곤 합니다. 바로 이 시장이 연방기금시장입니다.

연방기금금리는 이 연방기금시장에서 시중은행들 간에 여유

자금을 빌려주고 받으면서 정해지는 이자율입니다. 자금을 빌리려는 은행이 더 많을 때는 이자율이 올라가고, 자금을 대여해 주려는 은행이 더 많을 때는 이자율이 내려가는 식으로 이자율이 결정됩니다. 이렇게 자금의 수요자와 공급자 간 거래를 통해 정해지는 이자율이므로 연방기금금리는 은행 간 거래를 통해 자율적으로 정해진다는 특징이 있습니다.

연방준비제도는 기준금리 결정 과정에 어떤 역할을 할까?

앞서 미국의 기준금리인 연방기금금리는 프라임레이트Prime rate, 주택담보대출mortgages 등 주요 금리의 산정 기준이 되는 금리라고 설명드린 바 있습니다. 그만큼 중요한 금리이기 때문에 미국의 중앙은행인 연방준비제도Federal Reserve System는 주기적으로 목표 기준금리를 발표하고 연방기금금리가 그 목표 금리 범위에서 움직이도록 관리합니다.

여기까지 들으면 고개를 갸우뚱하실 수도 있습니다. 방금 전 분명히 연방기금금리는 은행 간 거래를 통해 자율적으로 정해진다고 설명드렸기 때문입니다. 자율적으로 정해지면서도 중앙은행에 의해 관리된다는 연방기금금리의 결정 과정은 언뜻 모순되어 보일 수 있지만, 실제로 연방기금금리는 이 두 가지 과정을 모두 거쳐 결정됩니다.

일차적으로 연방기금금리를 결정하는 것은 미국의 중앙은행인 연방준비제도입니다. 정확히는 특정 '값'을 결정하는 것이 아니라, 기준금리가 움직일 수 있는 '목표 범위'를 결정합니다. 예컨대 2024년 5월 초 현재, 연준이 정해 놓은 기준금리의 목표 범위는 5.25%~5.50% 수준입니다. 이렇게 먼저 목표 범위가 결정되고 나면 연방기금시장에서 2차적으로 은행 간 자금 거래가 발생하게 되는데, 이 목표 범위 이내에서 체결되는 은행 간 실제 자금 거래를 통해 연방기금금리가 정해지게 되는 것입니다.

연준이 설정한 목표 범위를 달성하기 위한 수단, 공개시장조작 정책

물론, 연준이 목표 범위를 정해 놨다고 해서 시중은행들에게 강압적으로 그 범위를 준수하라고 할 수는 없습니다. 예컨대 연준의장이 각 은행장들에게 전화를 걸어 "우리가 5.25%~5.50%로 범위를 정해 놨으니, 앞으로는 이 범위 내에서만 거래하시오." 할 수는 없다는 뜻입니다. 미국은 시장경제체계이기 때문입니다. 연방기금금리가 연준이 정한 범위 내에 들어오도록 관리하는 수단은 따로 있습니다. 바로 공개시장조작Open Market Operation 입니다.

공개시장조작이란 연방기금금리가 연준이 설정한 목표 범위 이내에서 움직이도록 활용하는 수단입니다. 구체적으로는 연준이 미국 정부 채권Tresury bonds, notes, and bills 을 매입 또는 매각하면서 자금 공급을 조절하는 것을 지칭합니다. 예컨대 현재 경기가 너무 침체되어 있어서, 이를 다시 부양해야 하는 상황을 가정해 보겠습니다. 이때 연준은 기준금리(목표 금리)를 낮추는 동시에, 낮아진 기준금리를 달성하기 위해 시중은행으로부터 은행이 보유한 정부 채권을 매입하게 되고 이는 곧바로 시중은행의 보유 자금을 늘려 줍니다. 그러면 보유 자금이 풍부해진 은행들은 다른 은행들로부터 지급준비금을 차입할 유인이 적어지게 되고, 이는 곧 자금의 수요를 감소해 연방기금금리도 덩달아 낮아지게 되는 것입니다.

이렇게 연준은 연방기금금리가 시장원리(수요와 공급이 만나 가격이 결정되는)에 따라 정해지되 연준의 목표 범위 내에서 움직이도록 관리하는 역할을 하므로, 연방기금금리를 직접 통제하진 않지만 사실상 결정하는 역할을 하게 됩니다. 이렇게 중요한 역할을 하기 때문에, 연준이 기준금리를 결정하는 회의를 할 때면(1년에 8번) 모든 투자자들이 숨죽이고 연준의 입을 주목하는 것입니다.

2024년의 뜨거운 감자, 예상보다 높은 물가상승률은 어떻게 주식시장에 영향을 미칠까?

연준이 기준금리를 정할 때 가장 중점적으로 참고하는 지표는 물가상승률입니다. 물가상승률이 높아 경기가 과열될 우려가 커지면 금리를 올려 경기를 진정시키고, 반대로 물가상승률이 둔화해 경기가 침체할 우려가 커지면 금리를 내려 경기를 부양시킵니다. 이는 〈도표 4-35〉와 같은 흐름도에 설명되어 있습니다.

+ 도표 4-35. 연준의 기준금리와 경기 사이클 간의 관계

경기과열 → 물가상승률 증가 → 연준 기준금리 상향 → 연방기금금리 상승 → 시중금리 상승 → 대출금 감소 및 이자율 증가 → 경기 위축
경기침체 → 물가상승률 감소 → 연준 기준금리 하향 → 연방기금금리 하락 → 시중금리 하락 → 대출금 증가 및 이자율 감소 → 경기 성장

2020년 3월 코로나 팬데믹 이후 줄곧 제로금리를 유지하던 연준은 2022년 3월 첫 금리인상(0.25%↑)을 시작으로 이후 2023년 7월까지 11차례 기준금리를 인상하였습니다. 이후 2023년 12월 13일 발표한 성명에서 2024년 3차례 금리인하를 시사하여 주식

시장이 안도하기도 했으나, 이후 2024년 초 물가상승률이 연준이 예상했던 수준을 지속적으로 상회하면서 긴축 정책(= 기준금리를 높은 수준으로 유지하는 것)이 2024년 5월 현재까지 길게 유지되고 있는 상황입니다.

보통 기준금리를 높은 수준으로 유지하는 정책은 경기를 위축시켜 기업실적도 같이 악화시킬 뿐만 아니라, 각종 대출금리를 동반 상승시켜 차입금을 사용하고 있는 기업의 이자 부담을 가중합니다. 게다가 기준금리 상승은 예금이나 양도성 예금증서 Certificates of Deposit 와 같은 안전자산들의 수익률을 상승시키기 때문에, 상대적으로 주식의 매력도를 감소시킵니다. 이 때문에 기준금리 상승은 일반적으로 기업의 주가에 부정적인 영향을 미치는 것으로 알려져 있습니다.

하지만 일반적인 상식과는 달리, 기준금리 상승과 주가와의 상관관계를 장기로 확대할 경우 〈도표 4-36〉과 같이 오히려 정(+)의 관계가 있다는 통계가 나옵니다.

+ 도표 4-36. 최근 6번의 기준금리 인상기와 주가 움직임

기준금리 인상기	다우존스	S&P500	Nasdaq
1994년 2월 ~ 1995년 7월	16.30%	13.80%	18.10%
1997년 3월 ~ 1998년 9월	17.40%	32.60%	40.00%
1999년 6월 ~ 2001년 1월	-1.60%	-5.00%	-13.30%
2004년 6월 ~ 2007년 9월	28.70%	30.00%	26.90%
2008년 12월 ~ 2019년 7월	213.70%	243.10%	442.00%
2022년 3월 ~ 2023년 7월	2.3%	2.8%	3.3%
평균 상승률 %	46.13%	52.88%	86.17%
중위 상승률 %	16.85%	21.90%	22.50%

출처: U.S. Bureau of Labor Statistics

〈도표 4-36〉은 최근 있었던 6번의 기준금리 상승 기간 중 5개의 기간에서 미국의 대표 주가지수들이 상승했음을 보여 주고 있습니다. 6번의 기준금리 인상기에서 나스닥 종합주가지수의 중윗값(가운뎃값)은 가장 높은 22.5%를 기록했으며 S&P500과 다우존스는 각각 21.9%, 16.85%를 기록했습니다. 이 통계가 함의하는 바는, 비록 금리인상이 단기적으로는 주식시장을 흔들 수 있어도 장기적으로는 주가가 우상향한다는 점입니다. 향후 금리인상기 시작으로 주가가 단기간 하락하더라도, 불안해하지 않아야 할 이유입니다.

기준금리 상승에도 불구하고 주가지수는 상승할 수 있지만, 섹터별로 받는 영향은 다릅니다. 예컨대 금융 섹터의 경우, 기준금리 상승으로 이자율이 올라가면 이익이 증가하므로 금리 상승의 대표적인 수혜주라고 할 수 있습니다. 반면 IT 섹터는 평상시에 기업의 이익 대비 높은 주가에 거래되기 마련이므로, 금리인상으로 주식투자자들이 안정 지향적 성향을 띄게 되면 주가가 하락하는 대표적인 피해주라고 할 수 있습니다. 따라서 금리인상기로 인한 단기적 충격을 최소화하기 위해서는 다양한 섹터에 분산투자하는 것이 필수라 하겠습니다.

09

환율을 알아야
미국주식에 투자할 수 있다

환율Exchange rate or Foreign Exchange rate은 달러를 사고파는 것이 익숙
지 않은 일반투자자들에게 생소한 영역인 동시에, 많은 초보 투
자자들이 어려워하는 분야입니다. 가장 큰 이유는 환율이 절대가
치가 아닌 상대가치이기 때문입니다. 절대가치라면 한쪽만 생각
하면 되겠지만, 환율은 상대가치이기 때문에 달러와 원화의 움직
임을 동시에 생각해야 합니다. 이번 장에서는 복잡한 환율을 쉽
게 이해할 수 있는 접근법을 소개하고자 합니다.

환율이란?

환율이란 외국 돈과 우리나라 돈의 교환 비율입니다. 보통 1달
러 = 1,200원과 같이 외국 돈 1단위당 우리나라 화폐 단위 수로
표기합니다. 시중은행에 가면 지점마다 환율을 계속 표시해 주는
화면이 있는 것이 일반적인데, 이 때문에 우리에게 환율은 친숙
합니다. 우리나라 은행들은 미국 달러USD부터 케냐 실링KES까지
매일 약 50개의 환율을 고시하는데, 이 중 미국주식 투자자인 우

리에게 의미 있는 환율은 미국 달러USD 대 원화KRW의 교환 비율인 원달러 환율입니다.

미국주식 투자자에게 원달러 환율이 중요한 이유는 투자수익률에 직접적인 영향을 미치기 때문입니다. 다른 요소를 고려하지 않고 오직 환율만 놓고 본다면, 미국주식 투자자에게 유리한 환율은 〈도표 4-37〉과 같습니다.

+ 도표 4-37. 상황별 유리한 원달러 환율

상황	원달러 환율
달러를 사서 미국주식을 매입할 때	낮은 것이 유리($1=1,000원)
미국주식을 팔고 원화로 환전할 때	높은 것이 유리($1=1,200원)

미국주식 투자자가 환율을 알아야 하는 이유는, 그래야 스스로 투자 시기를 조정할 수 있기 때문입니다. 지금은 원달러 환율이 높지만($1=1,200원) 앞으로 떨어질 것 같다면($1=1,000원), 조금 더 기다렸다가 원화를 달러로 환전해 미국주식을 사는 것이 좋을 수 있습니다. 반대로, 미국주식을 팔아서 원화로 환전하려는 사람은 지금 환전해야 같은 달러에 대해서 더 많은 원화를 받을 수 있습니다. 이렇듯 투자 시기를 조정하려면 앞으로 환율이 어떻게 움직일 것 같은지 판단할 수 있어야 합니다.

물론 환율이 정확히 얼마가 될 것이라는 예측은 불가능합니다. 실제로 환율은 이 분야에서 오래 일한 전문가들조차 '신의 영역'이라고 부르는 분야이며, 몇십 년간 환 트레이더로 일한 분들조차 환율 예측은 틀리는 경우가 부지기수입니다. 따라서 미국주식 투자 시 환율을 고려할 때에는 원달러 환율이 올라갈지 떨어질지의 방향성만 생각해 보고 투자에 반영하는 것이 바람직합니다.

하지만 방향성만 생각하려는 일반투자자에게조차 환율은 어려운 주제입니다. 환율이 이해하기 어려운 이유는 환율이 교환 비율, 즉 상대가격이기 때문입니다. 어떤 경제적 사건이 발생했을 때 이 사건이 달러와 원화의 가치에 어떤 영향을 미칠지, 그리고 이것이 다시 원달러 환율을 높일지 낮출지 생각하는 두 단계를 거칠 때 환율 계산은 복잡해지게 됩니다. 이때 환율에 대한 이해를 한 단계만으로 쉽게 할 수 있는 방법이 있습니다. 바로 환율을 양팔저울 위에 놓고 생각하는 것입니다.

환율을 쉽게 이해하는 방법, 환율의 저울을 이용하자

+ 도표 4-38. 환율의 저울

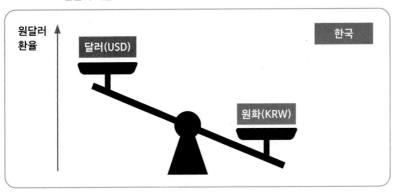

〈도표 4-38〉은 환율 이해를 쉽게 하기 위해 제가 고안해 본 메커니즘입니다. 위 양팔저울은 한국의 외환시장을, 달러가 담긴 접시가 움직이는 방향은 원달러 환율의 방향성을 나타냅니다. 외환시장은 우리나라의 개인, 기업, 외국환은행(국민은행, 신한은행 등), 외국환중개회사(서울외국환중개, 한국자금중개 등)가 참여하여 달러를 사고파는 시장입니다. 이곳에서는 수요와 공급에 의해 환율이 결

정됩니다. 외환시장에서 달러의 수요가 많으면 원달러 환율이 오르고, 달러의 공급이 많으면 원달러 환율이 떨어지게 됩니다.

그럼 저울을 이용해 환율의 방향을 쉽게 이해하는 법을 소개하겠습니다. 앞서 나온 양팔저울은 수요가 증가하는 화폐 쪽의 무게가 가벼워지면서 그쪽 팔이 올라가게 되는 원리를 갖고 있습니다. 마치 달러와 원화를 가득 담은 그릇이 저울 양쪽에 각각 있는데, 수요가 많은 쪽의 지폐를 사람들이 많이 꺼내가면서 점점 무게가 가벼워지는 것으로 이해하면 쉽습니다. 이때 원달러 환율이 움직이는 방향은 달러가 올려져 있는 팔의 움직임과 일치합니다. 즉, 달러가 올려져 있는 팔이 올라가면 원달러 환율도 올라가고(1달러당 1,000원 → 1,200원), 반대의 경우는 원달러 환율이 내려가게(1달러당 1,200원 → 1,000원) 됩니다.

환율의 저울 움직임 예시

예를 들어, 한국주식에 투자한 외국인이 배당금을 받는 경우를 가정해 보겠습니다. 이 경우 한국에서 원화로 받은 배당금을 달러로 환전해 본국으로 송금하려는 사람들이 많아지면서 한국의 외환시장에서 달러의 수요가 증가하게 됩니다. 즉, 한국의 외환시장에 있는 달러들을 그릇에서 꺼내 미국으로 가져가려는 사람들이 많아지는 것입니다. 이 경우 달러를 담은 그릇이 있는 쪽 팔이 가벼워지면서(한국 외환시장에 있는 달러의 양이 줄어들므로 무게가 가벼워집니다) 달러 쪽 팔이 올라가게 되는데, 이때 원달러 환율이 상승하게 됩니다.

반대로, 이번엔 달러 쪽 팔이 내려가는 사례(= 원달러 환율 하락)를 살펴보겠습니다. 대표적인 경우는 외국인이 한국주식에 투자하는 경우입니다. 한국 주식시장의 시황이 매우 좋은 경우, 한국 주식시장에 투자하려는 외국인(외국 투자은행이나 연기금 등)이 늘어납니다. 이때 외국인들은 미국에 있는 달러를 가져와 한국에서 원화로 환전한 후, 이 원화로 한국주식에 투자하게 됩니다. 이를 환율의 저울에 놓고 설명해 본다면, 한국 밖에서 달러를 가져와 달러 양동이에 집어넣은 후 원화를 꺼내 가져가는 모습으로 설명해 볼 수 있습니다. 이때 달러 쪽 팔의 무게는 무거워지고 원화 쪽 팔의 무게는 가벼워지므로, 달러 쪽 팔의 위치가 내려가게 되며 이는 곧 원달러 환율 하락을 의미하게 되는 것입니다.

이렇게 원달러 환율을 저울로 바꿔서 생각하게 되면, '달러의 수요 증가 → 달러의 가치 상승 → 원달러 환율 상승'이라는 3단계를 거쳐 생각하는 대신, '달러의 수요 증가 → 원달러 환율 상승 (= 저울에서 달러 쪽 팔이 올라감)'이라는 2단계로 간소화해 이해할 수 있게 됩니다. 반대로 환율이 내려가는 경우라면, '달러의 공급 증가 → 원달러 환율 하락(= 저울에서 달러 쪽 팔이 내려감)'의 2단계로 설명할 수 있을 것입니다.

참고로, 원화 쪽 저울이 아닌 달러 쪽 저울의 움직임이 곧 원달러 환율이 되는 이유는 다음 〈도표 4-39〉의 관계가 성립하기 때문입니다. 우리나라는 1원당 달러 얼마가 아닌 1달러당 원화 얼마와 같은 식으로 환율을 표시하고 있기 때문에(이를 직접표시법이라고도 합니다), 〈도표 4-39〉의 관계가 성립하게 됩니다.

+ 도표 4-39. 우리나라의 환율 표기법에 따른 환율과 달러 가격

원달러 환율 = 달러 가격 = 달러 가치

환율을 움직이는 변수

환율의 저울을 이해했다면, 이제 특정 상황에서 환율의 저울이 어떻게 움직이는지 알아야 합니다. 각 연도별로 환율을 올리거나 내렸던 항목들은 다음과 같습니다. 이때, 달러 움직임을 이해하는 큰 틀의 키워드는 "위험선호현상"입니다. 보통 미국 달러는 안전자산, 한국 원화는 위험자산으로 인식하는 경향이 짙습니다.

그래서 글로벌 금융위기 등 국제금융시장의 위험이 고조되는 경우(= 위험선호현상 약화)는 한국 외환시장에서 달러를 꺼내가려는 수요가 많아 달러 쪽 저울 팔이 올라가고(= 원달러 환율 상승), 국제금융시장이 안정되는 등 위험이 줄어드는 경우(= 위험선호현상 강화)는 한국으로 달러를 가져와 투자하려는 수요로 한국 외환시장에 달러 공급이 많아져 달러 쪽 저울 팔이 내려가게(= 원달러 환율 하락) 됩니다. 〈도표 4-40〉과 〈도표 4-41〉을 읽어 볼 때도 위험선호현상이 강해지는지 약해지는지 생각해 보면서 읽어 보시기 바랍니다.

+ 도표 4-40. 연도별 원달러 환율을 상승시켰던 요인(예시: 1달러당 1,000원 → 1,200원)

	상승 요인	
2007년	중국 증시 급락	서브프라임 모기지 부실 표면화
	외국인의 한국주식 매도 확대	한국 무역수지 적자(12월)
2008년	글로벌 신용경색 우려	유가 상승에 따른 경상수지 적자(연초)
	외국인의 주식배당금 송금 수요	외국인의 주식 순매도 지속
	미국 리먼브라더스 파산보호 신청	한국 경기 하강 우려
2009년	글로벌 경기침체 심화 우려	동유럽 금융위기 확산 우려
	유럽 국가들의 신용위험 증가	
2010년	그리스 재정위기	남유럽 재정위기 확산 우려
	천안함 침몰 위기 조사 결과 발표	아일랜드 구제금융 신청
	북한의 연평도 포격	

2011년	중동·북아프리카 지정학적 리스크	일본 대지진 발생
	미국 국가신용등급 하향 조정	유럽 재정위기 재부각(이탈리아 등)
	세계경제 둔화 예상	북한 김정일 위원장 사망
2012년	그리스의 유로 지역 탈퇴 우려	스페인의 은행 및 재정부실 우려
2013년	북 핵실험	엔화 약세
	미 연준 양적완화 축소 시사	중국 신용경색 우려
2014년	일부 신흥국의 금융 불안	중국 경기둔화 우려
	미 연준의 조기 금리인상 우려	미 연준의 양적완화 종료 우려
	급격한 엔화 약세(일본은행 완화정책)	
2015년	미 연준의 조기 금리인상 기대	미국 경제지표 호조
	연준의장의 금리인상 가능성 발언	그리스 디폴트 우려
	신흥국 금융 불안 우려	미국과 주요국 간 통화정책 차이
	중국 경기둔화 및 위안화 절하	저유가 지속
2016년	중국 금융·경제 불안	국제유가 급락
	외국인 투자자금 유출	미 연준의 금리인상
	미 연준의 금리인상 가속화 우려	미국의 대규모 경기부양책 기대
2017년	미국의 경기부양책 기대	북한 관련 지정학적 리스크 부각
	외국인투자자의 배당금 송금 수요	주요국 통화정책 기조 변화 경계감
	미 연준의 대차대조표 정상화 언급	미 연준의 금리인상(12.13일) 기대
2018년	미국 증시 조정 국면	이탈리아 정치 불확실성
	신흥국 금융 불안 확산	미 연준의 통화정책 정상화
	미중 무역분쟁 확대	중국 경기둔화 우려
2019년	미중 무역 갈등 고조	글로벌 경기둔화 우려
	다른 선진국 대비 양호한 미국 경제	예상보다 덜 완화된 FOMC 결과(7월)
2020년	코로나19로 인한 경기침체 우려	
2021년	미국의 양호한 경제지표 발표(2월)	미국 10년물 국채금리 상승(2월)
	연준의 테이퍼링 가시화(9월)	ECB의 완화적 통화정책 전망(9월)
	미 국채 신용등급 하락 우려	중국 헝다그룹 부실화 우려
2022년	러시아의 우크라이나 침공(2월)	유가 급등
	미국의 정책 금리 인상 시작(3월)	중국 경기둔화 우려
	미 10년 만기 국채금리 급등(4월)	미 연준의 기준금리 0.75% 인상(6월)
	연준의장, 경기침체 가능성 언급(6월)	한국 무역수지 큰 폭 적자(6월)
	유로 지역 경기둔화 우려(7월)	우리나라 무역수지 적자폭 확대(8월)
	주요국 통화정책 긴축 강화(9월)	

2023년	미국 물가지수 예상치 상회(2월)	미 연준의 긴축 강화 우려(2월)
	반도체 수출 부진으로 무역적자(4월)	외국인 배당금 역송금 수요(4월)
	중국 경제지표 부진(7월)	외국인 증권투자자금 유입 둔화(7월)
2024년	미국 디스인플레이션 정체(3월)	연준 금리인하 지연 경계감(3월)

+ 도표 4-41. 연도별 원달러 환율을 하락시켰던 요인(예시: 1달러당 1,200원 → 1,000원)

	하락 요인	
2007년	조선·중공업체 수주 호조	미국의 금리인하
2008년	수출 대기업의 달러화 공급 확대	미 연준과의 통화스와프자금 공급
	한국 경상수지 큰 폭 흑자(연말)	외국인의 주식 순매수 전환
2009년	한국의 외환보유액에 따른 시장 신뢰	경상수지 큰 폭 흑자
	외국인의 주식 순매수	국제금융시장 점진적 안정
	미국의 저금리 기조 지속 예상	
2010년	수출 호조	외국인 투자자금 유입
	미 연준의 추가적인 양적완화 기대	
2011년	수출 호조	외국인 투자자금 유입 확대
	미 연준의 완화정책 유지 발표	EU 정상의 포괄적 해결책 합의 발표
2012년	유로 지역 위기 완화 기대	미 연준의 초저금리 유지 기간 연장
	그리스의 긴축 성향 연정 구성	유럽안정기구의 은행자본 확충 지원
	ECB의 국채매입프로그램 발표	미 연준 및 일본은행의 양적완화
	한국의 양호한 경제 기초 여건	
2013년	지정학적 리스크 완화	우리나라 경제 여건 양호
	중국 경제지표 호조	외국인 주식 자금 유입세 지속
	미 연준 자산 매입 규모 유지 결정	
2014년	중국 경기둔화 우려 완화	한국 경상수지 호조
	외국인 투자자금 유입	
2015년	미국 경제지표 부진	외국인 투자자금 유입
	미 연준의 금리인상 지연 기대	
2016년	대외 불안 요인 진정	미 연준의 금리인상 지연 기대
	Brexit 후 주요국 시장 안정화 노력	

2017년	트럼프 대통령의 강달러 경계 발언	미 FOMC(2.1일) 금리인상 신호 부재
	한국기업 수출 호조	외국인 투자자금 유입
	한국 증시 호조	미 연준의 금리인상 속도 둔화 기대
2018년	미중 무역협상 기대감	미국 중간선거 이후 불확실성 해소
	미 연준의 금리인상 기조 약화	
2019년	미 연준의 금리인상 속도 조절 시사	완화적인 FOMC 결과(6월, 12월)
	미중 1단계 무역 합의 기대	노딜 Brexit 우려 완화
2020년	연준의 완화적 통화정책 기조	미국기업 실적 예상치 상회(7월)
	우리나라 경상수지 큰 폭 흑자(10월)	미국 경기부양책 의회 승인(12월)
	미국의 코로나19 백신 접종(12월)	
2021년	우리나라 경제지표 호조(1분기)	연준의 완화적 통화정책 기대(4월)
	미 국채금리 하락(5월)	주요국 백신 접종 확대
	우리나라 기준금리 인상(8월)	
2022년	한국은행의 매파적인 금통위 결과(5월)	중국의 봉쇄 조치 완화 및 경기부양책 발표(5월)
	미 연준의 금리인상 속도 완화(12월)	중국 경제 경기부양 기대감(12월)
2023년	반도체 수출 회복 기대(5월)	외국인 증권자금 유입 규모 확대(5월)
	수출기업의 미 달러화 매도(6월)	미국 인플레이션 둔화(7월)
	무역수지 흑자 전환(7월)	무역수지 흑자 규모 확대(9월)
	미 연준의 금리인상 종료 기대(11월)	
2024년	외국인 주식자금 순유입(1월)	수출업체의 달러화 매도 증가(1월)
	외국인 주식자금 유입 규모 확대(2월)	

최근 18년간 환율 움직임

달러가 어떻게 움직이는지 이해하기 위한 가장 훌륭한 학습 도구는 달러가 과거에 어떻게 움직였는지 보는 것입니다. 글로벌 경제 흐름을 이야기할 때 빠질 수 없는 두 가지 사건이 바로 글로벌 금융위기(2008년)와 코로나 팬데믹(2020년)입니다. 따라서 이 두 기간을 모두 포함하는 2007년부터 2024년 3월까지의 환율 움직임을 살펴보겠습니다. 경제위기, 회복, 경기호황, 무역전쟁, 지정학적 위기, 팬데믹 등 일련의 경제적 사건들 속에 환율이 어떻게 움직여 왔는지 살펴보고, 앞으로 환율이 어떻게 움직일지 이해하는 안목을 기르시기 바랍니다.

+ 도표 4-42. 2007년부터 2024년 3월까지 원달러 환율 동향

연도	연중 환율 변동 추이	환율 범위
2007년	(3월 5일) 연초 중국 증시 급락에 따른 우려로 951.4원(연고점)까지 상승 (7월 25일) 조선·중공업체의 수주 호조 및 환율하락 기대심리로 913.9원까지 하락 (8월 17일) 미국발 서브프라임 모기지 부실이 표면화되면서 950.4원까지 급등 (10월 31일) 미국의 금리인하 및 미국 경기침체 우려로 미국 달러화 약세, 환율하락 기대심리 형성으로 900.7원(연저점)까지 급락 (11월 이후) 서브프라임 모기지 부실 관련 손실 보전을 위해 외국IB(투자은행) 및 헤지펀드의 주식 매도 확대, 12월 무역수지 적자 기록 등 영향으로 상승세로 반전	달러당 900.7원 ~ 951.4원
2008년	(5월 8일) 연초 900원 초반대에서 안정적으로 움직였으나, 글로벌 신용경색 우려, 유가상승에 따른 경상수지 적자, 외국인의 배당금 송금 수요로 상승하여 1,049.6원까지 상승 (11월 24일) 8월 중순 미국 달러화의 강세 전환, 무역수지 적자 확대, 외국인의 주식 순매도 지속, 9월 중순 리먼브라더스 파산 보호 신청, 한국 경기 하강 우려로 1,513.0원(연고점)까지 상승 (12월) 미국의 새 정부에 의한 경기회복 기대감 및 글로벌 주가 회복으로 시장 불안심리 다소 완화, 미국 연준의 통화스와프자금 공급, 경상수지 큰 폭 흑자, 외국인 주식 순매수 전환 등으로 하락세 전환	달러당 935.8원 ~ 1,513.0원
2009년	(3월 2일) 연초 글로벌 경기침체 심화 우려, 동유럽 금융위기 확산 우려, 안전자산 수요 증가로 1,570.3원(연고점)까지 상승 (5월 11일) 한국 정부의 외환보유액 가용성에 대한 의구심 해소, 경상수지 큰 폭 흑자, 외국인의 주식 순매수, 국제금융시장 안정으로 1,237.9원까지 빠르게 하락 (9월 초) 원달러 환율 하락 요인(경상수지 흑자, 외국인 주식 순매수 지속)과 상승 요인(글로벌 경기회복 불확실성, 지정학적 리스크 부각)이 엇갈리면서 1,230~1,280원 범위에서 등락 (11월 18일) 미국의 저금리 기조 지속 예상에 따른 글로벌 미 달러화 약세, 경상수지 큰 폭 흑자, 외국인 주식 순매수 지속 등으로 1,153.0원(연저점)까지 하락 (연말) 미국의 저금리 기조 조기 변경 기대 증가 및 유럽 국가들의 신용위험 증가로 소폭 상승 마감(1,164.5원)	달러당 1,153.0원 ~ 1,570.3원
2010년	(4월 26일) 그리스 재정위기로 국제금융시장이 불안정해지면서 환율이 1~2월 사이 일시 상승하였으나, 한국기업의 수출 호조, 외국인 투자자금 유입 등으로 1,104.1원(연저점)까지 하락 (5월 26일) 남유럽 재정위기 확산 우려, 지정학적 리스크(천안함 침몰 원인 조사 결과 발표)에 따른 불확실성으로 1,253.3원(연고점)까지 급등 (11월 5일) 수출 호조, 외국인 투자자금 유입, 미 연준의 양적완화 기대로 1,107.3원까지 하락 (11월 이후) 아일랜드 구제금융 신청(11월 21일) 등 유로 지역 재정위기 확대 우려, 지정학적 위험(북한의 연평도 포격)으로 반등하여 1,134.8원으로 마감	달러당 1,104.1원 ~ 1,253.3원
2011년	(연초) 상승 요인(중동·북아프리카 지정학적 리스크, 일본 대지진 발생)과 하락 요인(수출 호조)이 혼재하며 1,120원을 중심으로 등락 (7월 27일) 미 연준이 상당 기간 완화적 통화정책을 유지할 것을 발표하며 하락세로 돌아서 1,050.0원(연저점)을 기록 (9월 26일) 미국 국가신용등급 하향 조정, 유럽 재정위기 재부각 및 은행 위기로의 전이 우려, 세계경제 둔화 예상 등으로 상승세로 반전하여 1,195.8원(연고점)을 기록 (10월) EU 정상의 포괄적 해결책 합의 발표, 외국인 투자자금 유입 등으로 1,100원대 초반까지 하락 (11~12월) 이탈리아 등 유럽의 국가채무 지속가능성에 대한 우려, 북한 김정일 위원장 사망에 따른 한반도의 지정학적 리스크 부각 등으로 재차 상승하여 1,151.8원으로 마감	달러당 1,050.0원 ~ 1,195.8원

2012년	(2월 9일) ECB의 통화공급 확대로 유로 지역 위기 완화 기대, 미 연준의 초저금리 유지 기간 연장 결정으로 1,115.6원까지 하락	달러당 1,070.6원 ~ 1,185.5원
	(5월 25일) 그리스의 유로 지역 탈퇴 우려, 스페인의 재정부실 우려 확산에 따른 유로 지역 위기 심화로 1,185.5원(연고점)까지 상승	
	(6월) 그리스의 긴축 성향 연정 구성, 유럽안정기구(ESM)의 은행자본 확충 지원 등으로 국제금융시장 불안이 완화되면서 1,140원대 중반까지 하락	
	(7~8월) 유럽중앙은행(ECB) 및 미 연준의 추가 정책 실시 여부에 대한 기대와 우려가 공존하면서 1,130~1,150원의 범위에서 등락	
	(12월 28일) ECB의 국채 매입 프로그램 발표 등에 따른 유로 지역 위기 우려 완화, 미 연준 및 일본은행의 추가 양적완화에 따른 글로벌 유동성의 국내 유입 기대, 경상수지 흑자 지속 등 상대적으로 양호한 우리나라의 경제 여건 부각 등으로 1,070.6원(연저점)까지 하락	
2013년	(4월 8일) 북한 핵실험 관련 지정학적 리스크 부각, 엔화 약세의 부정적 영향에 대한 우려 등으로 1,140.1원까지 상승	달러당 1,051.0원 ~ 1,161.4원
	(5월 8일) 지정학적 리스크 완화되며 1,086.5원까지 하락	
	(6월 24일) 엔/달러 환율의 급격한 상승(100엔 상향 돌파, 5월 10일), 미 연준 의장(Bernanke)의 양적완화 축소 최초 시사(5월 22일), 중국의 신용경색 우려로 1,161.4원(연고점)까지 급등	
	(12월 12일) 경상수지 흑자 지속 등 양호한 기초 경제 여건에 따른 우리나라에 대한 차별화 인식, 중국 등 주요국 경제지표 호조에 따른 수출 수혜 기대, 외국인 주식 자금 유입세 지속, 미 연준의 자산 매입 규모 유지 결정(FOMC, 9월 18일) 등으로 대체로 하락세를 지속하여 1,051.0원(연저점)까지 하락	
2014년	(3월 21일) 일부 신흥국의 금융 불안, 중국 경기둔화 및 미 연준의 조기 금리인상 우려로 1,080.3원까지 상승	달러당 1,008.5원 ~ 1,117.7원
	(7월 3일) 중국 경기둔화 우려가 점진적으로 완화되는 가운데 우리나라 경상수지 호조 및 외국인 투자자금 유입 등으로 1,008.5원(연저점)까지 하락	
	(12월 8일) 미 연준의 양적완화 종료 등 통화정책 정상화 기대 강화에 따른 글로벌 미 달러화 강세 확대, 일본은행의 추가 완화정책 시행에 따른 급격한 엔화 약세 등으로 1,117.7원(연고점)까지 상승	
2015년	(3월 16일) 미 연준의 조기 금리인상 기대 등으로 1,131.5원까지 상승	달러당 1,068.6원 ~ 1,203.7원
	(4월 29일) 미 경제지표 부진에 따른 글로벌 미 달러화 강세 조정, 외국인 투자자금 유입의 영향으로 1,068.6원(연저점)까지 하락	
	(9월 7일) 미 경제지표 호조, Yellen 연준의장의 연내 금리인상 가능성 발언(5.22일, 7.15일)으로 미 연준의 연내 금리인상 기대가 지속되는 가운데 그리스 디폴트 우려, 중국 등 신흥국 금융불안 우려로 위험회피 심리가 증가하면서 1,203.7원(연고점)까지 상승	
	(10월 19일) 미 고용지표 부진 등으로 연준의 금리인상 지연 기대가 확대되면서 1,121.0원까지 하락	
	(12월 30일) 미국과 주요국 간의 통화정책 기조 차이 부각, 중국 경기둔화 및 위안화 추가 절하, 저유가 지속 등으로 1,172.5원까지 상승	
2016년	(2월 25일) 중국 금융·경제 불안, 국제유가 급락 및 이에 따른 외국인 투자자금 유출 등으로 1,238.8원(연고점)까지 상승	달러당 1,090.0원 ~ 1,238.8원
	(9월 7일) 대외 불안 요인 진정, 미 연준의 금리인상 지연 기대, Brexit 가결(6월 24일) 이후 주요국의 적극적 시장 안정화 노력에 따른 위험선호 심리 회복 등으로 1,090.0원(연저점)까지 하락	
	(9월 이후) 미 경제지표가 개선되는 가운데 미 대선 이후 신정부의 확장적 재정정책 전망, 연준의 금리인상 및 향후 인상속도 가속화 우려 등으로 상승세를 지속하며 1,207.7원으로 마감	

2017년	(1월 9일) 미국의 대규모 경기부양정책에 대한 기대로 1,208.3원(연고점)까지 상승	달러당 1,070.5원 ~ 1,208.3원
	(3월 27일) 미 트럼프 대통령의 강달러 경계 발언 등 보호무역주의 성향, 미 FOMC회의(2월 1일)의 금리인상 신호 부재, 한국기업의 수출 호조 및 외국인 투자자금 유입 등으로 1,112.8원까지 하락	
	(7월 6일) 북한 관련 지정학적 리스크 부각, 외국인투자자의 배당금 송금, 미 연준 FOMC(6.14일)에서 대차대조표 정상화 프로그램 언급 및 주요국 통화정책 기조 변화 경계감으로 1,157.4원까지 상승	
	(9월 28일) 트럼프 정부의 정책 불확실성 및 연준의 금리인상 속도 둔화 가능성에 따른 미 달러화 약세로 1,112.8원(7월 27일)까지 하락하였으나, 북한 관련 지정학적 리스크, 미 연준의 연내 금리인상 기대 강화 및 양호한 경제지표에 따른 미 달러화 강세로 1,149.1원까지 재차 상승	
	(12월 28일) 완화적인 11월 FOMC 의사록, 유로화 강세, 미국과 유로 지역 간 통화정책 차별화 약화 전망으로 1,070.5원(연저점)까지 하락	
2018년	(2월 9일) 미국 10년물 국채금리 상승으로 미국 증시가 조정 국면(전고점 대비 10% 이상 하락)에 들어가자, 글로벌 위험회피 심리가 강화되어 1,092.1원까지 상승	달러당 1,054.2원 ~ 1,144.4원
	(10월 11일) 위험회피 성향 변화에 따라 좁은 범위 내에서 등락을 반복하다가 이탈리아 정치 불확실성, 터키 등 취약 신흥국 금융불안 확산, 미 연준의 통화정책 정상화, 미중 무역분쟁 확대, 중국 경기둔화 우려로 1,144.4원(연고점)까지 상승	
	(12월 4일) 미중 무역협상 기대감, 미국 중간선거 결과에 따른 불확실성 해소, 미 연준의 금리인상 기조 약화로 투자심리가 개선되며 1,105.3원까지 하락	
2019년	(1월 31일) 미 연준의 금리인상 속도 조절 시사 이후 투자심리가 크게 회복되어 1,112.7원(연저점)까지 하락	달러당 1,112.7원 ~ 1,222.2원
	(5월 17일) 미중 무역갈등 고조, 글로벌 경기둔화 우려, 다른 선진국 대비 양호한 미국의 경기 여건에 따른 미 달러화 강세로 1,195.7원까지 상승	
	(6월 28일) 완화적인 6월 FOMC 결과 및 미중 무역협상 재개 기대감으로 1,154.7원까지 하락	
	(8월 13일) 미중 무역갈등 심화, 예상보다 덜 완화적인 FOMC 결과(7월 31일)로 1,222.2원(연고점)까지 큰 폭 상승	
	(9~12월) 미중 1단계 무역합의 기대, 노딜 Brexit 우려 완화, 다소 완화적인 FOMC(12월 11일) 결과에 따른 위험선호 심리 회복으로 연말 1,156.4원까지 하락	
2020년	(3월 19일) 미국의 공습에 따른 이란 혁명수비대 사령관 사망(1월 3일)으로 불안한 국제정세 속에 출발한 2020년 원달러 환율은, 코로나19 대유행(3월)이라는 사상 초유의 팬데믹 사태를 맞이하며 경기침체 우려로 1,285.7원(연고점)까지 급등(글로벌 금융위기 직후인 2009년 7월 14일 이후 가장 높은 수준)	달러당 1,082.1 ~ 1,285.7원
	(12월 7일) 주요국의 경제활동 재개와 동시에 코로나19 재확산 우려로 변동성이 확대되던 원달러 환율은 연준의 완화적 통화정책 기조, 주요 미국기업 실적 예상치 상회(7월), 우리나라 경상수지 큰 폭 흑자(10월), 미국 경기부양책 의회 승인(12월), 미국의 코로나19 백신 접종 개시(12월)로 하락세를 보이며 1,082.1원(연저점)까지 하락	
2021년	(3월 10일) 미국의 양호한 경제지표 발표(2월), 미국 10년물 국채금리 상승(미 추가(6차) 경기부양책 추진에 따른 경기회복 기대 강화 및 인플레이션 우려로 인해)으로 달러가 강세를 보이며 1,142.7원까지 상승	달러당 1,082.1원 ~ 1,198.8원
	(6월 1일) 우리나라 경제지표 호조(1분기), 미 연준의 완화적 통화정책 지속 기대(4.28일), 미 국채금리 하락(5월), 주요국 백신 접종 확대에 따른 경제활동 정상화 기대로 달러가 약세로 돌아서며 1,105.9원까지 하락	
	(10월 12일) 한국의 코로나19 확산 지속, 연준의 테이퍼링 가시화(9월 22일), 유럽중앙은행(ECB)의 통화정책 완화 기조 유지 전망(9월 20일), 미 국채 신용등급 하락 우려(미국 정부부채 한도 관련) 및 중국 헝다그룹(부동산 기업) 부실화 우려로 연중 최고치를 경신하며 1,198.8원(연고점)까지 상승. 다만 우리나라 기준금리 인상(8.26일)으로 상승폭을 축소	
	(11~12월) 환율 상승 요인(미 연준의 통화정책 조기 정상화 기대 강화 및 코로나19 재확산 우려)과 하락 요인(우리나라 수출 호조(11월), 외국인의 한국주식 매입 목적 달러화 매도(12월))이 교차하며 1,188.8원으로 마감	

2022년	(3월 15일) 러시아의 우크라이나 전격 침공(2월 24일)에 따른 안전자산 선호 강화, 유가 급등(2월), Powell 미 연준의장의 긴축 발언(3월 2일)으로 1,242.8원까지 상승	달러당 1,186.0원 ~ 1,445.5원
	(5월 12일) 미국의 정책금리 인상 시작(3월 16일, 5월 4일), 미 연준 주요 인사의 매파적 발언(3월 21일), 미국의 견조한 고용지표(3월), 중국의 봉쇄 조치 확대에 따른 경기둔화 우려(4월), 우크라이나 사태의 불확실성 지속, 미 10년 만기 국채금리의 큰 폭 상승(4월)으로 달러가 강세를 보이며 1,288.6원까지 재차 상승	
	(6월 23일) 미 연준의 기준금리 인상(6.15일), 외국인의 한국주식 순매도세, Powell 미 연준의장의 미국 경기침체 가능성 언급(6월 22일), 미 연준의 기준금리 인상 기조 지속 우려, 한국 무역수지가 큰 폭의 적자를 기록(상반기 기준 사상 최대)하면서 미 달러화 강세로 1,301.8원까지 급등(원달러 환율이 1,300원을 넘어선 것은 1997년 외환위기, 2001년 닷컴버블 붕괴, 2009년 글로벌 금융위기 이후 역대 4번째)	
	(7월 15일) 유로 지역 경기둔화 우려 등으로 미 달러화가 강세를 나타냄에 따라 큰 폭 상승. 1,326.1원까지 올라 2009년 4월 1,340.7원 이후 최고치 기록	
	(9월 28일) 주요국 통화정책 긴축 강화 및 글로벌 경기둔화 우려, 우리나라 8월 무역수지 적자폭 확대 등으로 1,439.9원까지 급등하였으며 2009년 3월 16일(1,440.0원) 이후 최고치 기록	
	(11~12월) 미 연준의 금리인상 속도 완화에 따른 미 달러화 약세, 중국 경제 리오프닝 및 경기부양 기대감, 외환 수급여건 개선 등의 영향으로 상당폭 하락하며 12월 말 환율이 1,264.5원으로 마감	
2023년	(2월 28일) 미국 고용 및 물가지수 예상치 상회, 파월 의장의 최종 금리 상향 가능성 시사에 따른 미 연준의 긴축 강화 우려 등으로 상당폭 상승하며 1,322.6원으로 마감	달러당 1,226.0원 ~ 1,360.0원
	(4월 30) 미 달러화 약세에도 불구하고 반도체 수출 부진 등에 따른 무역수지 적자 지속, 외국인 배당금 역송금 수요 집중 등으로 상승하며 1,337.7원으로 마감	
	(5월 31일) 미 달러화 강세에도 불구하고 반도체 수출 회복 기대, 외국인 증권자금 유입 규모 확대 등의 영향으로 하락하며 1,327.2원으로 마감	
	(6월 13일) 수출기업의 미 달러화 매도 등 외환수급 개선에 따라 1,271.4원까지 하락하며 2월 14일 이후 최저치 기록	
	(7월 31일) 미국 인플레이션 둔화, 무역수지 흑자 전환 등으로 상당폭 하락하였다가 미 달러화 강세 전환, 중국 경제지표 부진, 외국인 증권투자자금 유입 둔화 등에 영향받으며 하락폭을 대부분 축소하며 1,274.6원으로 마감	
	(9월 30일) 달러화 강세 영향으로 상승했지만 우리나라 무역수지 흑자 규모 확대 등 국내 외환수급 개선에 힘입어 상승폭이 제한되며 1,349.3원으로 마감	
	(11월 30일) 우리나라 무역수지의 흑자폭 확대, 미 연준의 금리인상 종료 기대에 따른 미 달러화 약세 등으로 상당폭 하락하며 1,290원으로 마감	
	(12월 31일) 미 달러화 약세에도 불구하고 11월중 급락에 따른 조정 흐름으로 하락폭이 제한되며 1,288원으로 마감	
2024년 1~3월	(1월 31일) 글로벌 달러화 강세 영향으로 상승하다가 외국인 주식자금 순유입(1월 1일~2월 7일 중 7.1조원 순유입), 수출업체의 달러화 매도 증가로 상승폭이 제한되며 1,334.6원으로 마감	달러당 1,310.0원 ~ 1,352.5원
	(2월 29일) 원/달러 환율은 글로벌 달러화 약세 및 외국인 주식자금 유입 규모 확대(2월 1일~3월 11일 중 8.6조 원) 영향으로 하락하며 1,331.5원으로 마감	
	(3월 31일) 미국 디스인플레이션 정체 및 연준 금리인하 지연 경계감과 함께 주변국 통화 약세의 영향이 가세하면서 상승하여 1,347.2원으로 마감	

출처: 한국은행

10

개별 주식보다 안전한
미국주식 투자 방법, ETF

ETF란?

불붙은 미국 AI 반도체주, 원자재 가격 폭등, 높은 배당수익률로 인한 리츠REITs 인기. 우리가 언론을 통해 심심찮게 접할 수 있는 기사 제목들입니다. 이런 기사들을 보면 가격이 더 오르기 전에 관련 주식들을 사고 싶어지는 것이 투자자의 마음입니다. 그런데 문제는 '어떤 주식을 사야 할지 고르기 어렵다'는 것입니다. 일례로, 전 세계에는 여러 개의 대형 반도체 기업들이 치열한 경쟁을 하고 있습니다. AI 반도체주의 추후 전망이 긍정적이라는 얘기를 듣고 특정 반도체 기업 주식을 샀는데, 내가 산 기업이 아닌 다른 반도체 기업 주식이 오른다면 얼마나 아쉬울까요?

이런 투자자들의 고민을 해결하기 위해 나온 것이 바로 ETFExchange-Traded Fund 입니다. ETF는 애플, 코카콜라처럼 우리가 언제든 사고팔 수 있는 미국주식입니다. 한 가지 차이점은, 애플이 Apple Inc, 코카콜라가 The Coca-Cola Company라는 개별 회사의 주식인데 비해 ETF는 개별 주식 여러 개를 사서 보유하는 주식이라는 점입니다. 이는 ETF가 펀드(펀드란 여러 개의 주식에 투자하는 것을 목적으로 투자자들로부터 자금을 모집한 신탁 또는 회사입니다)의 일종이기 때문입니다. 예를 들어 반도체 ETF는 반도체 기업 1개를 사는 것이 아니라 반도체 분야에 속한 기업 전체를 사서 보유합니다. ETF가 아닌 일반 펀드는 사고팔 때 짧게는 하루에서 길게는 수일이 걸리는 데 비해, ETF는 주식시장에 상장되어 있어 주식처럼 실시간으로 사고파는 것이 가능합니다.

ETF의 종류

ETF는 운용 목적에 따라 크게 두 가지로 분류할 수 있습니다. 바로 액티브ETF_{Actively managed ETF}와 패시브ETF_{Passively managed ETF}입니다. 펀드의 구분은 〈도표 4-43〉과 같습니다.

+ **도표 4-43. 펀드의 구분**

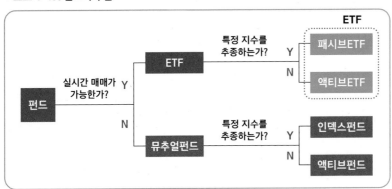

먼저, 액티브ETF는 전체 주식시장의 평균수익률을 능가하기 위해 만들어진 ETF(이를 '알파 추구 전략'이라고 합니다)입니다. 펀드매니저가 만든 전략에 따라서 투자하는 액티브ETF는 펀드매니저의 역량에 따라 수익률이 결정되며, 보통 소수의 종목에 투자해 높은 수익률을 얻는 것을 목표로 합니다. 대표적인 액티브ETF로

는 2021년을 뜨겁게 달궜던 ARK사의 ARKK ARK Innovation ETF 가 있습니다.

반면, 패시브ETF는 주식시장의 평균수익률을 추구하는 ETF(이를 '베타 추구 전략'이라고 합니다)입니다. 이것이 가능한 이유는, 패시브ETF가 특정 지수나 산업의 움직임을 그대로 복제하여 주식들을 담기 때문입니다. 예컨대, S&P500 지수를 추종하는 ETF인 SPY SPDR S&P500 ETF Trust 의 경우, S&P500 지수를 구성하고 있는 주식 비중을 정확히 복제하여 주가가 S&P500 지수와 똑같이 움직입니다.

2023년 말 현재 미국에 등록된 전체 펀드 ETF 포함 중 액티브 펀드의 운용자산 규모는 약 13.2조 달러(49.9%), 패시브 펀드의 운용자산 규모는 13.3조 달러(50.1%)로 사상 처음으로 패시브 펀드 규모가 액티브 펀드를 앞서는 결과를 기록했습니다.

ETF는 누가 만들지?

ETF를 만들고 운용하는 주체는 자산운용사 Asset Management Company 입니다. 특정 분야에 투자하고자 하는 투자자들의 수요가 있다는 것을 파악하고 나면, 자산운용사들은 해당 분야의 주식을 사서 보유하는 펀드(신탁 또는 회사)를 만들고 이를 나스닥 NASDAQ 이나 뉴욕증권거래소 NYSE 에 상장합니다. 주식 앱을 통해 누구나 거래할 수 있는 ETF가 만들어지는 것입니다.

ETF의 주요 특징은 다음과 같습니다.

① ETF들은 실제로 개별 기업의 주식을 사서 보유합니다. 애플(NASDAQ: AAPL)을 예로 들면, 2024년 5월 초 기준 애플 주식을 보유 중인

ETF는 총 458개인데 이들이 들고 있는 애플 주식은 수량으로는 총 20억 주(애플의 전체 발행주식 중 13%), 금액으로는 3,628억 달러(약 472조 원)에 이릅니다. 이는 애플의 최대주주로 알려져 있는 워런 버핏(5.2%)보다 높은 지분율입니다(워런 버핏은 ETF와 같은 투자 펀드를 제외할 시 애플의 최대주주). 이렇게 ETF의 투자 금액이 큰 만큼, 요즘은 ETF가 어떤 주식을 담느냐, 덜어 내느냐에 따라서 기업 주가가 크게 변동하기도 합니다.

② ETF에 투자할 때 드는 수수료는 크게 거래수수료(Trade commission)와 운용 보수(Operating expenses)의 두 종류가 있습니다. 거래수수료는 우리가 ETF를 사고팔 때 부과되는 증권사 수수료입니다. 이는 일반 주식의 경우와 동일합니다. 반면 운용 보수는 ETF에만 있는 고유의 수수료로, 자산운용사가 ETF를 운용하고 관리하는 데 따른 수수료이며 일반 주식에는 없는 비용입니다. ETF의 전체 순자산 대비 1년간 운용 보수Operating expanses의 비율을 총보수Expense Ratio라고 하며, 모든 ETF는 이를 공시하고 있기에 같은 값이면 총보수가 낮은 ETF를 선택하는 것이 바람직합니다(거래수수료와 운용 보수 외에도 ETF에는 실비적 성격의 비용인 기타 비용이 있지만, 보통은 운용 보수만 놓고 비교합니다). 참고로, ETF의 운용 보수와 기타 비용은 ETF의 순자산에서 펀드매니저들이 차감하는 비용으로 우리 계좌에서 별도로 빠져나가지는 않습니다.

③ 되도록이면 거래량과 시가총액이 큰 ETF를 사는 것이 유리합니다. ETF도 일반 주식처럼 1주 단위로 주식시장에서 거래되다 보니, 매매가 성사되려면 매도자와 매수자가 희망하는 가격이 일치해야 합니다. 이때 매도자가 팔고자 하는 가격(매도호가)과 매수자가 사고자 하는 가격(매수호가)이 촘촘히 형성되어 있을수록 서로가

원하는 가격에 사고팔 수 있는 확률이 높아집니다. 이를 어려운 말로는 '유동성이 높아진다'고 하는데, ETF의 거래액과 시가총액이 클수록 유동성이 높고 더 안전하게 거래할 수 있는 ETF라고 할 수 있습니다.

ETF 명칭, 어떻게 읽어야 할까?
세계 3대 ETF로 보는 명칭 읽기

ETF에 투자할 때 겪는 첫 번째 관문은 복잡한 이름입니다. 일반적인 미국주식은 회사 이름이 곧 주식의 명칭이기 때문에 어려울 것이 없지만, ETF는 운용사별 브랜드, 투자 대상 등이 들어가기 때문에 명칭이 길고 복잡해집니다. 미국 주식시장에 상장되어 있는 ETF 중 운용자산 규모가 가장 큰 ETF 세 개를 예시로 들어, ETF 읽는 법을 알아보겠습니다.

+ 도표 4-44. 미국에서 운용 규모가 가장 큰 3개의 ETF 명칭
① 블랙록(Blackrock)의 iShares Core S&P500 ETF

티커명(Ticker)	ETF 정식 명칭			
IVV	iShares ↓ 운용사 브랜드	Core ↓ 세부 라인 명칭	S&P500 ↓ 추종지수명	ETF ↓ ETF임을 표시

② 뱅가드(Vanguard)의 Vanguard S&P500 ETF

티커명(Ticker)	ETF 정식 명칭		
VOO	Vanguard ↓ 운용사 브랜드	S&P500 ↓ 추종지수명	ETF ↓ ETF임을 표시

③ 스테이트 스트리트(State Street Global Advisors)의 SPDR S&P500 ETF Trust

티커명(Ticker)	ETF 정식 명칭			
SPY	SPDR ↓ 운용사 브랜드	S&P500 ↓ 추종지수명	ETF ↓ ETF임을 표시	Trust ↓ ETF의 구조

앞의 세 ETF 예시에서 볼 수 있는 요소들은 다음과 같습니다.

(1)**운용사 브랜드:** 미국의 각 자산운용사들은 자사 고유의 ETF 브랜드를 갖고 있습니다. 이는 마치 한국의 건설사들이 아파트를 건설할 때 고유의 브랜드를 붙이는 것과 유사합니다. 한국의 경우 래미안(삼성물산), 힐스테이트(현대건설), 자이(GS건설), 더샵(포스코건설)과 같이 건설사별로 고유한 아파트 브랜드를 갖고 있습니다. 미국의 자산운용사도 이와 유사하게, 각 회사가 출시한 ETF에는 자사의 고유한 브랜드를 붙입니다. 주요 자산운용사별 브랜드는 다음과 같습니다.

자산운용사	ETF 브랜드
Blackrock Inc.	iShares
Vanguard Group	Vanguard
State Street Global Advisors	SPDR
Invesco Ltd.	Invesco

(2)**세부 라인 명칭:** 대개 세부 라인 명칭까지 표시하지는 않지만, 세계 최대의 자산운용사인 블랙록Blackrock의 경우 "Core" 라인을 별도로 만들어 2012년 10월부터 운용 중입니다. Core 라인은 블랙록Blackrock이 저렴한 수수료로 다양한 산업에 분산투자하고자 하는 주식투자자들의 수요를 흡수하기 위해 신설한 ETF 시리즈입니다. S&P500을 추종하는 블랙록의 ETF인 IVV의 경우, 출시일은 2000년 5월이나 2012년부터 Core 라인으로 분류되어 운용되고 있습니다. 표시는 "iShares Core + 추종지수"로 하고 있습니다.

(3) 추종지수명: 패시브ETF들은 어떤 지수를 추종하는지를 명칭에 표시합니다. 지금 살펴보고 있는 세 ETF들은 모두 S&P500 지수를 추종하고 있으며, 이 외에도 미국 주식시장에 상장된 모든 기업, 나스닥 등 다양한 지수를 추종하는 ETF들이 존재합니다.

(4) ETF임을 표시: ETF인 경우, 대개 명칭 끝에 ETF임을 표시합니다.

(5) ETF의 구조: ETF의 구조는 크게 개방형Open-end funds과 단위투자신탁Unit Investment Trusts으로 구분합니다. 미국 주식시장에 상장된 대부분의 ETF는 개방형ETF입니다. 앞서 언급한 세 개의 ETF 중 ①과 ②는 개방형, ③은 단위투자신탁형 ETF입니다. 각각의 특징은 다음과 같습니다.

+ 도표 4-45. 개방형 ETF와 단위투자신탁형 ETF 비교

	개방형 ETF	단위투자신탁형 ETF
배당재투자 가능 여부	가능	불가능
증권대차 가능 여부	가능	불가능
파생상품 거래 가능 여부	가능	불가능
장점	수수료가 비교적 저렴	투자금이 비교적 안전
단점	투자금이 비교적 위험	수수료가 비교적 비쌈

출처: 미국 증권거래위원회(SEC)

배당재투자란 ETF가 투자한 주식에서 배당이 발생한 경우 이를 ETF가 다시 주식 매입에 사용할 수 있는지 여부를, 증권대차란 ETF가 보유 중인 주식을 제3자에게 일시적으로 빌려줄 수 있는지 여부를, 파생상품 거래란 ETF가 파생상품 계약을 체결할 수 있는지 여부를 나타냅니다. 특히, 증권대차를 통해 벌어들인 수수

료는 운용 보수에 충당할 수 있으므로 개방형 ETF는 대부분 단위
투자신탁형 ETF에 비해 수수료가 저렴한 편입니다. 단위투자신
탁형 ETF는 명칭에 "Trust"가 붙는 것이 특징입니다.

ETF에 투자할 때의 장점과 단점

장점

① 일반투자자도 쉽게 투자할 수 있습니다. ETF에 투자할 때에는 재
무분석보다 비재무분석이 상대적으로 더 중요하기 때문에, 개
별 기업에 대한 분석보다 산업의 흐름을 읽는 것이 더 중요합니
다. 이는 재무분석에 어려움을 겪는 일반투자자가 비교적 수월
하게 투자할 수 있게 해 주는 요소입니다.

② 소액으로 분산투자가 가능합니다. 분산투자는 개별 기업의 급격
한 주가변동으로부터 투자자를 보호해 주는 역할을 합니다. 다
만 분산투자를 제대로 하려면 여러 주식을 직접 사야 하므로 큰
자금이 들어가는데, 이를 소액으로 할 수 있다는 점은 매력적이
라고 할 수 있습니다.

단점

① ETF에는 수수료가 있습니다. ETF는 전문 운용 인력이 관리하
는 펀드이므로, 이에 대한 운용 보수가 발생합니다. 또한 우리
가 ETF를 사고팔 때 내는 증권사 수수료 외에 ETF에서 보유
주식을 사고팔 때 내는 거래수수료도 존재합니다. 거래수수료
가 이중으로 발생하는 셈입니다.

② ETF에는 추적오차가 존재합니다. 추적오차란 패시브 ETF의 수
익률과 추적 대상 지수 수익률의 차이를 가리키는 용어입니다.

예컨대 S&P500 지수가 10% 올랐는데 같은 기간 S&P500 ETF의 주가가 8% 올랐다면 추적오차는 2%인 셈입니다. 이는 개별 주식의 높은 주가상승률을 포기하는 대신 안정적인 평균수익률을 얻고자 ETF에 투자한 투자자들에게 상대적으로 손실을 입히는 결과를 초래합니다.

분야별 대표 ETF 리스트

11개 산업 분야와 미국의 주요 주가지수별로 대표적인 ETF에는 어떤 것들이 있는지 알아보겠습니다. ETF의 특징을 얘기할 때 나오는 기준은 다음과 같습니다.

① **AUM:** 해당 펀드가 투자자로부터 위임받아 운용하고 있는 자산 규모(〈도표 4-47〉의 AUM은 2024.5.3. 자 기준)

② **운용사:** 해당 펀드를 운용하고 있는 자산운용사

③ **운용 보수(Expense Ratio):** 자산운용사가 ETF를 운용하고 관리하는 데 따른 수수료로, 전체 순자산 대비 수수료율을 의미. ETF가 주식을 사고팔 때 드는 비용과 같은 실비적 성격의 비용(기타비용)은 미포함

④ **ETF 개시일(Inception Date):** ETF가 처음 운용되기 시작한 날

+ 도표 4-46. 분야별 대표 ETF

· S&P500 지수

티커	AUM	운용사	운용 보수	ETF 개시일
SPY	5,055억 달러	SSGA*	0.09%	1993.1.22.
IVV	4,409억 달러	Blackrock	0.03%	2000.5.15.
VOO	4,308억 달러	Vanguard	0.03%	2010.9.7.

*SSGA: State Street Global Advisors

· 나스닥(ONEQ) & 나스닥100(QQQ) 지수

티커	AUM	운용사	운용 보수	ETF 개시일
ONEQ	59.2억 달러	Fidelity	0.21%	2003.9.25.
QQQ	2,485억 달러	Invesco	0.20%	1999.3.10.

· 다우존스 지수

티커	AUM	운용사	운용 보수	ETF 개시일
DIA	319억 달러	SSGA	0.16%	1998.1.14.

· 필수소비재 섹터

티커	AUM	운용사	운용 보수	ETF 개시일
XLP	146억 달러	SSGA	0.09%	1998.12.16.
VDC	65억 달러	Vanguard	0.10%	2004.1.26.

· 유틸리티 섹터

티커	AUM	운용사	운용 보수	ETF 개시일
XLU	125억 달러	SSGA	0.09%	1998.12.16.
VPU	53억 달러	Vanguard	0.10%	2004.1.26.

· 헬스케어 섹터

티커	AUM	운용사	운용 보수	ETF 개시일
XLV	378억 달러	SSGA	0.09%	1998.12.16.
VHT	172억 달러	Vanguard	0.10%	2004.1.26.

· IT 섹터

티커	AUM	운용사	운용 보수	ETF 개시일
VGT	628억 달러	Vanguard	0.10%	2004.1.26.
XLK	616억 달러	SSGA	0.09%	1998.12.16.

· 임의소비재 섹터

티커	AUM	운용사	운용 보수	ETF 개시일
XLY	190억 달러	SSGA	0.09%	1998.12.16.
VCR	54억 달러	Vanguard	0.10%	2004.1.26.

· 커뮤니케이션 섹터

티커	AUM	운용사	운용 보수	ETF 개시일
VOX	40억 달러	Vanguard	0.10%	2004.9.23.
FCOM	10억 달러	Fidelity	0.08%	2013.10.21.

· 소재 섹터

티커	AUM	운용사	운용 보수	ETF 개시일
XLB	55억 달러	SSGA	0.09%	1998.12.16.
VAW	29억 달러	Vanguard	0.10%	2004.1.26.

· 에너지 섹터

티커	AUM	운용사	운용 보수	ETF 개시일
XLE	392억 달러	SSGA	0.09%	1998.12.16.
VDE	87억 달러	Vanguard	0.10%	2004.9.23.

· 금융 섹터

티커	AUM	운용사	운용 보수	ETF 개시일
XLF	372억 달러	SSGA	0.09%	1998.12.16.
VFH	90억 달러	Vanguard	0.10%	2004.1.26.

· 리츠 섹터

티커	AUM	운용사	운용 보수	ETF 개시일
VNQ	315억 달러	Vanguard	0.12%	2004.9.23.
SCHH	61억 달러	Charles Schwab	0.07%	2011.1.13.

· 산업재 섹터

티커	AUM	운용사	운용 보수	ETF 개시일
XLI	182억 달러	SSGA	0.09%	1998.12.16.
VIS	52억 달러	Vanguard	0.10%	2004.9.23.

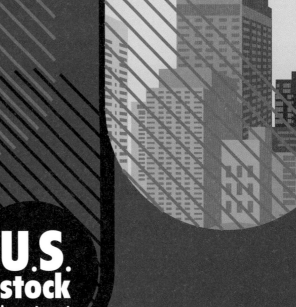

U.S.
stock
investment

CHAPTER

5

경기 불황에도
강한 주식

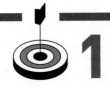

필수소비재
Consumer Staples

경기 불황기에 진가를 발휘하는 필수소비재 섹터

필수소비재는 일상생활에 필수적인 상품입니다. 식료품, 세제, 주방용품 등 다양한 상품군이 필수소비재 섹터에 속해 있고 대표적인 필수소비재 업종 기업으로는 코카콜라, P&G, 코스트코 등이 있습니다.

특히 2024년 상반기부터는 필수소비재 업종을 눈여겨봐야 합니다. 미국 경기가 후기 비즈니스 사이클을 지나 침체기로 진입하고 있는 현재, 필수소비재는 투자 1순위 섹터이기 때문입니다. 피델리티 인베스트먼트에서 〈도표 5-1〉과 같이 매 분기 발표하는 자료에 따르면 2024년 2분기 현재 미국의 경기 사이클은 후기 비즈니스 사이클의 막바지를 지나고 있으므로 정상적인 흐름대로 간다면 곧 침체기에 진입할 것이라 예상해 볼 수 있습니다.

+ 도표 5-1. 2022년 1분기부터 2024년 2분기까지 미국의 비즈니스 사이클

분기	2022년 1분기 ~ 2분기	2022년 3분기 ~ 2024년 2분기
비즈니스 사이클	중기(Mid) 비즈니스 사이클	후기(Late) 비즈니스 사이클

출처: FIDELITY INSTITUTIONAL®

필수소비재는 일반적으로 후기 비즈니스 사이클 및 침체기에 높은 수익률로 두각을 나타내는 섹터입니다. 이를 잘 보여 주는 것이 〈도표 5-2〉입니다.

+ **도표 5-2. 각 비즈니스 사이클별 필수소비재 섹터 평균 초과수익률과 적중률**

비즈니스 사이클	평균 초과수익률	적중률
초기(EARLY)	△5% ~ 0%	40% ~ 50%
중기(MID)	△5% ~ 0%	10% ~ 30%
후기(LATE)	10% ~ 15%	80% ~ 90%
침체(RECESSION)	15% ~ 20%	100%

출처: The business cycle approach to equity sector investing(Fidelity Investments)

▶**도표 5-2 해석 방법**
·후기 평균 초과수익률 10% ~ 15%:
1962~2020년까지 필수소비재의 평균수익률이 같은 시기 전체 주식시장 대비 10% ~ 15%가량 더 높았다는 뜻.

·침체기 적중률 100%:
1962~2020년까지 있었던 8번의 침체기에서 필수소비재가 전체 주식시장보다 수익률이 높았던 횟수가 8번으로, 전체의 100%라는 뜻.

〈도표 5-2〉는 1962년부터 2020년까지 8번의 사이클을 거치면서 집계된 필수소비재의 각 비즈니스 사이클별 평균 초과수익률과 적중률을 나타내고 있습니다. 필수소비재의 경우 초기와 중기 비즈니스 사이클에서는 전체 주식시장에 비해 낮은 수익률을 거두었을 뿐만 아니라 적중률도 낮은 것을 볼 수 있습니다. 이는 사람들이 필수소비재를 구매하는 패턴과 관련이 있습니다. 경기가 회복되었다고 해서 세탁기에 세제를 2스푼씩 넣다가 갑자기 4스푼씩 넣지 않듯이, 필수소비재의 소비량은 경기변동에 관계없이 상대적으로 일정합니다. 그래서 이 시기에는 경기회복의 수혜를 받는 IT와 같은 섹터가 필수소비재 섹터보다 더 선호됩니다.

반면, 후기와 침체기에는 상황이 역전됩니다. 경기가 나빠지더라도 사람들은 반드시 필수소비재를 구매해야 하기에, 다른 산업에 비해 경기침체의 영향을 덜 받게 됩니다. 〈도표 5-2〉를 보면 후기와 침체기에 필수소비재의 수익률은 전체 주식시장 대비 두 자릿수 이상으로 높았을 뿐만 아니라 적중률 또한 매우 높은 것을 확인해 볼 수 있습니다. 사이클의 흐름상 침체기로 진입할 것으로 예상되는 2024년에 필수소비재를 주목해야 하는 이유입니다.

이제부터 필수소비재 기업 2개를 선정해 분석하는 연습을 해보겠습니다. 2017년 2월부터 2022년 2월까지 주가 차이가 극명했던 두 개의 기업을 비교해 봄으로써 어떤 요인들이 두 기업의 주가 방향을 바꾸어 놓았는지 살펴보고, 그 요인을 분석해 이를 독자 분들의 투자에 적용하기 위함입니다. 본격적인 분석에 들어가기 전, 기업의 실적 집계 기간에 대해 간단히 알아보겠습니다.

기업의 실적 발표와 관련해서는 두 개의 기간이 존재합니다. 회계연도Fiscal Year 와 달력상의 연도Calendar Year 가 그것입니다. 회계연도란 기업이 실적을 집계하기 위해 설정한 기간으로, 기업마다 1년 또는 52주 단위로 자유롭게 설정할 수 있습니다. 달력상의 연도란 매해 1월 1일부터 12월 31일까지의 기간으로, 우리가 일상생활에서 쓰는 달력상의 연도입니다.

기업마다 이 회계연도와 달력상의 연도는 다를 수도 있고 같을 수도 있습니다. 대표적으로 아래에서 살펴볼 두 필수소비재 기업, 코스트코와 월그린스는 매년 9월부터 다음 해 8월까지를 한 회계연도로 정해 놓고 있어 회계연도와 달력상의 연도가 불일치합니다.

이처럼 회계연도와 달력상의 연도가 다른 기업들도 있기 때문에, 미국 기업들은 실적을 발표할 때 대상 연도 앞에 FY를 붙여서 표시합니다. 실적 발표 기간이 달력상의 연도가 아닌 기업에서 정한 회계연도라는 것을 표시하기 위함입니다.

▶FY: Fiscal Year의 줄임말

Chapter 5~8에 걸쳐 살펴볼 기업들의 주가 비교 기간은 2017년 2월 28일에서 2024년 2월 28일까지의 7개년이며, 주가 상승폭이 큰 기업과 하락폭이 큰 기업을 선정한 기준은 이보다 2년 짧은 5개년(2017년 2월 28일에서 2022년 2월 28일까지)입니다. 기준을 2월 28일로 설정한 이유는 대부분의 기업이 회계연도와 달력상의 연도를 모두 1월 1일부터 12월 31일까지로 통일하고 있고, 이 경우 대부분 그 해 실적이 다음 해 2월 28일까지 발표되기 때문입니다. 기업의 주가는 실적 발표에 큰 영향을 받기에, 기업의 실적이 발표된 이후의 주가변동을 추적하는 것이 실적과 주가 간의 연계를 살펴보기에 더 적합하다고 판단했습니다.

회계연도와 달력상의 연도가 일치하지 않는 기업의 경우, 2022년 2월 28일과 가장 가까운 직전 발표 실적을 이용해 비교 분석을 진행했습니다. 그러나 독자 분들이 스스로 분석해 볼 수 있도록, 재무자료는 가장 최근까지의 재무자료를 수록했습니다.

투자수익률이 높았던 필수소비재 기업: 코스트코(NASDAQ: COST)

코스트코Costco Wholesale Corporation 는 나스닥에 상장되어 있는 기업으로, 티커는 COST입니다. 미국 최대의 창고형 할인매장으로, 1983년 미국 시애틀에 첫 매장을 연 이래 꾸준히 성장을 거듭해 2023년 12월 현재 전 세계에 871곳의 매장을 운영하고 있습니다. 코스트코에서 장을 보려면 반드시 회원권(2024년 기준 기본 연회비 60달러)이 있어야 하며, 2023년 12월 기준 전 세계 코스트코 회원은 무려 1.3억 명에 이릅니다. 참고로, 한국의 회원권 가격(38,500원)은 미국(60달러)의 약 절반 수준으로 상대적으로 저렴한 편입니다.

코스트코의 2023 회계연도(2022.08.29. ~ 2023.09.03.) 전체 매출은 2,422억(약 320조 원 수준) 달러로, 이 중 상품군 매출이 98%, 연회비 매출이 2%를 차지했습니다. 코스트코의 상품군 매출에서 비중이 가장 높은 사업부는 전체 매출의 40%를 차지하는 가공식품 및 기호식품(주류, 담배 등) 사업부입니다. 그 뒤를 생활용품(26%, 가전, 스포츠용품, 의류, 가구, 완구 등), 야외용품/공구(20%, 연료, 의약품, 안경 등), 신선식품(14%, 육류, 농산품 등) 사업부가 잇고 있습니다. 이 중 전체 매출의 14%를 차지하는 신선식품 관련 재미있는 일화가 있습니다.

2017년 6월, 코스트코의 강력한 경쟁자인 아마존이 유기농 식품업체인 홀푸드Wholefood를 인수하자 코스트코 주가가 한 달간 16% 폭락합니다. 코스트코 매출의 14%를 차지하는 신선식품이 아마존의 사업 확장으로 크게 위축될 것이라는 우려를 반영한 것입니다. 당시만 해도 대부분의 전문가들은 아마존에 의해 코스트코가 곧 무너질 것이라는 예측을 내놓기 바빴습니다.

그러나 곧 망할 것이라는 전문가들의 예측을 뒤집고, 이후 코스트코의 주가는 꾸준히 상승합니다. 2023년 12월 말 코스트코의 주가가 660달러를 기록하며, 2017년 7월 주가 대비 340% 상승이라는 높은 수익률을 기록한 것입니다. 이는 같은 기간 S&P500 지수 수익률인 93% 대비 3.6배에 이르는 상승률로, 시장을 압도하는 월등한 수익률이었습니다.

이렇듯 코스트코 주가가 큰 폭으로 상승할 수 있었던 이유는 코스트코만의 독특한 판매 전략에 있습니다. 코스트코에서 판매하는 상품의 종류는 다른 소매점의 10분의 1에 불과합니다. 그마저도 유통에서 진열까지 걸리는 시간이 짧은 상품만 취급합니다. 이는 재고 보관 비용을 줄이기 위한 것으로, 일명 '패스트 셀링fast-selling'이라 부르는 전략입니다. 생산자로부터 유통 받는 상품의 종류를 줄이는 대신, 몇몇 종류의 상품만 대량으로 들여와 가격 협상력을 높이는 한편 불필요한 재고 보관 비용도 줄이는 것입니다. 코스트코 매장당 평균 재고보유수량Stock Keeping Units은 4,000개 미만인데, 이는 경쟁 할인점들 대비 현저히 적은 수준입니다.

여기에 회원들로부터 매년 거둬들이는 회원권 수입까지 있어, 코스트코는 경쟁사 대비 저렴한 가격에 좋은 물건을 공급할 수 있습니다. 소비자들이 '코스트코에 가면 질 좋은 물건을 저렴한 가격에 살 수 있다'는 확신을 갖는 이유입니다. 코스트코의 2016년부터 8년간 재무수치는 〈도표 5-3〉과 같았습니다.

코스트코에 대한 투자은행 애널리스트 보고서

J.P.Morgan의 크리스토퍼 호버스Christopher Horvers는 2024년 2월 8일자 애널리스트 보고서에서 다음과 같이 분석했습니다.

> ❝뱅크오브아메리카Bank of Amercia나 비자Visa와 같은 금융회사들은 미국에 몰아친 한파로 인해 대형마트들의 2024년 1월 매출이 감소할 것으로 예상했지만, 코스트코는 그럼에도 불구하고 매출에 타격을 입지 않았다. 이는 다른 대형체인점들 대비 골고루 분포된 상품믹스에 기인한다. 또한, 코스트코 경영진은 2024년 들어 미국 내 물가가 진정되면서 귀금속, 가전제품, 전자기기 등 임의소비재 카테고리 상품 매출이 상승할 것이라 자신하고 있다.❞

종합적으로, 크리스토퍼 호버스는 코스트코 투자 의견을 '비중 확대'로 유지하고 2024년 12월 말 목표주가를 기존 대비 124달러 증가한 $784로 제시했습니다. 코스트코의 회원권 연장률이

90%에 이를 정도로 고객충성도가 높은 점과 전 세계 매출이 매년

2~3%씩 성장할 수 있는 성장가능성을 높게 평가한 것입니다.

+ 도표 5-3. 코스트코의 최근 8년간 재무자료와 주가

재무지표	FY2016 2016/08/28	FY2017 2017/09/03	FY2018 2018/09/02	FY2019 2019/09/01	FY2020 2020/08/30	FY2021 2021/08/29	FY2022 2022/08/28	FY2023 2023/09/03
PER	30.6	25.9	32.6	35.4	38.5	39.9	40.4	38.4
PBR	5.9	6.4	8.0	8.5	8.4	11.3	11.4	9.6
자산회전율	3.6	3.7	3.7	3.5	3.3	3.4	3.7	3.6
매출채권 회전율	95.9	96.1	91.3	95.3	108.1	116.9	112.2	107.1
재고자산 회전율	11.5	11.9	11.8	11.8	12.3	12.9	12.4	12.3
영업이익률	3.1%	3.2%	3.2%	3.1%	3.3%	3.4%	3.4%	3.3%
순이익률	2.0%	2.1%	2.2%	2.4%	2.4%	2.6%	2.6%	2.6%
부채비율	169%	228%	212%	191%	197%	228%	211%	175%
유동비율	98%	99%	102%	101%	113%	100%	102%	107%
이자보상비율	27.6	30.7	28.2	31.6	34.0	39.2	49.3	50.7
ROE	20.7%	23.4%	26.6%	26.1%	23.9%	27.9%	30.6%	27.5%
매출액증가율	2.2%	8.7%	9.7%	7.9%	9.2%	17.5%	15.8%	6.8%

	2017년 2월 28일	2022년 2월 28일	5년간 주가상승률
코스트코 주가	$177.18	$519.25	+193.06%

• 2022년 이후 코스트코의 주가에 영향을 미쳤던 뉴스

날짜	뉴스
2022-01-13	Fed가 3월부터 금리인상에 돌입할 수 있다는 우려가 확산하면서, NASDAQ 지수와 코스트코 주가가 큰 폭 하락.
2022-03-04	2분기 매출총이익률이 10.89%로 낮게 발표되며 주가 1.4% 하락. 10.89%는 2019년 1분기 이후 가장 저조한 수치임.
2022-04-07	3월 매출이 시장 예상치(Consensus)를 훨씬 상회하는 것으로 집계되며, 하루 만에 3.9% 급등. 주가가 $612.27 기록하며 역대 최고치 경신.

2022-05-18	월마트(NYSE: WMT)가 2022년의 주당순이익 전망치를 기존의 한 자릿수 중반대에서 1%가량 낮추자, 코스트코를 포함한 소매점 주가가 전반적으로 하향. 이날 월마트 주가는 하루에만 6.8% 급락.
2022-06-02	Jefferies 증권사가 코스트코 회원의 높은 충성도를 바탕으로 코스트코가 멤버십 가격을 상향할 수도 있다는 보고서를 내놓으며 하루에만 주가가 6.7% 상승. Jefferies는 코스트코의 목표주가를 $560에서 $580으로 상향, 투자의견은 매수(Buy) 유지.
2022-07-14	Deutsche은행이 코스트코에 대한 투자의견을 보유(Hold)에서 매수(Buy)로 상향하며 주가 상승. Deutsche은행은 코스트코를 안정적인 경영을 하는 기업이라고 평가했으며, 목표주가를 $525에서 $579로 상향.
2022-12-01	실망스러운 11월 매출을 발표하며 6.6% 급락. 투자은행 D.A. Davidson의 Michael Baker는 "3년 간 미국 내 누적 매출 상승률이 27.9%에 이르며, 어차피 이 같은 성장세를 지속할 수는 없는 것이기에 크게 개의치 않는다. 다만 성장둔화에 따른 주가 성장세 둔화는 피할 수 없을 것"이라고 전망.
2023-01-06	코스트코가 예상치를 상회하는 12월 매출을 발표하며 7.1% 상승. 투자은행 D.A. Davidson의 Michael Baker는 "11월 대비 개선된 12월 실적은 연말 쇼핑 시즌이 12월이 되어서야 본격화되었다는 분석에 힘을 실어 준 것"이라고 평가.
2023-03-03	시장 예상치에 부합하는 2분기 실적을 발표하며 실망감에 2% 하락. 투자은행 Oppenheimer의 Parikh와 Eiler는 "실적은 대체로 시장 예상치에 부합했지만, 신규 회원권 가입자는 기대에 못 미쳤다."고 평가.
2023-12-18	코스트코가 예상치를 상회하는 1분기 주당순이익을 발표하고, 특별배당을 발표하면서 이틀간 8.1% 상승. 투자은행 Jefferies의 Corey Tarlowe는 "Costco의 높은 회원권 연장 비율, 신규 점포 확장 전략은 회사가 제대로 가고 있음을 보여 준다."고 분석. 목표주가를 $680 → $725로 상향.
2024-02-07	코스트코가 2024년 2월 최고재무책임자(CFO)를 교체. 코스트코에서 40년간 근무한 CFO 리차드 갈란티(Richard Galanti)가 퇴임하고 그 자리에 크로거(Kroger) 전 CFO였던 개리 밀러칩(Gary Millerchip)을 영입한 것. 이에 대해 J.P.Morgan의 켄 골드만(Ken Goldman)은 '코스트코의 기업문화에 잘 융합될 수 있는 풍부한 경험을 가진 CFO'이며, 코스트코의 주주들이 "밀러칩이 가진 전문성과 인품에 반하게 될 것"이라고 평가. 이날 코스트코 주가는 1.2% 상승.

※참고: Consensus는 증권사 리서치센터에서 예측한 실적 예상치를 의미함.

투자수익률이 낮았던 필수소비재 기업: 월그린스 부츠 얼라이언스(NASDAQ: WBA)

월그린스 부츠 얼라이언스Walgreens Boots Alliance, Inc.는 나스닥에 상장된 기업으로, 미국의 대표적인 소매 드러그스토어retail drugstores 브랜드입니다. 소매 드러그스토어는 우리나라에서는 생소한 형태의 매장으로, 기업형 슈퍼마켓과 약국이 합쳐진 형태의 매장입니다. 즉, 홈플러스 익스프레스나 이마트 에브리데이 매장 내에 약국이 입점해 있는 형태의 소매판매점으로 각종 처방약이나 일반약품, 식료품을 구매할 수 있는 곳이라고 생각하면 쉽습니다.

월그린스 부츠 얼라이언스는 2014년 12월 미국의 소매 드러그스토어 체인이었던 월그린스가 유럽의 최대 의약품 도매업자였던 스위스의 얼라이언스 부츠를 인수하면서 탄생하였습니다. 이후 통합회사의 사명을 월그린스 부츠 얼라이언스로 변경하고, 소매 드러그스토어인 월그린스를 통합회사의 자회사로 개편하면서 오늘날 월그린스 부츠 얼라이언스의 기업구조가 완성되었습니다.

월그린스의 2021년 유럽 의약품 유통사업 매각

2020 회계연도까지만 해도 월그린스는 크게 세 개의 사업부를 운영 중이었습니다. 매출의 76%를 차지하는 미국 소매약국 사업부Retail Pharmacy USA를 통해서는 미국 내 매장을 통해 의약품 판매를, 17%를 차지하는 의약품 도매 사업부Pharmaceutical Wholesale를 통해서는 유럽에서 의약품 도매업을 영위하고 있었으며 7%를 차지하는 해외 소매 사업부Retail Pharmacy International에서는 미국을 제외한 국가에서 소매 드러그스토어를 운영하고 있었습니다.

하지만 2021년 6월 1일, 월그린스는 의약품 도매 유통 회사인 아메리소스버겐AmerisourceBergen사에 유럽의 의약품 유통 사업을 69억 달러(약 9조 원)에 매각하게 됩니다. 월그린스는 그간 Alliance Healthcare 브랜드로 유럽 내 11만 5천 곳에 달하는 약국 및 병원에 의약품을 공급해 오던 주요 공급업체 중 한 곳이었는데, 이 사업을 매각한 것입니다. 유럽 내 의약품 유통업은 대부분 의약품 도매 사업부Pharmaceutical Wholesale를 통해 운영되고 있었으므로, 전체 매출의 17%를 차지했던 의약품 도매 사업부 Pharmaceutical Wholesale 대부분을 매각한 셈입니다.

해당 발표 후 약 3개월간 월그린스의 주가는 꾸준히 올라, 투자자들이 이러한 전략을 긍정적으로 평가하고 있음을 보여 주기도 했습니다. 하지만 매출에서 큰 비중을 차지하고 있던 사업부가 매각되어 매출에 타격은 불가피했는데, 사업부 매각 전 1,395억 달러(약 181조 원) 수준이던 2020 회계연도 매출이 사업부 매각 후 1,219억 달러(한화 158조 원)로 12% 하향 수정된 것입니다. 하지만 그 이후 매출은 꾸준히 올라, 2023 회계연도의 매출은 매각 이전 매출을 거의 회복하기에 이릅니다.

+ 도표 5-4. 월그린스의 최근 5년간 매출액

회계연도	2019	2020	2021	2022	2023
매출액(백만 달러)	136,866*	139,537*	132,509	132,703	139,081

*매각 이후 수정 매출액은 각각 $120,074백만(2019 회계연도), $121,982백만(2020 회계연도)

매각의 주요 이유는 부채 규모를 감축하는 한편, 미국 내 1차 의료기관(흔히 말하는 '동네의원')인 VillageMD에 투자해 종합의료 시스템 구축으로 사업 전략을 변경하고자 함이었습니다. 그동안 월그린스는 미국 의료시스템 내에서 처방약 및 일반약품을 판매하는 약국 형태에 그쳤었지만, 2020년부터 VillageMD라는 1차 의료기관 체인과 협업을 통해 동네의원 개념의 1차 의료기관을 월그린스 매장 바로 옆에 신규로 출점하는 전략을 펼쳤습니다. 단순히 처방약을 제조하는 데에서 벗어나, 아예 처방전을 작성하는 1차 의료기관까지 포섭해 통합 의료시스템을 구축하고 자 한 것입니다. 단순 협업 형태에서 벗어나, 급기야 2021년에는 VillageMD의 전체 지분 중 63%를 보유한 대주주가 되기에 이릅니다.

최근 월그린스의 사업 재편 전략

이렇듯 적극적인 사업 구조 개편과 전략 실행을 하고 있는 월그린스이지만, 월그린스의 주가는 장기적으로 하향세를 그려 왔습니다. 소비자들의 쇼핑 패턴이 점차 오프라인에서 온라인으로 변화하는가 하면, 아마존이 2018년 온라인 약국 기업 필팩 PillPack 을 인수하며 약국 사업에 진출하는 등 경쟁이 점차 심화되고 있기 때문입니다.

이후에도 월그린스는 지속적인 사업 재편 전략을 실행합니다. 2023년 1월에는 VillageMD를 통해 또 다른 1차 의료기관인 CityMD를 70억 달러(약 9조 원)에 인수하는 한편, 2023년 3월에는 중환자들에게 자가회복 의료서비스를 제공하는 CareCentrix의 전체 지분을 누적 투자액 7.2억 달러(약 9,300억 원)에 인수하기도 했습니다.

회사의 공격적인 인수를 통한 사업 영역 확장은 고무적이지만, 아직 투자자들은 이러한 혁신안을 기존 의료시장을 혁신하는 수준의 전략이라기보다는 변화하는 의료시장을 따라가는 데 불과한 자구책 정도로 바라보고 있습니다. 월그린스에 대한 시장의 평가가 극적으로 호전될 만한 요소로는 보기 어렵다는 뜻입니다.

최근 몇 년간 수많은 사업부 개편을 거쳐, 2024 회계연도 초 현재 월그린스는 세 개의 사업부를 운영 중입니다. 매출의 79%를 차지하는 미국 소매 약국 사업부U.S. Retail Pharmacy를 통해서는 미국 내 소매 드러그스토어 사업을, 매출의 16%를 차지하는 글로벌 사업부International를 통해서는 미국 바깥의 소매 드러그스토어 사업(영국, 아일랜드, 태국, 멕시코, 칠레)과 의약품 도매 사업(독일)을 운영합니다. 마지막으로 매출의 5%를 차지하는 미국 의료서비스U.S. Healthcare 사업부를 통해서는 2021년 인수한 VillageMD와 2023년 인수한 CareCentrix를 운영하고 있습니다.

월그린스에 대한 투자은행 애널리스트 보고서

도이치뱅크Deutsche Bank의 조지 힐George Hill은 2024년 2월 9일 자 애널리스트 보고서에서 최근 대규모 경영진 교체가 있었던 점을 언급했습니다. 기존 CFO였던 제임스 케호James Kehoe는 신임 CFO인 맘모한 마하잔Manmohan Mahajan이, 기존 U.S. healthcare 사업부 총괄이었던 존 드리스콜John Driscoll은 메리 랭고스키Mary Langowski가 각각 2024년 3월부터 대체하게 되었습니다. 신임 CEO인 웬트워스Wentworth는 2023년 10월 선임된 후 6개월도 채 안 되어 경영진 교체를 통한 쇄신을 노리고 있고, 향후 중점적인 사업 전략으로 primary care 사업에서 수익 창출에 방점을 둔 파트너십 강화를 내세우고 있습니다.

종합적으로, 조지 힐은 2024 회계연도의 주당순이익EPS 추정치를 주당 $3.13에서 $3.05로 시장 컨센서스인 $3.27보다 낮게 하향 조정하고, 거시경제 환경이 악화되면서 소매판매점 매출 증가세가 주춤할 것이라는 점을 들어 투자의견 '중립'을 유지하는 한편 2024년 말 목표주가로 $23를 제시했습니다.

재무지표	FY2016 2016/08/31	FY2017 2017/08/31	FY2018 2018/08/31	FY2019 2019/08/31	FY2020 2020/08/31	FY2021 2021/08/31	FY2022 2022/08/31	FY2023 2023/08/31
PER	21.0	21.4	13.5	11.8	73.1	17.3	7.0	-7.1
PBR	2.9	3.0	2.5	1.9	1.6	1.9	1.2	1.1
자산회전율	1.7	1.7	2.0	1.8	1.6	1.6	1.5	1.5
매출채권 회전율	17.9	18.5	20.1	17.4	21.5	27.1	24.9	26.8
재고자산 회전율	9.9	10.0	10.9	9.7	11.1	13.0	12.6	13.5
영업이익률	5.1%	4.6%	4.6%	3.8%	0.5%	2.6%	0.7%	-5.1%
순이익률	3.6%	3.4%	3.8%	3.3%	0.4%	1.9%	3.3%	-2.2%
부채비율	140%	133%	155%	180%	312%	237%	196%	239%
유동비율	152%	107%	82%	73%	67%	72%	75%	63%
이자보상비율	9.5	7.4	9.9	7.1	1.0	3.8	2.4	-12.3
ROE	13.7%	14.2%	18.8%	16.1%	2.1%	11.5%	17.8%	-13.6%
매출액증가율	13.4%	0.7%	11.3%	-8.7%	1.6%	8.6%	0.1%	4.8%

	2017년 2월 28일	2022년 2월 28일	5년간 주가하락률
월그린스 주가	$86.38	$46.09	-46.64%

• 2022년 이후 월그린스의 주가에 영향을 미쳤던 뉴스

날짜	뉴스
2022-03-16	보험사들이 월그린스를 보험금 과다 청구 명목으로 법원에 진정 제기.
2022-03-31	월그린스가 시장 예상치를 상회하는 2분기 EPS를 발표했음에도 2022년의 자체 매출 전망치(Guidance)를 그대로 유지하자, 남은 두 분기의 실적 악화를 우려한 투자자들 매도세 시작. 3일간 8.5% 급락.
2022-06-30	월그린스가 시장 예상치(Consensus)보다 높은 3분기 매출액 및 이익을 기록했음에도 2022년 이익 전망치를 그대로 유지하자, 4분기 실적 악화를 우려한 투자자들의 매도세 지속. 하루 동안 주가 7.2% 하락.
2022-08-18	배당기준일을 경과한 여파로 6.4% 하락. 이날 하루 S&P500 주식 중 최대 낙폭 기록.
2022-10-13	시장 예상치(Consensus)를 상회하는 2023년 이익 전망치(Guidance)를 발표하며 5.3% 상승.

2022-11-07	월그린스가 지분을 갖고 있는 의료업체인 VillageMD가 Summit Health-CityMD의 인수를 발표하며 2025년 미국 헬스케어 사업부의 매출 전망치를 상향하자, 일일 4.1% 상승.
2023-01-05	시장 Consensus보다 낮은 영업이익을 발표하며 전날 대비 6.1% 급락. JP Morgan의 Lisa Gill은 월그린스의 매출 증가분이 미국 내 소매 약국 사업 및 헬스케어 사업부에 대한 투자액 증대로 인해 상쇄되었다고 평가.
2023-03-28	시장 Consensus보다 높은 주당순이익을 발표하며 이틀간 2.4% 상승. 월그린스의 CEO Roz Brewer는 "지속적인 1차 의료기관에 대한 투자 확대가 주효했다."고 평가.
2023-06-27	월그린스가 기존의 자사 주당순이익 전망치를 $4.6에서 $4.0으로 낮추자 월그린스의 주가가 하루 만에 9.3% 급락. 이는 2020년 팬데믹 이후 최대 급락폭이며 이날 2010년 이래 최저 주가인 $28.14를 기록함.
2023-09-01	CEO인 Roz Brewer가 사퇴 의사를 밝히자 주가가 전날 대비 7.4% 급락. JP Morgan의 Lisa Gill은 계속되는 경영진 문제가 투자자의 우려를 사고 있다고 평가.
2023-09-29	월그린스가 신임 CEO로 전 Evernorth의 CEO인 Tim Wentworth 선임을 고려하고 있다는 소식이 나오며 하루 만에 7.3% 급등. 투자은행 Evercore ISI의 Elizabeth Anderson은 Wentworth를 "의약시장을 잘 이해하고 있는 투자업계 유명인사"라고 평가.
2023-10-12	신임 CEO인 Tim Wentworth가 약 10억 달러에 이르는 비용 절감 자구책을 발표하자 주가가 하루 만에 7% 급등.
2023-10-23	JP Morgan이 월그린스에 대한 투자의견을 중립에서 매수로 상향하자, 주가가 3.2% 상승. JP Morgan의 애널리스트 Lisa Gill은 "월그린스의 2024 회계연도 현금 흐름은 개선될 것"이라고 평가.
2024-01-04	월그린스가 분기별 배당액을 주당 48센트에서 25센트로 48% 삭감하자 주가가 5.1% 급락.

※참고: Guidance란 기업이 자체적으로 전망한 실적 예상치를, Consensus는 증권사 리서치센터에서 예측한 실적 예상치를 의미함.

코스트코와 월그린스 비교 결과

2017년 2월 말부터 2022년 2월 말까지, 코스트코와 월그린스의 주가는 다음과 같이 정반대의 움직임을 보였습니다.

+ 도표 5-6. 코스트코와 월그린스 주가변동 비교

	2017년 2월 28일	2022년 2월 28일	5년간 주가변동률
코스트코 주가	$177.18	$519.25	+193.06%
월그린스 주가	$86.38	$46.09	-46.64%

1 기업 운영의 효율성과 비용통제 능력

코스트코와 월그린스는 주식투자 시 재무분석이 왜 필요한지를 잘 보여 줍니다. 먼저, 기업 운영의 효율성을 보여 주는 회전율 지표에서 코스트코는 매년 월그린스를 압도했습니다. 〈도표 5-7〉에서 볼 수 있듯이, 코스트코는 월그린스에 비해 자산 운영의 효율성, 현금 회수 능력, 재고 판매 속도 모두에서 월등한 수치를 보여 주었습니다.

+ 도표 5-7. 두 기업의 6년간(FY2016-FY2021) 효율성 지표 평균 수치

	자산회전율	매출채권회전율	재고자산회전율
COST	3.5	100.6	12.0
WBA	1.7	20.4	10.8

〈도표 5-8〉을 보면, 비용통제 능력은 6년치 평균만 놓고 보면 월그린스가 앞서는 수치를 보여 주었지만, 추세와 안정성은 코스트코가 단연 우세했습니다. 코스트코의 영업이익률과 순이익률이 각각 3% 초반대, 2%대에서 해를 거듭할수록 수치가 증가하는 안정적인 개선세를 나타낸 반면, 월그린스는 2021 회계연도 영업이익률과 순이익률이 모두 2016년 회계연도보다 감소해 비용관리에 실패하는 모습을 보여 주었기 때문입니다. 이는 코로나 시기에 오히려 영업이익률과 순이익률이 증가하거나 변동이 없었던 코스트코와 대비되는 부분입니다.

+ 도표 5-8. 두 기업의 6년간(FY2016-FY2021) 이익률 평균 수치

	영업이익률	순이익률
COST	3.2%	2.3%
WBA	3.5%	2.7%
S&P500 필수소비재 섹터(6년 평균)	9.15%	6.48%

2 기업의 안정성, 수익성, 성장성

+ 도표 5-9. 두 기업의 6년간(FY2016-FY2021) 안전성 지표 평균

	부채비율	유동비율	이자보상비율
COST	204%	102%	31.9
WBA	193%	92%	6.5

　　부채비율과 유동비율의 6년치 평균은 〈도표 5-9〉와 같이 두 기업 사이에 큰 차이가 없었지만, 월그린스의 변동 폭이 더 커 불안정한 흐름을 보여 주었습니다. 코스트코의 부채비율이 더 높음에도 불구하고, 6년치 이자보상비율 평균이 월그린스에 비해 약 5배 높아 훨씬 안정적인 모습을 보여 준 것은 인상적입니다.

　　ROE 또한 코스트코의 6년 평균은 24.8%로 높은 데다가 수치 변동이 안정적인 반면, 월그린스의 ROE는 6년 평균 12.7%로 절반 수준일 뿐만 아니라 훨씬 변동이 심해 불안정한 양상을 보였습니다.

▶ROE
자기자본이익률. 당기순이익을 평균자본으로 나눈 비율로 주주로부터 투자받은 자금 대비 회사가 창출한 이익의 상대적인 크기를 측정.

+ 도표 5-10. 두 기업의 6년간(FY2016-FY2021) ROE 평균 수치

COST	WBA	S&P500 필수소비재 섹터(6년 평균)
24.8%	12.7%	25.20%

　　2016 회계연도부터 2021 회계연도까지 코스트코는 연평균 9.1%, 월그린스는 연평균 4.2%의 매출액증가율을 기록했습니다.

3 주가의 과대평가 여부

　　이러한 두 기업 간 재무지표 차이로 인해, 코스트코에 대한 주식투자자들의 기대는 월그린스보다 높게 형성되었으며 이는 더 높은 PER, PBR 수치로 나타났습니다.

두 기업 비교를 통해, 우수한 재무지표는 곧 높은 주가상승률로 연결된다는 사실을 확인해 볼 수 있습니다. 이뿐만 아니라, 재무지표를 분석할 때에는 지표가 들쭉날쭉하지 않고 수치가 매년 안정적으로 개선되고 있는지 파악하는 것도 중요하다는 것을 알 수 있습니다.

+ 도표 5-11. 두 기업의 PER과 PBR 비교(2021.12.31. 기준)

	PER	PBR
COST	50.23	14.22
WBA	17.74	1.94
S&P500 필수소비재 섹터	23.11	7.13

〈도표 5-12〉는 2017년 2월 28일부터 2024년 2월 28일까지의 두 기업의 주가 차이를 보여 주고 있습니다. 빨간 그래프는 코스트코의 주가 흐름을, 파란 그래프는 월그린스의 주가 흐름을 나타냅니다. 중간에 있는 검은 세로 점선은 2022년 2월 28일을 표시하고 있어, 분석 대상이 된 2017년 2월부터 2022년 2월 이후 기간에 주가가 어떻게 움직였는지도 구분해서 확인해 볼 수 있습니다.

+ 도표 5-12. 코스트코와 월그린스의 2017.02.28. ~ 2024.02.28. 기간 주가 비교

출처: Bloomberg

S&P500 필수소비재 기업 중 최근 7년간 주가상승률 상위 20개 기업

코스트코와 월그린스 모두 현재 S&P500에 편입되어 있습니다. 독자 여러분이 투자에 참고하실 수 있도록, S&P500에 편입된 필수소비재 기업 중 7년간(2017.2.28. ~ 2024.2.28.) 투자수익률(배당 재투자 가정)이 가장 높았던 상위 20개 기업을 〈도표 5-13〉과 같이 정리해 드립니다.

+ 도표 5-13. S&P500 필수소비재 섹터 내 최근 7년간 투자수익률 상위 20개 기업

매출 단위: 백만 달러

기업명	티커	투자수익률*	최근 12개월 매출**	PER(2024.2.28.)
Costco Wholesale Corp.	COST	389.6%	245,652	49.3
Target Corp.	TGT	211.8%	106,888	18.7
Walmart Inc.	WMT	187.8%	648,125	26.8
Lamb Weston Holdings Inc.	LW	182.1%	6,346	16.6
Monster Beverage Corp.	MNST	169.5%	7,140	36.1
Church & Dwight Co Inc.	CHD	120.0%	5,868	32.9
Procter & Gamble Co.	PG	112.8%	83,933	25.1
Keurig Dr Pepper Inc.	KDP	112.4%	14,814	17.5
Dollar General Corp.	DG	111.3%	39,036	16.5
Hershey Co.	HSY	100.5%	11,165	17.9
Mondelez International Inc.	MDLZ	94.2%	36,016	22.3
Estee Lauder Cos Inc.	EL	91.6%	15,157	95.2
Dollar Tree Inc.	DLTR	90.6%	29,685	27.7
PepsiCo Inc.	PEP	85.1%	91,471	21.9
Sysco Corp.	SYY	82.6%	77,512	19.4
Coca-Cola Co.	KO	79.9%	45,754	22.4
Kroger Co.	KR	76.9%	147,798	11.1
Constellation Brands Inc.	STZ	71.8%	9,820	22.7
Brown-Forman Corp.	BF	68.0%	4,272	32.9
McCormick & Co Inc.	MKC	55.2%	6,662	25.6

*배당금은 모두 재투자 가정
**2024년 2월 말 기준

유틸리티

Utilities

우리의 일상과 가장 밀접한 인프라, 유틸리티 섹터

유틸리티 섹터는 전기, 가스, 상하수도를 생산하거나 송배전선이나 파이프라인pipeline을 통해 공급하는 업종입니다. 그러나 〈도표 5-14〉와 같이 각 부문별로 생산기업인지, 공급기업인지에 따라 분류 방법에 미세한 차이가 있습니다. 나머지 두 부문과 달리 천연가스를 탐사하고 채굴하는 기업, 정제 시설까지 운송·보관하는 기업, 정제된 가스를 최종 가스 공급업자에게 운송하는 기업은 에너지Energy 섹터로 분류됩니다. 에너지 섹터에 대해서는 Chapter. 7에서 설명합니다.

+ 도표 5-14. 각 부문별 섹터 분류

부문	생산 · 채굴	공급(송배전망 또는 파이프를 통해)
전기	유틸리티	유틸리티
가스*	에너지	에너지 · 유틸리티
수도	유틸리티	유틸리티

*천연가스는 가스전에서 채굴되어 최종소비자까지 공급되는 과정에 따라 다음과 같이 구분됩니다.

수행 사업	섹터 분류
탐사·채굴	에너지
수송(파이프라인, 선박 포함)	
보관	
정제	
가정용, 산업용 천연가스를 매입해서 최종소비자에게 판매하는 지역 기반 가스 공급업자	유틸리티

유틸리티는 필수소비재와 함께 대표적인 경기방어주로 분류되는 섹터입니다. 경기 상황이 좋은지 나쁜지에 따라 큰 영향을 받지 않고 주가가 안정적인 흐름을 보여 준다는 의미입니다. 경기 침체가 와도 우리는 여전히 형광등을 켜고, 난방과 수돗물을 사용해야 한다는 것을 떠올려 보면 쉽게 이해할 수 있습니다.

〈도표 5-15〉를 통해 실제로 유틸리티 섹터의 평균 초과수익률 및 적중률이 필수소비재와 매우 유사한 흐름을 보인다는 것을 알 수 있습니다. 미국은 주State 별로 수 개의 기업이 전기나 수도 공급을 과점하는 경우가 있고, 이 경우 해당 기업의 수익 구조는 안정적인 편입니다. 따라서 유틸리티 섹터는 후기 사이클과 침체기에 나의 투자금을 지키기 위해 꼭 포함해야 하는 섹터입니다. 참고로, 이번 장에서 비교할 기업인 넥스트에라 에너지NextEra Energy, Inc. 와 에디슨 인터내셔널Edison International은 각각 플로리다, 캘리포니아에서 과점시장을 형성하고 있는 대형 발전회사입니다.

더욱이 최근 커지는 기후 위기에 대해 걱정하는 투자자라면 유틸리티 섹터에 주목해야 합니다. 태양광, 바이오매스, 풍력 등 신재생에너지원을 활용해 친환경 발전을 하는 기업들까지 유틸리티 섹터에 포함되어 있기 때문입니다.

비즈니스 사이클	평균 초과수익률	적중률
초기(EARLY)	△15% ~ △10%	0%
중기(MID)	△15% ~ △10%	30% ~ 40%
후기(LATE)	10% ~ 15%	50% ~ 60%
침체(RECESSION)	10% ~ 15%	70% ~ 80%

▶평균 초과수익률
전체 주식시장의 평균수익률 대비 얼마나 더 높은 수익률을 올렸는지를 나타냄.

▶적중률
각 비즈니스 사이클에서 전체 주식시장 평균수익률보다 높은 수익률을 올린 비율

미국의 전력시장 구조

유틸리티 기업 간 비교를 위해, 먼저 미국의 전력시장에 대한 이해가 선행되어야 합니다. 미국 전역의 전력시장은 크게 수직독점 시장Regulated Market과 경쟁시장Deregulated Market의 두 체제가 공존하고 있습니다. 대부분의 주는 구조 개편으로 경쟁 체제를 도입하였지만, 일부 주에서는 과거의 수직독점 시장을 운영하고 있습니다. 또, 수직독점 시장을 기반으로 하되 경쟁시장적 요소를 가미한 주도 존재합니다. 두 체제의 차이는 아래와 같습니다.

+ 도표 5-16. 각 부문별 섹터 분류

	수직독점 시장(Regulated Market)	경쟁시장(Deregulated Market)
발전		다수의 전력회사가 경쟁
송전	수직통합형 전력회사가 독점	지역별로 한 사업자가 독점
배전		지역별로 한 사업자가 독점
판매		다수의 전력회사가 경쟁

먼저 수직독점 시장은 전통적인 전력시장 형태로, 수직통합형 전력회사Vertically integrated utilities라고 불리는 한 기업이 발전소와 송배전망을 모두 소유하면서 발전-송전-배전-판매를 책임지는 형태입니다. 전기 요금은 전력회사의 시설 운영에 따른 변동비와 투자비를 보전하고 여기에 적정이윤을 얻을 수 있는 수준으로 책정

되며, 감독기관의 승인을 거쳐 확정됩니다.

때문에 최종 요금을 감독기관으로부터 승인받고 나면 일정액의 이익률은 확보가 되는 셈이며, 특정 지역에서 독점권을 부여받으므로 수익 구조가 안정적이라는 장점이 있습니다. 수직독점 시장의 주민들은 정해진 전력회사에서만 전력을 구매할 수 있으므로 선택권이 제한되는 측면이 있습니다. 수직독점 시장은 미국 전체 전력시장의 약 1/3을 차지하며, 대표적으로 넥스트에라 에너지의 주요 사업 지역인 플로리다를 들 수 있습니다.

경쟁시장은 수직독점 시장에 경쟁 요소를 도입해, 전력 요금을 낮추고 소비자 선택권을 넓히자는 취지로 1990년대부터 도입되기 시작한 체제입니다. 경쟁시장의 핵심은 송전망의 개방입니다. 이를 통해 기존 발전사가 아닌 신규 발전사도 송배전망에 대한 접근성을 보장받게 되고, 여러 개의 발전사가 더 저렴한 전기를 공급하기 위해 경쟁하는 시스템이 갖추어지는 것입니다.

경쟁시장에서 소비자는 통신사를 선택하듯 전력회사도 비교하여 선택합니다. 그러나 경쟁시장의 전기 요금은 수직독점 시장보다 불안정하고 예측 가능성이 낮기 때문에, 전력회사들의 신규 발전설비 투자가 보다 위축된다는 문제점이 있습니다. 경쟁시장은 미국 전력시장의 2/3를 차지하는 시장이며, 대표적으로 펜실베니아 주가 이에 해당합니다.

에디슨 인터내셔널의 주요 사업 지역인 캘리포니아는 다소 특이한 이력을 갖고 있습니다. 가장 먼저 경쟁시장 체제로 전환했으나 2001년 전력 위기를 겪으면서 소매시장 경쟁을 중단했기 때문입니다. 따라서 현재는 규제와 개방의 혼합 형태로, 전력 도매시장은 경쟁 체제로 운영되나 전력 소매시장은 주정부에 의한 규

▶ **전력회사 비교 선택 예시**
환경보호를 위해 풍력발전회사 선택

제 체제를 유지하고 있습니다.

투자수익률이 높았던 유틸리티 기업: 넥스트에라 에너지(NYSE: NEE)

넥스트에라 에너지는 플로리다(수직독점 시장에 해당)를 기반으로 전기를 생산, 송전, 배전, 판매까지 하는 수직통합형 전력회사입니다. 2023년 한 해 매출이 281억 달러(약 37조 원)에 이르는 미국내 최대 전력회사 중 한 곳이며 풍력, 태양광, 천연가스, 원자력을 이용해 전기를 생산하고 있습니다. 우리나라 최대 전력회사인 한국전력과 모든 자회사(한수원 등 6대 발전사 포함)의 2023년 연간 매출이 약 88조 원 규모임을 감안하면, 넥스트에라가 얼마나 큰 회사인지 가늠해 볼 수 있습니다. 넥스트에라 에너지는 크게 두 개의 사업부로 이루어져 있습니다.

1 플로리다 전력회사

넥스트에라 에너지의 첫 번째 사업부는 전체 매출의 약 66%를 차지하는 플로리다 전력회사Florida Power & Light Company, 이하 FPL로, 미국 플로리다 주민 1,200만 명에게 전력을 공급하고 있는 자회사입니다. 플로리다는 크게 3개의 기업FPL, Duke, TECO이 구역별로 전력공급을 독점하고 있는데, 이 중 하나인 FPL은 플로리다 시장의 약 55%를 차지하고 있는 최대 전력회사입니다.

플로리다는 대표적인 수직독점 시장으로, FPL은 전기 요금을 책정할 때 운영비용 및 투자비를 회수하고 일정 수준의 이윤까지 보장받는 수준으로 책정하게 되며 감독기관으로부터 최종 승인을 받아 이를 확정합니다. 예컨대 2021년 12월 주정부로부터 승인받아 2025년 12월까지 적용 중인 요금 규정의 경우, FPL의 투자수익률ROE을 10.8% 수준에서 관리한다고 명시하고 있습니다.

2 넥스트에라 에너지 리소시즈

두 번째 사업부는 넥스트에라 에너지 리소시즈NextEra Energy Resources, LLC., 이하 NEER로, 북미의 신재생에너지 사업을 담당하는 자회사입니다. 태양광 및 풍력발전소를 직접 개발, 건설, 운영 및 관리하면서 수익을 창출합니다. 2023년 기준 넥스트에라 에너지 전체 매출의 34%를 차지하고 있고, 세계에서 태양광 및 풍력 발전 규모가 가장 큰 신재생에너지회사입니다. FPL이 플로리다에서만 사업하고 있는 것과 달리, NEER는 미국 전역(41개 주)과 캐나다(4개 지역)에 걸쳐 신재생에너지 시설을 설치 및 운영하고 있습니다. 신재생에너지 사업과는 별개로, NEER 사업부는 북미에서 송전 시설을 개발하는 사업 또한 병행하고 있습니다.

2023년 기준 넥스트에라 에너지의 당기순이익의 대부분인 62%가 FPL에서 창출되었으나, 신재생에너지로의 전환 흐름에 따라 향후 성장 동력은 NEER가 될 것으로 보입니다. 넥스트에라 에너지가 신재생에너지 분야에서 미국 내 선두 기업이라는 점은 투자의 긍정적 요소이지만, 이 분야가 기존 화석연료에 비해 외부 환경에 취약하다는 점은 다소 우려스러운 요소로 꼽힙니다. 일례로 2021년 2월 텍사스의 겨울이 길어지며 신재생에너지 발전량이 감소하여 연간 매출 3.3억 달러 감소를 유발하는가 하면, 2023년에는 풍량이 감소하면서 풍력발전량이 줄어들어 연간 매출 3.7억 달러 감소를 겪기도 했습니다.

넥스트에라 에너지에 대한 투자은행 애널리스트 보고서

J.P.Morgan의 제레미 토넷Jeremy Tonet은 2024년 1월 25일 자 애널리스트 보고서에서 다음과 같이 평가했습니다.

> **NEER 사업부가 2023년부터 2026년까지 신규 신재생에너지 투자사업 규모를 33-42GW로 재확인한 점, 그리고 2023년 4분기 신규 프로젝트 대기주문이 1.7GW 증가한 점을 긍정적으로 평가한다. 넥스트에라 에너지의 2023 회계연도 주당순이익은 $3.17이었는데, 이는 회사가 2023년 초 제시했던 목표 수준($2.98-3.13)을 상회하며, 경영진이 제시한 2024 회계연도 EPS 성장률(6-8%)도 고무적이다.**

▶EPS(주당순이익)
당기순이익을 현재 유통 중인 보통주식 수로 나눈 비율

종합적으로, 제레미 토넷은 투자의견 '비중 확대'를 유지했으며 2024년 말 기준 넥스트에라 에너지의 목표주가로 $67를 제시했습니다.

+ 도표 5-17. 넥스트에라 에너지의 최근 8년간 재무자료와 주가

재무지표	FY2016 2016/12/31	FY2017 2017/12/31	FY2018 2018/12/31	FY2019 2019/12/31	FY2020 2020/12/31	FY2021 2021/12/31	FY2022 2022/12/31	FY2023 2023/12/31
PER	19.1	13.6	12.4	31.0	51.8	51.3	39.8	16.8
PBR	2.3	2.6	2.4	3.2	4.1	4.9	4.2	2.6
자산회전율	0.2	0.2	0.2	0.2	0.1	0.1	0.1	0.2
매출채권 회전율	9.0	8.6	7.4	8.4	7.9	6.1	5.4	7.1
재고자산 회전율	1.2	1.3	1.2	1.4	1.1	1.4	1.9	1.5
영업이익률	27.6%	30.1%	25.6%	27.9%	28.4%	17.1%	19.5%	36.4%
순이익률	18.0%	31.3%	39.7%	19.6%	16.2%	20.9%	19.8%	26.0%
부채비율	255%	232%	176%	183%	184%	210%	227%	205%

유동비율	68%	64%	36%	53%	47%	53%	51%	55%
이자보상비율	4.1	3.3	2.9	2.4	2.6	2.3	7.0	3.1
ROE	12.4%	20.5%	21.3%	10.6%	7.9%	9.7%	10.9%	16.9%
매출액증가율	-7.7%	6.4%	-2.6%	14.8%	-6.3%	-5.2%	22.8%	34.2%

	2017년 2월 28일	2022년 2월 28일	5년간 주가상승률
넥스트에라 에너지 주가	$32.75	$78.27	+138.99%

• 2022년 이후 넥스트에라 에너지의 주가에 영향을 미쳤던 뉴스

날짜	뉴스
2022-01-25	넥스트에라 에너지를 평범한 플로리다의 유틸리티 회사에서 신재생에너지의 선두 주자로 탈바꿈시킨 Jim Robo가 CEO 자리에서 물러나며 주가 하락.
2022-02-01	Daimler Truck North America 및 BlackRock Renewable Power와 전기트럭의 충전소 네트워크 설치 계약을 맺었다는 사실을 발표하며 주가가 7.7% 상승.
2022-03-07	KeyBanc Capital Markets의 애널리스트 Sophie Karp가 투자의견을 중립(Sector weight)에서 비중 확대(Overweight)로 상향. Karp는 "글로벌 에너지 가격의 상승, 넥스트에라 에너지의 훌륭한 경영진, 낮은 주가는 넥스트에라에 투자하기에 적기인 것으로 보인다."고 평가. 이날 주가는 4.9% 상승.
2022-04-21	미 당국이 중국의 태양광패널 공급사들에 대한 관세 회피 관행 조사에 착수하면서, 향후 넥스트에라 에너지의 건설 프로젝트에 차질이 생길 것에 대한 우려 확산. 주가가 6.5% 하락.
2022-07-15	민주당 상원의원인 Joe Manchin이 민주당 지도부에 기후 관련 예산 증액에 동의하지 않을 것이라고 밝히며, 태양광 관련주들이 하락.
2022-07-22	넥스트에라의 2분기 EPS가 시장 예상치(Consensus)를 상회하며 주가가 1.7% 상승.
2022-07-28	민주당 상원의원인 Joe Manchin과 민주당 상원 원내대표인 Chuck Schumer가 기후변화 및 에너지 관련 예산(3,690억 달러)에 합의하자, 태양광 기업들 주가가 동반 상승.
2022-09-06	Morgan Stanley가 넥스트에라를 신재생에너지 확대에 따른 유틸리티 최대 수혜주로 선정하자, 주가가 2.6% 상승.
2022-10-12	미국의 9월 생산자물가지수가 전문가 전망치보다 상승하자, Fed의 금리인상 가속화 우려로 유틸리티 기업이 동반 하락.
2023-01-25	회사의 2022년 4분기 영업이익과 자회사인 FPL의 매출액이 시장 예상치를 하회하며 주가가 하루 만에 8.7% 급락.
2023-09-27	NEER의 관계회사인 NextEra Energy Partners(NYSE: NEP)가 배당성장률을 하향 발표하자 NEE의 주가가 3일간 13% 급락. NextEra Energy Partners의 CEO인 Ketchum은 고금리 환경으로 인해 당초 배당성장률을 달성하기 위한 투자계획에 차질이 생겼다고 설명.
2023-10-05	뱅크오브아메리카 애널리스트인 Julien Dumoulin-Smith가 NEE에 대한 목표주가를 하향하자 주가가 2.3% 하락. Smith는 2023년에서 2025년 사이에 만기가 도래하는 금리스와프가 원금 기준 185억 달러 규모이며, 이와 관련한 손실이 주당 $0.1 ~ 0.15 수준이라고 우려.

※참고: Consensus는 증권사 리서치센터에서 예측한 실적 예상치를 의미함.

투자수익률이 낮았던 유틸리티 기업: 에디슨 인터내셔널(NYSE: EIX)

에디슨 인터내셔널도 넥스트에라 에너지와 마찬가지로 전력을 생산 및 공급 하는 기업입니다. 넥스트에라 에너지의 주요 사업 지역이 플로리다인 반면, 에디슨 인터내셔널의 주요 사업 지역은 캘리포니아입니다. 에디슨 인터내셔널은 자회사인 서던 캘리포니아 에디슨Southern California Edison Company, 이하 SCE을 통해서는 캘리포니아 남부 지역에서 전력공급 사업을, 또 다른 자회사인 에디슨 에너지Edison Energy, LLC, 이하 Edison Energy를 통해서는 에너지 자문 사업을 영위하고 있습니다. 다만 매출의 대부분은 SCE에서 발생하고 있고, 현재 SCE는 캘리포니아 전역에 걸쳐 약 1,500만 명에 이르는 고객에게 전기를 공급하고 있습니다.

앞서 살펴봤듯이 캘리포니아는 가장 먼저 경쟁시장 체제를 도입했지만, 2001년 대규모 정전 사태를 겪은 이후 소매시장에서의 경쟁이 중단되어 현재는 경쟁시장과 수직독점 시장 체제를 혼합한 형태로 전력시장을 운영하고 있습니다. 따라서 에디슨 인터내셔널은 넥스트에라 에너지와 같이 요금 책정 시 캘리포니아 주정부의 승인을 얻어야 합니다. 시설 운영 비용과 설비투자 금액이 발생할 경우 이를 요금에 반영할 수 있는지 심사를 거쳐야 하며, 부채비율은 몇 %를 넘으면 안 되는지, 인건비와 자재비는 어느 수준까지 비용으로 인정되는지 또한 심사 대상입니다. 이 같은 비용 지출액을 정당한 금액으로 승인받으면, 여기에 일정한 수익률을 보장하는 수준에서 최종 전기 요금을 승인받게 됩니다.

에디슨 인터내셔널의 수익 구조는 그러한 점에서 안정적이라고 볼 수도 있고, 그렇지 않다고 볼 수도 있습니다. 발생한 비용이나 지출이 감독기관으로부터 정당한 비용으로 인정받는다면 소비자 요금 인상을 통해 회수할 수 있으나, 그렇지 못한 경우 회수할 수 없게 되기 때문입니다. 에디슨 인터내셔널의 주가가 낮게 형성되어 있는 것도 이와 관련 있습니다. 바로 자연재해와 관련된 대규모 손실 때문입니다.

2017~18년 대형화재 및 산사태 관련 피해자 협의

현재 에디슨 인터내셔널은 2017~18년 사이에 발생한 4건의 대형 화재 및 산사태의 원인을 제공한 것으로 피소되어 피해자들과 조정절차를 진행 중에 있습니다. 2023년 12월까지 피해자 보상 등 사후 처리와 관련하여 발생한 비용은 94억 달러(약 12조 원)로, 이 중 보험금이나 요금 인상을 통해 회수한 24억 달러(약 3조 원)를 제외하고 무려 70억 달러(약 9조 원)에 이르는 누적손실을 입었습니다.

에디슨 인터내셔널의 2023년 매출이 163억 달러(약 21조 원), 당기순이익이 14억 달러(약 1.8조 원) 수준임을 고려하면 이는 회사의 존립이 위협받을 수 있는 큰 손실이라고 볼 수 있습니다. 관건은 해당 자연재해가 에디슨 인터내셔널이 주의의무를 다 했음에도 영업 과정에서 어쩔 수 없이 발생한 비용으로 인정받느냐 하는 것입니다. 에디슨 인터내셔널은 사고 수습 및 피해자들과의 조정 과정에서 발생한 비용 중 24억 달러를 요금에 반영할 수 있게 해

달라는 신청을 캘리포니아 당국에 2023년 8월 접수했으며, 추가로 40억 달러에 대한 신청은 2024년 9월까지 마무리할 계획입니다. 이 중 24억 달러에 대한 주정부의 처분 결과가 2025년 2월경 발표될 예정인 가운데, 이 발표 결과에 따라 에디슨 인터내셔널의 주가가 크게 요동칠 것으로 보입니다.

에디슨 인터내셔널에 대한 투자은행 애널리스트 보고서

J.P.Morgan의 제레미 토넷은 2024년 2월 22일자 애널리스트 보고서에서 에디슨 인터내셔널 경영진이 제시한 2024년 주당순이익EPS 전망치가 시장 추정치를 소폭 하회한 점에 주목하며, 이는 대형화재 및 산사태 관련 조정 비용이 기존 예상치 대비 6천 5백만 달러 가량 증가하면서 이에 따른 이자 비용도 증가했기 때문이라고 분석했습니다. 그럼에도 에디슨 인터내셔널이 발표한 2025년에서 2028년 사이의 주당순이익EPS 연간증가율이 기존 발표치와 동일한 5-7% 수준이라는 점은 긍정적으로 평가했습니다.

제레미 토넷은 에디슨 인터내셔널의 2023년부터 2028년까지 시설 투자 금액이 380억에서 430억 달러에 달할 전망이고, 같은 기간 소비자 전력 요금은 연간 6-8% 상승할 것이라며 투자의견 '중립', 2024년 12월 목표주가 $77를 제시했습니다.

+ 도표 5-18. 에디슨 인터내셔널의 최근 8년간 재무자료와 주가

재무지표	FY2016 2016/12/31	FY2017 2017/12/31	FY2018 2018/12/31	FY2019 2019/12/31	FY2020 2020/12/31	FY2021 2021/12/31	FY2022 2022/12/31	FY2023 2023/12/31
PER	17.9	36.6	-43.7	19.9	31.7	34.1	39.5	22.9
PBR	2.0	1.8	1.8	2.1	1.7	1.9	1.8	2.0
자산회전율	0.2	0.2	0.2	0.2	0.2	0.2	0.2	0.2

매출채권 회전율	16.0	17.2	17.5	16.3	14.2	11.8	11.1	8.8
재고자산 회전율	17.9	20.3	20.6	15.0	12.8	13.4	14.3	11.0
영업이익률	17.6%	11.8%	-4.4%	14.4%	9.0%	9.9%	8.6%	16.1%
순이익률	12.1%	5.6%	-2.4%	11.4%	6.4%	6.2%	4.8%	8.6%
부채비율	262%	279%	348%	315%	335%	320%	345%	356%
유동비율	36%	53%	62%	64%	49%	64%	68%	79%
이자보상비율	3.6	2.3	-0.8	2.1	1.3	1.6	1.3	1.6
ROE	11.2%	4.8%	-3.8%	10.8%	5.4%	5.4%	4.4%	8.7%
매출액증가율	3.0%	3.8%	2.7%	-2.4%	10.0%	9.8%	15.5%	-5.1%

	2017년 2월 28일	2022년 2월 28일	5년간 주가하락률
에디슨 인터내셔널 주가	$79.74	$63.42	-20.46%

• 2022년 이후 에디슨 인터내셔널의 주가에 영향을 미쳤던 뉴스

날짜	뉴스
2022-05-10	Mizuho Securities의 애널리스트인 Paul Fremont가 에디슨의 투자의견을 매수(Buy)에서 중립(Neutral)으로, 목표주가를 $82에서 $72로 하향하자 주가가 3.6% 하락. Fremont는 시장금리가 1% 상승할 때마다 에디슨의 EPS가 $0.11씩 감소할 것이라고 예측.
2022-09-06	캘리포니아에 역대급 폭염이 예상되는 가운데, 이 지역에 전력을 공급하는 유틸리티 기업들이 정전 우려로 동반 하락. 에디슨은 3% 하락.
2022-10-03	미 10년물 국채 이자율이 하락하면서 S&P500의 유틸리티 기업 주가가 동반 상승.
2023-02-24	에디슨 인터내셔널이 시장 예상치를 뛰어넘는 2022년 4분기 주당순이익(EPS) 발표. 4분기 영업이익은 40.2억 달러로 전년 동기 대비 21% 상승하였으며, 시장 예상치인 32.7억 달러를 큰 폭 상회. 하루 만에 주가가 4.2% 급등.
2023-07-28	에디슨 인터내셔널이 시장 예상치를 뛰어넘는 2023년 2분기 주당순이익(EPS) 발표. 2분기 매출은 39.6억 달러로 전년 동기 대비 1.1% 하락했지만, 영업이익이 7.2억 달러로 전년 동기 대비 44% 상승하는 가파른 성장세를 보이며 주가가 2.9% 상승. 경영진은 "서던 캘리포니아 에디슨(SCE)이 보유한 풍부한 투자 기회를 발판 삼아, 2025년부터 2028년까지 연평균 5-7%의 주당순이익 성장을 목표로 하고 있다. 2028년에는 주당순이익 $7 시대를 열 수 있을 것."이라고 발표.

넥스트에라 에너지와 에디슨 인터내셔널 비교 결과

2017년 2월 말부터 2022년 2월 말까지, 넥스트에라 에너지와 에디슨 인터내셔널의 주가는 다음과 같이 정반대의 움직임을 보였습니다.

+ 도표 5-19. 넥스트에라 에너지와 에디슨 인터내셔널의 주가변동 비교

	2017년 2월 28일	2022년 2월 28일	5년간 주가변동률
NEE 주가	$32.75	$78.27	+138.99%
EIX 주가	$79.74	$63.42	-20.46%

1 ▶ 기업 운영의 효율성과 비용통제 능력

주가 흐름이 5년간 극명히 갈린 것과는 다르게, 두 기업의 재무지표는 다소 혼재된 양상을 보여 줍니다. 먼저, 기업 운영의 효율성을 보여 주는 자산회전율, 매출채권회전율, 재고자산회전율에서는 모두 에디슨 인터내셔널이 우위를 보였습니다. 〈도표 5-20〉에서 확인할 수 있는 바와 같이, 에디슨 인터내셔널이 자산과 매출채권, 재고자산 관리를 보다 효율적으로 하고 있음을 확인할 수 있습니다.

+ 도표 5-20. 두 기업의 6년간(FY2016-FY2021) 효율성 지표 평균 수치

	자산회전율	매출채권회전율	재고자산회전율
NEE	0.2	7.9	1.3
EIX	0.2	15.5	16.7

하지만 비용통제 능력은 〈도표 5-21〉과 같이 넥스트에라 에너지가 압도적 우위를 보였습니다. 이는 상당 부분 재해 보상으로 인한 지출에 기인한 것입니다. 예컨대 2021 회계연도에 에디슨

인터내셔널의 영업이익률은 9.9%였는데, 만약 재해 보상이 없었다면 영업이익률은 18.5%로 큰 폭 상승할 수 있었기 때문입니다.

+ 도표 5-21. 두 기업의 6년간(FY2016-FY2021) 이익률 평균 수치

	PER	PBR
NEE	26.1%	24.3%
EIX	9.7%	6.5%
S&P500 유틸리티 섹터(6년 평균)	16.6%	9.9%

2 기업의 안정성, 수익성, 성장성

안전성 측면에서 넥스트에라 에너지는 에디슨 인터내셔널에 비해 전반적으로 우수한 성적표를 보여 주고 있습니다. 〈도표 5-22〉에서 보는 바와 같이, 부채비율에 있어서는 넥스트에라 에너지가 더 높은 안전성을 보여 줍니다. 반면, 영업이익을 이자비용으로 나눈 이자보상비율은 넥스트에라 에너지가 훨씬 높아 더 안전하게 사업하고 있다고 평가할 수 있는데, 이 또한 에디슨 인터내셔널의 재해 보상 비용 때문에 영업이익이 낮아진 탓입니다.

+ 도표 5-22. 두 기업의 6년간(FY2016-FY2021) 안전성 지표 평균 수치

	부채비율	유동비율	이자보상비율
NEE	207%	54%	2.9
EIX	310%	55%	1.7

6년간 ROE 평균은 〈도표 5-23〉과 같이 넥스트에라 에너지가 2배 이상의 수익성을 기록하고 있습니다. ROE가 당기순이익을 평균자본으로 나눈 것임을 고려할 때, 에디슨 인터내셔널의 ROE 가 낮은 것 또한 재해 보상 비용이 당기순이익을 큰 폭으로 줄인

데 기인했다고 평가할 수 있습니다.

+ 도표 5-23. 두 기업의 6년간(FY2016-FY2021) ROE 평균 수치

NEE	EIX	S&P500 유틸리티 섹터(6년 평균)
13.7%	5.6%	8.2%

두 기업의 최근 6년간 매출액증가율 평균은 넥스트에라 에너지가 (-)0.4%, 에디슨 인터내셔널이 4.4%로 에디슨 인터내셔널이 더 우수한 연간 매출액증가율을 보여 주고 있습니다.

3 ▶ 주가의 과대평가 여부

2021년 12월 말 기준 두 기업의 PER과 PBR 측정치는 〈도표 5-24〉와 같았으며, 시장에서는 넥스트에라 에너지의 잠재력을 더 높이 평가하고 있음을 알 수 있습니다. 이는 에디슨 인터내셔널의 실적이 향후 몇 년간, 재해 사후 처리 비용으로 인해 부정적 영향을 받을 것으로 예상된 데에 따른 것이라고 추측해 볼 수 있습니다.

재무지표 분석 결과를 놓고 보면, 재해 처리 비용의 영향을 받는 지표들은 대체로 에디슨 인터내셔널이 넥스트에라 에너지에 비해 저조한 데 비해 그 밖의 지표들은 대체로 에디슨 인터내셔널이 더 우수함을 볼 수 있습니다. 이는 만약 재해가 없었을 경우, 에디슨 인터내셔널의 주가가 지금보다는 더 높았을 것임을 암시한다고도 볼 수 있습니다. 투자 대상 기업을 고르는 경우, 그 기업에 큰 폭의 비용 증가를 야기할 수 있는 위험 요소를 사전에 점검하는 것이 꼭 필요함을 보여 주는 예시라 하겠습니다.

+ 도표 5-24. 두 기업의 PER과 PBR 비교(2021.12.31. 기준)

	PER	PBR
NEE	51.3	4.9
EIX	34.1	1.9
S&P500 유틸리티 섹터	22.3	2.4

〈도표 5-25〉는 2017년 2월 28일부터 2024년 2월 28일까지의 두 기업의 주가 차이를 보여 주고 있습니다. 빨간 그래프는 넥스트에라 에너지의 주가 흐름을, 파란 그래프는 에디슨 인터내셔널의 주가 흐름을 나타냅니다. 중간에 있는 검은 세로 점선은 2022년 2월 28일을 표시하고 있어, 분석 대상이 된 2017년 2월부터 2022년 2월 이후 기간에 주가가 어떻게 움직였는지도 구분해서 확인해 볼 수 있습니다.

+ 도표 5-25. NEE와 EIX의 2017.02.28. ~ 2024.02.28. 기간 주가 비교

출처: Bloomberg

S&P500 유틸리티 기업 중 최근 7년간
주가상승률 상위 20개 기업

넥스트에라 에너지와 에디슨 인터내셔널 모두 현재 S&P500에 편입되어 있습니다. S&P500에 편입된 유틸리티 기업 중 최근 7년간(2017.2.28. ~ 2024.2.28.) 투자수익률(배당 재투자 가정)이 가장 높았던 상위 20개 기업은 다음과 같습니다.

+ 도표 5-26. S&P500 유틸리티 섹터 내 최근 7년간 투자수익률 상위 20개 기업

매출 단위: 백만 달러

기업명	티커	투자수익률*	최근 12개월 매출**	PER(2024.2.28)
NRG Energy Inc	NRG	288.8%	28,823	13.6
NextEra Energy Inc	NEE	98.9%	28,114	16.2
Southern Co	SO	78.3%	25,253	17.5
Public Service Enterprise Group	PEG	73.8%	11,237	17.9
Entergy Corp	ETR	73.1%	12,147	8.6
Exelon Corp	EXC	71.7%	21,730	15.1
American Water Works Co Inc	AWK	71.5%	4,234	24.1
Atmos Energy Corp	ATO	69.6%	3,950	17.9
AES Corp	AES	65.0%	12,668	11.2
Xcel Energy Inc	XEL	62.1%	14,206	17.2
Sempra	SRE	59.9%	16,720	16.8
WEC Energy Group Inc	WEC	59.4%	8,893	16.9
American Electric Power Co	AEP	59.1%	18,982	16.4
Ameren Corp	AEE	59.0%	7,500	16.4
DTE Energy Co	DTE	57.5%	12,745	15.9
CMS Energy Corp	CMS	57.1%	7,462	18.3
FirstEnergy Corp	FE	51.8%	12,870	14.4
Alliant Energy Corp	LNT	49.4%	4,027	16.9
Duke Energy Corp	DUK	47.3%	29,060	16.5
Consolidated Edison Inc	ED	45.2%	14,663	17.3

*배당금은 모두 재투자 가정
**2024년 2월 말 기준

3

헬스케어
Health Care

혁신적인 의료기술로 우리의 일상을 바꿔 가는 헬스케어 섹터

2020년 시작된 코로나 팬데믹을 거치면서 일반 투자자들에게도 친숙해진 분야가 바로 헬스케어입니다. 화이자, 모더나 등 백신 개발사들이 속해 있기 때문입니다. 헬스케어는 크게 두 가지 산업을 포괄하는 섹터입니다.

첫째는 의료기기를 생산하고 판매하는 산업입니다. 여기에는 수술용 로봇, 초음파기기 등 의료기관에서 쓰는 각종 의료기기가 포함됩니다. 전 세계 수술 로봇 시장점유율 1위인 인튜이티브 서지컬Intuitive Surgical Inc., 인공관절 수술 로봇 선두 기업 스트라이커 Stryker Corp. 등이 포진해 있습니다.

둘째는 제약업입니다. 연구를 통해 신약을 개발하고 판매하는 기업이 포함됩니다. 우리에게 백신으로 친숙한 화이자Pfizer Inc.와 모더나Moderna Inc., 비만치료제 Zepbound로 2023년을 달구었던 일라이 릴리Eli Lilly & Co. 등이 대표적인 기업들입니다.

앞서 다룬 필수소비재나 유틸리티 섹터와 마찬가지로, 헬스케어 섹터 또한 경기 변동에도 불구하고 주가가 일정하게 유지되는 특징을 갖고 있어 경기침체기에 보유해야 하는 주식 중 하나입니다. 여기에 헬스케어 산업 전체와 관련된 기회요인과 위협요인도 함께 고려하면 좋은데, 전자는 건강 위험요인의 증가이고 후자는 전 세계 최대 의약품시장인 미국의 규제입니다.

건강 위험요인의 증가란 현대인의 식습관 및 생활 습관에 의한 각종 만성질환 증가를 의미합니다. 세계비만재단에 따르면 2020년 전 세계 14%였던 비만 인구는 2035년 24%인 20억 명으로 늘어난다고 합니다. 특히 미국의 경우 2023년 기준 국민 5명 중 2명은 비만일 정도로 심각한 수준인데, 비만이 당뇨, 심장병 등 각종 성인병의 원인임을 고려하면 전 세계 성인병 증가와 함께 관련 의약 매출도 함께 증가할 것으로 추정해 볼 수 있습니다.

반면, 미국의 의료 관련 규제는 잠재적 위협요소입니다. 2023년 8월 29일, 미국 보건부는 미국 인플레이션 감축법Inflation Reduction Act에 따른 약가 인하 협상 대상 의약품 10개를 전격 발표합니다. 현재 미국 정부는 65세 이상 국민을 대상으로 메디케어Medicare라는 건강보험제도를 시행하고 있는데, 이 메디케어가 적용되는 의약품 중 10개를 선별해 가격을 규제한 것입니다.

이에 따라 일라이 릴리Eli Lilly, 화이자Pfizer, 노바티스Novartis 등 메이저 제약사의 의약품들이 대거 미 정부와의 약가 인하 협상 대상에 포함되었고, 협상 대상에 포함된 약품들은 2024년까지 협상을 완료해 2026년 1월부터 인하된 약가를 적용받게 되었습니다. 물론 제약회사들은 이에 반발해 미국 정부를 상대로 소송을 제기한 상태입니다만, 미국 정부가 승소해 계획대로 약가 규제가 시행될 경우 해당 제약회사들은 매출 감소를 피할 수 없을 것으로 보입니다.

향후 미 정부는 2027년 15개, 2029년 20개로 약가 협상 대상을 확대할 예정이며, 이에 따라 약가 협상 대상이 된 의약품의 매출액이 감소할 수 있다는 점은 위협요인이라 할 수 있습니다.

+ 도표 5-27. 각 비즈니스 사이클별 헬스케어 섹터 평균 초과수익률과 적중률

비즈니스 사이클	평균 초과수익률	적중률
초기(EARLY)	△10% ~ △5%	20% ~ 30%
중기(MID)	5% ~ 10%	50% ~ 60%
후기(LATE)	10% ~ 15%	60% ~ 80%
침체(RECESSION)	5% ~ 10%	70% ~ 90%

▶평균 초과수익률
전체 주식시장의 평균수익률 대비 얼마나 더 높은 수익률을 올렸는지를 나타냄.

▶적중률
각 비즈니스 사이클에서 전체 주식시장 평균수익률보다 높은 수익률을 올린 비율

투자수익률이 높았던 헬스케어 기업: 덱스컴(NASDAQ: DXCM)

덱스컴은 캘리포니아에 본사를 둔 의료기기 제조사로, 당뇨병 환자를 위한 연속 당 측정기Continuous Glucose Monitoring System 를 생산하고 있습니다. 연속 당 측정기는 팔 뒤쪽에 일회용 센서(열흘간 사용후 교체)를 부착해 혈당을 실시간으로 확인할 수 있게 해 주는 장치로, 기존 혈당 측정 방법과 달리 매번 채혈할 필요가 없다는 점, 실시간으로 혈당을 측정할 수 있다는 점(5분마다 당수치를 측정), 스마트폰과 연동해서 측정 결과를 확인할 수 있다는 점이 장점으로 꼽힙니다. 가장 최근 모델인 G7(Dexcom G7)은 2022년 3월 유럽에서, 같은 해 12월 미국 FDA에서 승인을 받은 바 있으며 현재 미국의 건강보험제도인 Medicare와 Medicaid의 보험 적용 대상입니다.

덱스컴의 사업모델과 사업 전략

덱스컴이 추구하는 사업 전략은 당뇨병 관리에 덱스컴 생태계를 구축하는 것입니다. 연속 당 측정기Dexcom G7를 통해 실시간으로 혈당을 측정하고 이 데이터를 환자의 스마트폰으로 보내면, 회사가 개발한 프로그램Dexcom CLARITY이 수치를 분석하고 환자에게 생활 패턴 개선점을 제시하거나 인슐린 투여 시간을 알려 주는 식입니다. 이렇게 생태계 구축이 가능한 배경에는 '관리하며 사는 병'인 당뇨병의 특성이 있습니다. 당뇨병은 심한 경우 뇌경색, 심근경색 등 합병증을 동반하는 무서운 병이지만, 아직까지 치료제가 개발되지 않았기에 일단 당뇨병에 걸리고 나면 조절하면서 생활하는 방법밖에 없기 때문입니다.

덱스컴의 비즈니스 모델은 간단합니다. 연속 당 측정기를 판매하고 수입을 얻는 것입니다. 덱스컴은 현재 캘리포니아, 애리조나, 말레이시아 세 군데에 생산 기지를 갖추고 직접 제품을 생산 중입니다. 연속 당 측정기는 '덱스컴 G7'이라고 부르는 일회용 센서로, 보통 팔 뒤쪽에 반창고처럼 부착하며 한 번 부착 시 열흘간 사용합니다. 혈당을 측정할 때마다 손가락을 채혈침으로 찔러 혈당 수치를 확인하던 기존 방법에 비해, 연속 당 측정기는 혈당 관리에 탁월한 수단으로 인정받아 회사는 〈도표 5-28〉과 같이 폭발적으로 성장할 수 있었습니다.

+ 도표 5-28. 덱스컴의 연도별 매출

회계연도	2019	2020	2021	2022	2023
매출	14.7억 달러	19.2억 달러	24.4억 달러	29.1억 달러	36.2억 달러

회사는 인슐린 자동 주입 시스템과의 연계를 미래 성장 동력으

로 보고 일라이 릴리Eli Lilly 등 글로벌 기업들과 협업 중입니다. 현재 췌장의 인슐린 분비 기능이 멈춘 1형 당뇨환자는 직접 몸에 인슐린을 투여해야 하지만, 연속 당 측정기와 인슐린 펌프(인슐린 투약 장치)를 연계해 자동으로 인슐린을 투여한다면 환자들의 번거로움을 한층 덜어 줄 수 있기 때문입니다.

덱스컴에 대한 투자은행 애널리스트 보고서

Barclays의 매트 미크식Matt Miksic은 2024년 2월 9일 자 애널리스트 보고서에서 덱스컴이 다시 한번 시장 예상치를 뛰어넘는 견고한 2023년 4분기 매출 및 주당순이익을 보고했을 뿐 아니라, 2024년 가이던스 또한 시장 예상치에 부합하는 수치라며 2024년 주가 상승에 청신호가 켜졌다고 평가했습니다. 덱스컴은 4분기 매출 9.4억 달러를 기록하며 시장 예상치를 4천만 달러 상회한 바 있습니다.

매트 미크식은 2024년 회사의 주가를 견인할 항목으로 G7 판매 확대 및 2024년 여름 경 출시할 신규 플랫폼 스텔로Stello를 들었습니다. 스텔로는 인슐린을 주사하지 않는 당뇨환자들을 위한 전용 플랫폼입니다. 덱스컴 경영진은 2024년 매출이 41.5억 달러에서 43.5억 달러 수준이 될 것으로 발표했는데, 이 목표치가 시장 예상치인 43.3억 달러에 부합하는 수치라는 점도 긍정적으로 평가했습니다.

종합적으로, 매트 미크식은 덱스컴에 대해 투자의견 '비중 유지'를 유지했고, 2024년 12월 말 목표주가로 $138을 제시하며 "2023년 10월 초 주가가 한 차례 급등했고, 이로 인해 추가적인 큰 폭의 상승은 어려울 것으로 보인다."고 설명했습니다.

+ 도표 5-29. 덱스컴의 최근 8년간 재무자료와 주가

재무지표	FY2016 2016/12/31	FY2017 2017/12/31	FY2018 2018/12/31	FY2019 2019/12/31	FY2020 2020/12/31	FY2021 2021/12/31	FY2022 2022/12/31	FY2023 2023/12/31
PER	-76.5	-98.9	-83.2	197.1	63.5	239.5	128.7	88.6
PBR	17.8	11.9	16.3	22.7	19.5	25.5	20.5	23.1
자산회전율	1.7	1.1	0.7	0.7	0.6	0.5	0.6	0.6
매출채권회전율	6.5	6.1	5.7	5.8	5.4	5.2	4.7	4.3
재고자산회전율	4.8	5.0	6.3	5.7	3.6	2.6	3.1	3.1
영업이익률	-11.1%	-5.9%	-18.1%	9.6%	15.5%	10.9%	13.4%	16.5%
순이익률	-11.4%	-7.0%	-12.3%	6.8%	28.5%	8.9%	11.7%	14.9%
부채비율	42%	116%	189%	171%	135%	142%	153%	203%
유동비율	273%	536%	764%	547%	558%	511%	199%	284%
이자보상비율	-91.3	-3.3	-8.2	2.4	16.9	14.1	21.0	29.4
ROE	-26.0%	-14.3%	-23.5%	13.1%	40.6%	11.2%	16.3%	25.8%
매출액증가율	42.6%	25.3%	43.6%	43.1%	30.5%	27.1%	18.8%	24.5%

	2017년 2월 28일	2022년 2월 28일	5년간 주가상승률
덱스컴 주가	$19.54	$103.48	+429.58%

*덱스컴은 2022년 6월 13일 4:1 주식분할을 거쳤으며, 위 주가들은 이를 사후적으로 반영한 주가임.

• 2022년 이후 덱스컴의 주가에 영향을 미쳤던 뉴스

날짜	뉴스
2022-01-13	코로나 종식 기대감으로 가치주, 경기회복 수혜주가 상승하고 백신 및 바이오주가 하락하면서 덱스컴도 동반 하락.
2022-05-24	덱스컴이 경쟁사인 Insulet의 인수를 논의 중이라는 보도가 나오면서, 주가가 하루 만에 11.1% 급락. Raymond James의 애널리스트인 Bedford는 두 기업의 합병으로 인한 시너지 효과가 불분명하다고 지적.
2022-05-31	덱스컴이 Insulet과 인수를 논의하고 있지 않다고 공식 발표하자, 덱스컴의 주가가 3.1% 상승.
2022-07-29	미국 시장 성장률이 둔화되고, 신규 제품 모델인 G7의 미국 출시일이 늦어지자 주가가 하루 만에 5.6% 급락.
2022-08-02	덱스컴이 영국으로 자사 제품 판매 지역 확대를 발표하면서 주가가 5.3% 상승.
2022-10-07	미국의 연방건강보험이 의료보험 적용 범위를 혈당 측정기까지 확대하자, 주가가 7.2% 상승.
2022-10-28	덱스컴이 시장 예상치를 뛰어넘는 3분기 실적을 발표하고 신규 제품 모델인 G7에 대한 기대감이 높아지면서, 주가가 19.3% 상승.
2023-01-09	덱스컴이 시장 예상치보다 낮은 2023년 매출총이익률을 전망하면서 하루 만에 주가가 5.0% 급락했으며, 이날 전체 S&P500 주식 중 두 번째로 낮은 수익률을 기록. 덱스컴 경영진은 2023년 매출액으로 33.5억~34.9억 달러를, 매출총이익률은 62~63%를 제시했는데 이는 시장 예상치인 매출액 34.7억 달러, 매출총이익률 64.2% 대비 아쉬운 수준. 회사가 제시한 예상매출액은 2022년 매출액 대비 15~20% 성장한 수준임.

2023-02-10	덱스컴이 목요일(2/9) 장 마감 후 2022년 4분기 실적 및 2023년 실적 전망치를 발표하자 주가가 하루 만에 10% 급등. 덱스컴의 4분기 주당순이익은 $0.34(vs 시장 예상치 $0.27), 매출액은 8.15억 달러(vs 시장 예상치 8.10억 달러)로 시장 예상치를 모두 상회함. 투자은행 Cowen의 조슈아 제닝스는 "우리는 신제품 G7이 글로벌 시장에서 좋은 반응을 이끌어낼 것이라 낙관하며, G7은 곧 미국 출시를 앞두고 있다."고 언급하고 투자의견을 비중 확대(Outperform)로 제시.
2023-02-22	애플이 혈액 샘플 없이도 혈당을 측정할 수 있는 기술개발 계획을 수립했다는 보도가 나오자 덱스컴 주가가 하루 만에 2.1% 하락.
2023-03-02	미국 보건부 산하의 보건의료재정청(CMS)이 1형 당뇨환자에 대해 연속혈당측정기를 건강보험 적용대상으로 발표하자 덱스컴 주가가 9.5% 급등. J.P.Morgan의 로비 마커스는 해당 뉴스를 "덱스컴에 황홀한 뉴스"라고 평가.
2023-03-06	미 FDA가 애보트(Abbott)사의 연속당측정기인 리브레2 및 리브레3과 인슐린 자동주입기 제조사인 인슐렛(Insulet), 탠덤(Tandem) 제품의 결합을 승인하자 덱스컴 주가가 하루 만에 7.9% 급락. 덱스컴은 월요일(3/6) 전체 S&P500 주식 중 가장 큰 하락폭을 기록. 투자은행 Piper Sandler의 맷 오브라이언은 애보트가 임상시험을 더 거쳐야만 할 것으로 예상했으나, 곧바로 FDA 승인을 받은 점에 놀라며 "그동안 1형 당뇨환자들에겐 사실상 덱스컴이 유일한 선택지였으나, 이제 두 개의 선택지를 갖게 된 것"이라고 평가.
2023-09-06	투자은행 Jefferies의 매튜 테일러가 비만치료제 시장에서 최근 대세가 된 GLP-1 작용제 사용이 증가할수록 연속당측정기 이용률도 올라간다고 언급하자, 덱스컴의 주가가 6.5% 급등. 테일러는 덱스컴을 대형주 중 가장 선호하는 주식으로 꼽고 투자의견 '매수'를 제시.
2023-10-27	덱스컴이 2023년 3분기 실적 발표회에서 2023년 연간 매출 전망치를 이전보다 높여 발표하자 프리마켓에서 주가가 17%까지 급등. 투자자들은 최근 GLP-1 비만치료제가 인기를 끌면서 당뇨병 환자 감소로 연속당측정기 사용도 줄어들 것을 우려했지만, 덱스컴의 매출 전망치 상승이 이 같은 우려를 불식시키며 주가 상승으로 이어짐. 투자은행 Citi의 조안 웬치는 "회사는 투자자들에게 실적으로 증명해 보여야 할 때가 있고, 덱스컴은 이번 실적 발표에서 그걸 해냈다."며 "비록 GLP-1의 인기에 따른 영향이 불확실하긴 하나, 이번 3분기 실적 발표는 여전히 덱스컴의 전망이 밝다는 것을 증명한다."고 평가.

투자수익률이 낮았던 헬스케어 기업:
카디널 헬스(NYSE: CAH)

카디널 헬스는 미국의 대형 의약품 유통업체입니다. 미국의 의약품은 〈도표 5-30〉처럼 제약회사로부터 약국에 이르기까지 크게 3단계의 유통과정을 거치게 되는데, 카디널 헬스는 이 중 도매업체에 해당합니다.

+ 도표 5-30. 미국의 의약품 유통 구조

유통 구조	제약회사	→	도매업체	→	약국(=소매업체)
대표 기업	Pfizer, Merck		Cardinal Health		Walgreens, CVS

얼핏 생각하면 제약회사에서 생산된 의약품이 곧바로 약국이나 병원으로 공급될 것 같지만, 실은 상당수의 의약품(전체 의약품의 약 60%)이 도매업체를 거쳐 약국이나 병원으로 공급됩니다. 그 이유는 대형 도매업체들의 높은 가격 협상력 때문입니다. 미국에는 3곳의 메이저 의약품 도매업체AmerisourceBergen Corp., Cardinal Health, McKesson Corp.가 있는데, 이들의 도매시장 점유율이 약 90%에 이를 정도로 막강한 영향력을 행사합니다. 이들은 제약회사로부터 의약품을 한번에 대량으로 구매하기 때문에 할인된 가격으로 의약품을 공급받을 수 있는데, 약국의 경우 이들 대형 도매업체를 통해 의약품을 구매할 때 더 저렴한 가격에 공급받을 수 있어, 현재와 같은 시장구조가 형성된 것입니다. 카디널 헬스는 자사의 매출을 두 개의 사업부로 나누어 관리하고 있습니다.

1 ▶ 의약품 사업부

카디널 헬스의 첫 번째 사업부는 2023 회계연도 기준 전체 매출의 93%를 차지한 의약품 사업부Pharmaceutical Segment 입니다. 이 사업부는 카디널 헬스에서 가장 중요하고 핵심이 되는 의약품 도매업을 영위하고 있습니다. 카디널 헬스는 제약업체로부터 각종 오리지널 의약품(특허가 있는 의약품), 제네릭 의약품(특허가 만료된 오리지널 의약품에 대해 그 주성분과 동일하게 만든 합법적 의약품), 일반의약품(의사의 처방전 없이도 구매할 수 있는 의약품) 등을 매입해 병원이나 약국에 판매하는데, 이를 의약품 도매업이라고 합니다. 또 의약품 도매업과는 별개로 고객사인 병원에 효율적인 의약품 관리 체계를 제공해 주거나, 공급업체인 제약회사에 재고관리 서비스를 제공하기도 합니다. 소수 점포이지만 약국을 직접 운영하기도 합니다.

2 의료용품 사업부

전체 매출의 7%를 차지하는 의료용품 사업부Medical Segment 를 통해 카디널 헬스는 자사 브랜드의 수술용 장갑, 주사기, 붕대 등을 제작 및 판매 하는 사업을 병행하고 있습니다.

최근 카디널 헬스를 바라보는 투자자들의 우려

최근 카디널 헬스의 주가에 대한 우려로는 크게 2가지가 꼽힙니다. 첫째는 2024년 6월 만료되는 OptumRx와의 의약품 납품 계약에 따른 불확실성입니다. OptumRx는 의약품 소매업체로 2023 회계연도 기준 카디널 헬스 전체 매출의 16%를 차지하고 있는 주요 거래처입니다. 그런데 카디널 헬스와의 납품 계약이 2024년 6월 만료될 예정이기에, 계약 갱신 규모나 조건에 시장의 관심이 쏠려 있었습니다. 이 OptumRx가 2023년 하반기 미국 오하이오 내에 물류센터를 매입해 그동안 카디널 헬스를 통해 공급받아 왔던 약품 중 일부를 제약사로부터 직접 공급받을 준비를 한다는 것이 알려졌고, 이 때문에 2023년 12월 13일부터 카디널 헬스의 주가가 이틀간 7% 하락하기도 했습니다.

둘째는 진통제의 과다 처방 관련 합의금입니다. 미국에서 오피오이드Opioid 라 불리는 진통제의 과다 처방으로 인한 부작용이 사회적 문제로 떠올랐는데, 이 과정에 3대 대형 의약품 도매업체들의 책임이 인정되면서 카디널 헬스가 향후 2038년까지 내야 할 합의금이 총 64억 달러(한화 약 8.3조 원)로 확정되었기 때문입니다. 2023년 6월까지 카디널 헬스는 12억 달러를 합의금으로 지급하였으며, 향후 15년간 남은 52억 달러를 납부할 것으로 보입니다.

카디널 헬스에 대한 투자은행 애널리스트 보고서

Wells Fargo의 스테판 백스터Stephen Baxter는 2024년 2월 5일자 애널리스트 보고서에서 카디널 헬스의 2024 회계연도 1분기 주당순이익EPS이 시장 예상치를 상회하고 경영진이 연간 주당순이익EPS 목표치를 종전보다 상향 조정했음에도, 회사의 주력 사업부인 의약품 사업부Pharmaceutical Segment의 실적이 자사의 추정치를 하회했다며 우려했습니다.

스테판 백스터는 카디널 헬스 경영진이 연간 주당순이익EPS 목표치를 상향한 배경에는 높은 이자수익과 낮은 법인세율이 있는데 이들은 모두 일시적인 요인이라고 지적하며, 2024 회계연도의 연간 주당순이익EPS 추정치는 상향하고 2025, 2026 회계연도의 연간 주당순이익EPS 추정치는 하향 조정했습니다.

스테판 백스터는 제약업계의 전망이 밝음에도 불구하고, 2024년에 계약기간 종료를 앞두고 있는 Optum과의 계약 갱신 조건 여부가 불확실함에 따라 투자의견 '비중 축소'를 제시하고 2024년 12월 말 목표주가로 $96를 제시했습니다.

+ 도표 5-31. 카디널 헬스의 최근 8년간 재무자료와 주가

재무지표	FY2016 2016/6/30	FY2017 2017/6/30	FY2018 2018/6/30	FY2019 2019/6/30	FY2020 2020/6/30	FY2021 2021/6/30	FY2022 2022/6/30	FY2023 2023/6/30
PER	17.9	19.2	59.5	10.4	-4.1	27.3	-15.6	94.6
PBR	3.8	3.6	2.5	2.2	8.5	9.3	-20.2	-8.3
자산회전율	3.8	3.5	3.4	3.6	3.7	3.8	4.1	4.7
매출채권회전율	17.5	16.8	17.3	17.9	18.3	18.7	18.4	18.7
재고자산회전율	11.6	11.3	11.0	11.0	11.2	11.2	11.6	12.5
영업이익률	2.0%	1.6%	0.1%	1.4%	-2.7%	0.3%	-0.3%	0.4%
순이익률	1.2%	1.0%	0.2%	0.9%	-2.4%	0.4%	-0.5%	0.1%
부채비율	410%	477%	558%	547%	2175%	2378%	-6315%	-1623%
유동비율	111%	134%	10/%	107%	110%	112%	108%	100%
이자보상비율	13.8	10.5	0.4	7.0	-17.2	2.6	-4.0	7.8
ROE	22.3%	19.3%	4.0%	22.0%	-91.1%	34.1%	-171.5%	-14.7%
매출액증가율	18.5%	6.9%	5.3%	6.4%	5.1%	6.2%	11.6%	13.0%

	2017년 2월 28일	2022년 2월 28일	5년간 주가하락률
카디널 헬스 주가	$81.37	$54.01	-33.62%

• 2022년 이후 카디널 헬스의 주가에 영향을 미쳤던 뉴스

날짜	뉴스
2022-01-10	인플레이션 및 공급망 제약이 2022년 EPS를 감소시킬 수도 있다는 회사 자체 전망(Guidance)을 발표하자, 주가가 5.9% 하락.
2022-05-05	3분기 EPS 및 2022년 EPS 전망치(Guidance)가 모두 시장 예상치(Consensus)를 하회하면서 4.3% 하락.
2022-08-11	CEO 전격 교체를 발표하면서 주가가 5.1% 상승. JP Morgan의 Lisa Gill은 카디널 헬스의 2023 회계연도 실적 전망치(Guidance)가 대체로 시장 예상치(Consensus)에 부합하며, 우려했던 수준보다 괜찮은 추정치라고 평가.
2022-08-12	Mizuho Securities가 카디널 헬스의 목표주가를 $58에서 $66으로 상향하면서 의약품 시장의 회복세를 언급하자, 주가 5.0% 상승.
2022-11-10	카디널 헬스의 최고인사책임자(Chief Human Resources Officer)가 주식 155만 주를 처분했다는 사실이 공표되며 주가 하락.
2022-11-11	소비자물가 발표치가 예상보다 낮다는 것이 확인되자, 투자자들의 위험선호 현상 회복으로 필수소비재, 헬스케어 등 경기방어주가 전반적으로 하락했으며, 카디널 헬스는 3.4% 하락.
2023-02-03	투자은행 Baird의 에릭 콜드웰이 카디널 헬스에 대한 투자의견을 '시장수익률 상회(outperform)'로 상향하자 주가가 3.1% 상승. 콜드웰은 최근 카디널 헬스의 실적 발표를 통해 주가상승여력을 확인했으며 '새로운 CEO가 부임한 이후로 조직 내 소통도 광범위하게 개선되었다'고 평가.
2023-08-17	캘리포니아에 기반을 둔 비영리 보험업체 블루쉴드(Blue Shield)가 그간 처방약의 구매와 배급을 전적으로 관리해왔던 CVS헬스 의존도를 절반으로 줄이고 아마존 등 다른 업체로 온라인 의약품 수급을 다변화하자 연관업체들 주가가 줄줄이 하락. 특히 CVS헬스는 카디널 헬스의 2023 회계연도 매출에서 25%를 차지하는 최대 고객으로, CVS헬스의 매출 감소로 인한 카디널 헬스의 타격이 클 것으로 예상되며 주가가 4.4% 급락.
2023-11-03	카디널 헬스 경영진이 2024 회계연도 이익 전망치를 상향하자 주가가 하루 만에 6.9% 급등. 투자은행 Citi의 다니엘 그로스라이트는 '카디널 헬스가 의약품 사업부 및 의료용품 사업부 양쪽에서 시장 예상치를 상회하는 실적을 발표했고, 이익 전망치를 상향했기에 주가는 상승해야 마땅하다'고 평가.
2023-12-15	투자은행 Wells Fargo의 스테픈 백스터가 카디널 헬스에 대한 첫 투자의견을 '비중 축소'로 제시하며 '사업 여건이 개선되고 있음에도 불구하고, 2024년 6월로 계약갱신이 예정된 OptumRx와의 세부조건 불확실성에 대한 우려를 불식시키기에는 부족'하다고 평가. 이 여파로 카디널 헬스의 주가가 이틀간 7% 폭락.
2024-01-09	카디널 헬스가 의료용품 사업부의 2024 회계연도 2분기 이익이 1분기와 유사한 수준일 것이라고 발표하자 주가가 1.7% 하락. 투자은행 Cowen의 찰스 라이는 투자의견 '시장수익률 수준'을 제시하며 "이번 카디널 헬스의 전망은 2024 회계연도 의료용품 사업부의 영업이익 목표인 4억 달러 달성이 어려울 수도 있겠다는 우려를 제기한다."고 평가.
2024-02-01	카디널 헬스가 발표한 의약품 사업부의 2024 회계연도 2분기 이익이 시장 예상치를 하회하면서 주가가 3.7% 하락. J.P.Morgan의 리사 길은 카디널 헬스의 전체 실적은 시장 예상치에 부합했지만 의약품 사업부의 부진이 아쉬웠다고 평가.

덱스컴과 카디널 헬스 비교 결과

2017년 2월 말부터 2022년 2월 말까지, 덱스컴과 카디널 헬스의 주가는 〈도표 5-32〉와 같이 상반된 움직임을 보였습니다.

+ 도표 5-32. 덱스컴과 카디널 헬스의 주가변동 비교

	2016년 12월 30일	2021년 12월 31일	5년간 주가변동률
DXCM 주가	$19.54	$103.48	429.58%
CAH 주가	$81.37	$54.01	-33.62%

1 기업 운영의 효율성과 비용통제 능력

기업 운영의 효율성을 측정하는 지표는 카디널 헬스가 〈도표 5-33〉과 같이 모두 월등한 수치를 보였습니다. 덱스컴의 주가상 승률이 훨씬 높았음을 생각해 볼 때, 이는 다소 의아한 결과일 수 있습니다.

하지만 이는 '성숙한 기업'과 '성장하는 기업'의 운영전략 차이를 보여 주는 한 예시라 할 수 있습니다. 카디널 헬스는 1979년 설립된 기업으로, 의약품 도매시장에서 확고한 과점체제를 구축하고 있으며 사업모델 또한 안정적인 회사입니다. 회사의 역량을 자산, 매출채권, 재고자산 관리에 집중할 여력이 있으며 이를 통해 효율적인 기업 운영을 달성할 수 있습니다.

반면, 덱스컴은 1999년 설립된 기업으로 2016 회계연도부터 2021 회계연도 매출액 연평균 성장률이 35%에 이르는, 폭발적으로 성장하고 있는 기업입니다. 덱스컴은 기업의 역량을 시장점유율 확대나 매출 증대에 쏟을 수밖에 없으며, 상대적으로 효율적인 기업 운영에 신경 쓰는 것은 시기상조일 수 있습니다. 예컨대, 매출채권회전율을 높이기 위해 보수적인 정책을 실시(외상 기간 60일→30일로 단축)한다면 효율성은 개선되는 반면 매출 증대에는 부정적인 영향을 줄 것입니다. 두 기업의 효율성 지표를 기업 성장 단계와 연계해서 봐야 하는 이유입니다.

+ 도표 5-33. 두 기업의 6년간(FY2016-FY2021) 효율성 지표 평균 수치

	자산회전율	매출채권회전율	재고자산회전율
DXCM	0.9	5.8	4.7
CAH	3.6	17.7	11.2

두 기업의 영업이익률과 순이익률 6개년 평균은 〈도표 5-34〉와 같이 영업이익률은 카디널 헬스가 더 우수한 수치를, 순이익률은 덱스컴이 더 우수한 수치를 기록하고 있습니다. 그러나 영업이익률의 경우, 덱스컴은 2019 회계연도부터 흑자로 전환한 기업이기에 비록 2016 회계연도부터 2018 회계연도까지의 첫 3개 연도 평균치는 낮았지만 이후 3개 연도 영업이익률은 평균 12%대의 높은 수준을 보이고 있습니다. 내용을 들여다보면 덱스컴이 더 질적으로 우수한 영업이익률을 기록하고 있는 것입니다. 반면 카디널 헬스는 많은 제품을 적은 이윤으로 판매하는 유통기업이기에, 사업 구조상 낮은 마진율을 올리고 있는 것으로 분석해 볼 수 있습니다.

+ 도표 5-34. 두 기업의 6년간(FY2016-FY2021) 이익률 평균 수치

	PER	PBR
DXCM	0.2%	2.2%
CAH	0.5%	0.2%
S&P500 헬스케어 섹터(6년 평균)	9.6%	7.0%

2 기업의 안정성, 수익성, 성장성

〈도표 5-35〉를 보면, 부채비율과 유동비율에서는 덱스컴이 더 안정적인 수치를 나타내고 있고, 이자보상비율은 카디널 헬스가

더 안정적인 수치를 기록하고 있습니다. 그러나 이자보상비율의 경우, 덱스컴은 영업이익이 마이너스를 기록했던 2016 회계연도부터 2018 회계연도까지의 값이 포함되어 평균을 크게 감소시켰습니다. 2019 회계연도부터 2021 회계연도까지 3년간 덱스컴의 이자보상비율 평균치는 11.1로, 첫 3개년 대비 월등히 개선된 수치를 기록하고 있습니다. 반면 카디널 헬스의 이자보상비율은 추세적으로 악화하는 양상을 보이고 있습니다.

+ 도표 5-35. 두 기업의 6년간(FY2016-FY2021) 안전성 지표 평균 수치

	부채비율	유동비율	이자보상비율
DXCM	132%	532%	-11.6
CAH	1,091%	114%	2.9

　　수익성을 측정하는 ROE값은 〈도표 5-36〉과 같이 카디널 헬스가 소폭 우세하나, 이 역시 덱스컴의 당기순이익이 흑자로 전환하기 전 수치가 평균에 포함되었기 때문입니다. 덱스컴의 경우 2019 회계연도부터 2021 회계연도까지 3년간의 ROE 평균값(21.6%)이 그 이전 3년(-21.2%)에 비해 개선된 데 비해, 카디널 헬스는 들쭉날쭉한 경향을 보이고 있습니다. 즉, 내용 면에서는 덱스컴이 더 우수하다고 할 수 있습니다.

+ 도표 5-36. 두 기업의 6년간(FY2016-FY2021) ROE 평균 수치

DXCM	CAH	S&P500 헬스케어 섹터(6년 평균)
0.2%	1.8%	16.72%

　　매출 성장세의 경우, 덱스컴은 2016 회계연도부터 2021 회계연도까지 연평균 35.1%의 믿기 어려운 성장세를 지속하고 있습니다. 덱스컴이 이렇듯 놀라운 성장률을 구가할 수 있는 가장 큰 원인은 회사가 보유한 '기술력'에 있다고 할 수 있습니다. 덱스컴은

1999년 설립된 이래 당뇨 측정기술 개발에 회사의 역량을 집중하였고 2007년 세계 최초로 FDA 승인을 받은 연속 당 측정기인 Dexcom SEVEN 출시, 2016년 업계에서 처음으로 안드로이드, iOS와 연동되는 모바일 기기 Dexcom G5 출시, 2018년 채혈이 필요없는 실시간 연속 당 측정기 Dexcom G6 출시 등 신기술을 내놓으며 업계를 선도해 왔습니다.

워런 버핏 회장이 투자할 기업을 선별할 때 중요시하는 경제적 해자(Economic Moat, 중세시대 적의 침입을 막기 위해 성 외곽에 둘러놓은 도랑. 버핏 회장은 이 개념을 현대 기업에 차용해, 경쟁기업이 쉽게 따라할 수 없는 특정 기업의 독점적 지위를 경제적 해자라고 정의) 개념을 실제 구현한 셈입니다.

카디널 헬스의 경우도 비록 덱스컴보다는 낮지만, 같은 기간 연평균 8%로 성숙기업임을 감안할 때 양호한 성장률을 보여 주고 있습니다.

3 ▶ 주가의 과대평가 여부

PER과 PBR 값의 경우, 두 기업에 대한 투자자들의 기대치의 차이가 주가에 어떻게 영향을 미치는지 적나라하게 보여 주고 있습니다. 두 기업의 측정치 모두 S&P500 헬스케어 섹터보다 높은 수치를 기록하고 있습니다.

+ 도표 5-37. 두 기업의 PER과 PBR 비교(2021.12.31. 기준)

	PER	PBR
DXCM	335.6	23.3
CAH	24.6	8.3
S&P500 헬스케어 섹터	20.92	5.34

〈도표 5-38〉은 2017년 2월 28일부터 2024년 2월 28일까지의 두 기업의 주가 차이를 보여 주고 있습니다. 빨간 그래프는 덱스컴의 주가 흐름을, 파란 그래프는 카디널 헬스의 주가 흐름을 나타냅니다. 중간에 있는 검은 세로 점선은 2022년 2월 28일을 표시하고 있어, 분석 대상이 된 2017년 2월부터 2022년 2월 이후 기간에 주가가 어떻게 움직였는지도 구분해서 확인해 볼 수 있습니다.

+ 도표 5-38. 덱스컴과 카디널 헬스의 최근 7년(2017.2.28. ~ 2024.2.28.)간 주가 비교

출처: Bloomberg

S&P500 헬스케어 기업 중 최근 7년간 주가상승률 상위 20개 기업

덱스컴과 카디널 헬스 모두 현재 S&P500에 편입되어 있습니다. 독자 여러분이 투자에 참고하실 수 있도록, S&P500에 편입된 헬스케어 기업 중 최근 7년간(2017.2.28. ~ 2024.2.28.) 투자수익률(배당 재투자 가정)이 가장 높았던 상위 20개 기업을 다음과 같이 정리해 드립니다.

+ 도표 5-39. S&P500 헬스케어 섹터 내 최근 7년간 투자수익률 상위 20개 기업

매출 단위: 백만 달러

기업명	티커	투자수익률*	최근 12개월 매출**	PER(2024.2.28.)
Eli Lilly & Co	LLY	938.1%	34,124	80.6
Molina Healthcare Inc	MOH	728.2%	34,072	21.0
Dexcom Inc	DXCM	484.5%	3,622	77.4
Intuitive Surgical Inc	ISRG	372.1%	7,124	76.0
Vertex Pharmaceuticals Inc	VRTX	371.2%	9,869	28.2
West Pharmaceutical Services	WST	344.6%	2,950	44.3
IDEXX Laboratories Inc	IDXX	294.4%	3,661	56.8
Zoetis Inc	ZTS	293.2%	8,544	38.4
AbbVie Inc	ABBV	291.0%	54,318	23.0
HCA Healthcare Inc	HCA	278.1%	64,968	16.4
Insulet Corp	PODD	275.6%	1,697	59.4
McKesson Corp	MCK	270.6%	301,506	22.3
Thermo Fisher Scientific Inc	TMO	269.5%	42,857	34.0
STERIS PLC	STE	254.3%	5,407	39.2
Danaher Corp	DHR	248.5%	27,602	37.2
UnitedHealth Group Inc	UNH	233.9%	371,622	20.9
Elevance Health Inc	ELV	232.7%	171,340	15.8
IQVIA Holdings Inc	IQV	223.4%	14,984	30.2
Abbott Laboratories	ABT	201.1%	40,109	34.6
Stryker Corp	SYK	196.3%	20,498	37.9

*배당금은 모두 재투자 가정
**2024년 2월 말 기준

U.S.
stock
investment

CHAPTER

6

미래를 준비하는 투자자라면 주목해야 할 주식

정보기술
Information Technology

미래 사회에서 중추적인 기능을 담당할 정보기술 섹터

오늘날 미국을 대표하는 기업들이 가장 많이 포진해 있는 섹터는 단연 정보기술IT 섹터일 것입니다. 애플(스마트폰), 마이크로소프트(클라우드&소프트웨어), 엔비디아(그래픽카드), 퀄컴(반도체) 등 이름만 들으면 누구나 알 만한 기업들이 즐비한 분야이기 때문입니다.

명성에 걸맞게 IT섹터가 S&P500의 전체 시가총액에서 차지하는 비중은 압도적인데, 2024년 2월 말 기준으로 무려 29.8%에 달합니다. 이는 앞서 다뤄 본 필수소비재(6.0%), 유틸리티(2.1%), 헬스케어(12.5%)를 다 합친 수치보다도 무려 9%나 높은 수치입니다. 물론 섹터 비중과 투자수익률은 별개의 문제이지만, 이는 그만큼 현재 미국 주식시장에서 IT 기업이 차지하는 위상이 크다는 것을 보여 준다고 할 수 있습니다.

IT 섹터는 팬데믹을 거치면서 뚜렷하게 우리 일상 속에 각인된 분야입니다. 코로나 팬데믹 이전 IT 섹터는 4차 산업혁명 등 거창

한 구호로 미래상을 제시했지만, 막상 우리가 일상 속에서 변화를 체감하기는 어려웠습니다. 하지만 코로나 팬데믹을 거치면서 우리는 비대면 수업, 원격의료, 재택근무 등 IT 기술들이 있었기에 가능했던 새로운 생활 패턴을 전방위적으로 체험했습니다.

코로나가 종식될 무렵 IT업계는 일대 혁명적인 기술개발을 목도합니다. 포스트 팬데믹 시기였던 2022년 11월, 오픈AI가 GPT-3.5 시스템을 기반으로 만든 ChatGPT를 출시하면서 비로소 일반 생활인들도 인공지능을 피부로 느낄 수 있는 시대가 도래했기 때문입니다. 진짜 인간과 구별하기 힘들 정도로 고도의 언어 구사, 사고 능력을 보여 주는 인공지능의 등장은 가히 충격적이었습니다. 여기서 끝이 아닙니다. 테슬라는 2023년 12월 차세대 휴머노이드(인간형 로봇) 옵티머스 2세대를 공개했고, 오픈AI는 2024년 2월 텍스트를 입력하면 고화질 동영상을 만들어 내는 서비스 소라Sora를 공개했습니다.

이처럼 IT 기업들이 촉발하는 기술혁신, 그리고 이로 인한 일상의 변화는 꾸준히 이어질 것입니다. 따라서 미래를 준비하는 투자자라면 반드시 보유 주식에 포함해야 하는 분야가 바로 IT 섹터라고 할 수 있습니다. 반도체, 소프트웨어, 인공지능, 클라우드 등 IT 섹터에 속하는 산업은 미래 사회에서 중추적인 기능을 담당할 산업들이기 때문입니다.

다만 2024년 상반기인 현재 미국의 비즈니스 사이클이 후기에서 침체기로 넘어가고 있고, 역사적으로 이 시기에 IT 섹터의 수익률이 전체 시장 평균을 하회했다는 사실은 우려스러운 대목입니다. 현재 IT 섹터에 투자하려는 경우, 단기적인 이익보다는 장기적인 성장 가능성을 보고 투자해야 하는 이유입니다.

+ 도표 6-1. 각 비즈니스 사이클별 정보기술 섹터 평균 초과수익률과 적중률

비즈니스 사이클	평균 초과수익률	적중률
초기(EARLY)	0% ~ 10%	50% ~ 60%
중기(MID)	15% ~ 20%	40% ~ 60%
후기(LATE)	△5% ~ △10%	50% ~ 60%
침체(RECESSION)	△5% ~ △10%	10% ~ 30%

▶평균 초과수익률
전체 주식시장의 평균수익률 대비 얼마나 더 높은 수익률을 올렸는지를 나타냄.

▶적중률
각 비즈니스 사이클에서 전체 주식시장 평균수익률보다 높은 수익률을 올린 비율

투자수익률이 높았던 정보기술 기업: 엔비디아(NASDAQ: NVDA)

엔비디아는 인공지능과 데이터 사이언스의 핵심인 GPU Graphics Processing Units를 설계하는 기업입니다. GPU는 컴퓨터 모니터 상에 이미지를 구현하기 위해 필요한 장치인 그래픽 카드에 들어가는 핵심부품으로, 그래픽 처리장치라고도 부릅니다. 엔비디아는 1999년에 세계 최초 GPU인 GeForce 256을 발명했으며, 이때부터 비로소 컴퓨터로 3차원 이미지를 자연스럽게 구현하는 것이 가능해졌습니다.

여기까지만 들으면 많은 분들이 의아해하실 수도 있습니다. '단순히 3D를 구현해 주는 부품인 GPU가 인공지능과 데이터 사이언스의 핵심이라니?' 하고 말입니다. 이들의 관계를 이해하기 위해서는 GPU와 인공지능 컴퓨팅에 대한 간략한 배경지식이 필요합니다. GPU는 본래 실시간 그래픽처리용으로 개발된 부품이었습니다. 1999년 처음 개발된 이래 GPU의 역할이 줄곧 컴퓨터 프로그램, 특히 게임을 고화질로 즐길 수 있게 해 주는 역할을 수행하는 데 그친 이유입니다.

게다가 2000년대 초반까지만 해도 컴퓨터 연산의 핵심 기능은 중앙처리장치CPU가 수행했기에, 개발자들 사이에는 'CPU는 핵

▶GPU
GPU라는 용어는 1980년대부터 통용되었으나, 오늘날 형태의 GPU를 개발한 것은 엔비디아가 최초임.

심 연산 부품, GPU는 그래픽 부품'이라는 공식이 통용되었습니다. 하지만 2006년 엔비디아가 CUDA 프로그램, 즉 GPU를 단순히 그래픽 구현 용도가 아닌 '일반적인 컴퓨팅 작업을 위한 부품 general-purpose graphics processing units'으로 활용할 수 있게 하는 프로그램을 내놓으면서 병렬연산에 강점이 있는 GPU가 비로소 일반 과학 및 연구 분야에서 본격적으로 활용되기 시작했습니다.

AI 시대의 제왕, 엔비디아

컴퓨터가 인간처럼 생각할 수 있게 하는 기술인 인공지능AI의 핵심은 컴퓨터가 스스로 학습하는 체계인 딥러닝Deep Learning이며, 딥러닝을 구현하기 위해 필요한 것은 엄청난 양의 연산, 즉 반복학습입니다. 컴퓨터가 반복학습을 통해 수많은 오답과 정답을 거치고, 이를 통해 정답에 점차 가까워지는 통계 모델을 구축하는 것이 딥러닝이기 때문입니다. 그리고 바로 이 엄청난 양의 반복학습을 가능케 하는 것이 GPU입니다. GPU는 기존 연산장치인 CPU에 비해 복잡한 연산기능은 떨어지지만, 간단한 연산을 한꺼번에 많이 처리하는 데 최적화된 병렬연산장치이기 때문입니다.

많은 양의 데이터를 처리하기 위한 데이터센터 건설이 늘어남에 따라, 엔비디아는 2017년 AI를 위한 행렬 연산에 특화된 Tensor Core GPU 개발, 2021년 대규모 데이터 처리를 전문으로 하는 DPUData Processing Unit 출시, 2023년 고성능 컴퓨팅용으로 설계된 데이터센터 CPU인 NVIDIA Grace 출시를 이어가며 AI 연산을 위한 눈부신 신제품 출시를 이어갔습니다. AI 시대를 예견하고 착실히 준비해 인공지능 시대 최대의 수혜 기업이 된 것입니다. 현재 엔비디아는 단순히 제품만 공급하는 것이 아닌, 목적에 맞게 데이터센터를 최적화할 수 있는 소프트웨어도 직접 제공하고 있습니다.

때문에 엔비디아가 만드는 GPU는 그래픽 처리장치로서 뿐만 아니라 많은 양의 연산이 필요한 모든 분야에 핵심적인 연산장치로 활용되고 있습니다. 인공지능, 자율주행, VR virtual reality, 클라우드 등 미래산업을 얘기할 때 빠질 수 없는 핵심 부품이 된 셈입니다. 이 같은 엔비디아의 무한한 성장 가능성은 곧 폭발적인 주가 성장으로 나타났습니다. 4차 산업혁명의 핵심 부품으로 가능성을 인정받기 시작한 2015년 2월부터 2024년 2월까지 주가상승률은 무려 16,112%에 이르는데, 이는 1억을 투자했을 경우 161억을 벌 수 있는 엄청난 수익률입니다.

이 같은 폭발적인 성장에 힘입어 엔비디아는 사상 처음으로 2024년 2월 시가총액 2조 달러(약 2,600조 원)를 달성했으며, 애플, 마이크로소프트에 이어 미국기업 중 시가총액 2조 달러를 달성한 세 번째 기업이 되었습니다.

엔비디아에 대한 투자은행 애널리스트 보고서

Wells Fargo의 아론 레이커스 Aaron Rakers 는 2024년 2월 21일 자 애널리스트 보고서에서 다음과 같이 평가했습니다.

> ❝ H100(2022년 10월 출시한 슈퍼컴퓨터용 GPU)의 납품기간은 점점 단축되고 있지만 아직도 엔비디아의 최신제품에 대한 수요는 공급을 현저히 압도하고 있다. 엔비디아의 신제품군 중 H200(2024년 2분기에 출시 예정인 GPU로, 생성형 AI의 기반인 대형언어모델 LLM 에 특화)은 2025년 2분기에나 납품을 시작할 예정이며

B100(전작인 H100에 비해 연산속도가 2.5배 빨라진 GPU)은 2024년 말 경 납품을 시작할 것으로 보인다.

이 같은 폭발적 수요에 힘입어 2024 회계연도 4분기 엔비디아의 데이터센터 관련 매출은 184억 달러 수준으로 전년 동기 대비 무려 409% 상승했고, 네트워크 컴퓨팅 플랫폼 관련 매출은 34억 달러로 전년 동기 대비 217% 상승하는 기염을 토했다. 2024년 1월 말 기준 구매약정액은 무려 161억 달러에 달한다.

우리Wells Fargo는 엔비디아의 향후 주가 흐름을 크게 세 가지 시나리오로 구분한다. 먼저, 기본 시나리오Base Case는 엔비디아의 데이터센터용 칩에 대한 수요가 꾸준히 지속되는 경우다. 클라우드, AI, 게임, 자율주행으로 인한 수요 증가로 데이터센터 수요는 지속적으로 증가하고 있으며 엔비디아의 GPU 칩은 데이터센터 분야에서 압도적 우위를 선점하고 있다. 현재 흐름이 지속되는 기본케이스 가정 하에서 우리가 예상하는 2025년 주당순이익은 $26.5이며 2024년 말 엔비디아 주가는 여기에 주가순이익비율PER 32배를 적용한 840달러가 될 것으로 보인다.

최고의 시나리오Upside Scenario는 우리가 현재 예상하는 것보다 데이터센터 및 AI 관련 수요가 훨씬 비약적으로 증가하는 경우다. 우리는 현재 AI 개발의 초기단계를 지나고 있기에, 향후 AI의 활용도가 전 분야에서 더 높아지고 동시에 엔비디아의 데이터센터용 칩 시장 지배력이 더 강화된다면 최고의 시나리오가 펼쳐질 수 있다고 생각한다. 최고의 시나리오 가정하에서 우리가 예상하는 2025년 주당순이익은 $30이며

2024년 말 엔비디아 주가는 여기에 주가순이익비율PER 35배를 적용한 1,050 달러가 될 것으로 보인다.

최악의 시나리오Downside Scenario는 엔비디아의 고객들이 현재까지 이루어졌던 데이터센터 및 AI와 관련한 막대한 투자를 일단락하고 추가 투자규모를 줄이는 경우다. 여기에 데이터센터용 GPU 시장에서 엔비디아의 경쟁자인 AMD가 시장점유율을 늘리는 가정도 포함하면 엔비디아로선 최악의 시나리오가 될 것으로 보인다. 이 경우 2024년 말 엔비디아 주가는 600달러 수준이 될 것으로 예상한다."

종합적으로 아론 레이커스는 엔비디아에 대한 투자의견을 '비중 확대'로 제시했으며 2024년 말 목표주가는 840달러로 설정했습니다(엔비디아는 2024.06.07. 자로 10 대 1 비율의 액면 분할을 단행하였으나, 아론 레이커스의 보고서는 액면 분할 이전 주가 기준이므로 2024년 6월 말 현재 기준 목표주가는 84달러가 되는 셈입니다).

+ 도표 6-2. 엔비디아의 최근 8년간 재무자료와 주가

재무지표	FY2017 2017/01/29	FY2018 2018/01/28	FY2019 2019/01/27	FY2020 2020/01/26	FY2021 2021/01/31	FY2022 2022/01/30	FY2023 2023/01/29	FY2024 2024/01/28
PER	36.3	47.8	23.5	217.8	73.8	58.4	115.7	50.6
PBR	11.3	19.7	10.4	12.6	19.1	21.5	22.7	35.5
자산회전율	0.8	0.9	1.0	0.7	0.7	0.7	0.6	1.1
매출채권회전율	10.4	9.3	8.7	7.1	8.2	7.6	6.4	8.8
재고자산회전율	4.7	4.9	3.8	3.2	4.5	4.3	3.0	3.2
영업이익률	28.0%	33.0%	32.5%	26.1%	27.2%	37.3%	15.7%	54.1%
순이익률	24.1%	31.4%	35.3%	25.6%	26.0%	36.2%	16.2%	48.8%
부채비율	71%	50%	42%	42%	70%	66%	86%	53%
유동비율	477%	803%	794%	767%	409%	665%	352%	417%

이자보상비율	33.3	52.6	65.6	54.7	24.6	42.5	16.1	128.3
ROE	32.6%	46.1%	49.3%	26.0%	29.8%	44.8%	17.9%	91.5%
매출액증가율	37.9%	40.6%	20.6%	-6.8%	52.7%	61.4%	0.2%	125.9%

*엔비디아의 가장 최근 발표된 2024 회계연도(2023.2.~2024.1.) 기준 최근 8개년 자료 활용

	2017년 2월 28일	**2022년 2월 28일**	5년간 주가상승률
엔비디아 주가	$2.54	$24.39	+860.24%

*엔비디아는 2024.06.07. 자로 10 대 1 비율의 액면 분할을 단행하였으며, 위 주가는 이를 반영하고 있음.

• 2022년 이후 엔비디아의 주가에 영향을 미쳤던 뉴스

날짜	뉴스
2022-01-25	Fed의 금리 인상에 대한 우려감으로, 반도체 기업들의 연초 수익률이 1994년 이래 최악을 기록. 애널리스트들은 반도체 공급 부족에 힘입어 반도체 제조사들의 2021년 4분기 실적이 강한 이익률 성장세를 보일 것으로 예상하였으나, 반등하기에는 역부족.
2022-02-15	엔비디아의 4분기 실적 발표를 앞두고 주가가 9.2% 급등. Piper Sandler사는 엔비디아가 게임(Gaming) 및 데이터센터 사업부의 강력한 실적을 바탕으로 시장 예상치(Consensus)를 훌쩍 뛰어넘는 실적과 높은 2022년 성장 목표치(Guidance)를 제시할 것으로 전망.
2022-02-17	시장 예상치를 뛰어넘는 2021년 4분기 실적을 발표하였으나, 코로나로 촉발된 공급망의 병목현상으로 인해 엔비디아의 데이터센터 사업이 차질을 빚고 있다는 애널리스트들의 우려에 주식이 7.5% 급락. 그럼에도 불구하고, 회사는 자체 장기 전망을 긍정적으로 평가.
2022-03-25	엔비디아가 이틀 전 열렸던 GTC 컨퍼런스에서 다수의 신제품을 발표하고 애널리스트들의 긍정적 반응을 이끌어 내며, 하루에만 9.8% 상승. 엔비디아는 주 초반, 인텔에 자사 반도체 생산을 위탁할 수도 있음을 발표.
2022-08-08	2분기 매출 예상치(Guidance)를 기존 81억 달러에서 67억 달러로 하향 발표하며, 주가가 6.2% 급락.
2022-09-01	엔비디아가 중국 내에 위치한 미국기업들에 자사 칩을 공급할 수 있는 허가를 미 정부로부터 획득. 허가는 2023년 3월 1일까지 유효.
2022-10-27	페이스북이 기존에 발표했던 것보다 데이터센터 투자 규모를 더 큰 폭으로 확대할 것임을 발표(330억 달러 -> 370억 달러)하며, 엔비디아 주가가 2.1% 상승.
2022-11-03	AMD가 시장 예상치를 뛰어넘는 분기 실적을 발표하고 매출이 지속적인 성장세를 보일 것으로 예측하자, 반도체 기업들이 전반적으로 상승. 엔비디아는 1.5% 상승 마감.
2023-01-09	투자은행 Wells Fargo의 아론 레이커가 엔비디아를 2023년 데이터센터 성장세에 따른 대표 수혜주로 선정하자, 주가가 하루 만에 5.2% 상승.
2023-02-23	엔비디아가 시장 예상치를 뛰어넘는 2023 회계연도 4분기 실적을 발표하며 하루 만에 14% 급등. 발표 직후 20여명의 애널리스트가 엔비디아의 목표주가를 상향. 골드만 삭스는 투자의견을 '중립'에서 '매수'로 상향하고 목표주가를 $162→$275로 상향했으며, 데이터센터 성장세가 다시 가속화하고 게임산업 매출이 회복되고 있는 점을 긍정적으로 평가. "엔비디아의 사업 여건이 악화될 것으로 생각하고 투자의견 중립을 유지했던 것은 실수였음을 인정한다."고 언급.

2023-05-25	엔비디아가 AI 산업 열풍에 힘입어 2024 회계연도 2분기 매출액을 110억 달러로 예상하며 시장 예상치(72억 달러)를 큰 폭으로 상회하자 주가가 하루 만에 24.4% 폭등. 엔비디아 CEO이자 창업자인 젠슨 황은 컨퍼런스콜에서 "우리는 글로벌 데이터센터 시장이 실시간으로 재편되는 과정을 목도하고 있다. 전 세계 데이터센터들이 생성형 AI에 최적화된 가속컴퓨팅을 위해 수조 달러를 들여 인프라를 구축할 것이다."라고 분석. 엔비디아의 시가총액이 사상 처음으로 9천억 달러를 달성.
2023-10-18	미 정부가 엔비디아가 제작한 반도체의 중국 수출을 제한하자 주가가 이틀간 8.5% 급락. 엔비디아는 공식 성명을 통해 "우리는 미 정부의 규제에 협조할 것이며, 동시에 우리 칩을 필요로 하는 분야에 차질 없이 공급을 지속할 것."이라고 밝히고 "이미 글로벌 시장에서 우리 칩에 대한 수요가 충분하기 때문에, 중국 수출 제한이 단시일에 엔비디아에 큰 영향을 끼치진 않을 것"이라고 평가.

※참고 : Guidance란 기업이 자체적으로 전망한 실적 예상치를, Consensus는 증권사 리서치센터에서 예측한 실적 예상치를 의미함.

투자수익률이 낮았던 정보기술 기업: 휴렛 팩커드 엔터프라이즈(NYSE: HPE)

휴렛 팩커드는 컴퓨터 등 전자기기 제조회사입니다. 데스크톱 컴퓨터나 노트북, 프린터에 쓰인 'hp' 로고로 우리에게 잘 알려져 있습니다. 또한 휴렛 팩커드는 소프트웨어 기업이기도 합니다. GreenLake 플랫폼을 통해 데이터 관리, 클라우드 기능, AI 활용 서비스를 제공하고 있기 때문입니다.

크게 하드웨어와 소프트웨어로 구분되는 이 두 개의 사업은 본래 휴렛 팩커드 한 회사가 모두 수행하고 있었습니다. 하지만 2015년 11월 1일, 소프트웨어 사업을 담당하는 사업부가 휴렛 팩커드 엔터프라이즈Hewlett Packard Enterprise Company라는 이름으로 분할되면서 기존에 한 지붕 아래에 있던 두 사업 부문은 이제 서로 다른 일을 하는 두 개의 기업으로 분리되었습니다. 분리 후 각각의 기업명과 티커, 주요 사업 내용은 〈도표 6-3〉과 같습니다.

기업명	티커(거래소)	주요 사업	2023 회계연도 매출
HP INC.	HPQ(NYSE)	컴퓨터 제조	537억 달러(한화 약 70조 원)
HEWLETT PACKARD ENTERPRISE CO.	HPE(NYSE)	소프트웨어 및 연관 하드웨어 판매	291억 달러(한화 약 38조 원)

우리가 현재 다루고 있는 기업은 소프트웨어 및 연관 하드웨어 제공을 주요 사업으로 하는 휴렛 팩커드 엔터프라이즈입니다. 휴렛 팩커드 엔터프라이즈는 GreenLake 플랫폼을 기반으로 지능형 데이터 관리, 대규모 데이터 저장, AI 활용 서비스를 제공하는 한편, ProLiant 브랜드를 통해 IT 서버 하드웨어를 판매하고 있습니다.

휴렛 팩커드 엔터프라이즈에 대한 투자은행 애널리스트 보고서

J.P.Morgan의 사믹 채터지Samik Chatterjee는 2024년 2월 22일 자 애널리스트 보고서에서 IT 기업들의 투자 증가세가 주춤하면서 휴렛 팩커드 엔터프라이즈의 HPC & AI 사업부가 예상만큼 AI 발전에 따른 수혜를 누리지는 못하고 있다는 점을 우려했습니다. 그러나 현재 IT 기업들이 전통적인 IT 인프라시설에 대한 투자를 줄여서라도 AI 관련 투자를 늘리고 있는 만큼, 회사의 관련 매출이 장기적으로는 완만한 성장세를 보일 것으로 예측했습니다.

사믹 채터지는 거시경제의 불확실성이 2024 회계연도 상반기 회사의 실적 개선세를 둔화할 요인이지만, 영업이익률이 높은 사업부의 매출이 하반기에 회복되면서 2024 회계연도의 연간 매출은 전년 대비 0.5% 상승하고 주당순이익은 $1.91 수준이 될 것으로 전망했습니다.

　종합적으로 휴렛 팩커드 엔터프라이즈에 대한 투자의견은 '비중 확대', 2024년 말 기준 목표주가로는 $22를 제시했습니다.

+ 도표 6-4. 휴렛 팩커드 엔터프라이즈의 최근 8년간 재무자료와 주가

재무지표	FY2016 2016/10/31	FY2017 2017/10/31	FY2018 2018/10/31	FY2019 2019/10/31	FY2020 2020/10/31	FY2021 2021/10/31	FY2022 2022/10/31	FY2023 2023/10/31
PER	7.1	66.3	12.2	21.0	-34.6	5.6	21.3	9.9
PBR	1.1	0.9	1.0	1.2	0.7	1.0	0.9	0.9
자산회전율	0.4	0.4	0.5	0.5	0.5	0.5	0.5	0.5
매출채권 회전율	3.7	4.6	4.9	4.6	4.1	3.8	3.8	4.1
재고자산 회전율	10.5	10.0	9.1	8.1	7.3	5.1	3.9	3.9
영업이익률	12.9%	2.0%	5.6%	4.4%	-1.2%	4.1%	2.7%	7.2%
순이익률	10.4%	1.2%	6.2%	3.6%	-1.2%	12.3%	3.0%	7.0%
부채비율	153%	161%	161%	202%	236%	188%	187%	169%
유동비율	128%	113%	100%	79%	88%	91%	88%	87%
이자보상비율	13.7	1.7	4.9	4.1	-1.0	3.9	3.0	6.4
ROE	9.7%	1.3%	8.5%	5.5%	-1.9%	19.0%	4.4%	9.9%
매출액증가율	-2.6%	-4.7%	6.9%	-5.6%	-7.4%	3.0%	2.6%	2.2%

	2017년 2월 28일	2022년 2월 28일	5년간 주가상승률
HPE 주가	$13.26	$15.92	+20.06%

• 2022년 이후 휴렛 팩커드 엔터프라이즈의 주가에 영향을 미쳤던 뉴스

날짜	뉴스
2022-03-02	휴렛 패커드 엔터프라이즈가 시장 예상치(Consensus)를 훨씬 상회하는 2022년 연간 실적 예상치(Guidance)를 발표하며, 하루에만 주가가 10.2% 급등. 2020년 8월 이후 일일 최대 상승폭 기록. Wells Fargo의 Aaron Rakers는 투자자들이 휴렛 팩커드 엔터프라이즈 as-a-Service 사업의 견고한 대기 주문량과 지속적인 성장세에 주목해야 한다고 설명.
2022-05-20	뱅크오브아메리카의 Wamsi Mohan이 중국의 봉쇄정책으로 인해 휴렛 팩커드 엔터프라이즈가 제품 생산에 필요한 원자재를 중국에서 적시에 제공받지 못하고 있다고 지적하며, 대기 주문 증가세가 감소할 것이라고 예상. 휴렛 팩커드 엔터프라이즈의 투자등급을 매수(Buy)에서 중립(Neutral)으로, 목표주가는 $19에서 $16으로 하향.

2022-06-02	휴렛 팩커드 엔터프라이즈가 2022년의 EPS 전망치(Guidance)를 기존보다 하향하자 주가가 5.2% 급락. JP Morgan은 휴렛 팩커드 엔터프라이즈가 우크라이나-러시아 전쟁과 중국 봉쇄로 인해 힘든 시기를 겪고 있다고 지적하면서, 2분기 제품 주문량이 20% 증가했음을 볼 때 사업 성장세는 견고하다고 평가.
2022-11-30	휴렛 팩커드 엔터프라이즈가 시장 예상치를 뛰어넘는 1분기 매출 전망치(Guidance)를 발표하고, 클라우드 컴퓨팅 등 자사 서비스에 대한 수요가 견고하다고 발표하자 애널리스트들이 목표주가를 줄이어 상향(Barclays $17→$18, Citi $11.5→$13, Morgan stanley $12→$13, Evercore ISI $16→$18). 이날 주가가 8.5% 상승.
2023-05-31	휴렛 팩커드 엔터프라이즈가 시장 예상치를 밑도는 2023년 3분기 매출 전망치를 발표하자 주가가 하루 만에 7.1% 폭락. 휴렛 팩커드 엔터프라이즈 경영진은 5/30(화) 자 보고서에서 2023년 3분기 매출액을 67억-72억 달러 수준으로 전망했는데, 이는 시장 예상치 평균인 72.2억 달러 대비 낮은 수준.
2023-10-20	휴렛 팩커드 엔터프라이즈가 시장 예상치 평균을 하회하는 2024년 주당순이익(EPS) 전망치를 발표하자 주가가 10/20(금) 하루 동안 6.5% 급락. 투자은행 Citi는 "회사가 AI를 비롯한 여러 프로젝트에 자금을 투입하고 있는 것이 현금 흐름을 악화시키고 있다."고 평가. 그러나 웰스 파고(Wells Fargo)는 "회사의 AI 관련 사업 잠재력이 저평가되어 있다."고 설명.
2023-11-29	휴렛 팩커드 엔터프라이즈가 2023 회계연도 4분기 실적 발표를 통해 AI 관련 사업 매출이 전년 동기 대비 37% 상승했음을 공개하고 2024년 실적 예상치를 제시하자 애널리스트들이 긍정적인 리포트를 발간, 주가가 하루 만에 6.4% 급등. 투자은행 Bernstein은 보고서에서 "휴렛 팩커드 엔터프라이즈 경영진은 AI 수요가 확대되고 있다는 것에 고무되어 있으며, 이 수요가 안정적이라고 보고 있다. 다만, AI를 제외한 전통 사업 부문의 대기 주문이 크게 감소한 점은 우려할 만하다."며, "휴렛 팩커드 엔터프라이즈가 내실을 갖춘 회사이지만 단기간 주가 상승을 기대하기는 힘들다."고 평가.

※참고 : Guidance란 기업이 자체적으로 전망한 실적 예상치를, Consensus는 증권사 리서치센터에서 예측한 실적 예상치를 의미함.

엔비디아와 휴렛 팩커드 엔터프라이즈 비교 결과

2017년 2월 말부터 2022년 2월 말까지, 엔비디아와 휴렛 팩커드 엔터프라이즈의 주가는 〈도표 6-5〉와 같이 상반된 움직임을 보였습니다.

+ 도표 6-5. 엔비디아와 휴렛 팩커드 엔터프라이즈의 주가변동 비교

	2017년 2월 28일	2022년 2월 28일	5년간 주가변동률
NVDA 주가*	$2.54	$24.39	860.24%
HPE 주가	$13.26	$15.92	+20.06%

*엔비디아는 2024.06.07. 자로 10 대 1 비율의 액면 분할을 단행하였으며, 위 주가는 이를 반영하고 있음.

1 기업 운영의 효율성과 비용통제 능력

두 기업의 효율성은 항목별로 차이를 보이고 있습니다. 먼저, 자산회전율은 엔비디아가 앞서고 있어, 자산을 더 효율적으로 사용해 매출을 창출하고 있다고 볼 수 있습니다. 매출채권회전율도 엔비디아가 휴렛 팩커드에 비해 2배 높았는데, 이는 엔비디아가 고객과의 협상력이 높아 더 유리한 외상 조건을 제시하고, 이를 통해 빠른 회수 속도를 기록했기 때문입니다.

재고자산회전율은 엔비디아가 휴렛 팩커드의 절반 수준으로, 수치만 보면 더 재고관리를 비효율적으로 하고 있는 것처럼 보입니다. 하지만 이 차이는 두 기업의 사업 구조 차이에 기인합니다. 엔비디아는 생산 시설 없이 반도체 설계만 전문적으로 하는, 일명 '팹리스fabless' 기업입니다. 생산시설을 직접 소유하고 있다면 유연한 생산계획을 세울 수 있겠지만, 그럴 수 없는 팹리스 기업들은 외부 생산 전문 기업과 위탁생산 계약을 통해 미리 넉넉한 양의 재고를 확보해 놓아야 합니다. 반도체는 리드타임lead times, 즉 주문 시점과 납품 시점 사이의 시간 간격이 1년을 초과하는 경우도 있을 정도로 매우 길기 때문입니다.

이는 팹리스 기업인 엔비디아가 휴렛 팩커드에 비해 낮은 재고자산회전율을 감수하고라도 많은 양의 재고자산을 보유할 수밖에 없는 이유입니다. 따라서 단순히 재고자산회전율 수치만 비교해 두 기업의 재고자산 관리 효율성을 논하기보다는, 이런 배경을 통해 두 기업의 수치 차이를 이해해야 합니다.

	자산회전율	매출채권회전율	재고자산회전율
NVDA	**0.8**	**8.5**	4.2
HPE	0.5	4.3	**8.4**

*엔비디아는 FY2017-FY2022, 휴렛 팩커드 엔터프라이즈는 FY2016-FY2021

영업이익률과 순이익률은 〈도표 6-7〉과 같이 두 기업이 매우 큰 차이를 보였습니다. 엔비디아가 IT 섹터 평균을 훨씬 상회하는 이익률을 기록한 반면, 휴렛 팩커드는 비용통제에 어려움을 겪는 모습을 보여 주었습니다.

+ 도표 6-7. 두 기업의 6년간* 이익률 평균 수치

	영업이익률	순이익률
NVDA	**30.7%**	**29.8%**
HPE	4.6%	5.4%
S&P500 IT 섹터(6년 평균)	23.2%	18.8%

*엔비디아는 FY2017-FY2022, 휴렛 팩커드 엔터프라이즈는 FY2016-FY2021

2 ▶ 기업의 안정성, 수익성, 성장성

엔비디아는 〈도표 6-8〉과 같이 부채비율, 유동비율, 이자보상비율 모두에서 휴렛 팩커드엔터프라이즈에 비해 훨씬 안정적인 수치를 기록했습니다.

+ 도표 6-8. 두 기업의 6년간* 안정성 지표 평균 수치

	부채비율	유동비율	이자보상비율
NVDA	57%	653%	45.6
HPE	183%	100%	4.6

*엔비디아는 FY2017-FY2022, 휴렛 팩커드 엔터프라이즈는 FY2016-FY2021

두 기업의 수익성을 측정하는 지표인 ROE는 〈도표 6-9〉와 같았습니다. 두 기업의 유동비율과 ROE를 비교해 보면 엔비디아가 얼마나 대단한 기업인지 새삼 느낄 수 있습니다. 일반적으로 기업 운영에 있어, 유동비율(안전성 지표)과 ROE(수익성 지표)는 상반된 관계를 갖기 마련입니다. 기업이 안정성을 높이기 위해 많은 현금을 보유하고 있다면 유동비율은 높아지지만, 이는 반대로 투자활동이 저조하다는 것을 의미하기에 수익성은 악화되기 때문입니다. 하지만 엔비디아의 경우 휴렛 팩커드에 비해 유동비율과 ROE 모두 월등히 우수한 수치를 보여 주고 있습니다. 엔비디아의 주가상승률이 왜 높았는지 엿볼 수 있는 대목입니다.

+ 도표 6-9. 두 기업의 6년간* ROE 평균 수치

NVDA	HPE	S&P500 IT 섹터(6년 평균)
38.1%	7.0%	27.9%

*엔비디아는 FY2017-FY2022, 휴렛 팩커드 엔터프라이즈는 FY2016-FY2021

2017 회계연도부터 2022 회계연도까지, 엔비디아의 연평균 매출성장률은 32.3%에 달한 반면, 2016 회계연도부터 2021 회계연도까지 휴렛 팩커드의 연평균 매출성장률은 -1.8%로 마이너스를 기록했습니다.

3 > 주가의 과대평가 여부

2022년 3월 1일 기준, 두 기업의 PER과 PBR은 〈도표 6-10〉과 같았습니다. 엔비디아는 IT 섹터 평균보다 두 측정치가 모두 높아 시장의 높은 기대를 받고 있는 '성장주'의 전형을 보여 주었습니다. 반면, 휴렛 팩커드는 IT 섹터 평균보다 낮은 반대의 흐름을 보였습니다.

	PER	PBR
NVDA	60.04	22.06
HPE	5.88	0.99
S&P500 IT 섹터	29.40	10.25

〈도표 6-11〉은 2017년 2월 28일부터 2024년 2월 28일까지의 두 기업의 주가 차이를 보여 주고 있습니다. 빨간 그래프는 엔비디아의 주가 흐름을, 파란 그래프는 휴렛 팩커드 엔터프라이즈의 주가 흐름을 나타냅니다. 중간에 있는 검은 세로 점선은 2022년 2월 28일을 표시하고 있어, 분석 대상이 된 2017년 2월부터 2022년 2월 이후 기간에 주가가 어떻게 움직였는지도 구분해서 확인해 볼 수 있습니다.

+ 도표 6-11. NVDA와 HPE의 최근 7년(2017.2.28. ~ 2024.2.28.)간 주가 비교

*엔비디아는 2024.06.07. 자로 10 대 1 비율의 액면 분할을 단행하였으나, 그래프는 실제 주가변동 내역을 표시하기 위해 액면 분할 이전 가격을 기준으로 작성.

출처: Bloomberg

S&P500 IT 기업 중 최근 7년간
주가상승률 상위 20개 기업

엔비디아와 휴렛 팩커드 엔터프라이즈 모두 현재 S&P500에 편입되어 있습니다. 독자 여러분이 투자에 참고하실 수 있도록, S&P500에 편입된 IT기업 중 최근 7년간(2017.2.28. ~ 2024.2.28.) 투자수익률(배당 재투자 가정)이 가장 높았던 상위 20개 기업을 다음과 같이 정리해 드립니다.

+ 도표 6-12. S&P500 IT 섹터 내 최근 7년간 투자수익률 상위 20개 기업

매출 단위: 백만 달러

기업명	티커	투자수익률*	최근 12개월 매출**	PER(2024.2.28)
Enphase Energy Inc	ENPH	6,553.6%	2,291	37.3
NVIDIA Corp	NVDA	3,001.8%	60,922	64.4
Advanced Micro Devices Inc	AMD	1,120.9%	22,680	280.4
Fair Isaac Corp	FICO	880.1%	1,551	78.0
Cadence Design Systems Inc	CDNS	872.8%	4,090	79.8
Fortinet Inc	FTNT	830.5%	5,305	48.0
Arista Networks Inc	ANET	818.3%	5,860	41.6
ServiceNow Inc	NOW	774.1%	8,971	183.7
Lam Research Corp	LRCX	765.1%	14,317	33.9
Monolithic Power Systems Inc	MPWR	755.9%	1,821	81.1
KLA Corp	KLAC	746.2%	9,671	29.5
Synopsys Inc	SNPS	698.3%	6,131	62.0
Broadcom Inc	AVGO	659.8%	35,819	38.1
Microsoft Corp	MSFT	595.1%	227,583	36.9
Palo Alto Networks Inc	PANW	524.4%	7,527	137.9
Applied Materials Inc	AMAT	491.4%	26,485	24.1
Jabil Inc	JBL	488.7%	33,454	18.1
Apple Inc	AAPL	467.5%	385,706	28.3
Intuit Inc	INTU	453.8%	15,094	67.0
ON Semiconductor Corp	ON	405.4%	8,253	15.0

*배당금은 모두 재투자 가정
**2024년 2월 말 기준

02

임의소비재
Consumer Discretionary

전자상거래부터 호텔업까지, 광범위한 임의소비재 섹터

임의소비재 기업들 중 일반투자자들에게 가장 친숙한 종목은 단연 테슬라(전기차)일 것입니다. 이는 CEO인 일론 머스크가 우주탐사 기업인 스페이스X SpaceX, 뇌 임플란트 스타트업 뉴럴링크 Neuralink 등 다른 혁신적인 기업들을 설립한 유명인이기 때문일 수도 있고, 테슬라가 글로벌 전기차시장을 주도하면서 높은 인지도를 구축했기 때문일 수도 있습니다.

그러나 무엇보다도, 자율주행 및 전기차 열풍을 타고 높은 주가 상승률을 기록했기 때문일 공산이 큽니다. 테슬라의 투자수익률은 코로나 팬데믹으로 바닥을 쳤던 2020년 3월부터 2021년 11월까지 무려 1,300%를 기록했는데, 이는 1억 원의 투자금이 14억 원이 되는 엄청난 수익률이기 때문입니다.

테슬라 외에도 임의소비재 기업 중 일반투자자들에게 친숙한 기업으로는 아마존(전자상거래), 엣시(전자상거래)를 들 수 있습니다. 코로나 팬데믹으로 급성장한 이커머스 E-commerce 의 대표적 수혜주로 유명세를 탔기 때문입니다. 코로나의 확산으로 그동안 온라인쇼핑을 하지 않았던 고객층이 유입되기 시작했고 이로 인해 미국 1위 이커머스 기업인 아마존Amazon.com Inc., 그리고 독특한 수공예품을 파는 엣시Etsy Inc.는 모두 폭발적인 매출 성장을 기록했습니다.

지금까지 나열한 기업들의 공통점이 있습니다. 모두 S&P500에 속한 기업이며, 동시에 임의소비재 기업으로 분류된다는 점입니다. 이들이 임의소비재 기업이라는 점에 고개를 갸우뚱하는 투자자 분들도 계실 것이라 생각합니다. 대체로 '필수소비재는 필수재Necessity Goods, 임의소비재는 사치재Luxury Goods'로 인식하는 경우가 많은데, 이 경우 사치재와 무관해 보이는 위 기업들이 임의소비재 섹터로 분류되는 것이 의아할 수 있기 때문입니다.

물론 임의소비재는 에르메스나 LVMH(루이비통, 지방시)와 같은 명품 브랜드도 포함되는 섹터입니다. 하지만 실제 임의소비재 섹터에 포함되는 산업은 〈도표 6-13〉과 같이 훨씬 광범위합니다.

+ 도표 6-13. 임의소비재 섹터 내 주요 산업과 대표 브랜드

주요 산업	대표 브랜드	주요 산업	대표 브랜드
자동차	테슬라, 포드, GM	푸드체인	스타벅스, 맥도널드
건축자재	로우스	여행	카니발
가전	월풀	의류	나이키, 랄프로렌
호텔	힐튼, 메리어트	전자상거래	아마존, 이베이

임의소비재 기업들의 특징으로는 크게 두 가지가 거론됩니다. 하나는 고객들의 브랜드 충성도가 상대적으로 높다는 점이고, 둘째는 주가가 경기 상황에 민감하게 반응한다는 점입니다. 〈도표

6-14)는 경기 민감성을 잘 보여 주는 자료로, 경제가 가장 가파르게 성장하는 초기 비즈니스 사이클에서 임의소비재 섹터의 수익률이 역사적으로 매번 시장 평균을 앞섰음을 보여 주고 있습니다.

중기, 후기 사이클 또한 경제가 여전히 성장하고 있음에도 임의소비재 섹터의 초과수익률이 (-)값인 이유는 ①역사적으로 대부분의 조정장(주식 가격이 하락하는 시기)이 중기 사이클에서 나왔고, 상대적으로 가파르게 가격이 오른 임의소비재 기업 위주로 주가가 하락하는 한편 ②금리인상에 민감한 업종 특성상 인플레이션 우려가 고조되면서 대형 기업 위주로 주가가 하락했기 때문입니다. IT 섹터와 마찬가지로, 비즈니스 사이클상 2024년 상반기는 임의소비재 기업에 투자할 시 단기차익보다는 장기적 투자수익을 염두에 두고 투자해야 할 시기라고 볼 수 있습니다.

+ 도표 6-14. 각 비즈니스 사이클별 임의소비재 섹터 평균 초과수익률과 적중률

비즈니스 사이클	평균 초과수익률	적중률
초기(EARLY)	10% ~ 15%	100%
중기(MID)	△10% ~ 0%	30% ~ 40%
후기(LATE)	△15% ~ △5%	50% ~ 60%
침체(RECESSION)	0%	40% ~ 60%

▶평균 초과수익률
전체 주식시장의 평균수익률 대비 얼마나 더 높은 수익률을 올렸는지를 나타냄.

▶적중률
각 비즈니스 사이클에서 전체 주식시장 평균수익률보다 높은 수익률을 올린 비율

투자수익률이 높았던 임의소비재 기업: 엣시(NASDAQ: ETSY)

뉴욕 브루클린에 본사를 두고 있는 엣시는 수공예품과 예술 작품 이커머스 플랫폼인 Etsy, 악기 거래 플랫폼 Reverb, 유럽의 패션 리셀resale 플랫폼 Depop을 운영하는 기업입니다. 여기서 플랫폼이란 온라인사이트 및 스마트폰 앱을 의미합니다. Etsy,

Reverb, Depop에 전체 등록된 판매 물품 개수는 1억 개를 상회하며, 2023년 말 기준 정기적으로 이용하는 활성판매자와 활성고객의 수는 각각 9백만 명과 9천 6백만 명에 이릅니다.

엣시의 설립 계기 및 사업모델

Etsy는 총 3개의 엣시 플랫폼을 통한 전체 거래액 중 2023년 기준 약 88%를 차지하고 있는 대표 사이트입니다. 엣시의 설립은 2005년으로 거슬러 올라갑니다. 당시 아마추어 목수였던 로버트 케일린Robert Kalin은 자신이 만든 가구를 판매하고 싶었는데, 마땅한 사이트가 없자 몇몇 친구들과 함께 직접 전자상거래 사이트 Etsy를 오픈합니다. 당시 대표적인 전자상거래 사이트였던 이베이는 자신의 가구를 돋보이게 할 수 없다고 판단했기 때문입니다. 이후 Etsy는 개별 판매자가 직접 만든, 세상에 하나뿐인 제품을 사고 싶어 하는 사람들의 수요에 힘입어 폭발적으로 성장하기 시작합니다.

Etsy, Reverb, Depop의 3개 플랫폼은 모두 판매 물품들을 직접 매입해서 파는 것이 아니라, 단지 중개서비스만을 제공합니다. 따라서 판매자와 구매자 간 거래가 체결될 때마다 받는 수수료가 주요 수입원이며, 대표 플랫폼인 Etsy의 경우 〈도표 6-15〉와 같이 물품 판매가격을 기준으로 다양한 유형의 수수료를 책정하고 있습니다.

+ 도표 6-15. Etsy.com의 수수료 정책

· 마켓플레이스 수수료

수수료 명칭	내용	수수료율	부과 대상
Transaction fee	거래금액(배송비 포함)에 부과	6.5%*	판매자

Offsite Ads	광고서비스 이용 시 부과	12% 또는 15%	판매자
Payment fee	자체 결제서비스 이용 시 부과	3.0% ~ 4.5%	판매자
Listing fee	상품 등록 시마다 부과	개당 20센트	판매자

*2022년 4월 11일부터 5%(기존) → 6.5%(변경)로 인상

· 서비스 수수료(선택사항)

수수료 명칭	내용	부과 대상
Etsy Ads	검색 결과에 우선 노출	판매자
Etsy Shipping	엣시 제휴 택배사를 할인 가격에 이용	판매자

마켓플레이스 수수료는 3개 플랫폼 전체 매출의 73%를 차지하는 주요 수입원입니다. 엣시의 3개 플랫폼 전체에서 2023년 한 해 동안 거래된 물건의 총금액은 무려 131억 달러(약 17조 원)에 달하는데, 이처럼 거래가 발생할 때마다 일정 비율로 부과되는 수수료 매출이 주요 수입원인 셈입니다. 전체 매출의 27%는 기타 수수료에서 창출됩니다.

엣시의 폭발적인 수익률 및 성장 배경

엣시가 2017년 2월 말부터 2022년 2월 말까지 기록한 주가수익률은 약 1,177%인데, 이 수치는 S&P500의 임의소비재 기업 60개 중 테슬라(1,640%)에 이은 2번째이자 S&P500 전체 기업 중에서도 4번째에 해당하는 엄청난 수익률입니다.

기간을 보다 최근까지 늘려 2017년 2월 말부터 2024년 2월 말까지 7년간 기록한 주가수익률을 놓고 봐도, 엣시가 기록한 주가수익률은 485%이며 이는 S&P500의 임의소비재 기업 중 4번째이자 S&P500 전체 기업 중에서도 31번째에 해당합니다.

이 같은 수익률의 배경에는 공산품이 아닌 독창적인 핸드메이

드 수공예품을 파는 엣시만의 차별점이 자리잡고 있습니다. 2023년 자체 설문조사에 따르면 Etsy 구매자들의 83%는 "다른 곳이 아닌 오직 Etsy에서만 구할 수 있는 물건들을 보러 접속한다."고 답했으며, 구매자들의 84%는 "Etsy는 실제 살아 있는 상대방과 거래한다는 느낌을 준다."고 답했다고 합니다. 엣시가 '천하의 아마존도 넘볼 수 없는 플랫폼'으로 평가받는 이유입니다.

엣시에 대한 투자은행 애널리스트 보고서

Wells Fargo의 켄 가렐스키Ken Gawrelski는 2024년 2월 22일 자 애널리스트 보고서에서 비록 엣시의 2023년 4분기 매출이 연말 쇼핑시즌의 소비 회복세에 힘입어 개선되었음에도, 엣시 경영진이 2024년 1분기 영업이익 추정치를 전년 동기 대비 0.6% 감소할 것으로 전망한 점에 우려를 나타냈습니다. 켄 가렐스키는 Depop과 Reverb의 실적 개선세를 긍정적으로 평가하면서도, 엣시의 성장세가 둔화하고 있는 점을 지적하며 2024년 및 2025년 3개 플랫폼의 전체 거래금액 추정치를 기존 대비 1% 하향조정했습니다.

켄 가렐스키는 엣시가 전체 거래금액 증대를 위해 활성구매자와 활성판매자를 늘릴 수 있는 유인이 필요한 시점이지만, 날로 경쟁이 치열해지는 온라인쇼핑몰 시장에서 이들의 눈높이가 높아지다 보니 이것이 녹록치 않은 상황이라고 진단했습니다. 종합적으로는 엣시에 대해 투자의견 '비중 축소'를 유지하며 2024년 말 목표주가로 $62를 제시했습니다.

+ 도표 6-16. 엣시의 최근 8년간 재무자료와 주가

재무지표	FY2016 2016/12/31	FY2017 2017/12/31	FY2018 2018/12/31	FY2019 2019/12/31	FY2020 2020/12/31	FY2021 2021/12/31	FY2022 2022/12/31	FY2023 2023/12/31
PER	-45.3	29.6	74.3	55.4	61.8	56.4	-21.9	32.3
PBR	4.0	6.3	14.2	12.9	30.2	44.2	-27.4	-17.7
자산회전율	0.6	0.7	0.8	0.7	0.9	0.7	0.8	1.0
매출채권 회전율	15.6	14.7	26.3	59.2	90.8	93.4	93.1	104.5
재고자산 회전율	-*	-*	-*	-*	-*	-*	-*	-*
영업이익률	4.8%	2.7%	12.4%	10.8%	24.6%	20.0%	-25.7%	10.2%
순이익률	-8.2%	18.5%	12.8%	11.7%	20.2%	21.2%	-27.1%	11.2%
부채비율	69%	53%	125%	279%	224%	510%	-581%	-594%
유동비율	442%	429%	607%	489%	417%	218%	240%	221%
이자보상비율	2.4	1.1	3.4	3.6	10.1	47.1	-46.5	19.9
ROE	-8.9%	22.1%	19.4%	23.7%	60.8%	72.0%	-1,707%	-56.4%
매출액증가율	33.4%	20.9%	36.8%	35.6%	110.9%	35.0%	10.2%	7.1%

*ETSY는 재고자산이 없어 재고자산회전율 산출 불가

	2017년 2월 28일	2022년 2월 28일	5년간 주가상승률
엣시 주가	$12.12	$154.89	+1,177.97%

· 2022년 이후 엣시의 주가에 영향을 미쳤던 뉴스

날짜	뉴스
2022-02-02	UBS가 엣시의 투자의견을 매도(Sell)에서 중립(Neutral)으로 상향. 이유로는 2021년 11월 최고점에서 엣시의 주가가 약 50%가량 하락하여 주가 수준이 보다 합리적이기 때문이라고 제시.
2022-02-25	2021년 4분기 실적 발표. 매출이 시장 예상치(Consensus)를 상회하며 주가 16.2% 상승.
2022-05-05	E-Commerce 기업들이 예상치를 하회하는 분기 실적을 발표하며 온라인쇼핑의 성장성에 대한 우려 확산. 엣시 주가가 16.8% 하락.
2022-07-28	시장 예상치보다 양호한 2022년 2분기 실적을 발표하면서 9.8% 상승.
2022-10-13	예상보다 높은 인플레이션에 E-Commerce 기업 전반적으로 주가 하락 확산. 엣시의 주가는 이날 하루에만 9.3% 하락.

2022-11-03	2022년 3분기 실적 발표. 매출이 시장 예상치를 상회했으며 4분기 매출 전망치(Guidance)가 시장 예상치(Consensus)와 부합하여 14.2% 상승.
2022-11-11	미국의 소비자물가상승률(CPI)이 예상치보다 낮게 발표되며, Fed가 금리인상을 늦출 것이란 기대감 확산. 엣시 주가가 하루 만에 4.9% 상승.
2023-08-03	엣시가 실망스러운 2023년 2분기 실적을 발표하자, 하루 만에 주가가 13.7% 폭락. 투자은행 Citi는 "투자자들은 엣시가 다시 한번 성장기를 맞이할 수 있다는 확신을 받고 싶어 한다. 그러나 최근 실적은 이런 확신을 주기에는 부족하다."고 평가하였으며, Wells Fargo는 "경영진이 제시한 2023년 3분기 실적 전망치는 한껏 높아진 시장 예상치를 충족하기에는 역부족이며, 엣시 플랫폼의 전체 거래액이 소폭 상승하는 수준에 그칠 것임을 암시한다. 엣시 주식의 매력도는 올라갔지만, 잠재 투자자라면 2024년까지 시간을 두고 충분히 분석할 필요가 있다."고 평가.

※참고: Guidance란 기업이 자체적으로 전망한 실적 예상치를, Consensus는 증권사 리서치센터에서 예측한 실적 예상치를 의미함.

투자수익률이 낮았던 임의소비재 기업: 갭(NYSE: GPS)

갭GAP은 미국의 대표적인 의류 브랜드입니다. 패스트 패션(유행에 따른 소비자의 기호를 빨리 반영하는 패션)의 대표적인 매장 형태인 SPASpecialty store retailer of Private label Apparel 개념을 창시한 브랜드로도 알려져 있습니다. SPA란 의류 디자인, 생산, 유통 전 과정을 한 회사가 직접 처리해 생산원가를 절감하고, 이를 통해 저렴한 제품을 공급하는 브랜드를 말합니다. GAP은 가격 부담이 없는 대표적인 브랜드로, 우리에게는 청바지로 가장 친숙한 브랜드이기도 합니다.

미국 패스트 패션의 대명사, 갭의 변천 과정

지금은 GAP 매장에 가면 자체 로고가 새겨진 의류들이 진열되어 있지만, 처음부터 GAP이 자체 브랜드로 의류를 생산한 것은 아니었습니다. 1969년 샌프란시스코에 피셔 부부Donald Fisher & Doris Fisher가 처음 창업했을 때만 해도, GAP은 십대 학생들을 대상으로 리바이스Levi's 청바지를 파는 작은 옷가게에 불과했습니다. 1974년에 이르러 비로소 GAP의 로고를 단 제품이 처음으로 진열되었지만, 그 뒤 주식시장에 상장(1976년)을 한 뒤에도 여전히 GAP은 다른 회사가 만든 옷을 사 와서 파는 것을 주 업종으로 하는 회사였습니다.

그러다 1983년, 브랜드 이미지 개선을 고민하던 창업주가 앤테일러Ann Taylor 브랜드의 전 CEO였던 드렉슬러Millard Drexler를 새 경영자로 선임하면서 GAP은 완전히 다른 브랜드로 탈바꿈하기 시작합니다. 드렉슬러는 가장 먼저 잡다한 상품 구색을 싹 정리하고 주력 품목에 집중하는 한편, 난립하던 갖가지 브랜드를 대부분 정리하고 GAP 자체 브랜드 제품을 대폭 확대했습니다. 독창적인 디자인으로 이후 1990년대를 풍미한 SPA 브랜드로 재탄생한 순간이었습니다.

갭을 바라보는 투자자들의 우려

이렇듯 최초의 SPA 브랜드로서 패스트 패션 문화를 시작했던 GAP이지만, 최근에는 고전을 면치 못하고 있습니다. ZARA, H&M 등 쟁쟁한 브랜드들로 인해 업계 경쟁이 갈수록 심화되고 있기 때문입니다. 2022 회계연도 기준, GAP의 매출은 156억 달러(약 20조 원)를 기록해 ZARA, H&M, 패스트 리테일링(유니클로)에 이어 글로벌 의류업계 4위를 기록하는 데 그쳤습니다.

또, 전자상거래의 성장도 GAP을 위협하는 요소입니다. GAP은 2022 회계연도 기준, 전체 매출의 약 62%를 오프라인 매장, 38%를 온라인쇼핑에서 창출한 만큼 아직 오프라인 매장 위주의 영업을 하고 있는데, 점점 더 많은 소비자들이 온라인을 통한 상품 구매를 늘리고 있기 때문입니다.

GAP은 Banana Republic(1983년 인수), Old navy(1994년 런칭),

Athleta(2008년 인수) 등 브랜드를 지속적으로 확장해 가면서 최고의 패스트 패션 브랜드 지위를 탈환하기 위한 시도를 이어 가고 있습니다. 하지만 투자자들의 믿음을 다시 얻기에는 보다 확실한 실적이 뒷받침되어야 할 것으로 보입니다.

갭에 대한 투자은행 애널리스트 보고서

J.P.Morgan의 매튜 보스Matthew Boss는 2023년 11월 17일 자 애널리스트 보고서에서 2023년 3분기 매출이 전년 동기 대비 6.7% 감소했음에도 경영진이 예상했던 10%대 초반 감소세에 비해 선방한 점, SPA 의류시장 점유율이 Old Navy와 Gap 브랜드 위주로 상승한 점을 긍정적으로 평가했습니다.

그러나 점유율 상승이 매출 상승으로 이어지지 않은 점을 우려하며, 갭의 간판 브랜드인 Old Navy와 Gap의 매출 정체가 광고비 증대, 비용 상승(원재료, 운송비용, 인건비)과 맞물려 이익률 감소를 야기하고 있다고 분석했습니다. 비록 Old Navy는 갭 내에서 시장점유율을 방어하고 있는 주력 브랜드이지만, 가격 인상이 고객들의 브랜드 충성도를 약화시키고 있다고 진단했으며 이로 인해 경영진이 제시한 영업이익률 10%대 진입은 요원한 상태라고 평가하기도 했습니다.

종합적으로, 매튜 보스는 갭의 투자의견을 '비중 축소'로 유지하고 2024년 12월 목표주가로 $16을 제시했습니다.

+ 도표 6-17. 갭의 최근 8년간 재무자료와 주가

재무지표	FY2017 2017/01/28	FY2018 2018/02/03	FY2019 2019/02/02	FY2020 2020/02/01	FY2021 2021/01/30	FY2022 2022/01/29	FY2023 2023/01/28	FY2024 2024/02/03
PER	13.4	14.9	9.6	18.7	-11.4	26.1	-24.0	14.6
PBR	3.1	4.0	2.7	1.9	2.9	2.4	2.2	2.8
자산회전율	2.1	2.0	2.1	1.5	1.0	1.3	1.3	1.3
매출채권 회전율	50.3	51.4	55.0	51.4	40.6	43.8	42.3	47.3
재고자산 회전율	5.3	5.1	5.0	4.8	3.9	3.7	3.8	4.2
영업이익률	7.7%	9.3%	8.2%	3.5%	-6.2%	4.9%	-0.4%	3.8%
순이익률	4.4%	5.3%	6.0%	2.1%	-4.8%	1.5%	-1.3%	3.4%
부채비율	162%	154%	127%	313%	427%	369%	410%	326%
유동비율	176%	186%	196%	141%	155%	127%	142%	142%
이자보상비율	15.9	20.0	18.7	7.6	-4.5	4.9	-0.8	6.2
ROE	24.8%	28.0%	30.0%	10.2%	-22.4%	9.6%	-8.2%	20.8%
매출액증가율	-1.8%	2.2%	4.6%	-1.2%	-15.8%	20.8%	-6.3%	-4.7%

	2017년 2월 28일	2022년 2월 28일	5년간 주가하락률
갭 주가	$24.82	$14.55	-41.37%

• 2022년 이후 갭의 주가에 영향을 미쳤던 뉴스

날짜	뉴스
2022-01-24	미국의 백화점 체인인 콜스(Kohl's) 주가가 인수합병 기대감으로 하루 만에 36% 급등하면서, 섹터 전반의 인수합병 기대감으로 백화점 및 소매점 주가가 상승.
2022-03-04	시장 예상치(Consensus)를 상회하는 4분기 실적을 발표하고 2022년 실적 예상치(Guidance)를 높게 제시하였음에도, 주가변동 없음.
2022-04-13	행동주의(Activist) 주주들이 GAP의 경영 방식에 대한 변화를 요구할 것이라는 소문(Athleta 브랜드의 분할 등)이 돌면서, 하루에만 8.2% 급등.

2022-04-22	GAP에서 25년간 일했던 낸시 그린(Old Navy의 CEO)이 사임하고, 다음 분기 매출 Guidance를 하향 조정하면서 애널리스트들이 목표주가를 하향. 이 여파로 하루에만 17.9% 주가 폭락.
2022-05-23	CITI은행이 GAP의 목표주가를 종전의 주당 $13에서 $8로, 투자의견은 중립(Neutral)에서 매도(Sell)로 하향.
2022-05-31	1분기 이익이 시장 예상치(Consensus)보다 저조하고, 갭이 2022년 전체의 실적 전망치(Guidance)를 종전 발표치보다 하향하면서 주가 4.9% 하락.
2022-07-12	원가 상승 여파 및 트렌드를 파악하지 못한 경영 실책으로 CEO인 소니아 싱걸이 2년 반만에 불명예 퇴진하자, 주가 5% 하락.
2022-11-18	3분기 실적이 시장 예상치를 상회하면서 7.5% 상승.
2023-03-10	갭이 실망스러운 2022년 4분기 실적 및 2023 회계연도 실적 전망치를 발표하자 여러 애널리스트들이 목표주가를 하향 조정하였으며 주가가 하루 만에 6.1% 폭락. 투자은행 Jefferies의 코리 탈로(Corey Tarlowe)는 2022년 4분기 실적과 2023 회계연도 전망치를 '기대 이하'라고 평가하며 Old Navy와 Athleta 브랜드 위주로의 사업 재편이 이익률을 개선하겠지만, 단기간 투자매력도를 높일 정도는 아니라고 평가.
2023-05-26	갭이 시장 예상치를 상회하는 2023 회계연도 1분기 실적을 발표하며 주가가 하루만에 12.4% 급등. 갭의 1분기 매출총이익률은 37.1%로, 시장 예상치인 34.6%를 상회. 투자은행 Jefferies의 코리 탈로(Corey Tarlowe)는 "항공운임 절감 및 성공적인 마케팅이 예상을 뛰어넘는 주당순이익 및 이익률을 견인한 주요 요인"이라고 분석하며 "1분기 실적 및 2023 회계연도 실적 전망치는 고무적이나, 거시 경제 환경이 불확실하고 갭이 구조조정 중이라는 사실은 투자에 주의를 요한다."고 평가.
2023-07-26	갭이 마텔(Mattel, 바비 인형 제조사)의 최고운영책임자(COO)였던 리처드 딕슨을 신규 CEO로 선임하자 주가가 하루 만에 7.7% 급등. 투자은행 Jefferies의 코리 탈로(Corey Tarlowe)는 신규 CEO 선임을 단행한 결정에 대해 "긍정적으로 평가한다. 과거 쇠퇴하던 많은 브랜드들을 다시 성장궤도에 올려 놓았던 딕슨의 경험은 갭이 다시 한번 성장할 수 있는 원동력이 될 것"이라고 설명.
2023-08-25	갭이 시장 예상치를 상회하는 2023 회계연도 2분기 주당순이익 실적을 발표하며 하루 만에 7.2% 급등. 투자은행 Morgan Stanley의 알렉스 스트래튼(Alex Straton)은 애널리스트 보고서에서 "분기 실적은 인상적이지만, 여전히 개선되지 않는 기업환경이 우려스럽다."고 평가.
2023-10-25	웰스파고의 아이크 보루초(Ike Boruchow)가 투자의견을 비중 유지(equal-weight)에서 비중 확대(Over-weight)로 상향하자, 주가가 하루 만에 5.2% 상승. 보루초는 애널리스트 보고서에서 "적절한 재고 수준 관리와 개선된 비용 관리 능력이 주가 상승을 견인할 것으로 기대한다."고 평가.
2023-11-17	갭이 시장 예상치보다 작은 2023년 3분기 매출 감소폭을 발표하며 주가가 하루 만에 무려 30.6% 급등. 애널리스트들은 전년 동기 대비 매출 8.66% 감소를 예상했으나, 실제로 매출은 2% 감소에 그침. CEO인 리처드 딕슨은 언론과 인터뷰에서 "이번 분기 갭의 성과가 만족스럽다. 그러나 브랜드 경쟁력을 강화하기 위해 아직 할 일이 많이 남아 있다."고 답변.

※참고 : Guidance란 기업이 자체적으로 전망한 실적 예상치를, Consensus는 증권사 리서치센터에서 예측한 실적 예상치를 의미함.

엣시와 갭 비교 결과

2017년 2월 말부터 2022년 2월 말까지, 엣시와 갭의 주가는 〈도표 6-18〉과 같이 상반된 움직임을 보였습니다.

+ 도표 6-18. 엣시와 갭 주가변동 비교

	2017년 2월 28일	2022년 2월 28일	5년간 주가변동률
엣시 주가	$12.12	$154.89	1,177.97%
갭 주가	$24.82	$14.55	-41.37%

1 기업 운영의 효율성과 비용통제 능력

엣시와 갭의 효율성 지표 비교 결과는 갭이 전반적으로 더 기업 운영을 효율적으로 하고 있음을 보여 줍니다. 갭의 자산회전율이 엣시의 2배 이상으로, 보유 중인 자산을 2배 이상 활발히 사용해 매출을 창출하고 있음을 알 수 있습니다. 이는 제품 생산의 전 과정을 최대한 효율적으로 관리하는 형태인 패스트 패션 선도기업으로서 갭의 위상과 무관치 않아 보입니다. 그러나 2017 회계연도부터 2022 회계연도까지 갭의 재고자산회전율이 지속적으로 감소하고 있다는 것은 주의해야 할 부분입니다.

+ 도표 6-19. 두 기업의 6년간* 효율성 지표 평균 수치

	자산회전율	매출채권회전율	재고자산회전율
ETSY	0.7	50.0	-
GPS	1.7	48.8	4.6

*엣시는 FY2016-FY2021, 갭은 FY2017-FY2022

엣시의 영업이익률과 순이익률은 〈도표 6-20〉과 같이 업계 평균을 상회하는 모습을, 갭은 업계 평균을 하회하는 모습을 보여

주고 있습니다. 이는 전자상거래 기업인 엣시와 패션 기업인 갭의 서로 다른 사업 구조에 기인한 차이라고 할 수 있습니다. 두 기업의 가장 큰 차이는 재고자산 유무입니다. 엣시는 재고자산이 없어 상대적으로 비용 관리에 유리한 구조를 갖고 있기 때문입니다.

+ 도표 6-20. 두 기업의 6년간* 이익률 평균 수치

	영업이익률	순이익률
ETSY	12.6%	12.7%
GPS	4.6%	2.4%
S&P500 임의소비재 섹터(6년 평균)	9.0%	6.7%

* 엣시는 FY2016-FY2021, 갭은 FY2017-FY2022

2 기업의 안정성, 수익성, 성장성

기업의 안정성을 측정하는 세 지표는 모두 〈도표 6-21〉과 같이 엣시가 더 안정적인 모습을 보이고 있습니다. 특히, 유동비율이 갭에 비해 월등히 높아 예상치 못한 지출 항목이 발생하더라도 더 수월하게 대응할 수 있는 여력을 갖추고 있음을 알 수 있습니다.

+ 도표 6-21. 두 기업의 6년간* 안정성 지표 평균 수치

	부채비율	유동비율	이자보상비율
ETSY	210%	433%	11.3
GPS	258%	163%	10.4

* 엣시는 FY2016-FY2021, 갭은 FY2017-FY2022

엣시의 ROE는 갭 및 임의소비재 섹터 평균치보다 높은 수치를 기록하고 있습니다. 앞서 IT 기업 간 비교와 마찬가지로, 엣시 또한 갭보다 유동비율과 ROE가 모두 높은 점이 인상적입니다.

ETSY	GPS	S&P500 임의소비재 섹터(6년 평균)
31.5%	13.4%	26.3%

* 엣시는 FY2016-FY2021, 갭은 FY2017-FY2022

2016 회계연도부터 2021 회계연도까지 엣시의 연평균 매출 성장률은 42.9%라는 경이로운 수치를, 갭의 2017 회계연도부터 2022 회계연도까지 연평균 매출성장률은 0.9%를 기록해 큰 폭의 차이를 보였습니다.

3 주가의 과대평가 여부

〈도표 6-23〉을 보면, 엣시와 갭의 PER 및 PBR은 임의소비재 섹터 평균값을 기준으로 서로 상반된 수치를 기록하고 있습니다. 이는 두 기업을 바라보는 투자자들의 기대치를 여실히 보여 준다고 할 수 있습니다.

+ 도표 6-23. 두 기업의 PER과 PBR 비교(2022.3.1. 기준)

	PER	PBR
ETSY	40.60	31.8
GPS	20.32	1.94
S&P500 임의소비재 섹터	35.00	9.97

〈도표 6-24〉는 2017년 2월 28일부터 2024년 2월 28일까지의 두 기업의 주가 차이를 보여 주고 있습니다. 빨간 그래프는 엣시의 주가 흐름을, 파란 그래프는 갭의 주가 흐름을 나타냅니다. 중간에 있는 검은 세로 점선은 2022년 2월 28일을 표시하고 있어, 분석 대상이 된 2017년 2월부터 2022년 2월 이후 기간에 주가가 어떻게 움직였는지도 구분해서 확인해 볼 수 있습니다.

+ 도표 6-24. ETSY와 GPS의 최근 7년(2017.2.28. ~ 2024.2.28.)간 주가 비교

출처: Bloomberg

S&P500 임의소비재 기업 중 최근 7년간 주가상승률 상위 20개 기업

엣시와 갭 모두 현재 S&P500에 편입되어 있습니다. 독자 여러분이 투자에 참고하실 수 있도록, S&P500에 편입된 임의소비재 기업 중 최근 7년간(2017.2.28. ~ 2024.2.28.) 투자수익률(배당 재투자 가정)이 가장 높았던 상위 20개 기업을 다음과 같이 정리해 드립니다.

+ 도표 6-25. S&P500 임의소비재 섹터 내 최근 7년간 투자수익률 상위 20개 기업

매출 단위: 백만 달러

기업명	티커	투자수익률*	최근 12개월 매출**	PER(2024.2.28)
Tesla Inc	TSLA	1,112.3%	96,773	77.3
Lululemon Athletica Inc	LULU	611.2%	9,186	40.7
Chipotle Mexican Grill Inc	CMG	538.0%	9,872	58.1
Etsy Inc	ETSY	485.8%	2,748	21.5
PulteGroup Inc	PHM	427.5%	16,062	8.9

DR Horton Inc	DHI	393.2%	35,928	10.4
Amazon.com Inc	AMZN	309.8%	574,785	59.1
AutoZone Inc	AZO	308.9%	17,831	21.2
O'Reilly Automotive Inc	ORLY	302.3%	15,812	28.4
Tractor Supply Co	TSCO	296.9%	14,556	25.9
NVR Inc	NVR	292.0%	9,518	16.4
Hilton Worldwide Holdings	HLT	268.7%	10,235	38.7
Pool Corp	POOL	268.6%	5,542	29.7
Lowe's Cos Inc	LOW	265.2%	86,376	18.1
Lennar Corp	LEN	236.7%	34,233	11.0
Garmin Ltd	GRMN	223.9%	5,228	20.5
Home Depot Inc	HD	208.3%	152,669	25.0
Marriott International Inc	MAR	203.4%	23,713	25.0
TJX Cos Inc/The	TJX	185.1%	54,217	29.4
Darden Restaurants Inc	DRI	175.7%	11,013	20.2

*배당금은 모두 재투자 가정
**2024년 2월 말 기준

3

커뮤니케이션
Communications Services

우리의 일상을 즐겁게 만들어 주는 커뮤니케이션 섹터

커뮤니케이션 섹터는 크게 네 가지 산업을 포함하는 분야이며, 산업의 세부 내용과 대표 기업은 〈도표 6-26〉과 같습니다.

+ 도표 6-26. 커뮤니케이션 섹터 내 산업과 대표 기업들

산업	세부 설명	대표 기업
통신사	통신망을 구축	AT&T, 버라이즌, T-Mobile
엔터테인먼트	영화나 드라마 제작	디즈니, 넷플릭스, 파라마운트
인터넷 플랫폼	검색 엔진, 소셜미디어	알파벳(구글), 메타(페이스북)
미디어	광고사, 방송사	FOX

커뮤니케이션 섹터의 특징은 가치주Value stocks와 성장주Growth stocks가 골고루 있어, 투자자들에게 다양한 투자 선택지를 제공한다는 점입니다. 가치주Value stocks란 기업의 실적에 비해 주가가 저평가된 기업으로, PER과 PBR이 낮고 배당을 지급하는 기업이 상대적으로 많은 것이 특징입니다. 이에 반해 성장주Growth stocks는 주

로 기업이 사업해서 번 돈을 배당으로 지급하지 않고 사업에 재투자하는 기업으로, 일반적으로 배당을 지급하지 않으며 주가성장률이 시장 평균보다 가파른 것이 특징입니다.

〈도표 6-26〉에 나열된 기업 중 대표적인 가치주가 미국의 3대 통신사 중 한 곳인 버라이즌NYSE: VZ입니다. 2024년 2월 말 기준, 버라이즌의 PER은 8.8에 불과해 19개 기업이 포진해 있는 S&P500 커뮤니케이션 섹터 내에서 5번째로 낮은 수치를 기록했습니다. 또, 배당수익률은 연간 6.6%에 이릅니다. 1억을 투자하는 경우, 배당소득세(15%)를 제하면 연간 560만 원의 배당금을 수령할 수 있는 셈입니다. 반면 넷플릭스는 대표적인 성장주로 배당을 지급하지 않으며, 2024년 2월 말 PER이 48.9로 버라이즌보다 5.5배 높습니다.

커뮤니케이션 섹터는 미디어회사부터 통신사까지 워낙 광범위한 산업을 포괄하고 있기에, 〈도표 6-27〉과 같은 비즈니스 사이클별 수익률 데이터에도 불구하고 비즈니스 사이클에 따른 수익률을 일률적으로 설명하기 어렵습니다. 예컨대, 같은 커뮤니케이션 섹터임에도 넷플릭스는 임의소비재 기업인 아마존과 유사한 주가 흐름을 보이며, 버라이즌은 유틸리티 기업들과 유사한 주가 흐름을 보입니다. 커뮤니케이션 섹터에 투자할 경우 세부 산업에 따라 다른 논리로 접근해야 하는 이유입니다.

세부 산업 간 이질성에도 불구하고, 커뮤니케이션 섹터가 미래 사회에서 핵심적인 역할을 담당할 섹터임에는 틀림없습니다. 사물인터넷과 자율주행을 위한 초고속 광대역 통신망을 구축하는 통신사, 빅데이터와 인공지능의 기반이 되는 인터넷 플랫폼 산업, VRVirtual reality과 콘텐츠의 결합으로 영향력을 확장하고 있는 엔터테인먼트나 미디어는 모두 미래 사회를 얘기할 때 빼놓을 수 없는 산업들입니다. 따라서 미래를 준비하는 투자자라면 반드시 커뮤니케이션 섹터의 흐름을 놓치지 않고 따라가며 투자해야 할 것입니다.

+ 도표 6-27. 각 비즈니스 사이클별 임의소비재 섹터 평균 초과수익률과 적중률

비즈니스 사이클	평균 초과수익률	적중률
초기(EARLY)	△20% ~ △10%	0%
중기(MID)	**5% ~ 10%**	**50% ~ 60%**
후기(LATE)	△20% ~ △10%	20% ~ 30%
침체(RECESSION)	△20% ~ △15%	30% ~ 40%

▶평균 초과수익률
전체 주식시장의 평균수익률 대비 얼마나 더 높은 수익률을 올렸는지를 나타냄.

▶적중률
각 비즈니스 사이클에서 전체 주식시장 평균수익률보다 높은 수익률을 올린 비율

투자수익률이 높았던 커뮤니케이션 기업: 넷플릭스(NASDAQ: NFLX)

2022년 2월 27일, 한국의 두 배우 이정재와 정호연이 세계를 깜짝 놀라게 합니다. 미국배우조합SAG이 주최하는 시상식에서 각각 남우주연상, 여우주연상을 나란히 수상한 것입니다. 한국 배우가 이 시상식에서 주연상을 수상한 것이 역대 최초였기에 그 값어치가 더욱 빛난 순간이었습니다. 두 배우가 상을 수상하게 된 작품은 넷플릭스 오리지널 드라마인 '오징어게임'이었습니다. 넷플릭스가 서비스되는 모든 국가에서 1위를 차지한 첫 넷플릭스 오리지널 작품, 넷플릭스 사상 최장기간(46일) 연속 1위, 제작비(253억 원) 대비 약 40배가 넘는 가치 창출 등 진기록을 세운 바로 그 드라마입니다.

넷플릭스는 미국을 대표하는 OTT 회사입니다. OTTOver-The-Top란 기존 콘텐츠 산업을 상징하는 셋톱박스Over-The-Top의 마지막 단어는 케이

블TV의 셋톱박스를 의미를 뛰어넘는다는 의미입니다. 이들 OTT 기업들은 기존에 없던 새로운 콘텐츠 제작·유통 사업모델을 내세우며 등장했습니다.

정해진 시간에 방송사가 송출하는 영상을 수동적으로 볼 수밖에 없었던 기존의 TV 시청 관행에서 탈피해, 사용자가 원하는 시간에 이들 OTT 사이트에 접속해 영화나 드라마를 선택해서 볼 수 있다는 것이 큰 장점입니다. 실제 2023년 말 기준 넷플릭스에는 총 1만 8천여 개의 콘텐츠가 있는데, 월정액 요금을 내고 있는 가입자는 언제든지 로그인해 원하는 작품을 원하는 시간에 원하는 만큼 시청할 수 있습니다.

넷플릭스의 사업모델과 가파른 성장세

넷플릭스는 현재 드라마 오징어게임을 비롯해 스티븐 연 주연의 드라마 비프BEEF, 송혜교 주연의 드라마 더 글로리를 제작하는 등 작품성과 재미를 모두 인정받은 업계 1위지만, 설립 초기부터 영화와 드라마를 직접 제작했던 것은 아닙니다. 1997년 설립 당시만 해도 넷플릭스는 우편을 이용해 DVD를 대여해 주던 업체였습니다. 그 뒤 예전 TV 시리즈나 영화를 인터넷에서 스트리밍하는 사업, 외주 제작한 오리지널 콘텐츠를 서비스하는 사업, 직접 제작사를 설립해 TV 시리즈와 영화를 제작하는 사업으로 영역을 점점 확장해 가며 마침내 오늘날 OTT를 대표하는 기업으로 성장하게 됩니다.

2023년 말 기준 넷플릭스의 전 세계 가입자 수는 무려 2억 6천만 명에 달합니다. 이 중 가장 많은 구독자가 있는 지역은 유럽, 중동, 아프리카 지역 가입자로 8,881만 명이며, 그 뒤를 북미(8,012만

명), 라틴아메리카(4,599만 명), 아시아(4,533만 명)가 잇고 있습니다. 넷플릭스는 하나의 사업부로 모든 사업을 관리하며, 주 수입원은 가입자들이 매달 지불하는 구독료입니다. 가입자 수 증가와 함께 구독료 수입도 〈도표 6-28〉과 같이 빠른 속도로 증가하고 있습니다.

대부분은 넷플릭스가 온라인으로 콘텐츠를 공급하는 사업만 하는 것으로 알고 있지만, 사실 2023년까지만 해도 회사 설립 당시 비즈니스 모델이었던 DVD 대여 사업을 병행하고 있었습니다. 그러나 전체 매출에서 차지하는 비중이 약 0.2%로 미미했기에, 회사는 2023년 9월 29일부로 DVD 대여 사업을 종료하게 됩니다.

+ 도표 6-28. 넷플릭스의 가입자 수와 구독료 수입 추이

	2021년	2022년	2023년
가입자 수	2.2억 명	2.3억 명	2.6억 명
구독료 수입	295억 달러	314억 달러	336억 달러

신규 가입자 수에 민감한 넷플릭스 주가

비록 폭발적인 성장세를 유지해 온 넷플릭스이지만, 2022년 1월에는 주가가 하루 만에 20% 넘게 빠지는 아찔한 상황을 연출하기도 했습니다. 2021년 4분기의 신규 가입자(828만 명) 수가 회사의 자체 예상치(850만 명)를 하회하자 성장이 둔화되는 것 아니냐는 우려가 확산되었기 때문이었습니다.

게다가 2022년 1분기의 신규 가입자 자체 예상치(250만 명)가 전문가들의 예상치(570만 명)에 비해 턱없이 적었던 것도 이러한 우려를 부채질했습니다. 이 여파로, 넷플릭스의 주가는 2022년 1월

초부터 같은 해 5월 초까지 무려 70% 하락하며 우려를 자아내기도 했습니다. 그러나 글로벌 OTT 업계 1위로서 양질의 콘텐츠를 지속 공급하며 구독자 수를 꾸준히 증가시키는 한편, 2023년에만 자사주 1,400만 주를 매입하는 등 주주환원책을 적극 시행한 결과 2022년 5월 초부터 2024년 2월 말까지 230%의 주가상승률을 기록, 주가가 극적으로 이전 수준을 회복하기에 이릅니다.

넷플릭스에 대한 투자은행 애널리스트 보고서

J.P.Morgan의 더그 안무스Doug Anmuth는 넷플릭스의 2023년 4분기 실적이 발표된 직후 작성한 2024년 1월 28일 자 애널리스트 보고서에서 넷플릭스에 대한 긍정적 전망을 유지했습니다. 그 근거로는 ①계정 공유 유료화 정책 및 구독료 인상에 따른 2024년 매출 성장 전망세 ②컨텐츠, 광고(넷플릭스의 광고형 스탠더드 요금제 이용자들은 광고를 시청해야 합니다) 및 게임 사업 전반에 걸친 투자 확대로 영업이익률이 상승하고 있는 점 ③스트리밍 산업 내 넷플릭스의 공고한 선두 지위를 들었습니다. 더그 안무스는 2024~25년에 걸쳐 넷플릭스의 매출은 연간 15%씩, 영업이익과 주당순이익은 각각 연간 27%, 35%씩 성장할 것이라 내다보며 동종 기업들 대비 높은 기업 가치를 유지할 것이라고 평가했습니다.

다만, 넷플릭스를 위협할 세 가지 요소로 ①계정 공유 유료화 요금제의 가입자 증가세가 주춤할 것으로 보이는 점 ②영업이익률 및 순이익률 증가세를 매출 증가세가 못 따라가고 있는 점(기업 운영 효율은 좋아지고 있지만 매출액증가율이 상대적으로 더디다는 뜻) ③농종 기업 대비 주가순이익비율PER이 높은 점을 꼽았습니다.

종합적으로, 더그 안무스는 소비자들의 미디어 소비 방식이 변화하는 트렌드의 수혜 기업으로 넷플릭스를 꼽으며 투자의견으로 '비중 확대'를 유지하고 2024년 12월 목표주가로 $610을 제시했습니다.

+ 도표 6-29. 넷플릭스의 최근 8년간 재무자료와 주가

재무지표	FY2016 2016/12/31	FY2017 2017/12/31	FY2018 2018/12/31	FY2019 2019/12/31	FY2020 2020/12/31	FY2021 2021/12/31	FY2022 2022/12/31	FY2023 2023/12/31
PER	281.4	148.8	96.3	76.0	86.4	52.2	29.2	39.7
PBR	19.9	23.2	22.3	18.7	21.6	16.9	6.3	10.2
자산회전율	0.7	0.7	0.7	0.7	0.7	0.7	0.7	0.7
매출채권 회전율	-*	-*	-*	-*	-*	-*	-*	-*
재고자산 회전율	-**	-**	-**	-**	-**	-**	-**	-**
영업이익률	4.3%	7.2%	10.2%	12.9%	18.3%	20.9%	17.8%	20.6%
순이익률	2.1%	4.8%	7.7%	9.3%	11.0%	17.2%	14.2%	16.0%
부채비율	407%	431%	396%	348%	255%	181%	134%	137%
유동비율	125%	140%	149%	90%	125%	95%	117%	112%
이자보상비율	2.5	3.5	3.8	4.2	6.0	8.1	8.0	9.9
ROE	7.6%	17.9%	27.5%	29.1%	29.6%	38.0%	24.5%	26.1%
매출액증가율	30.3%	32.4%	35.1%	27.6%	24.0%	18.8%	6.5%	6.7%

*넷플릭스 매출의 99% 이상이 구독료 수입이기에, 통상적 의미의 매출채권이 없음.
**넷플릭스는 재고자산이 없어 재고자산회전율 산출 불가

	2017년 2월 28일	2022년 2월 28일	5년간 주가상승률
NFLX 주가	$142.13	$394.52	+177.57%

• 2022년 이후 넷플릭스의 주가에 영향을 미쳤던 뉴스

날짜	뉴스
2022-01-21	넷플릭스가 제시한 2022년 1분기 가입자 예상 증가세(Guidance)가 시장 예상치(Consensus)를 하회하며 주가가 22% 급락. 이는 2012년 이후 가장 큰 하락율. 넷플릭스의 2021년 가입자 순 증가는 1,820만 명으로 2020년에 비해 반토막 난 수치를 기록했으며, 투자자들은 향후 성장세가 둔화될 것임을 우려.
2022-01-24	Fed가 곧 금리를 인상할 것이라는 우려가 확산되면서 기술주가 전반적인 약세. 넷플릭스는 2.6% 하락.
2022-01-25	Evercore ISI가 넷플릭스에 대해 "선두 주자로서 넷플릭스가 누렸던 프리미엄은 이제 끝난 것으로 보인다. 넷플릭스는 이제 '가장 좋은' 스트리밍 기업에서 '그럭저럭 괜찮은' 스트리밍 기업 중 하나로 전락했다."고 평가.
2022-01-27	월스트리트의 헤지펀드 거물인 빌 애크먼(Bill Ackman)이 넷플릭스 주식 310만 주를 매수했다는 사실이 알려지며 주가가 7.6% 급등. 빌 애크먼은 주주에게 보낸 서한에서 "투자자들이 넷플릭스의 최근 2022년 1분기 가입자 증가 예상치에 대해 과도하게 부정적으로 반응하면서 넷플릭스를 적정가보다 낮은 가격에 구입할 수 있는 기회가 형성되었다."고 평가.
2022-01-31	Citi은행이 Netflix에 대한 투자의견을 중립(Neutral)에서 매수(Buy)로 상향하자 넷플릭스 주가가 11.13% 상승. Citi의 애널리스트인 Jason Bazinet은 넷플릭스의 구독자 증가세가 둔화되겠지만, 스트리밍 시장 선두 주자로서 구독료 인상 여력이 충분하다고 언급.
2022-04-20	넷플릭스의 2022년 1분기 구독자가 20만 명 감소하며, 시장 예상치인 240만 명 증가를 크게 하회. 넷플릭스 구독자가 감소한 것은 2011년 10월 이후 처음으로, 이 충격으로 주가가 하루 만에 35.1% 폭락. 이날 넷플릭스 시가총액 450억 달러가 증발했으며, 11명의 애널리스트가 넷플릭스의 투자의견을 하향. 2022년 들어 넷플릭스의 주가는 62.4% 하락하여, S&P500 및 나스닥100에서 가장 높은 하락율을 기록.
2022-04-21	목요일 넷플릭스의 주가가 3.6% 하락하며 구독자 감소의 여파가 이틀 연속 지속.
2022-07-20	넷플릭스의 2022년 2분기 실적 발표 결과 구독자 감소세가 시장 예상치보다 양호한 것으로 나오자 주가가 7.3% 상승. J.P.Morgan은 연말에 출시될 넷플릭스의 새로운 구독모델(ad-tier and paid sharing)이 다시 매출 증가세를 가속화할 것으로 전망.
2022-09-15	Evercore ISI가 넷플릭스의 새로운 광고 요금제(Advertising on the Service)에 대해 기대감을 드러내며 투자의견을 중립(In-line)에서 시장수익률 상회(Outperform)로, 목표주가를 $245에서 $300으로 올리자 투자자들이 반응하며 주가가 5.02% 상승.
2022-09-28	Atlantic Equities가 넷플릭스의 투자의견을 중립(Neutral)에서 비중 확대(Overweight)로 상향하자 넷플릭스 주가가 9.2% 급등. Atlantic은 넷플릭스의 새로운 광고 요금제(Ad-Supported Service)가 넷플릭스의 매출 증가에 "매우 중요한 역할을 할 것"이라고 평가.
2022-10-19	넷플릭스가 2022년 3분기에 241만 명의 구독자를 신규로 유입한 것으로 발표하며 시장 안도. 주가 13.08% 급등.
2023-01-20	넷플릭스가 시장 예상치를 상회하는 2022년 4분기 신규 가입자 수를 발표하면서 주가가 하루 만에 8.4% 상승. 투자은행 Morgan Stanley는 보고서에서 넷플릭스의 우수한 콘텐츠 경쟁력과 낮은 탈퇴율이 높은 가입자 순 증가세를 견인했다고 평가.

2023-05-18	넷플릭스가 자사의 광고형 요금제 신규 가입자가 한 달 간 5백만 명에 이른다고 공개하며 주가가 하루 만에 9.2% 급등. 투자은행 Oppenheimer는 보고서에서 넷플릭스의 광고형 요금제를 이전보다 더 긍정적으로 평가.
2023-07-20	넷플릭스가 신규 출시한 광고형 요금제와 계정 공유 유료화 정책이 예상만큼 매출 증가 효과를 내지 못하자, 주가가 하루 만에 8.4% 급락. 넷플릭스는 2023년 3분기 매출 전망치로 85억 달러를 언급하며, 시장 예상치인 86.7억 달러보다 낮은 전망치를 제시. 투자은행 Morgan Stanley는 "2023년 4분기에는 전년 동기 대비 매출증가율을 두 자릿수 이상으로 끌어올릴 수 있을 것이라 기대한다."고 언급.
2023-10-19	넷플릭스가 큰 폭의 2023년 3분기 가입자 증가세를 공개하며 주가가 하루 만에 16% 급등. 애널리스트들은 넷플릭스의 계정 공유 유료화 정책을 긍정적으로 평가했으며, 3분기 실적 발표 이후 최소 3개 투자은행이 넷플릭스에 대한 투자의견을 상향.
2024-01-24	넷플릭스가 코로나 팬데믹 이후 가장 큰 폭의 분기 가입자 증가세를 공개하자 주가가 하루 만에 10.7% 급등. J.P.Morgan의 더그 안무스(Doug Anmuth)는 "넷플릭스의 4분기 실적은 마침내 넷플릭스가 글로벌 TV로 발돋움하고 있음을 보여 준다. 넷플릭스의 4분기 실적은 이견 없는 성장세를 보여주었다. 다만, 2024년에는 매출의 추가 성장 여력이 제한적일 것이며, 계정 공유 유료화에 따른 매출 증대 효과가 감소하고 있는 점은 우려스럽다."고 평가.

※참고: Guidance란 기업이 자체적으로 전망한 실적 예상치를, Consensus는 증권사 리서치센터에서 예측한 실적 예상치를 의미함.

투자수익률이 낮았던 커뮤니케이션 기업: 파라마운트 글로벌(NASDAQ: PARA)

파라마운트 글로벌Paramount Global은 파라마운트 픽처스, 파라마운트+, 플루토TV, 니켈로디언, MTV 등을 보유한 미국의 대표적인 미디어 그룹입니다. 회사는 유선방송뿐만 아니라 OTT 서비스, 영화 및 드라마 제작, 배급, 광고 등 전방위적인 미디어 사업을 진행하고 있습니다. 현재 회사의 주식은 1주당 1개의 의결권이 있는 Class A주식NASDAQ: PARAA과 의결권이 없는 Class B주식NASDAQ: PARA으로 나뉘어 거래되고 있는데, 이 중 S&P500에 포함되어 있는 것은 의결권이 없는 Class B주식입니다. 의결권이란 회사의 주요 사안에 대해 투표할 수 있는 권리를 말합니다(의결권이 없는 주식을 사는 이유는 보통 주가가 더 낮기 때문입니다. 이때문에 같은 배당금을 받아도 배당수익률이 더 높습니다). 파라마운트 글로벌은 크게 세 가지 사업부를 운영 중입니다.

1 ▶ TV미디어 사업부

파라마운트 글로벌의 첫 번째 사업부는 2023년 기준 회사 전체 매출의 약 68%를 차지하는 TV미디어 사업부입니다. 이 사업부는 회사가 소유한 CBS 방송국을 통해 스포츠를 중계하고 광고 수입을 얻거나, 애니메이션 케이블 채널인 Nickelodeon, 음악 전문 케이블 채널인 MTV를 통해 구독료 수입과 광고 수입을 얻습니다.

CBS에서 가장 인기 있는 프로그램 중에 하나는 NFL 중계입니다. CBS Sports 채널은 정규및 플레이오프 NFL(미식축구)을 중계하며, 특히 2024년 2월에는 미국인들이 가장 많이 시청하는 스포츠 이벤트인 슈퍼볼(미식축구 챔피언십 경기)을 단독 중계하기도 했습니다(슈퍼볼은 3개의 방송사가 매해 번갈아 가면서 단독 중계권을 가지는데, 2024년은 CBS의 중계 순서였습니다). TV미디어 사업부에서 가장 큰 비중을 차지하는 수익원은 광고 수익인데, 미국 중간선거로 인해 정치 관련 광고가 많았던 2022년 대비 2023년 광고 매출이 감소하면서, TV미디어 사업부가 전체 매출에서 차지하는 비중이 72%에서 68%로 소폭 감소한 바 있습니다.

2 ▶ 스트리밍 사업부

전체 매출의 22%를 차지하는 스트리밍 사업부Direct-to-Consumer 는 OTT 스트리밍 서비스인 파라마운트+를 통해 구독료 수입을 창출하기도 하고, 광고 기반의 인터넷 스트리밍 채널(OTT뿐만 아니라 광고가 포함된 채널이 24시간 재생되는 형태)인 플루토TV를 통해 광고 수입을 벌어들이기도 하는 사업부입니다. 주목할 만한 부분은 스트리밍 사업부의 2023년 매출이 2022년 대비 37% 증가한 67억 달러를 기록한 것인데, 이는 OTT 서비스인 파라마운트+의 구독자 수가 전년 대비 21% 증가한 6,700만 명을 기록하면서 구독료 수입이 가파르게 증가했기 때문입니다.

3 영화 사업부

전체 매출의 10%를 차지하는 영화 사업부는 파라마운트 픽처스와 같은 영화 제작·배급사를 통해 티켓 판매 수입이나 판권 수입을 벌어들이는 사업부입니다. 파라마운트 픽처스는 미션임파서블 시리즈, 트랜스포머 시리즈, 탑건, 타이타닉 등 굵직한 영화들의 판권을 보유 중인 회사로, 2022년에는 영화 '탑건: 매버릭'의 대성공에 힘입어 전년 대비 사업부 매출이 약 38% 증가하는 기염을 토하기도 했습니다. 그러나 오히려 기저효과로 인해 2023년의 사업부 매출은 전년 대비 20% 감소세를 나타냈습니다.

파라마운트 글로벌의 2023년 매출은 전년 대비 1.6% 감소하며 부진한 모습을 보였고, 투자자들은 파라마운트 글로벌에 기대보다는 우려 섞인 시선을 보내고 있습니다. 가장 큰 이유는 회사의 가장 큰 수익원인 광고 매출 부진입니다. 파라마운트 글로벌의 2023년 미국 내 광고 매출은 12% 감소했으며, 미국 외에서는 18% 감소세를 보였습니다. 회사가 성장 동력으로 삼고 있는 OTT 서비스의 성장은 고무적이지만, 이 같은 광고 매출 감소세는 현금 수입 감소로 이어져 신규 투자나 주주환원책 시행이 저조해질 수 있는 위험 요인입니다.

파라마운트 글로벌에 내한 투자은행 애널리스트 보고서

Wells Fargo의 스티븐 카할Steven Cahall은 2024년 1월 31일 자

애널리스트 보고서에서 파라마운트 글로벌의 스트리밍 사업부 Direct-to-Consumer 집중 전략이 2023년에만 20억 달러의 손실을 야기했다며 단기간 내 이 전략이 성공할 가능성은 요원해 보인다고 평가했습니다. 그러나 투자의견으로는 (비중 축소가 아닌) '비중 유지'를 제시했는데, 그 이유로는 최근 제기되고 있는 파라마운트 매각설을 꼽았습니다.

파라마운트는 최근 워너브라더스, 스카이댄스 등 경쟁사들로부터 경영권 지분 매입 제안을 받은 바 있고, 2024년 1월에는 업계 거물인 바이런 앨런이 운영하는 앨런미디어그룹으로부터 파라마운트의 모든 의결권 있는 주식을 $28.58에, 의결권 없는 주식을 $21.53에 인수하겠다는 제안을 받은 바 있습니다.

이는 제안을 받을 당시 파라마운트 글로벌의 주가보다 56% 높은 수준이었기에, 스티븐 카할은 파라마운트의 M&A 성사를 통한 주주가치 제고 가능성을 50%로 평가하고 2024년 12월 목표주가로 $18.00을 제시하였습니다.

+ 도표 6-30. PARA의 최근 8년간 재무자료와 주가

재무지표	FY2016 2016/12/31	FY2017 2017/12/31	FY2018 2018/12/31	FY2019 2019/12/31	FY2020 2020/12/31	FY2021 2021/12/31	FY2022 2022/12/31	FY2023 2023/12/31
PER	22.4	66.3	7.8	7.8	9.5	4.3	10.5	-15.9
PBR	7.1	11.4	2.6	2.0	1.4	0.9	0.5	0.4
자산회전율	0.5	0.6	0.8	0.6	0.5	0.5	0.5	0.5
매출채권 회전율	3.9	3.9	5.0	3.8	3.7	4.1	4.2	4.1
재고자산 회전율	5.9	5.2	6.9	6.0	6.6	10.9	13.9	14.5
영업이익률	22.0%	20.9%	19.1%	15.4%	16.4%	22.0%	7.8%	-1.5%
순이익률	9.6%	2.6%	12.7%	12.3%	9.6%	15.9%	3.7%	-2.1%
부채비율	557%	954%	324%	273%	228%	155%	147%	132%

유동비율	164%	158%	143%	132%	166%	176%	123%	132%
이자보상비율	7.1	6.3	5.1	4.3	4.0	6.4	2.5	-0.5
ROE	27.3%	12.6%	55.6%	28.0%	17.0%	24.1%	4.9%	-2.7%
매출액증가율	3.9%	4.0%	99.0%	-0.9%	-6.3%	13.1%	5.5%	-1.7%

	2017년 2월 28일	2022년 2월 28일	5년간 주가하락률
파라마운트 주가	$65.92	$30.61	-53.56%

· 2022년 이후 파라마운트의 주가에 영향을 미쳤던 뉴스

날짜	뉴스
2022-02-16	2021년 4분기 EPS가 시장 예상치(Consensus)를 하회하며 17.8% 급락. 애널리스트들은 스트리밍 가입자 성장세를 긍정적으로 평가하면서도, 스트리밍 서비스를 성장시키는 과정에서 많은 비용이 수반될 것으로 전망.

※참고: Consensus는 증권사 리서치센터에서 예측한 실적 예상치를 의미함.

넷플릭스와 파라마운트 글로벌 비교 결과

2017년 2월 말부터 2022년 2월 말까지, 넷플릭스와 파라마운트 글로벌의 주가는 〈도표 6-31〉과 같이 상반된 움직임을 보였습니다.

+ 도표 6-31. 넷플릭스와 파라마운트 글로벌 주가변동 비교

	2017년 2월 28일	2022년 2월 28일	5년간 주가변동률
NFLX 주가	$142.13	$394.52	+177.57%
PARA 주가	$65.92	$30.61	-53.56%

1 기업 운영의 효율성과 비용통제 능력

두 기업의 자산회전율은 넷플릭스가 파라마운트 글로벌을 근소한 수치로 앞서고 있습니다. 이는 두 기업이 각각 운영 중인 스트리밍 서비스의 매출 규모에 기인합니다. 넷플릭스의 스트리밍 서비스NETFLIX 전 세계 구독자는 2023년 연말 기준 2.6억 명으

로 업계 1위를 차지하고 있습니다. 하지만 파라마운트의 스트리밍 서비스Paramount+ 전 세계 구독자는 2023년 연말 기준 0.7억 명으로, 아직 넷플릭스를 따라잡기에 충분한 매출을 창출하지 못하고 있는 상황입니다. 자산회전율은 매출을 평균자산으로 나눈 것이므로, 매출이 커질수록 자산회전율은 개선(상승)됩니다. 때문에 이는 두 기업의 자산회전율이 차이 나는 주요 원인으로 작용하고 있습니다.

+ 도표 6-32. 두 기업의 6년간(FY2016-FY2021) 효율성 지표 평균 수치

	자산회전율	매출채권회전율	재고자산회전율
NFLX	0.7	-	-
PARA	0.6	4.1	6.9

두 기업의 최근 6년간 이익률 평균치는 파라마운트 글로벌이 우세한 수치를 기록 중입니다. 하지만 이는 넷플릭스가 2010년대 후반 급격한 성장세를 겪으면서 이익률보다는 매출 증대에 더 초점을 두고 기업을 운영했기 때문입니다. 오히려 넷플릭스는 최근 사업이 안정세에 접어들면서 영업이익률과 순이익률이 매년 개선되고 있는데 반해, 파라마운트 글로벌은 이익률 수치가 횡보하고 있다는 점에 주목해야 합니다. 따라서 내용적인 측면에서는 넷플릭스가 더 비용을 잘 통제하고 있다고 볼 수 있습니다.

+ 도표 6-33. 두 기업의 6년간(FY2016-FY2021) 이익률 평균 수치

	영업이익률	순이익률
NFLX	12.3%	8.7%
PARA	19.3%	10.4%
S&P500 커뮤니케이션 섹터(6년 평균)	18.2%	14.0%

기업의 안정성을 측정하는 세 지표는 모두 〈도표 6-34〉와 같이 유동비율과 이자보상비율은 파라마운트 글로벌이 더 안정적인 모습을, 부채비율은 넷플릭스가 더 안정적인 모습을 보였습니다. 그러나 가장 최근인 2023 회계연도에는 넷플릭스와 파라마운트 글로벌의 이자보상비율이 각각 9.9와 -0.5로, 두 기업의 이자 지급 안정성이 크게 차이 나는 모습을 보였습니다.

+ 도표 6-34. 두 기업의 6년간(FY2016-FY2021) 안정성 지표 평균 수치

	부채비율	유동비율	이자보상비율
NFLX	**336%**	121%	4.7
PARA	415%	**156%**	**5.5**

두 기업의 2016 회계연도부터 2021 회계연도까지 6년간 ROE 평균치는 모두 커뮤니케이션 섹터의 평균치를 상회하고 있습니다. 하지만, 넷플릭스의 ROE는 한 해도 빠짐없이 매년 상승한 반면 파라마운트 글로벌의 ROE는 횡보하고 있다는 데 주목할 필요가 있습니다. ROE는 보통 기업을 평가하는 데 가장 중요한 지표 중 하나로 꼽힙니다. 그런데 이 값이 상승 추세에 있다는 것은 수익 창출 능력이 강화되고 있다는 뜻인 반면, 횡보하고 있다는 것은 기업의 수익 창출 능력이 안정적이지 않음을 의심케 하기 때문입니다.

+ 도표 6-35. 두 기업의 6년간(FY2016-FY2021) ROE 평균 수치

NFLX	PARA	S&P500 커뮤니케이션 섹터(6년 평균)
24.9%	**27.4%**	18.49%

2016 회계연도부터 2021 회계연도까지 넷플릭스의 연평균
매출성장률은 27.9%를, 파라마운트 글로벌의 연평균 매출성장
률은 14.5%를 기록해 넷플릭스가 더 우수한 성장세를 기록했습
니다.

3 ▶ 주가의 과대평가 여부

〈도표 6-36〉을 보면, 넷플릭스의 PER과 PBR은 모두 섹터 평균
을 상회하며 투자자들 사이에 형성된 높은 기대심리를 반영하고
있습니다. 반면 파라마운트 글로벌의 PER과 PBR은 모두 섹터 평
균을 하회해, 수익성과 성장성에 대한 투자자들의 의구심을 반영
하고 있습니다.

+ 도표 6-36. 두 기업의 PER과 PBR 비교(2021.12.31. 기준)

	PER	PBR
NFLX	52.2	16.9
PARA	4.3	0.9
S&P500 커뮤니케이션 섹터	23.1	4.4

〈도표 6-37〉은 2017년 2월 28일부터 2024년 2월 28일까지의
두 기업의 주가 차이를 보여 주고 있습니다. 빨간 그래프는 넷플
릭스의 주가 흐름을, 파란 그래프는 파라마운트 글로벌의 주가
흐름을 나타냅니다. 중간에 있는 검은 세로 점선은 2022년 2월
28일을 표시하고 있어, 분석 대상이 된 2017년 2월부터 2022년
2월 이후 기간에 주가가 어떻게 움직였는지도 구분해서 확인해
볼 수 있습니다.

+ 도표 6-37. NFLX와 PARA의 최근 7년(2017.2.28. ~ 2024.2.28.)간 주가 비교

출처: Bloomberg

S&P500 커뮤니케이션 기업 중 최근 7년간 주가상승률 상위 20개 기업

넷플릭스와 파라마운트 글로벌 모두 현재 S&P500에 편입되어 있습니다. 독자 여러분이 투자에 참고하실 수 있도록, S&P500에 편입된 커뮤니케이션 기업 중 최근 7년간(2017.2.28. ~ 2024.2.28.) 투자수익률(배당 재투자 가정)이 가장 높았던 상위 20개 기업을 다음과 같이 정리해 드립니다.

+ 도표 6-38. S&P500 커뮤니케이션 섹터 내 최근 7년간 투자수익률 상위 20개 기업

매출 단위: 백만 달러

기업명	티커	투자수익률*	최근 12개월 매출**	PER(2024.2.28)
Netflix Inc	NFLX	319.7%	33,723	48.9
Meta Platforms Inc	META	257.5%	134,901	28.1
Alphabet Inc	GOOG	233.9%	307,394	22.9
Live Nation Entertainment Inc	LYV	231.9%	22,749	57.8

Alphabet Inc	GOOGL	222.8%	307,394	22.9
T-Mobile US Inc	TMUS	163.6%	78,558	20.4
Take-Two Interactive Software	TTWO	158.8%	5,396	-*****
News Corp	NWS	127.5%	9,965	38.1
News Corp	NWSA	124.7%	9,965	38.1
Interpublic Group of Cos Inc	IPG	71.3%	10,889	11.3
Electronic Arts Inc	EA	65.1%	7,657	30.6
Omnicom Group Inc	OMC	32.8%	14,692	12.1
Comcast Corp	CMCSA	31.5%	121,572	11.6
Verizon Communications Inc	VZ	15.1%	133,974	8.8
Walt Disney Co	DIS	5.5%	88,935	35.0
Charter Communications Inc	CHTR	-10.7%	54,607	9.9
AT&T Inc	T	-16.4%	122,428	7.2
Paramount Global	PARA	-80.2%	29,652	21.0
Match Group Inc	MTCH	-***	3,365	15.8
Warner Bros Discovery Inc	WBD	-****	41,321	-*****

*배당금은 모두 재투자 가정

**2024년 2월 말 기준

***미디어그룹 IAC에서 분할 해 2020년 7월 상장된 인터넷 기업으로, 7년간 투자수익률 산출 불가. 현재 데이트 서비스 앱 틴더를 운영 중.

****2022년 4월 디스커버리(Discovery, Inc)와 AT&T로부터 분할한 워너미디어(WarnerMedia)가 합병하면서 상장된 미디어 회사로, 7년간 투자수익률 산출 불가

*****2023 회계연도 주당순이익(EPS)이 (-)로 PER 산정 제외

U.S.
stock
investment

CHAPTER

7

가격변동성이 커
신중히 투자해야 하는
주식

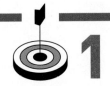

소재
Materials

경기 상황에 민감하게 반응하는 소재 섹터

소재 섹터는 각종 제품 생산에 투입되는 원자재를 생산하는 기업들을 포괄하는 섹터입니다. 원자재란 각종 화학제품, 건설자재(시멘트, 벽돌, 유리), 비철금속(알루미늄, 구리), 철강 등 일반 소비자가 아닌 기업들이 구매하여 최종 생산물을 만들어 내는 품목을 말합니다.

이번 장에서 살펴볼 소재 및 에너지 섹터의 가장 큰 특징으로는 단연 '실적의 높은 변동성'을 꼽을 수 있습니다. 이는 〈도표 7-1〉과 같이 두 섹터의 2022년과 2023년 주당순이익EPS 변동성을 측정한 결과를 통해 확인할 수 있습니다. 이 표에서 중요한 것은 부호가 아닌 절댓값입니다. 2022년 S&P500 전체 기업의 주당순이익이 전년 대비 5.41% 감소했을 때 에너지 기업들의 주당순이익은 166.87% 증가하며 변동폭이 31배에 달했고, 2023년 S&P500 전체 기업의 주당순이익이 8.52% 증가했을 때 소재 기업들의 주당순이익은 25.05% 감소하며 변동폭이 3배에 달했습니다.

+ 도표 7-1. 2022년과 2023년의 S&P500 섹터별 전년 대비 주당순이익(EPS) 변동률

섹터(Sectors)	2022년	2023년	변동성(표준편차)
에너지(Energy)	+166.87%	-31.18%	0.99
소재(Materials)	+5.41%	-25.05%	0.15
S&P500 전체	-5.41%	+8.52%	0.07

*출처: S&P Global

이는 이번 챕터에서 다룰 두 섹터인 에너지Energy와 소재Material 섹터의 경우, 실적 변동성이 S&P500 평균 대비 높다는 뜻입니다. 특히 소재 섹터의 실적과 주가는 경기 상황과 밀접하게 연관되어 있습니다. 예를 들어, 경기침체가 우려되는 상황이라면 건설기업들은 시멘트나 벽돌 등의 건설자재 발주를 미리 대폭 줄일 것입니다. 〈도표 7-1〉에서 2023년 소재 섹터 주당순이익이 전년 대비 25%나 감소한 이유도, 경기침체에 대한 우려로 기업들의 수요가 감소했기 때문입니다.

경기 변동 외에 원자재별 고유한 수요 패턴 또한 소재기업 주가에 영향을 미치는 요소입니다. 대표적으로 알루미늄은 항공기, 건설자재 등 다양한 분야에서 쓰이는 소재인데 중국이 전 세계 알루미늄 소비의 절반 이상을 차지합니다. 이때문에 다른 요소보다 중국의 경기 전망이 알루미늄 가격에 영향을 미치게 되고, 이는 다시 알루미늄 생산 기업 주가에 영향을 미치게 됩니다. 알루미늄 관련 기업들이 중국의 경기 전망에 촉각을 곤두세우는 이유입니다.

〈도표 7-2〉는 비즈니스 사이클별 소재 섹터의 주가변동을 잘 나타내 주고 있습니다.

+ 도표 7-2. 각 비즈니스 사이클별 소재 섹터 평균 초과수익률과 적중률

비즈니스 사이클	평균 초과수익률	적중률
초기(EARLY)	0% ~ 10%	70% ~ 80%
중기(MID)	△20% ~ △15%	20% ~ 30%
후기(LATE)	5% ~ 10%	70% ~ 80%
침체(RECESSION)	△5% ~ 0%	50% ~ 60%

▶평균 초과수익률
전체 주식시장의 평균수익률 대비 얼마나 더 높은 수익률을 올렸는지를 나타냄.

▶적중률
각 비즈니스 사이클에서 전체 주식시장 평균수익률보다 높은 수익률을 올린 비율

투자수익률이 높았던 소재 기업:
프리포트-맥모란(NYSE: FCX)

프리포트-맥모란은 세계에서 가장 큰 구리 채굴 기업 중 한 곳으로, 애리조나주 피닉스에 본사를 두고 있는 미국회사입니다. 2023년 전 세계 구리 채굴량 기준 3위를 기록했으며, 전 세계 구리 채굴량의 6%를 차지하고 있는 기업입니다. 프리포트-맥모란의 주요 채굴 자원은 구리, 금 등 천연자원이며 2023년 기준 구리 매출이 전체의 75%를 차지할 정도로 구리에 대한 의존도가 높은 편입니다. 각 자원별로 회사 매출에서 차지하는 비중은 〈도표 7-3〉과 같습니다.

+ 도표 7-3. 프리포트-맥모란 2023년 매출에서 각 자원이 차지하는 비중

자원	구리	금	몰리브덴	기타(은 등)
매출 비중	75%	15%	8%	2%

*출처: 프리포트 맥모란 연간 보고서(10-K)

▶몰리브덴
철과 합금하여 특수강을 만드는 재료로 사용되며 항공기, 자동차 부품에 쓰임.

자원 중 가장 큰 매출 비중을 차지하는 것은 구리로, 회사는 구리를 채굴할 뿐 아니라 채굴된 구리를 직접 중간재 형태로 만들어 판매하고 있습니다. 따라서 자연스럽게 매해 구리 가격 및 생산량에 따라 〈도표 7-4〉와 같이 실적이 크게 영향을 받게 됩니다.

+ 도표 7-4. 연도별 프리포트-맥모란의 구리 판매량, 단위당 판매가 및 총 매출액

판매량 단위: 파운드(lb)

	2019	2020	2021	2022	2023
판매량	33억	32억	38억	42억	41억
1파운드당 판매가	$2.73	$2.95	$4.33	$3.90	$3.85
총 매출액	$144억	$141억	$228억	$227억	$228억

*출처: 프리포트 맥모란 연간 보고서(10-K)

여러 산업에서 활용되는 구리

구리 가격은 글로벌시장에서의 수요와 공급에 따라 변동하는데, 이는 런던금속거래소London Metal Exchange 나 뉴욕상품거래소Commodity Exchange Inc. 등 대형 거래소에서 결정되며 특히 경기변동에 막대한 영향을 받습니다. 그도 그럴 것이, 구리는 최종적으로 〈도표 7-5〉와 같이 크게 5대 분야에서 사용되고 있는데 이들이 대부분 경기 변동에 민감한 분야이기 때문입니다. 글로벌 경기 상황이 이들 분야에 어떤 영향을 끼치는지에 따라 구리 가격이 연쇄적으로 영향을 받게 됩니다.

+ 도표 7-5. 구리의 최종 소비 분야별 비중

분야	비중
Construction(건설)	29%
Electrical applications(전자제품)	27%
Consumer products(소비재)	22%
Transportation(운송 장비)	11%
Industrial machinery(산업재)	11%

*출처: Wood Mackenzie

프리포트-맥모란이 보유한 주요 광물 매장량 및 실적에 영향을 미치는 비용 항목

　광산기업인 만큼, 회사는 천연 광물이 매장되어 있는 광산을 직접 보유하며 채굴부터 가공까지 전 과정을 수행합니다. 2023년 말 기준 회사가 추산한 보유 광산의 매장량은 각각 구리가 5,205만 톤, 금이 765톤입니다. 2023년 회사의 생산량이 각각 구리 210만 톤, 금 62톤이었음을 감안하면 구리는 향후 25년치, 금은 12년치 생산량을 확보해 놓은 셈입니다.

　하지만 매장량이 풍부하다고 해서 반드시 이익이 보장되어 있다고 할 수는 없습니다. 매장되어 있는 광물을 실제로 캐내기 위해선 각종 비용이 소요되는데, 이 비용의 큰 비중을 차지하는 것이 변동성이 큰 에너지(전기)와 연료(천연가스, 디젤 등) 비용이기 때문입니다. 구리 및 금 광산에서 자원을 캐내기 위해선 각종 기계와 중장비가 사용되는데, 이 기계장치들을 작동시키는 데 막대한 에너지와 연료가 소모됩니다.

　일례로 2023년 구리 광산 운영에 소요된 비용 중 에너지 및 연료 비용은 19%를 차지했는데, 이 비용 안에는 9.5억 리터의 디젤, 50만 톤의 천연가스 등 엄청난 양의 연료들이 포함되었습니다. 연료 가격 상승이 기업 실적에 부담을 줄 수 있는 것입니다. 회사는 2024년 운용 비용 중에서 에너지 및 연료 비용의 비중은 20%로 소폭 상승할 것이라 발표하기도 했습니다.

프리포트-맥모란에 대한 투자은행 애널리스트 보고서

J.P.Morgan의 빌 피터슨Bill Peterson은 2024년 1월 25일 자 애널리스트 보고서에서 ①2023년 4분기 영업이익이 인도네시아의 구리/금 판매 호조에 힘입어 시장 예상치를 상회한 점 ②프리포트 맥모란 경영진이 제시한 2024년 매출 전망치가 기존 전망치 대비 구리는 2% 감소, 금은 11% 상승한 점 ③2024년 투자금액(인도네시아 제련소 프로젝트 제외)이 2023년 대비 16% 증가하겠으나 기존 전망치 대비 8% 낮은 점에 주목했습니다.

빌 피터슨은 어려운 경기여건 속에서도 차질 없이 경영목표를 달성하고 있는 점과 구리 시장 여건이 개선될 경우 애리조나주 바그다드 구리광산을 확대하려는 경영진의 계획을 긍정적으로 평가했습니다.

종합적으로 피터슨은 프리포트 맥모란에 대한 투자의견을 '중립'으로 유지하고, 2024년 12월 목표주가로 $43을 제시했습니다. 단기적으로는 중국의 경기침체에 따른 글로벌 구리 수요 감소 및 전 세계적 거시경제 불확실성으로 인해 구리 수요가 정체될 수 있으나, 장기적으로는 구리 시장이 회복될 것으로 전망했기 때문입니다.

피터슨은 생산원가 상승으로 글로벌 구리 생산이 부진한 상황(공급 감소)에서 친환경 산업 확대로 구리 수요가 증가(수요 증가)하며 구리 가격이 오를 것이라고 전망했습니다.

재무지표	FY2016 2016/12/31	FY2017 2017/12/31	FY2018 2018/12/31	FY2019 2019/12/31	FY2020 2020/12/31	FY2021 2021/12/31	FY2022 2022/12/31	FY2023 2023/12/31
PER	-4.2	15.2	5.8	-77.2	63.5	14.2	15.8	33.3
PBR	3.1	3.4	1.5	2.0	3.7	4.3	3.5	3.7
자산회전율	0.4	0.4	0.5	0.3	0.3	0.5	0.5	0.4
매출채권 회전율	16.7	13.4	17.3	18.3	17.4	22.2	18.2	18.0
재고자산 회전율	4.4	3.0	3.0	2.9	2.8	3.2	3.0	2.7
영업이익률	-18.8%	22.5%	25.5%	7.6%	17.2%	36.6%	30.9%	27.2%
순이익률	-28.0%	11.1%	14.0%	-1.7%	4.2%	18.8%	15.2%	8.1%
부채비율	303%	230%	136%	134%	126%	109%	105%	92%
유동비율	245%	216%	322%	247%	272%	252%	246%	242%
이자보상비율	-3.7	4.6	5.0	1.8	4.1	13.9	12.6	12.1
ROE	-59.9%	25.9%	29.3%	-2.5%	6.2%	35.7%	23.5%	11.5%
매출액증가율	1.5%	10.6%	13.6%	-22.7%	-1.4%	60.9%	-0.3%	0.3%

	2017년 2월 28일	2022년 2월 28일	5년간 주가상승률
FCX 주가	$13.40	$46.95	+250.37%

• 2022년 이후 프리포트-맥모란의 주가에 영향을 미쳤던 뉴스

날짜	뉴스
2022-01-18	세계에서 가장 큰 광산회사인 BHP 그룹이 경쟁사 인수합병을 위해 관련 부서 인원을 대폭 증원했다는 사실이 알려지며, 인수 후보로 물망에 오른 프리포트-맥모란 주가가 0.4% 상승.
2022-01-28	Fed의 매파적인(강력한) 인플레이션 대응 입장으로 달러가 강세를 보이면서, 구리를 비롯한 광물 가격이 하락. 광물 관련주들이 줄줄이 하락하는 가운데 프리포트-맥모란은 2.8% 낙폭 기록.
2022-04-21	프리포트-맥모란이 2022년 1분기 실적을 발표하며 향후 비용 증가로 인한 실적 압박을 언급하자, 주가가 10% 가까이 급락. BMO Capital Markets의 애널리스트 David Gagliano는 "외부의 물가 상승 요인을 고려하면 맥모란의 생산 비용 증가는 어쩔 수 없는 일이다. 그러나 악재임에는 분명하다."고 평가.
2023-12-14	미 연준이 2023년 마지막 연방공개시장위원회(FOMC) 회의에서 2024년 중 3차례 금리인하를 시사하자 원자재 가격들이 일제히 상승. 구리 가격도 상승하면서 프리포트-맥모란 주가가 하루 만에 7.1% 급등.

투자수익률이 낮았던 소재 기업: 듀폰(NYSE: DD)

듀폰은 미국의 대표적인 특수화학 및 소재 기업으로, 듀폰이 만들어 내는 제품은 전자제품, 운송 장비, 건설자재, 의료기기 등 다양한 분야의 투입물로 쓰입니다. 듀폰의 전신은 2017년 8월, 미국의 1·2위 화학기업이었던 다우케미컬과 듀폰이 합병하면서 만들어진 다우듀폰DowDuPont Inc.으로 거슬러 올라갑니다. 중국의 수요 감소로 인한 매출 감소 등 실적 악화에 시달리고 있던 다우케미컬과 듀폰은 '선 합병 후 분사'라는 큰 계획을 발표하고 2017년부터 2019년까지 3년에 걸쳐 이 기업 개편을 실행합니다. 2017년에 합병을, 2019년에는 이를 완전 별개인 3개 회사로 분할한 것입니다.

그 결과 산업 소재(실리콘, 특수윤활유 등)를 전문으로 하는 다우 NYSE: DOW, 농업 분야(농업용 살균제, 살충제)를 전문으로 하는 코르테바NYSE: CTVA, 특수화학 및 소재를 전문으로 하는 듀폰NYSE: DD의 3개 회사로 각각 독립된 현 체제를 갖추게 되었습니다. 〈도표 7-7〉은 이 과정을 이해하기 쉽게 나타낸 그림입니다. 듀폰은 현재 크게 3개의 사업부로 구성되어 있습니다.

+ 도표 7-7. 듀폰의 합병 및 분사 구조도

1 ▶ 전자제품 & 산업재 사업부

전자제품 & 산업재Electronics & Industrial 사업부는 고성능 컴퓨팅, 5G, 전기자동차, 휴대폰 등 각종 전자기기에 사용되는 소재를 생산하는 일을 합니다. 대표 제품으로 반도체 제조공정에 투입되는 EUV용 포토레지스트, 전자공학 분야에 쓰이는 인쇄회로기판, OLED를 만드는 데 쓰이는 디스플레이 소재를 들 수 있습니다. 자체 제품 개발뿐만 아니라, 활발한 M&A 활동을 통해 영역을 넓히고 있기도 합니다. 2023년 8월에는 수술용 로봇을 만드는 특수의료기기 제작업체 Spectrum Plastics Group을 인수하기도 하고, 2021년 7월에는 전자파 차폐 기술 분야 선두인 Laird Performance Materials를 인수하기도 했습니다.

2 ▶ 수질개선 & 안전장비 사업부

수질개선 & 안전장비Water & Protection 사업부는 방탄복이나 보호장갑 등 안전장비를 만드는 소재KEVLAR® fiber 를 생산하기도 하고, 해수담수화시설에 필요한 핵심기술FILMTEC™을 제공하기도 합니다. 듀폰의 FILMTEC 기술은 2021년 7월, 세계 최대 규모 담수화 플랜트인 이스라엘의 소렉B 해수담수화 플랜트에 사용된 것으로 유명세를 타기도 했습니다.

3 ▶ 기타 소재 사업부

기타 소재CORPORATE & OTHER 사업부는 자동차 생산에 들어가는 접착제BETASEAL™, 태양광 패널에 들어가는 필름TEDLAR® 등이 대표적인 듀폰 브랜드입니다.

세 개 사업부의 2023년 매출 및 각각 전체 매출에서 차지하는 비중은 〈도표 7-8〉과 같았습니다.

+ 도표 7-8. 듀폰의 2023년 사업부별 매출 및 비중

	전자제품 & 산업재	수질개선 & 안전장비	기타 소재	전체
매출	53억 달러	56억 달러	11억 달러	120억 달러
비중	44%	47%	9%	100%

세 개 사업부의 대표 제품들을 통해서 볼 수 있는 바와 같이, 듀폰은 최종 제품에 들어가는 원자재 및 중간투입재를 공급하는 업체입니다. 그리고 앞서 소재 섹터 소개글에서 언급한 바와 같이, 소재 섹터 기업의 최대 위험은 경기변동에 따라 실적이 크게 좌우된다는 점입니다. 이러한 취약성을 극복하기 위해, 듀폰은 활발한 사업 재편을 진행 중에 있습니다.

앞서 살펴본 Spectrum Plastics Group 및 Laird Performance Materials가 대표적인 기업인수 사례였다면, 2021년 2월에는 생명과학 사업 부문을 미국 향료기업인 IFF International Flavors & Fragrance Inc 사에 73억 달러에 매각하는 한편, 2022년 11월에는 미국 화학기업인 셀라니즈 Celanese Corporation 사에 모빌리티 & 소재 사업부를 110억 달러에 매각하는 등 M&A 활동을 지속하고 있습니다.

듀폰에 대한 투자은행 애널리스트 보고서

J.P.Morgan의 스테픈 투사 Stephen Tusa 는 2024년 2월 8일 자 애널리스트 보고서에서 다음과 같이 평가했습니다.

❝Electronics 업계의 사이클은 제조업 구매관리자 지수 PMI 와 높은 상관관계를 보이는데, 2021년 1분기부터 2023년 2분기

까지 지속적으로 하락하던 PMI는 2023년 3분기부터 반등세를 보이고 있다. Electronics는 듀폰의 전체 사업에서 33% 비중을 차지하는 사업이므로, 단기적으로 PMI 반등에 따른 수혜를 볼 수 있을 것으로 전망된다.**"**

듀폰의 주가 상승 가능성을 긍정적으로 평가한 만큼, 스테픈 투사는 투자의견 '비중 확대'를 유지하는 한편 2024년 12월 목표주가로는 $75를 제시했습니다.

+ 도표 7-9. 듀폰의 최근 8년간 재무자료와 주가

재무지표	FY2016 2016/12/31	FY2017 2017/12/31	FY2018 2018/12/31	FY2019 2019/12/31	FY2020 2020/12/31	FY2021 2021/12/31	FY2022 2022/12/31	FY2023 2023/12/31
PER	11.3	67.7	15.2	95.8	-17.7	6.8	5.8	81.8
PBR	2.7	1.7	1.3	1.2	1.4	1.6	1.2	1.4
자산회전율	0.6	0.1	0.1	0.2	0.2	0.2	0.3	0.3
매출채권 회전율	11.4	1.5	3.1	6.0	4.6	4.9	5.0	4.9
재고자산 회전율	4.4	0.8	1.5	3.3	2.8	3.0	3.2	3.5
영업이익률	6.7%	-16.8%	0.5%	-0.2%	-16.9%	13.8%	12.9%	6.2%
순이익률	8.0%	9.9%	17.0%	2.3%	-20.6%	51.5%	45.1%	3.5%
부채비율	192%	89%	96%	67%	81%	69%	53%	56%
유동비율	188%	191%	173%	120%	237%	189%	302%	243%
이자보상비율	4.3	2.1	2.1	-0.1	-3.6	3.3	3.4	1.9
ROE	10.2%	1.8%	4.0%	0.7%	-7.4%	19.9%	22.1%	1.7%
매출액증가율	-4.0%	-83.5%	93.6%	-4.8%	-33.3%	-12.4%	3.6%	-7.3%

	2017년 2월 28일	2022년 2월 28일	5년간 주가하락률
듀폰 주가	$88.61	$77.37	-12.68%

• 2022년 이후 듀폰의 주가에 영향을 미쳤던 뉴스

날짜	뉴스
2022-02-08	화학 섹터 기업들이 줄줄이 저조한 실적을 발표하는 가운데, 듀폰이 시장 예상치를 상회하는 2021년 4분기 실적을 발표하며 주가가 6.3% 상승 마감. KeyBanc의 Aleksey는 듀폰의 제품 가격 상승이 높은 인플레이션율을 적절히 상쇄했으나, 높아진 물류비용까지 상쇄하기에는 역부족이라고 우려.
2022-11-02	듀폰이 Rogers Corp 인수 계획을 철회하자, 인수 자금을 자사주 매입 등에 대신 활용할 것으로 시장의 기대를 모으면서 주가가 3.1% 상승.
2022-11-08	듀폰이 시장 예상치(Consensus)를 뛰어넘는 2022년 3분기 EPS를 발표하며 주가가 7.3% 급등. KeyBanc의 Aleksey 애널리스트는 듀폰의 3분기 실적 수치 및 4분기 Guidance가 화학-전자 분야 기업들 중 가장 우수한 편에 속한다고 평가. 50억 달러 규모의 자사주 매입 또한 주주들로부터 환영받을 것이라고 언급.
2023-02-07	듀폰의 2022년 4분기 주당순이익 및 감가상각비 차감 전 영업이익이 시장 예상치를 상회하자 주가가 하루 만에 7.5% 급등. 투자은행 Wells Fargo의 마이클 사이슨(Michael Sison)은 "전자제품 & 산업재(Electronics & Industrial) 사업부 및 수질개선 & 안전장비(Water & Protection) 사업부의 2023년 1분기 실적 전망이 밝지 않은 것은 실망스러우나, 이미 시장이 예상하고 있던 측면"이라고 평가.
2023-05-02	회사가 2023년 1분기 실적을 발표하면서 기존 발표치보다 감소한 2023년 연간 매출 및 주당순이익 예상치를 발표하자 주가가 하루 만에 6.3% 폭락. 또한 이날 듀폰은 특수 의료기기 제조업체인 스펙트럼 플라스틱 그룹(Spectrum Plastics Group)을 인수하기로 합의하였음을 발표했으나, 일부 애널리스트들의 반응은 부정적이었으며 J.P.Morgan은 "주주들은 차라리 그 금액으로 자사주 매입을 하기를 바랐을 것"이라고 평가.
2023-06-02	듀폰(Dupont), 코르테바(Corteva), 케무어스(The Chemours Company) 3개 사가 미국 소비자들이 제기한 화학물질 PFAS와 식수 오염 관련 소송을 11.8억 달러에 전격 합의했다고 발표하자 듀폰 주가가 하루 만에 7.3% 급등.
2023-11-01	듀폰이 2023년 연간 매출액 전망치를 시장 예상치보다 낮은 수준으로 조정하자 주가가 8.2% 폭락. 투자은행 Wells Fargo의 마이클 사이슨(Michael Sison)은 "비록 2023년 3분기 주당순이익이 92센트로 시장 예상치였던 84센트를 상회했지만, 제약시장 및 산업재시장 전반에서 재고 감축 움직임이 확산되며 듀폰도 2023년 연간 매출 전망치를 하향했다. 듀폰은 추가적인 구조조정을 계획하고 있는 것으로 보인다."고 평가.
2024-01-24	듀폰이 시장 예상치보다 낮은 2024년 1분기 매출 및 주당순이익을 발표하자 투자은행 BMO Capital Markets의 애널리스트 존 맥널티(John P. McNulty)가 투자의견을 '시장수익률 상회'에서 '시장수익률 수준'으로 하향 조정했고, 주가가 하루 만에 14% 폭락. 맥널티는 보고서에서 "듀폰의 2024년 1분기 주당순이익 전망치인 64센트는 시장 예상치인 88센트를 현저히 하회한다. 2분기 실적도 부진할 것임을 회사가 밝힌 것으로 미루어 보아, 2024년 하반기 또한 반전을 기대하긴 힘들다. 비록 상당한 자사주 매입 계획을 발표했으나, 시장의 우려를 불식시키기에는 불충분하다."고 평가.

※참고: Guidance란 기업이 자체적으로 전망한 실적 예상치를, Consensus는 증권사 리서치센터에서 예측한 실적 예상치를 의미함.

프리포트-맥모란과 듀폰 비교 결과

2017년 2월 말부터 2022년 2월 말까지, 프리포트-맥모란과 듀폰의 주가는 〈도표 7-10〉과 같이 큰 차이를 보였습니다.

+ 도표 7-10. 최근 5년간 프리포트-맥모란과 듀폰 주가변동 비교

	2017년 2월 28일	2022년 2월 28일	5년간 주가변동률
FCX 주가	$13.40	$46.95	+250.37%
DD 주가	$88.61	$77.37	-12.68%

1 기업 운영의 효율성과 비용통제 능력

프리포트-맥모란은 〈도표 7-11〉과 같이 듀폰에 비해 효율성 지표 3개 모두에서 우위를 보였습니다. 특히 매출채권회전율이 가장 큰 폭의 차이를 보였는데, 이는 프리포트-맥모란의 매출채권이 현금으로 회수되는 속도가 훨씬 더 빠르다는 의미입니다. 이는 우량한 기업과만 거래하거나, 엄격한 외상 조건을 제시하는 등 판매 수입의 질을 높이기 위한 노력을 통해 현금 회수 능력을 양호한 수준으로 유지했음을 나타냅니다.

+ 도표 7-11. 두 기업의 최근 6년간(FY2016-FY2021) 효율성 지표 평균 수치

	자산회전율	매출채권회전율	재고자산회전율
FCX	0.4	17.6	3.2
DD	0.2	5.2	2.6

〈도표 7-12〉처럼 두 기업의 영업이익률과 순이익률은 각각 S&P500 소재 섹터 평균을 기준으로 상반된 수치를 보였습니다. 먼저, 프리포트-맥모란의 경우 2016 회계연노부터 2021 회계연도까지 6년간 영업이익률 평균치가 듀폰은 물론 소재 섹터 업계

보다도 높은 수치를 보여 핵심사업에서의 높은 수익성을 보여 주었습니다.

+ 도표 7-12. 두 기업의 최근 6년간(FY2016-FY2021) 이익률 평균 수치

	영업이익률	순이익률
FCX	**15.1%**	3.1%
DD	-2.1%	**11.4%**
S&P500 소재 섹터(6년 평균)	11.14%	7.82%

프리포트-맥모란의 영업이익률과 순이익률을 좌우하는 것은 결국 핵심 자원인 구리의 가격입니다. 2016년부터 2021년까지 6년 중 프리포트-맥모란의 영업이익률과 순이익률이 가장 낮았던 두 해는 2016년과 2019년인데, 이때는 〈도표 7-13〉에서 보는 것처럼 회사의 구리 판매 가격이 가장 낮은 해였기 때문입니다.

+ 도표 7-13. 프리포트-맥모란의 구리 평균 판매 가격(2016년 ~ 2021년)

연도	2016	2017	2018	2019	2020	2021
평균 가격(파운드당)	$2.28	$2.93	$2.91	$2.73	$2.95	$4.33

듀폰의 경우, 영업이익률은 전체 섹터 평균보다 낮지만 순이익률은 높은 다소 기이한 형태를 보이고 있습니다. 이는 듀폰이 여러 기업구조 변경을 거치면서, 더 이상 듀폰에 소속되지 않게 된 사업부를 영업이익 항목이 아닌 기타수익 항목(이를 '중단영업'이라고 합니다)으로 분류하는 경우가 있었기 때문입니다. 예컨대 2021년의 경우, 2021년 2월 분사한 생명공학 사업부Nutrition & Biosciences 실적이 영업이익 계산 시에는 제외되었지만, 순이익 계산 시에는 포함되면서 순이익률이 영업이익률에 비해 약 37%p 상승하는

효과를 누렸습니다. 따라서 듀폰의 수익률을 더 정확히 반영하는 지표는 영업이익률인데, 영업이익률의 6년간 평균이 -1.98%라는 사실은 투자자들의 우려를 자아낼 만합니다.

2 ▶ 기업의 안정성, 수익성, 성장성

기업의 안정성을 측정하는 세 지표는 모두 〈도표 7-14〉와 같이 두 기업이 항목별로 큰 차이를 보였습니다. 특히 기업의 파산 가능성과 직결되는 이자보상비율은 프리포트-맥모란이 3배 높아, 더 안정적인 흐름을 보여 주었습니다.

+ 도표 7-14. 두 기업의 최근 6년간(FY2016-FY2021) 안정성 지표 평균 수치

	부채비율	유동비율	이자보상비율
FCX	173%	**259%**	**4.3**
DD	**99%**	183%	1.4

2016 회계연도부터 2021 회계연도까지 6년간 두 기업의 ROE 평균치는 모두 소재 섹터의 평균치를 하회하고 있습니다. 역시나 영업이익률에서 살펴봤던 것처럼, 프리포트-맥모란의 수익성은 구리 판매 가격의 영향을 크게 받는 것으로 보입니다. ROE가 유일하게 마이너스를 기록한 두 해(2016년, 2019년)가 구리 가격이 가장 낮은 해였기 때문입니다. 비록 6년 평균치는 두 기업 모두 소재 섹터 6년 평균치보다 낮았지만, 두 기업의 2021년 한 해 ROE는 35.7%(프리포트-맥모란), 19.9%(듀폰)로 소재 섹터의 18.49%보다 높은 값을 보였습니다.

+ 도표 7-15. 두 기업의 최근 6년간(FY2016-FY2021) ROE 평균 수치

FCX	DD	S&P500 소재 섹터(6년 평균)
5.8%	4.9%	11.61%

2016 회계연도부터 2021 회계연도까지 6년간 프리포트-맥모란의 연평균 매출성장률은 7.7%를, 듀폰의 연평균 매출성장률은 -25.6%를 기록해 프리포트-맥모란이 더 우수한 성장세를 기록했습니다. 다만, 듀폰은 이 기간 몇 번의 대형 기업구조 개편을 겪으면서 기업 분할에 따라 매출도 여러 기업으로 분산되었으므로, 보다 정확한 비교를 위해서는 기업구조 개편이 완료된 2020 회계연도부터 2023 회계연도까지의 매출성장률을 보는 것이 정확합니다. 이 기간 듀폰의 연평균 매출성장률은 -5.6%를 기록했습니다.

3 주가의 과대평가 여부

〈도표 7-16〉을 보면, 프리포트-맥모란의 PER과 PBR은 각각 섹터 평균과 엎치락뒤치락 하며 소재 섹터의 평균에 상대적으로 근접한 투자자들의 기대심리를 반영하고 있음을 알 수 있습니다. 반면 듀폰의 PER과 PBR은 모두 섹터 평균에 훨씬 못 미치는 값으로, 투자자들의 관심에서는 멀어진 상태인 것으로 보입니다.

+ 도표 7-16. 두 기업의 PER과 PBR 비교(2021.12.31. 기준)

	PER	PBR
FCX	14.2	4.4
DD	6.8	1.6
S&P500 소재 섹터	18.45	3.38

〈도표 7-17〉은 2017년 2월 28일부터 2024년 2월 28일까지의 두 기업의 주가 차이를 보여 주고 있습니다. 빨간 그래프는 프리포트-맥모란의 주가 흐름을, 파란 그래프는 듀폰의 주가 흐름을 나타냅니다. 중간에 있는 검은 세로 점선은 2022년 2월 28일을

표시하고 있어, 분석 대상이 된 2017년 2월부터 2022년 2월 이후 기간에 주가가 어떻게 움직였는지도 구분해서 확인해 볼 수 있습니다.

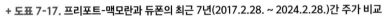

+ 도표 7-17. 프리포트-맥모란과 듀폰의 최근 7년(2017.2.28. ~ 2024.2.28.)간 주가 비교

출처: Bloomberg

S&P500 소재 기업 중 최근 7년간 주가상승률 상위 20개 기업

프리포트-맥모란과 듀폰 모두 현재 S&P500에 편입되어 있습니다. 독자 여러분이 투자에 참고하실 수 있도록, S&P500에 편입된 소재 기업 중 최근 7년간(2017.2.28. ~ 2024.2.28.) 투자수익률(배당 재투자 가정)이 가장 높았던 상위 20개 기업을 다음과 같이 정리해 드립니다.

+ 도표 7-18. S&P500 소재 섹터 내 최근 7년간 투자수익률 상위 20개 기업

매출 단위: 백만 달러

기업명	티커	투자수익률*	최근 12개월 매출**	PER(2024.2.28)
Linde PLC	LIN	330.2%	32,854	31.8
Steel Dynamics Inc	STLD	321.8%	18,795	9.1
Nucor Corp	NUE	262.6%	34,714	10.0
Sherwin-Williams Co	SHW	241.4%	23,052	34.3
CF Industries Holdings Inc	CF	206.7%	6,631	10.1
Freeport-McMoRan Inc	FCX	200.3%	22,855	23.5
Avery Dennison Corp	AVY	198.8%	8,364	28.4
Martin Marietta Materials	MLM	177.3%	6,777	28.9
Packaging Corp of America	PKG	136.2%	7,802	20.2
Vulcan Materials Co	VMC	131.5%	7,782	40.2
Ecolab Inc	ECL	96.1%	15,320	43.1
Air Products and Chemicals	APD	95.5%	12,423	20.5
Celanese Corp	CE	94.9%	10,940	12.5
Ball Corp	BALL	82.9%	14,029	24.2
LyondellBasell Industries	LYB	57.5%	41,107	11.4
PPG Industries Inc	PPG	54.7%	18,246	21.5
Albemarle Corp	ALB	41.8%	9,617	9.2
Eastman Chemical Co	EMN	33.9%	9,210	12.9
FMC Corp	FMC	16.1%	4,487	14.2
Mosaic Co	MOS	7.6%	13,696	7.7

*배당금은 모두 재투자 가정
**2024년 2월 말 기준

에너지
Energy

주가변동성이 큰 에너지 섹터

에너지 섹터는 화석연료(원유, 천연가스, 석탄)의 채굴부터 운송, 정제, 판매 등 광범위한 전후방 산업을 포함하고 있는 섹터입니다. 에너지 섹터의 가장 큰 특징으로는 단연 '주가의 높은 변동성'을 꼽을 수 있습니다. 2009년 12월 31일부터 2019년 12월 31일까지, 10년간 미국 주식시장의 주요 섹터 지수를 수익률과 변동성(표준편차)의 두 기준으로 나누어 통계 낸 결과치는 〈도표 7-19〉와 같았습니다.

+ 도표 7-19. 2010년대 미국 주식시장 섹터별 연평균 수익률과 표준편차

섹터(Sectors)	연평균 수익률	변동성(표준편차)
임의소비재(Consumer Discretionary)	17.4%	14.6%
기술(Technology)	17.0%	14.8%
커뮤니케이션(Communication Services)	16.0%	14.1%
헬스케어(Health Care)	14.8%	12.4%
S&P500 지수(S&P500 Index)	13.6%	12.6%

필수소비재(Consumer Staples)	12.3%	10.7%
금융(Financial)	12.3%	16.8%
유틸리티(Utilities)	11.8%	11.8%
에너지(Energy)	3.5%	20.3%
소재(Material)*	-5.4%	18.6%

*S&P GSCI 지수를 사용하여 측정하였으며, GSCI 지수에는 소재 외에도 밀, 옥수수 등이 포함됨.
출처: S&P Global

도표 〈7-19〉에서 보듯이 에너지 섹터의 연평균 수익률(3.5%)은 S&P500 전체 수익률(13.6%) 대비 4분의 1 수준으로 낮으면서도 지수의 변동성은 더 큰 모습(에너지 20.3% vs. S&P500 12.6%)을 보였습니다. 일반적으로 투자자들이 높은 위험을 감수하는 것(=변동성이 큰 주식에 투자하는 것)이 높은 수익률을 얻기 위한 것임을 고려할 때, 이는 다소 실망스러운 성적표라고 할 수 있습니다. 높은 위험을 감수하고 투자했는데도 불구하고 가장 낮은 수익률을 보였기 때문입니다. 그러나 이는 그만큼 에너지 섹터의 주가변동성이 높다는 것을 방증하는 자료라고 볼 수 있습니다.

에너지 기업들의 주가변동성이 큰 이유는 변동성이 매우 큰 원유시장 때문

에너지 섹터의 변동성이 높았던 이유는 원유 가격 변동성이 컸기 때문입니다. 이번 챕터를 통해 살펴보겠지만, 원유는 에너지 섹터에서의 대표적인 판매 상품입니다. 원유 가격의 영향을 직접적으로 받을 수밖에 없는 구조인 것입니다.

〈도표 7-20〉은 변동성이 큰 원유의 가격 추이를 잘 보여 주고 있습니다. 세계에는 국제 원유 가격의 기준이 되는 3대 유종이 있는데, 미국 서부 텍사스산 원유WTI, West Texas Intermediate, 브렌트Brent

유, 두바이Dubai유가 바로 그것입니다. 그러나 이 3대 유종 중에서
도 미국 서부 텍사스산 원유WTI와 브렌트Brent유의 품질이 두바이
Dubai유보다 우수한 것으로 평가받는데, 바로 이 두 유종이 저유황
경질유 성분으로서 고급 유류를 더 많이 정제할 수 있어 사용가
치가 높기 때문입니다.

〈도표 7-20〉은 이 서부 텍사스산 원유WTI와 브렌트Brent유의 선
물가격 추이를 2017년 11월부터 2024년 2월까지 7년간 표시한
것입니다. 2020년 초 국제 유가는 코로나 팬데믹으로 인한 수요
급감 우려로 급락했으나, 2022년 3월에는 러시아-우크라이나 간
전쟁에 따른 공급 차질 우려로 급등하며 대외 환경에 취약한 원
유 가격의 특징을 여실히 보여 주었습니다.

+ 도표 7-20. 주요 유종별 최근 7년간 가격 변동 추이

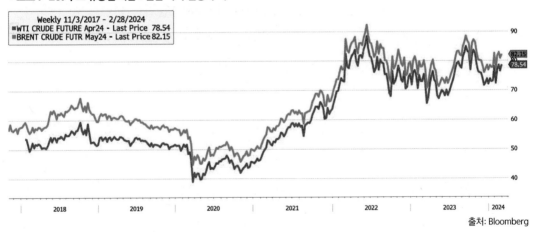

출처: Bloomberg

혹시 그래프를 보고 나서 '아, 그럼 에너지 섹터는 변동성이 크
니 투자하지 말아야겠다'고 생각하셨나요? 그랬다면 뒤의 〈도표
7-22〉를 한번 봐 주시기 바랍니다. 후기 비즈니스 사이클에서 전
체 11개 섹터 중 평균 초과수익률과 적중률이 가장 높았던 섹터

가 바로 에너지 섹터이기 때문입니다. 후기 사이클은 경기 호황이 정점에 이르면서 물가상승이 두드러지는 시기입니다. 보통 물가상승 시에는 물가상승분을 제품 가격 인상으로 전가할 수 있는 에너지 섹터에 대한 투자심리가 강화되기 때문에, 에너지 섹터는 대표적인 인플레이션 수혜주로 꼽힙니다. 에너지 섹터를 아예 투자 대상에서 제외할 수 없는 이유입니다.

원유의 공급망 흐름에 따른 에너지 섹터의 3단계 구분

에너지 섹터는 사업 단계에 따라 〈도표 7-21〉과 같이 크게 세 가지로 분류해 볼 수 있습니다.

+ 도표 7-21. 에너지 기업의 단계별 사업 내용

단계 구분	사업 내용	주요 기업
업스트림(Upstream)	원유와 천연가스를 탐사, 채굴	ConocoPhillips (NYSE: COP)
미드스트림(Midstream)	정제 시설까지 파이프라인, 선박, 차량으로 운반 및 저장	Kinder Morgan, Inc (NYSE: KMI)
다운스트림(Downstream)	원유와 천연가스를 정제해서 석유류 제품(휘발유 등) 생산	Phillips 66 (NYSE: PSX)

비록 위와 같이 세 단계로 구분되어 있지만, 에너지 기업들은 필요에 따라서 여러 단계를 직접 수행하는 경우가 많습니다. 예컨대 이번 장에서 살펴볼 코노코 필립스ConocoPhillips는 업스트림 단계와 미드스트림 단계를 함께 수행하며, 코노코 필립스에서 2012년 분사한 필립스66Phillips 66의 경우 미드스트림과 다운스트림을 함께 수행합니다. 더 나아가 미국 내 메이저 에너지 기업인 엑슨모빌과 셰브론, 그리고 이번 장에서 다룰 옥시덴탈은 업스트림부터 다운스트림까지를 모두 수행하는 기업에 해당합니다.

세 분야 중 가장 큰 투자 비용과 위험이 수반되는 사업은 업스트림 사업 분야입니다. 지하에 묻혀 있는 석유를 찾기 위해선 각 분야의 전문가들을 고용하고 첨단기술을 활용하는 등 막대한 투자가 필요한데, 이렇게 해도 탐사 성공률이 30~40% 수준에 지나지 않기 때문입니다. 그렇기 때문에 진입장벽이 매우 높은 시장이며 BP(영국), Chevron(미국), ExxonMobile(미국) 등 극소수의 기업들이 시장을 주도하고 있습니다.

한편, 에너지 섹터 내에는 〈도표 7-21〉의 분류 체계에 속하지 않는 기업들도 존재합니다. 바로 채굴장비를 생산하는 산업입니다. 이 산업은 지하에 매장되어 있는 원유 및 천연가스를 채굴하기 위한 장비를 생산하는 일을 합니다. 다만 그 비중이 전체 에너지 섹터 시가총액 중 약 6%에 불과할 정도로 미미하기에, 보통 비중 있게 다뤄지지는 않습니다.

앞서 언급한 바와 같이, 에너지 섹터는 역대 후기 비즈니스 사이클에서 전체 섹터 중 가장 높은 평균 초과수익률 수치를 기록했습니다(〈도표 7-22〉 참조). 이는 에너지 섹터가 대표적인 인플레이션 수혜 분야이기 때문이며, 우리가 물가상승기에 특히 에너지 섹터를 주목해야 하는 이유이기도 합니다.

+ 도표 7-22. 각 비즈니스 사이클별 에너지 섹터 평균 초과수익률과 적중률

비즈니스 사이클	평균 초과수익률	적중률
초기(EARLY)	△10% ~ △5%	0%
중기(MID)	△10% ~ △5%	50% ~ 60%
후기(LATE)	10 ~ 15%	80% ~ 90%
침체(RECESSION)	△5% ~ 0%	30% ~ 40%

▶평균 초과수익률
전체 주식시장의 평균수익률 대비 얼마나 더 높은 수익률을 올렸는지를 나타냄.

▶적중률
각 비즈니스 사이클에서 전체 주식시장 평균수익률보다 높은 수익률을 올린 비율

투자수익률이 높았던 에너지 기업: 코노코 필립스(NYSE: COP)

코노코 필립스ConocoPhillips는 텍사스에 본사를 둔 원유 및 천연가스 채굴 기업입니다. 2002년 8월, Conoco Inc.와 Phillips Petroleum Co. 두 회사의 합병으로 탄생한 코노코 필립스는 원유와 천연가스 등을 탐사, 채굴하는 일을 주 영업으로 하고 있으며 미국, 캐나다, 리비아, 호주, 노르웨이 등 전 세계에 유전을 보유하고 있습니다. 비록 주된 사업은 원유나 천연가스의 탐사 및 채굴이지만, 코노코 필립스는 석유제품을 파이프라인을 통해 운송하는 등 미드스트림 분야도 일부 운영 중에 있습니다.

코노코 필립스의 실적을 좌우하는 자원 가격

에너지 기업답게 코노코 필립스의 실적을 좌우하는 것은 원유 등 판매 자원의 가격입니다. 이는 코노코 필립스의 연도별 매출액과 판매 자원 단위당 가격의 관계를 나타내는 〈도표 7-23〉을 보면 분명해집니다. 〈도표 7-23〉을 통해 회사의 실적이 원유crude oil, 액성 천연가스NGLs, 천연가스Natural Gas 자원 가격에 직접적인 영향을 받는다는 것을 알 수 있습니다(회사는 비투멘Bitumen도 채굴하고 있으나, 전체 매출 내 비중이 2% 내외로 미미한 수준임).

+ 도표 7-23. 코노코 필립스의 연도별 매출액과 주요 판매 자원 단위당 가격

연도	2019년	2020년	2021년	2022년	2023년
매출액	366억 달러	192억 달러	483억 달러	821억 달러	585억 달러
원유 가격(배럴당)	$60.99	$39.54	$65.59	$95.30	$77.21
액성 천연가스(배럴당)	$20.09	$14.61	$32.45	$36.50	$22.82
천연가스(1천ft³당)	$5.03	$3.41	$5.77	$10.60	$5.69

출처: ConocoPhillips 연간보고서(10-K)

원유 등 천연자원의 가격 하락은 크게 두 가지 차원에서 코노코 필립스와 같은 업스트림 기업에 부정적 영향을 미칩니다. 첫 번째는 매출 감소입니다. 코노코 필립스의 사업 구조상 원유 등 자원 가격 하락은 곧장 회사의 매출을 감소시키게 됩니다.

두 번째는 회사가 보유한 유전의 매장량 감소입니다. 매장량이란 가격과 상관없이 이미 정해진 값이 아닌가 하고 의아해하실 수도 있습니다. 하지만 에너지 기업의 입장에서 매장량이란 생산의 경제성이 확보되는, 즉 생산 비용을 회수할 수 있는 '경제적 매장량economically recoverable reserves'을 지칭합니다.

석유 1배럴당 생산 비용이 50달러인데 현재 판매 가격이 30달러라면 경제적 매장량은 영(0)일 수 있습니다. 결국 경제적 매장량은 판매 가격과 생산 비용에 따라 달라지는 것입니다. 일례로 코노코 필립스의 경우, 2023년 한 해 신규 유전 개발로 인한 회사의 원유 매장량 증가분이 1억 7천만 배럴이었으나 유가 하락 및 생산 비용 증가로 감소한 원유 매장량이 7천만 배럴에 달했습니다. 아래 〈도표 7-24〉는 각 자원별 매장량을 표시하고 있습니다. 현재 코노코 필립스는 2023년 생산량을 기준으로 원유와 액성 천연가스는 9.3년, 천연가스는 10.8년간 생산할 수 있는 매장량을 보유 중입니다.

+ 도표 7-24. 코노코 필립스의 연도별 경제적 자원 매장량

연도	2020년	2021년	2022년	2023년
원유(Crude Oil)	21.2억 배럴	30.3억 배럴	30.7억 배럴	31.2억 배럴
액성 천연가스(NGL)	3.8억 배럴	6.8억 배럴	9.0억 배럴	9.4억 배럴
천연가스(Natural Gas)	16.4억 배럴	21.4억 배럴	24.2억 배릴	22.8억 베럴

출처: ConocoPhillips 연간보고서(10-K)

코노코 필립스의 적극적인 사업 확장 및
주주환원책 강화 행보

최근 회사는 주요 경쟁사 인수를 통해 사업을 확장하는가 하면, 주주환원정책을 확대하면서 주주친화책을 적극 도입하고 있습니다. 대표적인 경쟁사 인수는 2021년 1월 셰일가스 업체 콘초 리소시스Concho Resources Inc.를 131억 달러(한화 17조 원)에 인수한 건입니다. 이는 코로나19 사태 이후 에너지업계 최대 규모의 M&A로, 이후 2022년 국제 정세 불안으로 유가가 치솟으면서 유가 상승에 베팅한 코노코 필립스의 전략이 결과적으로 옳았음이 확인된 것입니다. 또 코노코 필립스는 2023년 10월, 세계에서 가장 많은 원유 매장량을 보유한 곳 중 한 곳인 서몬트Surmont 오일샌드 시설을 토털에너지로부터 인수하며 공격적인 행보를 이어 가기도 했습니다.

그런가 하면 2022년부터 주주환원책을 확대해, 기존에 진행하던 2가지 수단(정기배당, 자사주매입)을 유지하는 한편 비정기배당variable return of cash까지 신설하여 총 3가지 환원책을 병행한다고 밝히기도 했습니다. 코노코 필립스는 2021년에 1주당 $1.75의 배당금을 지급했는데, 여기에 실적 추이에 따라 추가 배당금을 지급할 것을 선언한 것입니다. 2022년 1월 14일, 회사는 실제 첫 비정기배당으로 $0.20을 지급하였으며 2023년 말에는 비정기배당을 분기마다 지급하겠다는 계획도 발표하였습니다.

코노코 필립스에 대한 투자은행 애널리스트 보고서

J.P.Morgan의 존 로얄John Royall은 2024년 2월 9일 자 애널리스트 보고서에서 다음과 같이 평가했습니다.

"코노코 필립스는 2010년대 중반부터 과감한 투자를 단행하며 에너지업계 선두가 된 기업이다. 텍사스의 비옥한 퍼미언 분지Permian basin 인수, 알래스카의 윌로우 유전 개발 프로젝트, 카타르 천연가스 시설 공동 투자를 통해 코노코 필립스는 장기 성장의 발판을 마련해 왔다. 이를 바탕으로 코노코 필립스는 정기배당, 비정기배당, 자사주매입을 활용한 적극적인 주주환원책을 시행할 것으로 보인다.

WTI의 가격이 배럴당 $78 수준이었던 2023년 회사의 주주환원금액은 110억 달러 규모였으며, 2024년 회사는 90억 달러 규모의 주주환원책을 준비 중에 있다. 이 중 자사주매입은 약 54억 달러 규모, 배당은 36억 달러 규모가 될 것으로 보인다. 만약 최근처럼 낮은 유가가 지속된다면, 코노코 필립스는 주주환원 규모를 줄이거나 부채를 발행하는 방법을 고민할 것으로 보인다. 브렌트유 가격이 배럴당 $80 수준으로 지속된다고 가정할 때, 코노코 필립스의 주가 상승 여력은 동종업계 평균 수준이다."

종합적으로 존 로얄은 투자의견 '중립'을 유지하고 2024년 12월 목표주가로 $139를 제시한 바 있습니다.

+ 도표 7-25. 코노코 필립스의 최근 8년간 재무자료와 주가

재무지표	FY2016 2016/12/31	FY2017 2017/12/31	FY2018 2018/12/31	FY2019 2019/12/31	FY2020 2020/12/31	FY2021 2021/12/31	FY2022 2022/12/31	FY2023 2023/12/31
PER	-17.2	-78.4	11.6	10.1	-15.9	11.9	8.0	12.7
PBR	1.8	2.1	2.2	2.0	1.4	2.1	3.0	2.8
자산회전율	0.3	0.4	0.5	0.5	0.3	0.6	0.9	0.6

매출채권 회전율	6.3	7.8	9.0	9.1	6.4	10.0	11.5	9.0
재고자산 회전율	23.8	24.3	25.7	23.8	18.4	29.6	42.7	30.6
영업이익률	-19.5%	-9.6%	25.9%	25.3%	-11.0%	25.9%	33.8%	27.1%
순이익률	-15.3%	-2.9%	17.2%	22.1%	-14.4%	17.6%	23.8%	19.5%
부채비율	155%	138%	118%	101%	110%	100%	95%	95%
유동비율	125%	176%	180%	240%	225%	134%	146%	143%
이자보상비율	-3.7	-2.5	12.8	10.6	-2.6	13.4	33.0	19.5
ROE	-9.7%	-2.6%	20.0%	21.5%	-8.3%	21.5%	40.0%	22.5%
매출액증가율	-19.9%	22.8%	25.1%	-10.6%	-42.3%	144.0%	71.3%	-28.5%

	2017년 2월 28일	2022년 2월 28일	5년간 주가상승률
코노코 필립스 주가	$47.57	$94.86	+99.41%

· 2022년 이후 코노코 필립스의 주가에 영향을 미쳤던 뉴스

날짜	뉴스
2022-03-09	우크라이나-러시아 전쟁, 수입제한 조치 등으로 원유시장 변동성이 확대되며 에너지 섹터 주가 하락. 코노코 필립스의 주가는 2.6% 하락.
2022-05-10	러시아가 비우호국에 대한 원자재 수출 금지를, EU는 러시아산 원유에 대한 단계적인 수입 금지 방안을 논의하며 유가 변동성 확대.
2022-06-17	Fed의 공격적인 금리인상이 경기침체를 가져올 수 있다는 공포 확산에 유가 및 에너지 기업 주가 하락. 코노코 필립스의 주가도 8.4% 급락.
2022-06-22	캐나다발 유가 하락이 이미 경기침체 우려를 겪고 있던 에너지 기업 전체로 확산하며 에너지 기업 주가 급락. 코노코 필립스 주가 6.2% 급락.
2023-02-03	코노코 필립스가 2023년에 걸쳐 시장 예상치보다 많은 투자금액을 지출하고, 시장 예상치(119억 달러)보다 저조한 주주환원책(110억 달러)을 시행할 것임을 발표하자 주가가 하루 만에 2.9% 하락.
2023-04-03	OPEC+가 생산량 감축 계획을 발표하자 유가가 급등하며 코노코 필립스를 비롯한 에너지 회사 주가가 급등. 코노코 필립스의 주가는 이날 9.2% 상승.

투자수익률이 낮았던 에너지 기업:
옥시덴탈(NYSE: OXY)

옥시덴탈은 업스트림부터 다운스트림까지를 모두 수행하는 종합 석유화학업체로 원유, 천연가스, 액성 천연가스를 채굴·운송·정제·판매 하는 사업을 수행하고 있습니다. 현재 옥시덴탈은 크게 〈도표 7-26〉과 같이 세 가지 사업부를 운영 중입니다.

+ 도표 7-26. 옥시덴탈의 3가지 사업부

사업부	업무	해당 분야	매출 비중(2023년)
Oil and gas	자원 탐사 및 채굴	업스트림	73%
Midstream and marketing	자원 운송, 저장	미드스트림	9%
Chemical	화학제품 생산, 판매	다운스트림	18%

옥시덴탈의 사업부 중 가장 큰 비중을 차지하는 것은 업스트림 구간을 담당하는 원유 및 천연가스Oil and gas 사업부입니다. 따라서 매출이 자원 가격의 영향을 많이 받게 되는데, 그중에서도 원유의 가격 변동이 실적에 가장 큰 영향을 미치게 됩니다. 회사의 2023년 매출(282억 달러)이 2022년 매출(366억 달러) 대비 20% 넘게 하락한 원인도 원유 가격 하락에 기인합니다. 2023년은 세계 대표 유종인 서부 텍사스산 원유의 연평균 가격이 전년 대비 17% 하락(배럴당 $94.23→$77.64), 브렌트유의 연평균 가격이 16% 하락(배럴당 $98.83→$82.25)하는 등 유가가 급락했던 해이기 때문입니다.

1 ▶ 원유 및 천연가스 사업부

옥시덴탈의 원유 및 천연가스Oil and gas 사업부는 원유, 천연가스, 액성 천연가스를 탐사하고 채굴하는 사업부입니다. 2023년 기준이 사업부는 옥시덴탈의 전체 매출에서 약 73%의 비중을 차지하고 있는 핵심 부서인데, 실적이 원유 가격에 따라 크게 좌우되기에 외부 환경 변화에 매우 취약합니다. 앞서 살펴본 바와 같이 원유 가격은 변동성이 매우 크기 때문입니다.

업스트림 부서의 중요 관심사 중 하나는 '회사가 보유한 유전에서 앞으로 채굴할 수 있는 자원의 양'입니다. 이를 측정하는 지표를 확인매장량Proved Reserves이라고 하며, 옥시덴탈의 2023년 말 기준 확인매장량은 〈도표 7-27〉과 같았습니다. 현재 옥시덴탈은 2023년 생산량을 기준으로 원유는 8.3년, 액성 천연가스는 9.5년, 천연가스는 9.7년간 생산할 수 있는 매장량을 보유 중입니다.

+ 도표 7-27. 옥시덴탈의 연도별 경제적 자원 매장량

연도	2020년	2021년	2022년	2023년
원유(Crude Oil)	14.8억 배럴	17.7억 배럴	19.1억 배럴	19.4억 배럴
액성 천연가스(NGL)	6.0억 배럴	7.7억 배럴	8.5억 배럴	9.8억 배럴
천연가스(Natural Gas)	8.4억 배럴	9.8억 배럴	10.6억 배럴	10.6억 배럴

출처: Occidental Petroleum 연간보고서(10-K)

2 ▶ 미드스트림 및 마케팅 사업부

미드스트림 및 마케팅Midstream and marketing 사업부는 원유와 천연가스를 수송 및 정제 하는 업무를 담당하며 2023년 기준 전체 매출에서 9%를 차지했습니다.

3 ▶ 화학제품 사업부

화학제품Chemical 사업부는 원유 및 천연가스를 이용해 플라스틱 등 각종 화학제품을 생산하는 업무를 담당하며 같은 기간 전체 매출에서 18%의 비중을 차지했습니다.

옥시덴탈에 대한 투자은행 애널리스트 보고서

J.P.Morgan의 존 로얄John Royall은 2024년 2월 23일자 애널리스트 보고서에서 다음과 같이 분석했습니다.

> **"** 옥시덴탈 페트롤리엄은 2019년 경쟁업체인 아나다코 페트롤리엄을 550억 달러에 인수한 이후 부채 규모를 꾸준히 감축하면서 사업 안정화에 성공했으며, 이후 자사주 매입을 통한 주주환원책을 강화해 왔다. 2024년 1분기 중에는 미국 최대 유전인 퍼미안 분지에서 원유를 생산 중인 회사 크라운록CrownRock을 120억 달러에 인수할 예정이며, 인수 후에는 185억 달러 규모인 장기부채를 150억 달러 규모까지 줄이면서 재정건전성을 강화할 것이다. 부채 감축의 주요 재원은 크라운록에서 발생하는 현금 수입과 자사주매입 축소로 확보한 현금이 될 것으로 보이며, 예상되는 목표 부채 수준 달성 시기는 2026년 중순이다. 다만, 현재 진행 중인 45억-60억 달러 규모 자산매각 계획이 성공할 경우 목표 부채 수준 달성 시기를 1년가량 앞당길 수 있을 것이다. **"**

종합적으로 존 로얄은 옥시덴탈 페트롤리엄에 대해 투자의견 '중립'을 유지하였으며 2024년 12월 목표주가로 $72를 제시한 바 있습니다.

+ 도표 7-28. 옥시덴탈의 최근 8년간 재무자료와 주가

재무지표	FY2016 2016/12/31	FY2017 2017/12/31	FY2018 2018/12/31	FY2019 2019/12/31	FY2020 2020/12/31	FY2021 2021/12/31	FY2022 2022/12/31	FY2023 2023/12/31
PER	-95.0	43.1	11.4	-33.8	-1.0	17.9	4.7	14.1
PBR	2.5	2.7	2.2	1.6	2.0	2.8	2.8	2.7
자산회전율	0.2	0.3	0.4	0.3	0.2	0.3	0.5	0.4
매출채권 회전율	2.9	3.1	3.9	4.6	5.6	8.2	8.6	7.6
재고자산 회전율	5.9	5.3	8.8	10.8	9.9	10.2	10.5	5.1
영업이익률	-16.4%	9.7%	31.0%	2.9%	-80.6%	17.0%	37.9%	23.7%
순이익률	-5.7%	10.5%	23.2%	-3.2%	-83.3%	8.9%	36.3%	16.6%
부채비율	101%	104%	106%	213%	331%	269%	141%	144%
유동비율	132%	112%	134%	115%	107%	123%	115%	92%
이자보상비율	-6.0	3.8	15.5	0.6	-10.1	2.7	13.5	7.1
ROE	-2.5%	6.3%	19.6%	-4.4%	-98.6%	17.0%	83.6%	18.9%
매출액증가율	-19.2%	24.0%	42.5%	17.3%	-14.8%	45.7%	41.1%	-22.9%

	2017년 2월 28일	2022년 2월 28일	5년간 주가하락률
옥시덴탈 주가	$65.55	$43.73	-33.28%

· 2022년 이후 옥시덴탈의 주가에 영향을 미쳤던 뉴스

날짜	뉴스
2022-02-28	옥시덴탈이 재무건전성 개선책의 일환으로 25억 달러에 이르는 부채상환계획을 발표하자 주가가 하루 만에 12.8% 급등.
2022-03-04	옥시덴탈의 재무건전성 개선 기대감으로 주가가 하루 만에 17.6% 급등.
2022-08-19	워런 버핏이 이끄는 버크셔 해서웨이가 미 연방 에너지 규제위원회(FERC)로부터 옥시덴탈의 주식을 50%까지 매수할 수 있다는 승인을 받자, 주가가 하루 만에 9.8% 급등.

코노코 필립스와 옥시덴탈 비교 결과

2017년 2월 말부터 2022년 2월 말까지, 코노코 필립스와 옥시덴탈의 주가변동은 〈도표 7-29〉와 같았습니다.

+ 도표 7-29. 최근 5년간 코노코 필립스와 옥시덴탈 주가변동 비교

	2017년 2월 28일	2022년 2월 28일	5년간 주가변동률
COP 주가	$47.57	$94.86	+99.41%
OXY 주가	$65.55	$43.73	-33.28%

1 ▶ 기업 운영의 효율성과 비용통제 능력

기업 운영의 효율성을 측정하는 지표에서는 코노코 필립스가 모두 양호한 수치를 보였습니다. 특히 두 기업이 가장 크게 차이 나는 부분은 재고자산회전율입니다. 옥시덴탈의 경우 원유와 천연가스뿐만 아니라 각종 화학제품까지 재고자산으로 집계하고 있고, 다양한 품목의 재고자산을 효율적으로 관리하는 데에 더 어려움을 겪고 있는 것으로 보입니다.

+ 도표 7-30. 두 기업의 최근 6년간(FY2016-FY2021) 효율성 지표 평균 수치

	자산회전율	매출채권회전율	재고자산회전율
COP	0.4	8.1	24.3
OXY	0.3	4.7	8.5

〈도표 7-31〉에서 보는 바와 같이, 코노코 필립스의 2016 회계연도부터 2021 회계연도까지 6년간 이익률 평균치는 옥시덴탈뿐만 아니라 S&P500 에너지 섹터 평균치를 상회했습니다.

+ 도표 7-31. 두 기업의 최근 6년간(FY2016-FY2021) 이익률 평균 수치

	영업이익률	순이익률
COP	6.2%	4.1%
OXY	-6.1%	-8.3%
S&P500 에너지 섹터(6년 평균)	1.8%	0.7%

두 기업의 영업이익률은 원유 가격에 크게 좌우되는 모습을 보였습니다. 2016년부터 2021년까지의 6년간 두 기업의 영업이익률이 마이너스를 기록한 해는 〈도표 7-32〉 및 〈도표 7-33〉에서 보는 바와 같이 원유의 평균 판매 가격이 가장 낮았던 연도였기 때문입니다.

+ 도표 7-32. 코노코 필립스의 원유 평균 판매가와 영업이익률(2016년 ~ 2021년)

연도	2016	2017	2018	2019	2020	2021
평균 가격(배럴당)	$40.86	$51.96	$68.13	$60.99	$39.54	$67.64
영업이익률	-19.5%	-9.6%	25.9%	25.3%	-11.0%	25.9%

+ 도표 7-33. 옥시덴탈의 원유 평균 판매가와 영업이익률(2016년 ~ 2021년)

연도	2016	2017	2018	2019	2020	2021
평균 가격(배럴당)	$38.73	$48.93	$60.64	$56.26	$37.34	$66.14
영업이익률	-16.4%	9.7%	31.0%	2.9%	-80.6%	17.0%

2 기업의 안정성, 수익성, 성장성

〈도표 7-34〉에서 보는 바와 같이, 두 기업의 안전성을 측정하는 세 지표는 모두 코노코 필립스가 우위에 있었습니다. 특히, 두 기업의 6년간 이자보상비율 평균은 코로나 팬데믹으로 업황이 매우 안 좋았던 2020년 값이 계산에 포함되면서 과도하게 낮아진 측면이 있습니다. 두 기업의 가장 최근인 2023년 이자보상비율은

각각 19.5(코노코 필립스)와 7.1(옥시덴탈)로, 충분한 이자비용 지불 능력을 보여 주고 있습니다.

+ 도표 7-34. 두 기업의 최근 6년간(FY2016-FY2021) 안정성 지표 평균 수치

	부채비율	유동비율	이자보상비율
COP	120%	180%	4.7
OXY	187%	121%	1.1

두 기업의 최근 6년간 ROE 평균치는 에너지 섹터 평균치를 기준으로 각각 반대편에 위치하고 있습니다. 그러나 이 또한 2020년 수치로 인해 전체 평균치가 과하게 낮아진 측면이 있습니다. 유가가 코로나 이전 수준으로 회복된 2021년을 보면 코노코 필립스가 21.5%, 옥시덴탈이 17.0%로 에너지 섹터 평균인 13.9%를 앞서는 수치를 기록했습니다.

+ 도표 7-35. 두 기업의 최근 6년간(FY2016-FY2021) ROE 평균 수치

COP	OXY	S&P500 에너지 섹터(6년 평균)
7.1%	-10.4%	1.3%

2016 회계연도부터 2021 회계연도까지 코노코 필립스의 연평균 매출성장률은 7.6%를, 옥시덴탈의 연평균 매출성장률은 13.0%를 기록해 옥시덴탈이 더 우수한 성장률을 보였습니다.

3 주가의 과대평가 여부

〈도표 7-36〉을 보면, 옥시덴탈의 PER과 PBR 값이 코노코 필립스 및 에너지 섹터 평균보다 높아, 실적 대비 더 높은 가격에 거래되고 있음을 알 수 있습니다. 이는 두 기업의 재무분석 결과에

비추어 보면 다소 의외의 결과입니다. 기업 운영의 효율성, 비용 통제 능력, 안정성, ROE에서 코노코 필립스가 더 양호한 수치를 보였기 때문입니다. 이렇듯 재무분석 결과와 차이 나는 PER 및 PBR 값의 원인은 2019년 옥시덴탈이 마무리했던 M&A 거래에서 찾아볼 수 있습니다.

옥시덴탈은 본래 미국 원유업계에서 잘 알려지지 않은, 규모가 작은 기업이었습니다. 그랬던 옥시덴탈은 2019년 기업 가치가 자신들보다 2배 이상 큰 셰일 기업 아나다코페트롤리엄을 인수하는 공격적 투자를 단행하는데, 이때 자금이 부족했던 옥시덴탈은 워런 버핏에게 100억 달러(약 13조 원)를 빌리는 조건으로 우선주 10만 주를 발행하며 연 8%의 높은 배당을 약속했습니다.

비록 이처럼 높은 배당은 지급되는 동안에는 옥시덴탈의 자금 사정에 부담이 되는 조건이었지만, 이 100억 달러를 예상보다 빨리 상환할 경우 보통주 투자자 입장에서는 1) 배당수익률 개선 2) 투자수익률 개선을 기대해볼 수 있을 뿐만 아니라 회사가 인수한 아나다코페트롤리엄과의 시너지 효과도 기대해 볼 수 있었기에, 높은 PER, PBR 값을 기록한 것이라 분석해 볼 수 있습니다.

+ 도표 7-36. 두 기업의 PER과 PBR 비교(2021.12.31. 기준)

	PER	PBR
COP	11.9	2.1
OXY	17.9	2.8
S&P500 에너지 섹터	13.1	1.8

〈도표 7-37〉은 2017년 2월 28일부터 2024년 2월 28일까지의 두 기업의 주가 차이를 보여 주고 있습니다. 빨간 그래프는 코노

코 필립스의 주가 흐름을, 파란 그래프는 옥시덴탈의 주가 흐름
을 나타냅니다. 중간에 있는 검은 세로 점선은 2022년 2월 28일
을 표시하고 있어, 분석 대상이 된 2017년 2월부터 2022년 2월 이
후 기간에 주가가 어떻게 움직였는지도 구분해서 확인해 볼 수
있습니다.

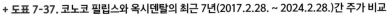

+ 도표 7-37. 코노코 필립스와 옥시덴탈의 최근 7년간(2017.2.28. ~ 2024.2.28.)간 주가 비교

출처: Bloomberg

S&P500 에너지 기업 중 최근 7년간
주가상승률 상위 20개 기업

코노코 필립스와 옥시덴탈 모두 현재 S&P500에 편입되어 있
습니다. 독자 여러분이 투자에 참고하실 수 있도록, S&P500에 편
입된 에너지 기업 중 최근 7년간(2017.2.28. ~ 2024.2.28.) 투자수익률
(배당 재투자 가정)이 가장 높았던 상위 20개 기업을 다음과 같이 정
리해 드립니다.

+ 도표 7-38. S&P500 에너지 섹터 내 최근 7년간 투자수익률 상위 20개 기업

매출 단위: 백만 달러

기업명	티커	투자수익률*	최근 12개월 매출**	PER(2024.2.28)
Marathon Petroleum Corp	MPC	326.6%	148,379	7.2
Hess Corp	HES	218.1%	10,511	28.6
ConocoPhillips	COP	193.8%	56,141	12.9
Valero Energy Corp	VLO	176.5%	144,766	5.6
Targa Resources Corp	TRGP	138.6%	16,060	24.4
Phillips 66	PSX	137.8%	147,399	8.8
ONEOK Inc	OKE	118.0%	17,677	14.0
Diamondback Energy Inc	FANG	114.7%	8,340	9.9
Williams Cos Inc/The	WMB	87.9%	10,907	19.0
Chevron Corp	CVX	82.5%	196,913	12.5
Exxon Mobil Corp	XOM	79.2%	334,697	11.0
Marathon Oil Corp	MRO	65.7%	6,453	9.3
Pioneer Natural Resources	PXD	60.7%	19,288	11.3
EOG Resources Inc	EOG	49.8%	23,161	9.6
Coterra Energy Inc	CTRA	49.4%	5,914	11.7
Devon Energy Corp	DVN	35.5%	15,258	7.7
EQT Corp	EQT	18.7%	5,648	16.8
Kinder Morgan Inc	KMI	18.6%	15,334	17.1
Occidental Petroleum Corp	OXY	17.3%	28,257	16.4
Baker Hughes Co	BKR	-12.4%	25,507	16.4

*배당금은 모두 재투자 가정
**2024년 2월 말 기준

U.S.
stock
investment

CHAPTER

8

경기가 불황의 터널을
빠져나올 때
반드시 사야 할 주식

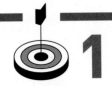

금융
Financials

금융 섹터는 우리에게 친숙한 분야 중 하나입니다. 우리가 주식을 거래할 때 쓰는 앱을 통해 접하는 증권사Capital Markets, 현금을 안전하게 예금할 때 이용하는 은행Banks, 몸이 아픈 경우를 대비해 가입하는 보험Insurance이 대표적인 금융 섹터의 세부 산업들입니다. 한마디로 금융 섹터는 '기업 및 개인에게 금융 관련 서비스를 제공하는 산업'이라고 요약해 볼 수 있습니다. 금융 섹터의 주요 세부 산업은 다음 〈도표 8-1〉과 같습니다.

+ 도표 8-1. 금융(Financials) 섹터의 대표 세부 산업

세부 산업	내용	대표 기업 (티커)
상업은행업 (Banks)	예금을 기반으로 한 전통적인 소매금융업	Wells Fargo & Co (WFC) Citigroup Inc (C) JPMorgan Chase & Co (JPM)
장기금융업 (Capital Markets)	자산운용사, 투자은행, 신용평가 등 장기(Long-term)금융 연관 산업	Moody's Corp (MCO) BlackRock Inc (BLK) Goldman Sachs Group (GS)
보험업 (Insurance)	보험, 재보험, 보험중개 산업	Prudential Financial Inc (PRU) AIG (AIG) Principal Financial Group (PFG)

모기지 리츠 (Mortgage REITs)	부동산 담보대출을 전문으로 하는 부동산 투자신탁업	AGNC Investment (AGNC) Starwood Property (STWD) Annaly Capital Mgmt (NLY)

1962년부터 집계된 통계에 의하면, 금융 섹터는 일반적으로 초기 비즈니스 사이클에 높은 투자수익률을 보이는 것으로 알려져 있습니다. 이는 기업들이 투자를 재개하면서 자금 차입이 증가하고, 이로 인한 중개수수료 및 이자수입이 증가하기 때문입니다. 이와는 반대로, 침체기에는 개인들의 소비가 위축되고 기업의 투자가 감소하므로 자금의 흐름에 경색이 발생하고 이로 인한 금융 섹터의 투자수익률 또한 저조한 편입니다. 각 사이클별 금융 섹터 기업들의 평균 초과수익률과 적중률은 〈도표 8-2〉에 요약되어 있습니다.

+ 도표 8-2. 각 비즈니스 사이클별 금융 섹터 평균 초과수익률과 적중률

비즈니스 사이클	평균 초과수익률	적중률
초기(EARLY)	0% ~ 5%	50% ~ 60%
중기(MID)	△5% ~ 0%	30% ~ 40%
후기(LATE)	0%	50% ~ 60%
침체(RECESSION)	△10% ~ △5%	30% ~ 40%

▶평균 초과수익률
전체 주식시장의 평균수익률 대비 얼마나 더 높은 수익률을 올렸는지를 나타냄.

▶적중률
각 비즈니스 사이클에서 전체 주식시장 평균수익률보다 높은 수익률을 올린 비율

투자수익률이 높았던 금융기업: 무디스(NYSE: MCO)

무디스는 S&P, 피치Fitch Ratings와 더불어 세계 3대 신용평가회사 중 한 곳으로 잘 알려져 있습니다. 신용평가회사란 기업이나 정부가 발행하는 각종 채권이 얼마나 안전한지 평가해, 신용등급을 매기는 기관입니다. 2000년 뉴욕증권거래소NYSE에 상장된 무디스는 중국 신용평가기관인 CCXI 지분투자(2006년), 리스크 관

리 소프트웨어 기업 페르마Fermat 인수(2008년), 비상장회사 데이터 전문 기업 뷰로반다익Bureau Van Dijk 인수(2017년) 등 신용평가 업무를 넘어 사업 분야를 확장하려는 다양한 시도를 해 왔습니다. 무디스의 사업부는 총 2개로, 본업인 신용평가를 담당하는 Moody's Investors Service와 데이터 제공 및 분석 서비스를 제공하는 Moody's Analytics입니다.

1 ▶ MIS 사업부

MISMoody's Investors Service는 무디스의 본업인 신용평가 업무를 담당하는 사업부입니다. 신용평가란 정부, 기업, 금융기관이 발행하는 채권이 얼마나 안전한지 평가해 신용등급으로 표시하는 것을 말합니다. 채권은 원금과 이자를 미래의 정해진 날짜에 갚기로 한 대출 계약인데, 이를 약속대로 지불하지 못한 경우를 '채무불이행'이라 부르며 이 채무불이행 가능성을 등급으로 표현한 것이 바로 신용등급입니다.

무디스는 다음과 같이 채권을 단기채권(만기 1년 미만) 및 장기채권(만기 1년 이상)으로 구분해 신용등급을 책정하고 있습니다(P-1 및 Aaa가 가장 안전한 등급). 이때 단기채권은 기업이 발행한 전체 단기채권의 상환 가능성을 평가하고, 장기채권은 기업이 발행한 특정 장기채권의 상환 가능성을 평가합니다.

+ 도표 8-3. 무디스의 단기채권 및 장기채권 신용등급 체계

	단기채권	장기채권
평가 대상	만기 1년 미만 채권	만기 1년 이상 채권
등급 체계	투자등급(P-1부터 P-3까지 3단계) 투기등급(NP로 표시)	투지등급(Aaa부터 Baa3까지 10단계) 투기등급(Ba1부터 C까지 11단계)
평가 특징	채권 발행기관 자체의 안전성을 평가	채권별로 안전성을 평가

출처: Moody's Rating Scale and Definitions

MIS의 수익 구조는 비교적 단순하여, 기업이나 기업이 발행한 채권에 대해 신용평가를 수행하고 받는 수수료가 수익의 대부분을 차지하고 있습니다. 이때 수수료는 채권을 발행한 쪽(채무자)이 부담한다는 점을 기억해 둘 만합니다. 이는 자금이 필요한 기업이나 정부(채권 발행자)가 직접 무디스에 의뢰해 높은 신용등급을 획득하고, 투자자들로부터 자금을 모집해야 하기 때문입니다.

채권을 신용평가하면서 수수료를 받는 구조인 만큼, 시장상황에 따라 수익의 편차가 있다는 점은 위험요소입니다. 예컨대 2023년 MIS 사업부 매출(28.6억 달러)은 2021년 매출(38.1억 달러) 대비 큰 폭으로 감소했는데, 이는 러시아-우크라이나 전쟁, 이스라엘-하마스 전쟁, 미국 금리 상승, 2023년 초 미국 은행 위기의 영향으로 경제 불확실성이 증가하면서 기업들이 신규 채권 발행을 줄였고, 이로 인해 신용평가 매출이 감소했기 때문입니다. 이 밖에 MIS는 기업의 ESG 활동(Net Zero 이행 상황 등)을 평가하고 벌어들이는 기타수익 항목이 있으나, 전체 MIS에서 차지하는 비중은 1.1% 수준(2023년 기준)으로 미미한 편입니다.

2 ▶ MA 사업부

MA(Moody's Analytics)는 무디스가 2008년 출범시킨 서비스로, 기업 경영에 필요한 각종 데이터들을 가공해 주는 사업부입니다. MA가 제공하는 데이터의 범위는 굉장히 다양해, 기업에 대해 재무 정보를 포함한 포괄적인 분석보고서를 제공하는(주요 고객은 은행 등의 금융기관) 것부터 기후나 환경 데이터를 활용한 자연재해 예측(주요 고객은 보험사)까지 넓은 영역을 커버하고 있습니다. MA 사업부는 데이터 제공 대가로 고객으로부터 매년 수취하는 구독료 또는 정보 사용료가 수익의 원천입니다.

　최근 무디스는 MA 사업부를 미래 먹거리로 보고 있습니다. 생성형 AI의 보급이 확대되면서, 신뢰성 있는 맞춤형 정보로 이를 보완하는 무디스의 정보제공 서비스에 대한 수요가 증가할 것이라 보고 있기 때문입니다. 이를 위해 적극적인 인수합병M&A을 통해 역량을 강화하고 있습니다. 무디스의 전체 매출에서 MA가 차지하는 비중은 〈도표 8-4〉와 같이 점차 증가하다가 2022년 처음으로 MIS 사업부 매출을 추월하기에 이릅니다.

▶무디스의 주요 M&A
- 영국에 소재한 리스크 분석 기업 PassFort 지분 100% 인수(2021년 11월)

- 미국에 소재한 날씨 및 자연재해 모델링 기업 RMS 지분 100% 인수(2021년 9월)

- 미국에 소재한 기업 신용정보 관리 기업 Cortera 지분 100% 인수(2021년 3월)

+ **도표 8-4. 무디스의 사업부별 매출 추이(괄호 안은 전체 매출 내 비중)**

	2021년	2022년	2023년
MIS 매출	38.1억 달러(61.3%)	27.0억 달러(49.4%)	28.6억 달러(48.3%)
MA 매출	24.1억 달러(38.7%)	27.7억 달러(50.6%)	30.6억 달러(51.7%)
총매출	62.2억 달러(100%)	54.7억 달러(100%)	59.2억 달러(100%)

출처: Moody's 연간보고서(10-K)

무디스에 대한 투자은행 애널리스트 보고서

　웰스파고의 세스 웨버Seth Weber는 2024년 2월 20일 자 애널리스트 보고서에서 다음과 같이 평가했습니다.

❝2024년 2월 셋째 주 투자등급Investment Grade 채권 발행 규모는 370억 달러 내외로 시장 추정치인 420억 달러를 하회했으나 투기등급High Yields 채권 발행 규모는 80억 달러로 양호한 수준을 보였다. 2024년 2월 현재 투기등급 채권이나 레버리지론 발행시장을 보면 연초에 우려했던 것보다는 위험회피 현상이 누그러지고 있는 것처럼 보인다. 그럼에도 불구하고 아직 2월

에 불과하다는 점, 향후 미 연준의 금리 인상 여부가 아직 불확실하다는 점은 2024년 시장을 섣불리 예측하기 어렵게 만드는 요소이다.

무디스의 2024 회계연도 채권 신용평가액 규모는 2023 회계연도 대비 투자등급채권은 한 자릿수 중반대 상승, 투기등급채권은 35% 상승, 레버리지론은 20% 상승, 금융채는 동일 규모, 공공 및 PF 채권은 한 자릿수 중반대 상승, 구조화채권도 한 자릿수 중반대 상승세를 기록할 것으로 보이며 MIS 사업부 매출은 한 자릿수 초반대에서 후반대 성장률을 기록할 것으로 예상된다."

종합적으로, 세스 웨버는 무디스의 투자의견을 '비중 확대', 2024년 12월 말 목표주가로는 $420을 제시한 바 있습니다.

+ 도표 8-5. 무디스의 최근 8년간 재무자료와 주가

재무지표	FY2016 2016/12/31	FY2017 2017/12/31	FY2018 2018/12/31	FY2019 2019/12/31	FY2020 2020/12/31	FY2021 2021/12/31	FY2022 2022/12/31	FY2023 2023/12/31
PER	68.3	28.2	20.5	31.6	30.6	32.9	37.3	44.5
PBR	-*	-*	58.4	72.8	34.6	26.2	20.3	21.5
자산회전율	0.7	0.6	0.5	0.5	0.5	0.5	0.4	0.4
매출채권회전율	4.3	4.1	3.7	3.6	3.8	3.9	3.2	3.6
총자산이익률**	5.1%	14.4%	14.5%	14.4%	15.7%	16.3%	9.5%	11.1%
영업이익률	17.7%	43.3%	42.0%	41.4%	44.5%	45.7%	34.4%	36.1%
순이익률	7.4%	23.8%	29.5%	29.4%	33.1%	35.6%	25.1%	27.2%
부채비율	-619%	-7580%	1352%	1126%	604%	403%	434%	321%
유동비율	134%	125%	161%	192%	203%	161%	172%	174%
이자보상비율	4.3	8.1	8.1	8.9	11.1	15.8	7.7	6.6

ROE	-39.2%	-175.2%	484.2%	190.5%	136.8%	94.6%	49.0%	52.1%
매출액증가율	3.4%	16.6%	5.7%	8.7%	11.2%	15.8%	-12.1%	8.2%

*자본총계가 (-)로, PBR 산출 불가
**무디스는 재고자산이 없으므로, 재고자산회전율 산출 불가하여 총자산이익률(ROA)로 대체.
총자산이익률(ROA) = (당기순이익+이자비용×(1-법인세율))/평균총자산

	2017년 2월 28일	2022년 2월 28일	5년간 주가상승률
무디스 주가	$111.37	$322.03	+189.15%

- 2022년 이후 무디스의 주가에 영향을 미쳤던 뉴스

날짜	뉴스
2022-02-10	무디스가 2022년의 연간 예상 EPS를 $12.4-$12.9 수준으로 발표(Guidance).
2022-03-10	무디스의 주가가 투자자의 날(Investor day)을 앞두고 실적 하락 우려에 2.8% 급락.
2022-05-02	무디스가 2022년의 연간 실적 전망치(Guidance)를 하향 조정한 여파로 주가가 하루 만에 4.8% 급락.
2022-06-01	경쟁사인 S&P Global이 거시경제 환경의 급작스런 변화로 이전에 발표했던 2022년 연간 실적 추정치를 철회하자, 신용평가사들의 실적 악화 우려가 시장 전반으로 확산하며 무디스 주가가 6.3% 동반 하락.
2022-09-23	금리인상에 의한 신규 채권 발행량 감소가 본격화하자, 신용평가기관들의 주가가 8일 연속 하락. 이는 2012년 5월과 2016년 12월 이후 가장 긴 하락기에 해당. 이 시기 무디스는 11일간 연속으로 주가가 하락(2022.9.13. ~ 2022.9.27.)하였으며, 하락폭은 17.6%를 기록.
2022-10-25	실망스러운 3분기 실적 발표에도 불구하고, 주식시장 상승으로 무디스 주가도 5.15% 상승 마감.
2023-04-25	무디스의 2023년 1분기 주당순이익($2.99)이 시장 예상치($2.24)를 상회하고, 2023년 주당순이익 예상치를 $9.75로 기존 전망치($9.25)보다 상향 조정하자 주가가 1.2% 상승.
2023-07-27	신용평가사인 S&P Global의 2023년 2분기 주당순이익이 시장 예상치를 2센트 하회하며 주가가 7.6% 하락하자 업계 전반으로 우려가 확산되며 무디스 주가도 2.2% 하락.
2023-10-25	무디스의 2023년 3분기 매출이 전년 동기 대비 15% 상승하고 주당순이익이 $2.43으로 시장 예상치인 $2.30을 상회하자 주가가 2.8% 상승. 애널리스트들은 3분기 실적이 우려했던 것보다 양호했다고 평가. 투자은행 베어드(Baird)의 제프리 뮬러(Jeffrey Meuler)는 "전반적으로 예상했던 것보다 좋은 결과이며, 비록 MIS 사업부의 매출과 이익 전망치는 소폭 감소했지만 MA 사업부는 지속적으로 좋은 실적을 보여 주고 있다."고 평가.

※참고: Guidance란 기업이 자체적으로 전망한 실적 예상치를 의미함.

투자수익률이 낮았던 금융기업: 웰스 파고(NYSE: WFC)

웰스파고는 상업은행을 비롯한 기타 자회사들을 거느리고 있는 금융지주회사로, 미국의 4대 은행 중 한 곳으로 꼽힙니다. 웰스파고는 현재 총 4개의 사업부 체제로 운영 중이며, 사업부별 구체적인 내용은 다음과 같습니다.

+ **도표 8-6. 웰스파고의 4개 사업부**

사업부명	사업 내용	2023년 매출액 (전체 매출액 중 비중)
소비자금융 (Consumer Banking & Lending)	자동차할부금융, 주택담보대출, 신용대출, 신용카드, 예적금 등 개인 고객이나 중소기업(연 매출 1천만 달러 이하)과 관련된 금융서비스	379억 달러 (44%)
상업금융 (Commercial Banking)	중견기업을 대상으로 한 금융서비스로 담보대출이나 리스금융, 자금관리 서비스를 제공함.	134억 달러 (16%)
투자은행 (Corporate & Investment Banking)	주식이나 채권 발행 등 자본시장에서의 중개 업무 및 상업용 부동산에 대한 대출 업무 등을 담당	192억 달러 (23%)
자산관리 (Wealth & Investment Management)	초우량 고객을 대상으로 자산관리, 재무설계, 대출, 신탁 등의 서비스를 제공	147억 달러 (17%)

출처: Wells Fargo 연간보고서(10-K)

웰스파고의 매출에서 가장 큰 부분을 차지하고 있는 것은 소비자금융 부문입니다. 소비자금융은 개인 고객을 상대로는 예적금, 주택담보대출, 신용카드 등 서비스를, 연 매출 1천만 달러(약 130억 원) 중소기업을 대상으로는 대출서비스를 제공하는 부문입니다. 전체 매출에서 차지하는 비중이 가장 크다는 점 때문에, 이 사업부는 2010년대 웰스파고에서 터진 부정행위 논란 한가운데에 서 있기도 했습니다. 일명 '유령계좌' 스캔들입니다.

웰스파고의 유령계좌 스캔들은 수천 명의 은행 직원들이 고객의 동의 없이 개인정보를 도용하고, 가짜 계좌와 신용카드를 개설한 사건을 이릅니다. 실적을 부풀리기 위해 2002년부터 시작된 이 행각은 2016년에서야 발각되었으며, 이후 규제당국에 의해 부과된 각종 벌금이나 패널티(자산 규모 확대 제한)를 통해 웰스파고가 부담한 비용은 수조 원에 이릅니다. 이 때문에 다른 은행들의 주가가 완만하게 상승한 기간 동안 웰스파고는 긴 정체기를 경험했습니다.

웰스파고에 대한 투자은행 애널리스트 보고서

J.P.Morgan의 비벡 주네야Vivek Juneja는 2024년 1월 16일 자 애널리스트 보고서에서 다음과 같이 분석했습니다.

66 웰스파고의 2023년 4분기 실적 발표에서 우리가 주목하는 부분은 다음과 같다. ①웰스파고의 2023년 4분기 순이자 마진은 전 분기 대비 급격히 감소했는데, 이는 웰스파고가 발행한 장기 금융채가 3분기 대비 급등했기 때문이었다. ②만일 연준이 기준금리 인하에 돌입한다면 웰스파고가 보유한 변동금리 대출자산의 금리가 떨어지면서 매출에 일부 타격을 입을 것으로 보인다. ③웰스파고는 투자은행 사업부를 빠르게 확장하고 있으며 이 같은 흐름은 향후에도 지속될 것으로 보인다. ④상업용 부동산 및 신용카드 대출에서 대손처리비용이 급격히 증가했는데, 이 같은 흐름은 2024/25년에 걸쳐 지속될 것으로 예측한다. 웰스파고는 많은 양의 상업용 부동산 대출을 보유하고 있기 때문이다. ⑤웰스파고는 비용절감 노력을 지속하고 있으며 이로 인해 앞서 언급한 불리한 경영 환경을 일부 상쇄할 수 있을 것으로 보인다. 99

종합적으로 비벡 주네야는 웰스파고에 대해 투자의견 '중립', 2024년 12월 목표주가로는 $51을 제시한 바 있습니다.

+ 도표 8-7. 웰스파고의 최근 8년간 재무자료와 주가

재무지표	FY2016 2016/12/31	FY2017 2017/12/31	FY2018 2018/12/31	FY2019 2019/12/31	FY2020 2020/12/31	FY2021 2021/12/31	FY2022 2022/12/31	FY2023 2023/12/31
PER	13.7	14.7	10.7	13.1	70.2	9.6	12.5	10.1
PBR	1.6	1.6	1.2	1.3	0.8	1.1	1.0	1.1
자산회전율	0.1	0.1	0.1	0.1	0.1	0.1	0.1	0.1
매출채권회전율*	-	-	-	-	-	-	-	-
총자산이익률**	1.2	1.1	1.2	1.0	0.2	1.1	0.7	1.0
영업이익률	36.4	31.0	33.0	29.9	3.4	36.7	21.0	26.2
순이익률	24.9	25.1	25.9	22.7	4.5	27.5	18.4	23.2
부채비율	863%	838%	862%	925%	952%	925%	932%	931%
순이자마진***	2.9%	2.9%	2.9%	2.8%	2.4%	2.1%	2.7%	3.1%
이자보상비율	5.4	2.9	1.9	1.4	0.3	7.4	1.7	0.7
ROE	11.8	11.5	11.7	10.7	1.1	12.3	7.7	11.0
매출액증가율	4.6	3.8	3.4	4.6	-22.2	0.2	1.3	38.2

*웰스파고는 매출채권 항목을 공시하지 않으므로 매출채권회전율 산출 불가
**웰스파고는 재고자산이 없으므로 재고자산회전율 산출 불가하여 총자산이익률(ROA)로 대체.
총자산이익률(ROA) = (당기순이익 + 이자비용 × (1 - 법인세율)) / 평균총자산
***웰스파고는 유동자산과 유동부채를 별도로 구분 표시하지 않으므로 순이자마진으로 대체.
순이자마진(Net Interest Margin) = (자금운용수익 - 예금 등 조달 비용) / 운용자산 총액

	2017년 2월 28일	2022년 2월 28일	5년간 주가하락률
웰스파고 주가	$57.88	$53.37	-7.79%

· 2022년 이후 웰스파고의 주가에 영향을 미쳤던 뉴스

날짜	뉴스
2022-01-04	미국 10년 만기 국채 수익률이 상승하며 2021년 11월 이후 최고치를 기록하자, 실적 개선 기대감으로 웰스파고 주가 3.9% 상승.
2022-04-14	급격한 물가 상승과 우크라이나-러시아 전쟁으로 경제 불확실성이 커지는 가운데, 시장 예상치(Consensus)보다 2022년 1분기 매출은 감소, 비용은 상승하며 주가 4.5% 하락.

2022-10-13	금리 상승으로 인한 수익성 개선으로 웰스파고의 2022년 3분기 순이자마진(Net Interest Margin)이 전년 동기 대비 36% 상승한 것으로 집계. 주가가 4.6% 상승.
2023-03-13	미국 내 은행 중 자산 규모 16위이자 대표 지역은행인 실리콘밸리은행(SVB)이 전격 파산하면서 은행업 전반으로 우려가 확산되며 웰스파고 주가도 7.1% 폭락. 오데온 캐피탈(Odeon Capital Management)의 애널리스트 딕 보브(Dick Bove)는 은행들이 현재 대규모 예금 인출 사태를 겪고 있으며, 자구책으로 시장금리 상승폭보다 높은 예금금리 인상을 단행해야 한다고 분석.
2023-10-13	웰스 파고가 시장 예상치를 상회하는 2023년 3분기 매출을 발표하며 주가가 3.1% 상승. 투자은행 Evercore ISI의 존 팬카리(John Pancari)는 "웰스 파고의 주당순이익이 시장 전망치보다 높을 수 있었던 원인은 높은 이자 외 수입(+$0.12), 높은 순이자마진(+$0.11), 낮은 대손율(+$0.05), 낮은 법인세($+0.05)에서 찾아볼 수 있다. 비록 낮은 대출 실적과 높은 비용 지출 규모는 예상보다 실망스러웠지만, 수수료 수입과 이자 수입은 양호했다."고 평가하며 투자의견 '시장수익률 상회' 유지.
2023-12-14	미 연준이 2023년의 마지막 기준금리 결정 회의에서 3차례의 금리 인하를 암시하자 미 은행주가 전반적으로 상승. 이날 웰스파고 주가는 5.7% 상승하였으며, 투자은행 D.A. Davidson의 애널리스트는 연준의 금리 인하가 낮은 조달금리, 신용위험 완화, 기타포괄손익의 미실현손실 감소라는 세 가지 측면에서 은행주들에 호재라고 평가.

무디스와 웰스파고 비교 결과

2017년 2월 말부터 2022년 2월 말까지, 무디스와 웰스파고의 주가는 〈도표 8-8〉과 같이 상반된 움직임을 보였습니다.

+ 도표 8-8. 최근 5년간 무디스와 웰스파고 주가변동 비교

	2017년 2월 28일	2022년 2월 28일	5년간 주가변동률
MCO 주가	$111.37	$322.03	+189.15%
WFC 주가	$57.88	$53.37	-7.79%

1 ▶ 기업 운영의 효율성과 비용통제 능력

자산회전율은 무디스가 웰스파고에 비해 10배 높아, 무디스가 더 효율적으로 자산을 사용하고 있음을 알 수 있습니다. 다만, 웰스파고는 채권이나 대출 등 비교적 회수기간이 긴 자산에 투자하고 있는 비중이 높아, 둘을 단순 비교하기보다는 신용평가사와 은행의 사업 구조에 따른 차이로 이해하는 것이 적절합니다.

	자산회전율	매출채권회전율
MCO	0.5	3.9
WFC	0.05	-

두 기업의 2016 회계연도부터 2021 회계연도까지 6년간 이익률 평균치는 모두 무디스가 앞서는 모습을 보여 주었습니다. 특히 무디스는 기업이 가진 전체 자산 대비 이익의 비율인 총자산이익률이 웰스파고보다 약 13배 높아, 무디스의 이익 창출 능력이 월등히 높음을 알 수 있습니다. 총자산이익률은 순이익률과 자산회전율을 곱하여 구할 수도 있는데, 이들 두 지표에서 무디스가 웰스파고를 앞서기 때문에 총자산이익률도 높은 것으로 분석해 볼 수 있습니다.

순이자마진NIM, Net Interest Margin은 은행의 수익성을 설명해 주는 지표로, 대출이자나 채권 등을 운용하면서 발생한 수익에서 고객들이 예치한 예금에 대한 이자지급액을 차감하여 산출합니다. 웰스파고는 이 지표가 플러스(+)로 나타나, 자산을 운용할수록 수익이 발생한다는 것을 알 수 있습니다.

+ 도표 8-10. 두 기업의 최근 6년간(FY2016-FY2021) 이익률 평균 수치

	영업이익률	순이익률	총자산이익률	순이자마진
MCO	39.1%	26.5%	13.4%	-
WFC	28.4%	21.8%	1.0%	2.67%
S&P500 금융 섹터	22.9%	17.1%	1.2%	-

기업의 안정성, 수익성, 성장성

기업의 안정성을 측정하는 세 지표는 모두 〈도표 8-11〉과 같이 무디스가 더 안정적인 수치를 기록했습니다. 특히 이자보상비율은 무디스가 약 3배 가까이 높아 더 안정적으로 이자를 지급하고 있는 것으로 볼 수 있습니다. 그러나 이 또한 예금과 대출을 주 업무로 하는 웰스파고의 특성이 반영된 것으로, 직접적인 비교보다는 두 산업의 구조적 차이에 기인한 것으로 해석하는 것이 적절합니다.

+ 도표 8-11. 두 기업의 최근 6년간(FY2016-FY2021) 안정성 지표 평균 수치

	부채비율	유동비율	이자보상비율
MCO	871%*	163%	9.4
WFC	916%*	-	3.2

*자기주식으로 무디스의 부채비율이 (-)를 기록했던 2016년과 2017년을 제외한 최근 4년간 평균임.

두 기업의 2016 회계연도부터 2021 회계연도까지 6년간 ROE 평균치는 〈도표 8-12〉처럼 무디스는 금융 섹터 평균보다 높은, 웰스파고는 낮은 수치를 기록하고 있습니다. 특히 무디스의 ROE가 무려 115.3%인 것이 인상적입니다. 무디스의 ROE가 이렇게 높은 이유는, 무디스가 임직원에게 지급할 목적으로 자사의 주식을 직접 매입하면서 자본이 감소했고 이로 인해 자본(분모) 대비 순이익(분자) 비율이 높아졌기 때문입니다.

+ 도표 8-12. 두 기업의 최근 6년간(FY2016-FY2021) ROE 평균 수치

MCO	WFC	S&P500 금융 섹터(6년 평균)
115.3%	9.8%	10.7%

2016 회계연도부터 2021 회계연도까지 무디스의 연평균 매출

성장률은 10.1%를, 웰스파고의 연평균 매출성장률은 -1.5%를 기록해 무디스가 월등히 높은 성장세를 기록했습니다.

3 주가의 과대평가 여부

〈도표 8-13〉과 같이 무디스의 PER과 PBR은 모두 섹터 평균을 상회하였으며, 이를 통해 투자자들 사이에 주가 상승에 대한 기대감이 높게 형성되어 있음을 알 수 있습니다. 반면 웰스파고의 PER과 PBR은 모두 섹터 평균을 하회해, 향후 주가 흐름에 대한 투자자들의 의구심을 반영하고 있습니다. 특히 웰스파고가 투자자들의 신뢰를 저버린 사건(2016년의 유령계좌 스캔들)에 대한 미 당국의 제재는 비록 마무리되었지만, 투자자들의 신뢰를 회복하기 위해서는 더 긴 시간이 필요할 것으로 보입니다.

+ 도표 8-13. 두 기업의 PER과 PBR 비교(2021.12.31. 기준)

	PER	PBR
MCO	32.9	26.59
WFC	9.6	1.1
S&P500 금융 섹터	13.4	1.7

〈도표 8-14〉는 2017년 2월 28일부터 2024년 2월 28일까지의 두 기업의 주가 차이를 보여 주고 있습니다. 빨간 그래프는 무디스의 주가 흐름을, 파란 그래프는 웰스파고의 주가 흐름을 나타냅니다. 중간에 있는 검은 세로 점선은 2022년 2월 28일을 표시하고 있어, 분석 대상이 된 2017년 2월부터 2022년 2월 이후 기간에 주가가 어떻게 움직였는지도 구분해서 확인해 볼 수 있습니다.

+ 도표 8-14. 무디스와 웰스파고의 최근 7년(2017.2.28. ~ 2024.2.28.)간 주가 비교

출처: Bloomberg

S&P500 금융기업 중 최근 7년간 주가상승률 상위 20개 기업

무디스와 웰스파고 모두 현재 S&P500에 편입되어 있습니다. 독자 여러분이 투자에 참고하실 수 있도록, S&P500에 편입된 금융 기업 중 최근 7년간(2017.2.28. ~ 2024.2.28.) 투자수익률(배당 재투자 가정)이 가장 높았던 상위 20개 기업을 다음과 같이 정리해 드립니다.

+ 도표 8-15. S&P500 금융 섹터 내 최근 7년간 투자수익률 상위 20개 기업

매출 단위: 백만 달러

기업명	티커	투자수익률*	최근 12개월 매출**	PER(2024.2.28.)
MSCI Inc	MSCI	544.8%	2,529	44.8
Blackstone Inc	BX	496.8%	8,023	68.1
Progressive Corp	PGR	483.4%	62,069	31.4
Arthur J Gallagher & Co	AJG	386.7%	10,072	35.0
Mastercard Inc	MA	351.1%	25,098	38.3
Brown & Brown Inc	BRO	318.1%	4,257	31.1
Moody's Corp	MCO	264.5%	5,916	42.1
Ameriprise Financial Inc	AMP	262.7%	16,210	14.2
S&P Global Inc	SPGI	254.0%	12,497	41.9
Visa Inc	V	240.7%	33,351	32.9
Marsh & McLennan Cos	MMC	214.9%	22,736	25.9
W R Berkley Corp	WRB	211.2%	12,143	16.8
American Express Co	AXP	201.2%	67,364	19.4
Aon PLC	AON	192.4%	13,376	24.0
FactSet Research Systems Inc	FDS	181.0%	2,123	33.9
Arch Capital Group Ltd	ACGL	180.0%	13,634	8.1
Cboe Global Markets Inc	CBOE	177.1%	1,918	27.8
Nasdaq Inc	NDAQ	167.2%	3,896	22.4
Intercontinental Exchange	ICE	166.2%	7,988	30.8
Aflac Inc	AFL	163.3%	18,699	11.9

*배당금은 모두 재투자 가정
**2024년 2월 말 기준

산업재
Industry

기업들의 설비투자 증가가 예상될 때
주가가 웃는 대표적인 섹터, 산업재

산업재는 각종 중장비 제조·판매업, 방산업, 전문 서비스업 및
운송 산업을 포함하는 거대한 섹터입니다. 2024년 2월 말 기준,
S&P500 전체 시가총액에서 산업재가 차지하는 비중은 8.7%로
11개 산업 중 6위에 랭크되어 있으며 대표기업으로는 보잉Boeing,
3M, 허니웰Honeywell Int'l, 디어Deere & Company, GE General Electric 등이 있습
니다. 산업재 섹터를 구성하고 있는 하위 산업 분류와 대표기업
들은 〈도표 8-16〉과 같습니다.

+ 도표 8-16. 산업재 섹터의 대표적 하위 산업 분류

업종(Sector)	산업 그룹(Industry Group)	산업(Industry)	대표기업(티커)
산업재	자본재 (Capital Goods)	복합기업	General Electric(NYSE: GE)
		기계	Deere & Company(NYSE: DE)
	상업 및 전문 서비스 (Commercial & Professional Services)	상업서비스	Waste Management(NYSE: WM)
		전문서비스	Verisk Analytics(NASDAQ: VRSK)
	운송 (Transportation)	항공	American Airlines Group(NASDAQ: AAL)
		도로와 철도	Union Pacific(NYSE: UNP)

출처: S&P Global

산업재 섹터가 품고 있는 세 가지 산업 그룹

산업재는 크게 자본재, 상업 및 전문 서비스, 운송의 세 가지 산업 그룹으로 이루어져 있습니다. 2018년 12월 말 기준, S&P500 지수의 산업재 섹터에서 자본재 기업의 시가총액은 총 70.2%, 운송기업은 22.5%, 상업 및 전문 서비스 기업은 7.3%를 차지하고 있으며 이 때문에 산업재의 주가 흐름을 이끄는 것은 사실상 자본재라고 볼 수 있습니다.

자본재는 중장비를 생산·판매 하는 산업으로, 그 대상은 항공기부터 군수품, 건축자재, 전자 장비, 산업용 기계 등에 이르기까지 다양합니다. 자본재는 한마디로 '수주 산업'이라고 정의할 수 있습니다. 경기회복이 예상될 때 기업들은 설비투자를 늘리며, 자본재 산업은 이러한 설비투자를 수주하면서 주가가 상승하는 대표적인 분야입니다. 반대로, 경기침체기에는 주가 하락세가 가장 심한 업종 중 하나이기도 합니다. 이는 자본재 기업들이 경기 흐름에 주가가 민감하게 반응하는 경기민감주이기 때문입니다.

이를 가장 잘 보여 주는 예시가 〈도표 8-17〉의 비즈니스 사이클별 산업재 섹터의 투자 성과입니다. 초기 비즈니스 사이클의 산업재 평균 초과수익률과 적중률은 모두 전체 11개 업종 중 임의 소비재에 이어 두 번째로 높습니다. 이는 경기침체기가 끝나고 성장률이 반등하면서 기업들의 각종 자본재와 운송서비스에 대한 수요가 증가하고, 이로 인해 산업재 섹터 기업들의 실적이 개선될 것이라는 시장의 기대가 있었기 때문입니다.

운송Transportation은 최근 20년 동안 산업재 내에서 차지하는 비중이 증가한 유일한 산업그룹입니다. 1999년 당시 S&P500 지수의 산업재 업종에서 운송기업들이 차지하는 시가총액 비중은 약 7%

에 불과했으나, 2018년에는 이 수치가 무려 22.5%까지 상승했습니다. 운송 또한 경기 흐름에 민감한 산업 그룹이며, 대표적인 하부 산업으로 항공화물운송(대표기업: United Parcel, Fedex), 항공사(Delta Airlines), 해상운송(Maersk), 육상운송(Union Pacific)을 포함하고 있습니다. 여담이지만, 미국의 대표적인 차량 공유서비스인 Uber와 Lyft도 여객운송사업자로서 운송 산업 그룹에 함께 포함되어 있습니다.

상업 및 전문 서비스Commercial & Professional Services는 각종 사무용품 제조·판매업체(대표기업: Herman Miller), 보안 서비스(Secom, ADT), 리서치 서비스(Thomson Reuters), 데이터 처리(TELUS International)를 포함하는 산업 그룹으로, S&P500 지수의 산업재 섹터에서 차지하는 비중은 7.3%에 불과하며 해를 거듭할수록 이 비중은 감소하고 있습니다(1999년 12% → 2018년 7.3%).

+ 도표 8-17. 각 비즈니스 사이클별 산업재 섹터 평균 초과수익률과 적중률

비즈니스 사이클	평균 초과수익률	적중률
초기(EARLY)	0% ~ 5%	80% ~ 90%
중기(MID)	0% ~ 5%	30% ~ 40%
후기(LATE)	△5% ~ 0%	80% ~ 90%
침체(RECESSION)	△10% ~ △5%	0%

▶평균 초과수익률
전체 주식시장의 평균수익률 대비 얼마나 더 높은 수익률을 올렸는지를 나타냄.

▶적중률
각 비즈니스 사이클에서 전체 주식시장 평균수익률보다 높은 수익률을 올린 비율

투자수익률이 높았던 산업재 기업: 디어(NYSE: DE)

디어Deere & Company는 중장비와 농기계를 만드는 글로벌 제조업체입니다. 주요 생산 장비는 트랙터, 콤바인, 굴착기 등으로 주로 농업, 축산업, 임업, 토목업에 쓰이는 기계를 제조하고 있습니다. 2023 회계연도에는 농기계 및 건설 장비에 대한 수요가 증가하면

서 매출이 전년 대비 16% 성장, 순이익이 43% 성장하는 역대급 실적을 달성하기도 했습니다. 디어는 2020년 10월까지 전체 회사를 3개의 사업부로 분할해 운영해 왔지만, 이후 사업부를 좀 더 세분화해 2021년부터는 총 4개의 사업부로 구분하고 있습니다. 주요 사업부별 내용은 〈도표 8-18〉과 같습니다.

+ 도표 8-18. 디어(Deere & Company)의 사업부별 세부 내용

사업부	목표 시장	제조 장비	FY2023 매출액 (전체 매출액 내 비중)
대규모 농업 & 정밀화	- 대규모 곡물 생산업 - 대규모 면 생산업 - 대규모 설탕 생산업	- 대형 트랙터, 콤바인 - 목화수확기, 목화박피기 - 사탕수수확기	268억 달러 (45%)
소규모 농업 & 정원 관리	- 축산업, 낙농업 - 고품질 곡물 생산업 - 정원 관리	- 중소형 트랙터, 운반기계 - 잔디깎기, 다목적 카트 - 건초 포장기	140억 달러 (23%)
토목 & 임업	- 건설공사 - 임업(목재 생산) - 도로공사	- 굴착기, 불도저 - 벌목기계 - 덤프트럭	148억 달러 (24%)
금융서비스	- 디어 제품 구매 고객	- 할부금융 제공	55억 달러 (8%)

출처: Deere 연간보고서(10-K)

1 ▶ 대규모 농업 & 정밀화 사업부

대규모 농업 & 정밀화Production and Precision Agriculture 사업부는 대규모 곡물·면·설탕 생산 기업들을 상대로 농기계를 판매하는 일을 합니다. 2020년 10월까지는 소규모 농업 & 정원 관리Small Agriculture and Turf 사업부와 통합되어 있었지만, 두 사업부 간 목표 시장과 제조 장비, 성장전략에 차이가 있어 이후 분리되었습니다. 대규모 농업 & 정밀화 사업부에서 고객의 호평을 얻고 있는 분야는 정밀화Precision 기술입니다. 정밀화는 농기계에 센서를 부착해, 농업 작업을 효율화하고 비용을 절감하는 기술을 말합니다. 예컨대 방제

기계(R400 및 R600 시리즈 방제기계)에 센서를 부착해 잡초가 탐지되는 곳에만 제초제를 분사하고, 제초제 사용량을 70% 절감한 것이 대표적입니다.

다만 2024 회계연도(2023년 11월~2024년 10월)에는 디어의 북미 지역 대형 농기계 매출이 약 10% 내외 감소, 건설 장비 매출이 5% 내외 감소할 것으로 예측되면서 디어의 실적이 다소 부진할 것으로 연간보고서에서 예상하고 있습니다. 이는 곡물 가격이 2024년 소폭 하락할 것으로 관측되기 때문입니다.

2 ▶ 소규모 농업 & 정원 관리 사업부

소규모 농업 & 정원 관리Small Agriculture and Turf 사업부는 축산업·낙농업·정원 관리에 쓰이는 기계를 제조하는 일을 합니다. 2023 회계연도 매출은 2022 회계연도 대비 4% 증가했는데, 이는 북미 지역 판매량이 8% 감소했음에도 불구하고 멕시코와 서부 유럽의 판매량이 각각 18%, 2% 증가한 점, 북미 지역과 서부 유럽에서 판매가격이 각각 8%, 12% 증가한 점에 기인했습니다. 2024년 유럽 내 소규모 농업 장비 매출은 전년과 유사할 것으로 보이나, 미국의 경기침체와 높은 금리가 맞물려 미국 내 정원 관련 장비의 매출이 감소할 것으로 보이는 점은 우려스러운 지점입니다.

디어는 위 두 개의 사업부를 회사의 핵심사업부로 보고 농업 및 정원 관리Agriculture and Turf Operations라는 분류로 묶어서 실적을 별도로 관리하고 있는데, 이는 두 사업부의 실적에 영향을 미치는 사업 환경 요인이 유사하기 때문입니다. 두 사업부의 실적에 영향을 미치는 주요 공통 요인으로는 대표적으로 곡물(옥수수, 콩, 밀, 귀리, 보리) 가격, 재배 면적, 수확량, 정부의 농업 지원 정책을 들 수 있습니다. 이뿐만 아니라, 두 사업부의 판매량은 계절에 따라 변동이 심하다는 유사성을 갖고 있기도 합니다. 그래서 수요량을 미리 예측하고 제조 스케줄을 세우는 것이 매우 중요합니다. 대개 3월부터 7월 사이 판매량이 많은 편이므로, 투자자들은 이때의 실적을 가장 눈여겨보곤 합니다.

3 ▶ 토목 & 임업 사업부

토목 & 임업Construction and Forestry 사업부는 건설공사, 임업, 도로 공사에 쓰이는 기계를 제조하는 일을 합니다. 특히, 디어의 임업 부문은 나무를 벌채하고 목재를 생산하는 데 필요한 전 제품라인을 보유하고 있는 것으로 유명합니다. 디어의 토목 장비 부문이 괄목할 만한 성장을 이룬 해는 2017년입니다. 당시 도로 건설 장비 분야에서 세계 정상급 기업이었던 독일의 Wirtgen 그룹을 43.5억 유로(한화 약 5.8조 원)에 인수하면서 업계 순위가 수직 상승했기 때문입니다. 특히, 가족경영 기업이었던 Wirtgen 그룹을 최적의 사업 파트너로 낙점하고 디어가 약 10년간 공을 들인 일화는 유명합니다. 이 때문에 2017년에 성사된 인수 거래 또한 디어가 아닌 Wirtgen 가족이 먼저 제안해 이루어졌던 것으로 알려져 있습니다.

토목 & 임업 사업부의 실적에 영향을 미치는 주요 요소로는 부동산(주택 포함) 가격, 신규 주택 착공 물량, 신규 인프라 발주 물량이 있습니다. 2021년 11월 미 의회를 통과한 '인프라 투자 및 일자리법IIJA, Infrastructure Investment and Jobs Act'으로 인해 디어의 토목 & 임업 사업부 매출이 2년 연속 두 자릿수 성장세를 보인 것이 이를 방증합니다. 미 '인프라 투자 및 일자리법'은 2022년부터 5년간 1,100억 달러(약 143조 원)를 투자해 미국 내 도로와 교량을 보수하고 신규 건설하는 프로젝트입니다. 자연히 도로공사에 쓰이는 중장비에 대한 발주가 늘었고, 이로 인해 디어의 토목 & 임업 사업부 매출이 2022년 회계연도에 전년 대비 10%, 2023년 회계연도에 전년 대비 18% 증가하는 수혜를 입었습니다. 2024 회계연도(2023년 11월 ~ 2024년 10월)에는 건설 장비 매출이 2023 회계연도 대비 소폭 감소할 것으로 보이나, 미국 내 도로 건설 장비 매출액은 2023 회계연도와 같이 높은 수요를 유지할 것으로 예측됩니다.

4 ▶ 금융서비스 사업부

금융서비스Financial Services 사업부는 디어 제품을 구매하는 소매 고객들이나 대량으로 구매해 놓길 원하는 도매 고객(딜러사)에게 할부금융을 제공하는 일을 합니다. 할부로 판매된 디어 제품에 대한 채권은 판매 즉시 나머지 세 부서에서 금융서비스 사업부로 이관됩니다. 디어 제품의 판매로 발생하는 할부금을 관리하는 사업모델을 갖고 있으므로, 금융서비스 사업부의 매출은 사실상 디어의 나머지 세 사업부 실적에 따라 좌우된다고 할 수 있습니다. 2023 회계연도에 금융서비스 사업부의 매출이 전년 대비 36% 증가한 것도 나머지 세 사업부의 매출이 증가한 데 기인했습니다.

디어에 대한 투자은행 애널리스트 보고서

웰스파고의 세스 웨버Seth Weber는 2024년 2월 15일 자 애널리스트 보고서에서 디어에 대해 다음과 같이 평가했습니다.

"디어가 농업 부분 수요 부진에 따라 2024 회계연도 매출액 전망치를 기존보다 하향 조정하면서 2월 15일 하루에만 주가가 5.2% 하락했다. 작황 부진에 따른 디어의 매출 부진은 충분히 납득할 수 있는 시나리오이나, 오히려 주목할 만한 것은 2025 회계연도 실적 예측치이다. 우리는 2025년 농업 부문 사이클이 회복기에 들어서고 이에 따라 농기계 수요가 증가할 것이라고 보고 있다. 이에 따라 2024년 디어의 주당순이익EPS은 $28.7이 될 것으로 예측하며, 2024년 말 디어의 목표 주가는 주가순이익비율PER 15.5배 수준의 $445로 상향(기존 목표주가 $425)한다. 투자의견은 '비중 확대'로 유지한다."

+ 도표 8-19. 디어의 최근 8년간 재무자료와 주가

재무지표	FY2016 2016/10/31	FY2017 2017/10/29	FY2018 2018/10/28	FY2019 2019/11/03	FY2020 2020/11/01	FY2021 2021/10/31	FY2022 2022/10/30	FY2023 2023/10/29
PER	18.3	19.7	18.1	17.1	25.8	17.9	16.9	10.4
PBR	4.3	4.5	3.8	4.8	5.4	5.7	5.9	4.7
자산회전율	0.5	0.5	0.5	0.5	0.5	0.6	0.6	0.6
매출채권 회전율	8.8	8.6	8.4	7.7	7.6	10.5	9.9	8.7
재고자산 회전율	5.1	5.5	5.1	4.4	4.3	4.9	4.6	4.5
영업이익률	11.2%	13.6%	14.1%	14.1%	14.4%	19.5%	19.4%	25.3%
순이익률	5.7%	7.3%	6.3%	8.3%	7.7%	13.5%	13.6%	16.6%
부채비율	785%	587%	520%	539%	480%	356%	342%	376%
유동비율	63%	83%	69%	69%	77%	77%	69%	66%
이자보상비율	3.9	4.5	4.4	3.8	4.1	8.7	9.6	6.3
ROE	23.0%	26.9%	22.7%	28.7%	22.6%	38.0%	36.9%	48.4%
매출액증가율	-7.7%	11.6%	25.6%	5.1%	-9.5%	23.9%	19.4%	16.5%

	2017년 2월 28일	2022년 2월 28일	5년간 주가상승률
디어 주가	$109.49	$360.02	+228.81%

• 2022년 이후 디어의 주가에 영향을 미쳤던 뉴스

날짜	뉴스
2022-01-04	디어가 2022년 말까지 스마트폰으로 제어할 수 있는 자율주행 트랙터를 출시할 것이라는 계획을 발표하자 주가가 6.0% 급등.
2022-03-29	우크라이나와 러시아가 협상 가능성을 시사하면서, 그동안 긴장 국면의 반사이익을 누렸던 에너지 및 소재 기업들 주가가 급락하자 디어 주가도 덩달아 4.5% 하락.
2022-04-22	뱅크오브아메리카의 애널리스트인 Ross Gilardi가 이미 디어의 주가에 호재가 선반영되어 있다고 언급하며 투자의견을 매수(Buy)에서 중립(Neutral)으로 하향하자, 주가가 4.8% 하락.
2022-05-20	디어의 2분기 실적이 시장 예상치(Consensus)를 하회하자, 2022년의 연간 실적에 대한 우려가 확산하며 하루 만에 14.1% 급락.
2022-06-23	경기침체로 인한 농업의 실적 악화 우려가 확산되며, 농업 관련주들 동반 하락. 모건 스탠리는 투자자들이 2023년 이후의 경기침체 가능성을 인식하기 시작했으며, 이것이 산업재 기업의 주가를 끌어내릴 수 있음을 경고. 디어 주가는 6.4% 하락.
2022-11-23	매출부터 순이익까지 모두 시장 예상치(Consensus)를 뛰어넘는 실적을 발표하며, 주가가 5.1% 급등. Cowen의 애널리스트인 Matt Elkott는 2023년의 농업 산업 전망이 견고하며, 기계 교체 수요가 디어의 실적 개선을 이끌 것이라 전망.
2023-02-02	농기계 제조사이자 유럽 기반 회사인 CNH Industrials이 2023년의 불확실한 사업 환경에 우려를 표시하면서 "2024년은 더 어려운 한 해가 될 것"이라고 언급하자 업계 전반에 대한 우려가 확산하며 디어의 주가도 이날 4.8% 하락.
2023-02-17	디어가 시장 예상치를 상회하는 2023 회계연도 1분기 실적을 발표하고 연간 당기순이익 및 매출 전망치를 상향 조정하자 주가가 하루 만에 7.5% 급등. 투자은행 Citi는 "실적의 내용은 우수했으며, 제품 수요는 기존 전망치를 유지하는 가운데 디어가 제품 가격의 5% 추가 인상을 발표한 만큼 2023 회계연도 실적도 양호할 것으로 보인다."고 평가하며 투자의견 '매수' 유지.
2023-04-06	2023년 3월 북미 대형트럭(Class-8) 주문 건수가 전년 3월 대비 감소하자 기계 장비 제조업체들 주가가 전반적으로 하락했으며, 디어는 3일간 주가가 11% 폭락.
2023-08-18	디어가 시장 예상치를 상회하는 2023 회계연도 3분기 실적을 발표하고 연간 실적 추정치를 상향했음에도, 곡물 가격 하락으로 인한 농기계 판매 감소 우려가 확산되며 주가가 5.3% 하락. 블룸버그 애널리스트인 크리스토퍼 시오리노(Christopher Ciolino)는 보고서에서 "디어의 우수한 3분기 실적은 전체 연간 실적에 대한 기대치를 높인다. 그러나 실적이 좋을수록 오히려 농업 호황의 정점에 다다른 것 아닐까 하는 우려는 더 커질 것으로 보인다."고 평가.
2023-11-22	디어의 2024 회계연도 당기순이익 가이던스(80억 달러)가 시장 예상치(93.2억 달러)를 대폭 하회하자 주가가 3.1% 하락. 투자은행 베어드(Baird)의 머시아 도버(Mircea Dobre)는 "투자자들은 2024 회계연도의 실적 감소를 예상하고 있었으며 디어는 이를 공식화했다. 기계장치 기업들이 2024년 실적 진망에서 지속적으로 건설경기 악화가 언급되고 있는 점은 의미심장하다."고 평가하고 투자의견 '시장 수익률 상회' 유지.

※참고: Consensus는 증권사 리서치센터에서 예측한 실적 예상치를 의미함.

투자수익률이 낮았던 산업재 기업: 제너럴 일렉트릭(NYSE: GE)

GE는 우리에게 친숙한 발명가인 토머스 에디슨이 1892년 설립한, 전기 소비 기구 사업체를 모태로 하는 기업입니다. GE는 제조기업으로 2024년 초 현재 항공기 엔진, 친환경 발전설비(풍력발전 터빈), 화력 발전설비(화력발전 터빈)를 회사의 주력 제품으로 제조하고 있습니다.

비록 최근에는 주력사업 매각, 대규모 손실, 다우존스 산업평균지수에서 퇴출 등 침체의 늪에 빠져 있지만 GE는 한때 '미국 제조업의 상징'으로 대접받던 기업이었습니다. 전성기 시절 GE는 가전제품, 의료기기, 자동차 엔진, 항공기 엔진, 기관차, 원자력 발전설비까지 전기와 연관된 거의 모든 제품을 만들어 내며 미국의 제조업 호황을 이끌었습니다. 미국기업 중 1917년부터 1987년까지 70년 동안 주가성장률이 시장평균을 웃도는 기업은 GE와 코닥뿐이었으며, 1993년부터 1997년까지 GE는 세계에서 시가총액이 가장 높은 기업에 이름을 올렸습니다.

2008년 금융 위기로 인해 촉발된 GE의 추락

이렇게 잘나가던 GE가 추락하게 된 가장 큰 원인으로는 잭 웰치 회장(1935년~2020년)의 경영 방식이 꼽힙니다. 1981년 당시 GE의 역대 최연소 회장으로 취임한 잭 웰치 회장은 2001년 퇴임할 때까지 GE의 매출을 연간 270억 달러(1981년)에서 1,300억 달러(2000년)로 5배, 시장가치는 130억 달러에서 4,100억 달러로 31배 성장시킨 전설적 인물입니다. 그는 '주주가치 극대화, 기업 효율성 제고'라는 두 가지 경영 철학을 바탕으로 금융 계열사인 GE캐피털에 대한 의존도를 높이고 대대적인 인력 감축을 시행했으며, 문어발식으로 기업을 확장하는 경영 스타일을 추구했습니다. 이런 그의 경영 전략은 미국의 경기호황기와 맞물려 GE의 실적과 주가를 끌어올렸고, 잭 웰치 회장은 포춘이 선정한 '20세기의 경영자'(1999년), 파이낸셜타임스가 선정한 '세계에서 가장 존경받는 경영인'(2001년)에 오르며 최고의 경영자로 평가받았습니다. 전 세계 기업들이 앞다투어 그의 경영 방식을 따라하던 시기였습니다.

하지만 2008년 금융위기가 터지면서 상황이 급변합니다. 그룹의 실적 대부분을 책임지고 있던 GE캐피털이 휘청하면서, GE가 큰 타격을 입게 된 것입니다. 잭 웰치 시기에 GE캐피털은 GE의 사금고 역할을 했는데, 그가 퇴임할 당시에는 기업 전체 순이익의 40% 이상이 금융 부문에서 나고 있을 정도로 그룹에서 제조업보다 금융이 차지하는 중요성이 커진 상태였습니다.

제조업으로 성장한 기업이 본질을 잊고 금융업을 통한 몸집 불리기에 몰두한 대가는 뼈아팠습니다. 이후 철도, 산업용 엔진, 전구 사업 등의 사업을 차례로 매각하며 생존하기 위한 자구책을 시행해야만 했기 때문입니다. 결국 2021년 11월 9일, GE는 2024년까지 회사를 항공(GE Aerospace), 헬스케어(GE HealthCare), 에너지(GE Vernova)의 세 기업으로 각각 분할한다는 계획을 발표하기에 이릅니다.

세 개 기업으로의 기업 구조 재편

이후 가장 먼저 분할한 것은 의료 사업부인 GE 헬스케어입니다. 2023년 1월 GE로부터 분사를 완료하고 GEHC라는 티커로 나스닥에 상장한 것입니다. GE 헬스케어는 MRI, CT, X-ray 의료기기, 조영제 등 의료 장비를 만드는 정밀의학 기업으로, 분할 전 GE 매출의 약 25%를 차지하던 사업부였습니다.

특히, GE 헬스케어는 고가의 글로벌 영상 진단장비(MRI, CT, X-ray 등) 시장에서 독일의 지멘스Siemens, 네덜란드의 필립스Philips 와 함께 3강 체제를 구축하고 있는 메이저 제조사입니다. 2023년 1월 분사 당시 GE는 GE 헬스케어 보통주 발행주식의 19.9%를 보유하고 나머지 80.1%를 GE 주주에게 배분하는 조건으로 분사 하였습니다. 이후 2023년 2분기에 GE는 보유 중이었던 GE 헬스 케어 주식 중 2,880만 주를 22억 달러에 처분하였으며, 장기적으로 보유 중인 모든 GE 헬스케어 주식을 매도할 계획임을 밝히기도 했습니다. GE는 풍력터빈과 가스 발전용 터빈을 생산하는 신재생에너지 사업부, 발전 사업부를 합쳐 GE Vernova라는 회사로 2024년 2분기 중 분사하고, 항공우주 사업부는 현 종목 티커인 GE로 그대로 유지하려는 계획을 갖고 있습니다.

GE가 운영 중인 사업부 및 사업모델

GE는 2023년 말 현재 세 가지 사업부를 운영 중이며, 각 사업 부별 세부 내용은 〈도표 8-20〉과 같습니다.

+ 도표 8-20. GE(General Electric)의 사업부별 세부 내용

사업부	목표 시장	제조 장비	매출 비중*
항공우주 (Aerospace)	- 민간 항공기 - 군용 항공기	- 민간 항공기 엔진 - 군용 항공기 엔진	49.2%
신재생에너지 (Renewable Energy)	- 풍력발전 - 수력발전	- 풍력발전 터빈 - 수력발전 장비	23.3%
발전(Power)	- 화력발전	- 발전소 터빈	27.5%

*2023년 기준, GE의 전체 매출에서 차지하는 비중
출처: General Electric 연간보고서(10-K)

1 ▶ 항공우주 사업부

GE의 항공우주 사업부는 민간 및 군용 항공기에 들어가는 엔진과 관련 부품을 제조하는 사업부입니다. 민간 항공기의 경우 소형Narrowbody, 중형Regional, 대형Widebody의 모든 기종의 항공기 엔진을 제작합니다. 항공우주 사업부 매출 중 70% 이상이 민간 항공기에 들어가는 엔진에서 발생하는데, 2020년 코로나 팬데믹 이후 민항기 운항이 중단되면서 실적에 큰 타격을 입었고 아직까지도 2019년 매출 수준을 회복하지 못하고 있습니다. 다만, 2023년에는 전년 대비 항공 운항 횟수가 10% 후반대 증가세를 보이면서 매출이 전년 대비 크게 증가한 실적을 기록했습니다. 군용 항공기의 경우 전투기fighters, 폭격기bombers, 헬기helicopters, 급유기Tankers 등 다양한 목적의 기종에 들어가는 엔진을 제작합니다.

+ **도표 8-21. 최근 5년간 항공우주 사업부 매출액 및 잔여계약가치**

(단위: 달러)

	2019년	2020년	2021년	2022년	2023년
매출	328억	220억	213억	260억	318억
잔여계약가치(RPO)*	1,237억	1,141억	1,252억	1,352억	1,538억

출처: General Electric 연간보고서(10-K)

▶ **잔여계약가치
(Remaining Performance Obligation)**
계약을 수주하였으나 아직 제품을 공급하지 못한 물량으로, 기업이 확보해 놓은 매출액을 가늠할 수 있는 지표로 활용됨.

2 ▶ 신재생에너지 사업부

GE의 신재생에너지 사업부는 풍력발전 터빈, 수력발전 장비를 제조하는 사업부입니다. 핵심 제품은 풍력발전기의 핵심부품이라고 할 수 있는 터빈인데, 2023년에는 폭발적으로 성장한 해상풍력 터빈 수주에 힘입어 매출이 전년 대비 16% 성장하는 기염을 토하기도 했습니다. 2022년 바이든 미국 대통령이 서명한 인플레이션감축법IRA은 풍력발전에 대한 세제 혜택을 최소 10년 이상 연장했고, 회사의 주력 풍력터빈 라인인 Haliade-X 터빈이

13MW 규모 상업 운전에 들어가는 등 향후에도 풍력터빈이 신재생에너지 사업부의 성장을 견인할 것으로 보입니다.

+ 도표 8-22. 최근 5년간 신재생에너지 사업부 매출액 및 잔여계약가치

(단위: 달러)

	2019년	2020년	2021년	2022년	2023년
매출	153억	156억	156억	129억	150억
잔여계약가치(RPO)	284억	308억	332억	349억	427억

출처: General Electric 연간보고서(10-K)

3 발전 사업부

GE의 발전 사업부는 화력 및 원자력 발전과 관련 장비를 제조하는 사업부입니다. 신재생에너지 사업부가 풍력, 수력 등 친환경적인 발전 장비를 판매한다면, 발전 사업부는 석유나 천연가스를 사용하는 화력발전소에 들어가는 터빈을 판매하는 일을 합니다. 화력발전은 화석연료를 연소시킴으로써 물을 끓여 고압의 증기로 변환하고, 이 고압의 증기로 터빈을 회전시키면서 생기는 회전력으로 발전기를 돌려 전기를 생산하는 원리를 갖고 있습니다.

이때 가장 핵심이 되는 부품이 바로 가스터빈이며, 이 가스터빈 시장은 전 세계에서 GE(미국), Siemens(독일), 미쓰비시(일본)가 약 95%가 넘는 시장점유율을 차지하고 있는 과점시장입니다. 하지만, 전 세계가 화석연료 사용을 줄이고 신재생에너지로 전환하면서 장기적인 전망은 녹록치 않은 사업부라고 할 수 있습니다.

+ 도표 8-23. 최근 5년간 발전 사업부 매출액 및 잔여계약가치

(단위: 달러)

	2019년	2020년	2021년	2022년	2023년
매출	186억	175억	169억	162억	177억
잔여계약가치(RPO)	780억	733억	687억	689억	717억

출처: General Electric 연간보고서(10-K)

제너럴 일렉트릭에 대한 투자은행 애널리스트 보고서

J.P.Morgan의 세스 사이프만Seth Seifman은 2024년 1월 24일 자 애널리스트 보고서에서 다음과 같이 평가했습니다.

> **❝**GE는 산업재 기업에서 금융복합 기업으로 변모했으며, 금융 복합 기업에서 다시 각 분야에 특화된 기업으로 분사하는 작업 중에 있고 이는 막바지 단계에 이르렀다. 비록 추가적으로 해결해야 할 부분이 남아 있지만 기업 구조 개편 과정에서 GE는 심각했던 부채 수준을 정상화시키는 데 성공했으며, 이로 인해 투자자들로부터 긍정적인 반응을 이끌어낼 수 있었다.
>
> 현재 GE의 기업가치 대부분은 항공우주 사업부에서 창출되고 있으며, 특히 GE가 보유한 민항기 엔진 브랜드는 그 중심에 서 있다. 비록 항공우주 사업부의 전망이 매우 밝으나, GE 주가는 지난 몇 년간 S&P500의 상승률을 크게 상회하였으므로 추가 상승여력은 제한돼 있는 것으로 보인다.**❞**

종합적으로 세스 사이프만은 GE에 대한 투자의견을 '중립'으로 유지하고 2024년 말 목표 주가를 $134로 제시했습니다.

+ 도표 8-24. 제너럴 일렉트릭의 최근 8년간 재무자료와 주가

재무지표	FY2016 2016/12/31	FY2017 2017/12/31	FY2018 2018/12/31	FY2019 2019/12/31	FY2020 2020/12/31	FY2021 2021/12/31	FY2022 2022/12/31	FY2023 2023/12/31
PER	26.3	-12.7	-2.2	-1.7	1.8	-12.0	1307.7	15.1
PBR	3.6	2.7	2.1	0.4	0.3	2.6	2.7	5.1
자산회전율	0.3	0.3	0.3	0.3	0.3	0.3	0.3	0.4
매출채권 회전율	3.2	2.8	3.4	4.5	4.4	4.6	3.8	4.5

재고자산 회전율	3.9	3.6	4.2	4.2	3.5	3.4	2.9	3.2
영업이익률	11.7%	-8.8%	-16.3%	3.9%	-0.8%	5.0%	-0.8%	3.8%
순이익률	7.4%	-8.5%	-23.0%	-5.5%	7.5%	-8.8%	0.6%	14.0%
부채비율	354%	380%	504%	788%	591%	378%	441%	471%
유동비율	185%	172%	167%	131%	155%	128%	118%	118%
이자보상비율	2.8	-1.9	-3.3	1.2	-0.3	2.0	-0.3	2.3
ROE	9.4%	-13.5%	-52.4%	-18.3%	16.4%	-17.8%	0.1%	30.1%
매출액증가율	3.9%	-17.1%	-2.3%	-7.0%	-15.9%	-2.2%	-21.7%	17.0%

	2017년 2월 28일	2022년 2월 28일	5년간 주가하락률
제너럴 일렉트릭 주가	$229.31	$95.51	-58.34%

• 2022년 이후 제너럴 일렉트릭의 주가에 영향을 미쳤던 뉴스

날짜	뉴스
2022-01-25	2021년 4분기 매출이 시장 예상치(Consensus)를 하회하며 주가가 5.9% 하락.
2022-04-26	GE가 실망스러운 2022년 실적 전망치(Guidance)를 발표하며 주가가 10.3% 급락.
2022-07-26	비행기 엔진 사업부의 2022년 2분기 매출이 시장 예상치를 크게 상회하며 GE의 실적 개선을 견인. 주가가 4.6% 상승.
2022-10-26	다수의 애널리스트들이 GE의 2022년 3분기 항공 사업부 실적 개선을 긍정적으로 평가하며, 주가가 하루 만에 3.3% 상승.
2023-03-09	GE가 항공우주 사업부의 장기 매출성장률이 한 자릿수 중후반대를 기록할 것이라고 발표하자 주가가 5.2% 상승. 울프 리서치(Wolfe Research)의 나이겔 코우(Nigel Coe)는 "경영진이 항공우주 사업부의 2025년 실적 목표치를 높게 예상하고 있다는 점이 인상적이다. 2024년 실적에 대한 시장 예측치도 뒤따라 상향될 것."이라고 평가하며 투자의견 '시장수익률 상회' 제시.
2023-07-25	GE가 시장 예상치(46센트)를 상회하는 2분기 주당순이익(68센트)을 발표하고, 2023년 실적 전망치를 상향하자 주가가 하루 동안 6.3% 상승. RBC Capital Markets의 딘 드레이(Deane Dray)는 "GE의 2분기 실적은 매우 우수했으며, 신재생에너지 수요와 항공엔진 수요 증가에 힘입어 2024년에도 충분한 주가 상승 여력이 있음을 암시한다."고 평가.
2023-10-24	GE가 항공여객 수요 증가로 인한 항공우주 사업부 실적 개선에 힘입어 2023년 주당순이익 전망치를 $2.33에서 $2.6으로 상향하자 주가가 하루 만에 6.5% 상승. 투자은행 Citi의 앤드류 카플로위츠(Andrew Kaplowitz)는 "지속적으로 우수한 실적을 낼 수 있는 사업 역량을 갖고 있으며, 항공우주 산업과 신재생에너지 사업의 견고한 수요가 미래 실적을 기대하게 한다."고 평가.

※참고: Guidance란 기업이 자체적으로 전망한 실적 예상치를, Consensus는 증권사 리서치센터에서 예측한 실적 예상치를 의미함.

디어와 제너럴 일렉트릭 비교 결과

2017년 2월 말부터 2022년 2월 말까지, 디어와 제너럴 일렉트릭의 주가는 〈도표 8-25〉와 같이 상반된 움직임을 보였습니다.

+ 도표 8-25. 최근 5년간 디어와 제너럴 일렉트릭 주가변동 비교

	2017년 2월 28일	2022년 2월 28일	5년간 주가변동률
DE 주가	$109.49	$360.02	+228.81%
GE 주가	$229.31	$95.51	-58.34%

1 기업 운영의 효율성과 비용통제 능력

2016 회계연도부터 2021 회계연도까지 6년간 효율성 지표 평균 수치는 모두 디어가 더 우수한 성적표를 보였습니다. 특히 두 기업이 모두 제조업 기업이라는 점에서, 이 세 가지 수치는 더 중요한 의미를 지닙니다. 업종 특성상 재고자산이 없는 넷플릭스(커뮤니케이션)나 무디스(금융) 등과 달리, 제조기업인 디어와 제너럴 일렉트릭은 재고자산을 비롯한 매출채권, 자산 관리가 곧 기업의 효율적 운영과 직결되기 때문입니다.

+ 도표 8-26. 두 기업의 최근 6년간(FY2016-FY2021) 효율성 지표 평균 수치

	자산회전율	매출채권회전율	재고자산회전율
DE	0.5	8.6	4.9
GE	0.3	3.8	3.8

두 기업의 이익률 평균치 또한 디어가 제너럴 일렉트릭에 비해 더 우수한 수치를 기록했습니다. 디어는 S&P500 산업재 섹터 평균치 대비 높은 영업이익률 및 순이익률을 기록한 반면, 제너럴 일렉트릭은 이보다 낮은 이익률을 기록한 점도 눈여겨볼 만합니

다. 두 기업은 공교롭게도 2021년에 각각 사업부 개편을 발표했는데, 디어는 사업부를 더 세분화(3개→4개)한 반면, 제너럴 일렉트릭은 사업부를 축소(4개→3개)하고 분할하기로 한 것도 이런 이익률 수치와 무관하지 않아 보입니다. 디어는 시장을 더욱 세분화해 성장을 가속화할 수 있는 우위를 누리고 있지만, 제너럴 일렉트릭은 조직 구조조정을 통해 우선순위에 집중해야 하는 처지에 내몰렸기 때문입니다.

+ 도표 8-27. 두 기업의 최근 6년간(FY2016-FY2021) 이익률 평균 수치

	영업이익률	순이익률
DE	14.5%	8.1%
GE	-0.9%	-5.2%
S&P500 산업재 섹터(6년 평균)	10.6%	7.2%

2 기업의 안정성, 수익성, 성장성

기업의 안정성을 측정하는 세 지표는 모두 〈도표 8-28〉과 같이 두 기업이 엇갈린 값을 보였습니다. 특히 디어의 이자보상비율 평균치는 4.9로 주요 사업에서 남긴 이익으로 이자를 충분히 갚을 수 있었던 반면, 제너럴 일렉트릭은 0.1로 주요 사업에서 남긴 이익으로 이자비용을 내기도 부족한 상태임을 볼 수 있습니다.

+ 도표 8-28. 두 기업의 최근 6년간(FY2016-FY2021) 안정성 지표 평균 수치

	부채비율	유동비율	이자보상비율
DE	545%	73%	4.9
GE	499%	156%	0.1

두 기업의 2016 회계연도부터 2021 회계연도까지 6년간 ROE

평균치 또한 두 기업이 양 극단의 수치를 보였습니다. 디어는
27%로 S&P500 산업재 섹터 평균 대비 약 1.5배 높았던 반면, 제
너럴 일렉트릭은 음수값을 보였기 때문입니다. 특히, 코로나로
인해 원재료 공급망이 붕괴되었던 2021 회계연도에 두 기업의
ROE 수치가 극명히 갈려(DE 38.0% vs GE -17.8%) 기업환경의 어려
움에 성공적으로 대처하는 기업과 그렇지 못한 기업의 ROE값을
적나라하게 보여 주었습니다.

+ 도표 8-29. 두 기업의 최근 6년간(FY2016-FY2021) ROE 평균 수치

DE	GE	S&P500 산업재 섹터(6년 평균)
27.0%	-12.7%	18.4%

2016 회계연도부터 2021 회계연도까지 디어의 연평균 매출성
장률은 7.3%를, 제너럴 일렉트릭의 연평균 매출성장률은 -7.1%
를 기록해 디어가 더 우수한 성장세를 기록했습니다.

3 ▶ 주가의 과대평가 여부

〈도표 8-30〉을 보면, 디어의 PER과 PBR은 모두 제너럴 일렉트
릭보다 높은 수준에서 형성되어 투자자들의 높은 기대심리를 반
영하고 있습니다.

+ 도표 8-30. 두 기업의 PER과 PBR 비교(2021.12.31. 기준)

	PER	PBR
DE	19.5	4.7
GE	-2.7	2.5
S&P500 산업재 섹터	29.5	5.5

〈도표 8-31〉은 2017년 2월 28일부터 2024년 2월 28일까지의
두 기업의 주가 차이를 보여 주고 있습니다. 빨간 그래프는 디어
의 주가 흐름을, 파란 그래프는 GE의 주가 흐름을 나타냅니다. 중
간에 있는 검은 세로 점선은 2022년 2월 28일을 표시하고 있어,
분석 대상이 된 2017년 2월부터 2022년 2월 이후 기간에 주가가
어떻게 움직였는지도 구분해서 확인해 볼 수 있습니다.

+ 도표 8-31. 디어와 GE의 최근 7년(2017.2.28. ~ 2024.2.28.)간 주가 비교

출처: Bloomberg

S&P500 산업재 기업 중 최근 7년간
주가상승률 상위 20개 기업

디어와 제너럴 일렉트릭 모두 현재 S&P500에 편입되어 있습
니다. 독자 여러분이 투자에 참고하실 수 있도록, S&P500에 편입
된 산업재 기업 중 최근 7년간(2017.2.28. ~ 2024.2.28.) 투자수익률(배
당 재투자 가정)이 가장 높았던 상위 20개 기업을 다음과 같이 정리
해 드립니다.

+ 도표 8-32. S&P500 산업재 섹터 내 최근 7년간 투자수익률 상위 20개 기업

매출 단위: 백만 달러

기업명	티커	투자수익률*	최근 12개월 매출**	PER(2024.2.28.)
Builders FirstSource Inc	BLDR	1,393.6%	17,097	15.9
Axon Enterprise Inc	AXON	1,104.6%	1,563	113.2
Old Dominion Freight Line	ODFL	627.1%	5,866	39.0
Copart Inc	CPRT	618.0%	4,060	38.8
Quanta Services Inc	PWR	550.2%	20,882	46.4
TransDigm Group Inc	TDG	496.3%	6,977	48.3
Cintas Corp	CTAS	475.5%	9,194	45.8
United Rentals Inc	URI	444.9%	14,332	24.8
Trane Technologies PLC	TT	421.1%	17,677	32.2
Eaton Corp PLC	ETN	383.3%	23,196	33.2
WW Grainger Inc	GWW	341.6%	16,478	26.6
Caterpillar Inc	CAT	303.9%	67,060	14.8
Parker-Hannifin Corp	PH	284.9%	19,826	25.3
Deere & Co	DE	271.7%	60,785	10.7
Hubbell Inc	HUBB	266.4%	5,373	25.7
Fastenal Co	FAST	256.3%	7,347	36.6
AMETEK Inc	AME	247.1%	6,597	31.5
Paycom Software Inc	PAYC	242.7%	1,694	31.0
Republic Services Inc	RSG	239.1%	14,965	33.2
PACCAR Inc	PCAR	229.1%	35,127	12.7

*배당금은 모두 재투자 가정
**2024년 2월 말 기준

부동산
Real Estate

11개 섹터 중 마지막 순서는 부동산 섹터입니다. 부동산 섹터는 지분형 리츠Equity Real Estate Investment Trusts REITs 와 부동산 관리&개발Real Estate Management & Development 의 두 하위 산업 그룹으로 나누어집니다. 이 중 S&P500 기준, 부동산 섹터 시가총액의 98%로 대부분을 차지하는 것은 지분형 리츠 산업 그룹입니다. 따라서 이번 장에서는 지분형 리츠를 중심으로 설명하겠습니다.

리츠란?

리츠REITs 란 Real Estate Investment Trusts의 줄임말로, 우리말로는 부동산투자회사로 번역됩니다. 리츠는 부동산을 운용해서 수익을 내고, 이를 투자자들에게 돌려주는 주식회사입니다. 투자 구조는 〈도표 8-33〉과 같습니다.

+ 도표 8-33. 리츠의 구조

부동산 (사무실)	
부동산 (호텔)	
부동산 (물류 시설)	
부동산 (상업 시설)	

임대료 → 부동산투자회사 (주식회사) REITs ← 투자*

배당 → 개인투자자
주식투자 ← 기관투자자

*대출이면 모기지 리츠(Mortgage REITs), 부동산을 취득하면 지분형 리츠(Equity REITs)

주목할 점은, 위 그림에서 가운데 위치한 부동산투자회사가 투자하는 대상에 따라 지분형 리츠Equity REITs와 모기지 리츠Mortgage REITs의 두 가지 형태로 나뉜다는 점입니다. 지분형 리츠Equity REITs는 직접 부동산의 소유권을 취득하며, 수입의 대부분을 해당 부동산의 임대료에서 얻는 리츠입니다. 반면 모기지 리츠Mortgage REITs는 부동산 소유자들에게 대출을 해 주는 리츠로, 수입의 대부분이 이자수익에서 발생합니다. 현재 지분형 리츠는 부동산Real Estate 섹터 안에, 모기지 리츠는 금융Financials 섹터 안에 포함되어 있습니다.

본래 지분형 리츠와 모기지 리츠는 모두 1999년 세계산업분류 기준이 제정된 이래 금융Financials 섹터에 속한 산업이었습니다. 그러다 2016년 8월 31일, 11번째 섹터로 부동산Real Estate 이 새롭게 추가되면서 지분형 리츠는 부동산 섹터로 이동하였고, 모기지 리츠는 그대로 금융 섹터에 남아 현재와 같은 분류체계를 갖추게 되었습니다. 2019년 말 기준 모기지 리츠의 시가총액은 829억 달러, 지분형 리츠의 시가총액은 1.2조 달러로 지분형 리츠가 약 15배 큰 시장규모를 보이고 있습니다.

지분형 리츠의 부동산 종류

지분형 리츠는 부동산의 종류에 따라 〈도표 8-34〉와 같이 분류할 수 있습니다.

+ 도표 8-34. 부동산 종류에 따른 리츠 구분

분류	설명	대표 주식(티커)
특수리츠 (Specialized REITs)	데이터센터·통신탑·소형창고로부터 임대료 수입 창출	American Tower Corp (NYSE: AMT)
헬스케어리츠 (Health Care REITs)	병원·의료연구시설·요양시설로부터 임대료 수입 창출	Medical Properties Trust Inc (NYSE: MPW)
산업리츠 (Industrial REITs)	물류시설·경공업시설·연구소로부터 임대료 수입 창출	Prologis Inc (NYSE: PLD)
주택리츠 (Residential REITs)	아파트·모빌홈·단독주택으로부터 임대료 수입 창출	Camden Property Trust (NYSE: CPT)
호텔&리조트리츠 (Hotel & Resort REITs)	호텔·리조트시설로부터 임대료 수입 창출	Host Hotels and Resorts Inc (NASDAQ: HST)
사무실리츠 (Office REITs)	고층·중층·저층 사무실 건물로부터 임대료 수입 창출	Boston Properties, Inc (NYSE: BXP)
소매점리츠 (Retail REITs)	쇼핑몰·독립건물상가·근린상가로부터 임대료 수입 창출	Simon Property Group Inc (NYSE: SPG)
다각화 리츠 (Diversified REITs)	위 분류들 중 2개 이상의 리츠 유형을 동시에 운영	American Assets Trust, Inc (NYSE: AAT)

〈도표 8-34〉는 8개 리츠 분류 각각이 어떤 유형의 자산에 투자하는 리츠인지 설명하고 있습니다. 다만, 임의소비재 섹터에 있었던 〈도표 6-13〉의 내용을 기억하시는 독자 분이라면 한 가지 궁금증이 생기실 수 있습니다. 임의소비재에도 호텔 분야가 있었는데, 리츠에도 호텔&리조트 분야가 있어 이 둘이 어떻게 다른지 구분하기 쉽지 않기 때문입니다.

p.296
<도표 6-13 임의소비재 섹터 내 주요 산업과 대표 브랜드> 참고

이 둘의 차이점은, 임의소비재 섹터에 속하는 호텔 체인(메리어트, 힐튼)의 경우 제3자가 소유한 호텔을 관리해 주거나 제3자가 소

유한 호텔에 자사 브랜드 사용을 허용하고 라이선스 수입을 얻는 사업부도 있는 반면, 리츠 섹터에 속하는 호텔&리조트 기업들은 오로지 호텔을 자사 소유로 취득하고 임대하는 사업에만 전념한다는 것입니다.

지분형 리츠 투자의 장점

1 높은 배당수익률

지분형 리츠 투자의 가장 큰 장점은 높은 배당수익률입니다. 2024년 2월 28일 기준, 미국 주식시장에 상장된 1,500여 개의 주식을 대상으로 산출하는 S&P1500 지수 내 섹터 중 지분형 리츠가 포함된 부동산 섹터의 평균 배당률은 5.43%로, 1위를 기록했습니다. 지분형 리츠는 투자자들의 자금을 모아 실물 부동산을 사들이고, 여기서 나오는 정기적인 임대료로 배당을 지급합니다.

+ 도표 8-35. 미국 S&P1500지수 섹터별 평균 배당률(2024.02.28. 기준)

섹터	평균 배당률
부동산(Real Estate)	5.43%
금융(Financials)	3.88%
유틸리티(Utilities)	3.83%
에너지(Energy)	3.69%
필수소비재(Consumer Staples)	3.30%
커뮤니케이션(Communication Services)	2.60%
임의소비재(Consumer Discretionary)	2.54%
소재(Materials)	1.80%
헬스케어(Health Care)	1.77%
산업재(Industrials)	1.62%
정보통신(Information Technology)	1.57%

출처: Bloomberg

2 ▶ 분산투자

지분형 리츠는 효과적인 분산투자 수단입니다. 주식과 채권에만 투자했을 때보다 주식, 채권, 지분형 리츠에 모두 투자했을 때 장기적으로 전체 자산의 위험은 줄이고 수익률은 높일 수 있다는 사실은 다음의 표에 잘 나타나 있습니다.

+ 도표 8-36. 투자자산 묶음별 가격변동성과 수익률(1975년 12월 ~ 2018년 12월)

투자안	주식 + 채권	주식 + 채권 + 지분형 리츠
연평균 전체 자산 가격변동률	9.59%	9.41%
연평균 전체 자산 수익률	9.84%	10.29%
최초 투자액(1975년 12월)	1만 달러	1만 달러
최종 잔액(2018년 12월)	56만 5천 달러	67만 4천 달러

출처: 2019 Wilshire Analysis by Wilshire Compass

그럼, 일반투자자들은 전체 자산의 몇 % 정도를 리츠에 투자하는 것이 좋을까요? 위의 〈도표 8-36〉을 연구한 Wilshire협회에서는, 은퇴까지 40년이 남은 투자자는 전체 투자금액의 13.42%를, 은퇴가 몇 년 남지 않은 투자자는 전체 투자금액의 7.91%를 지분형 리츠에 투자하는 것이 위험-수익률 측면에서 이상적이라는 연구 결과를 내놓았습니다.

이렇듯 지분형 리츠가 분산투자에 적합한 이유는 다른 자산과의 낮은 상관계수 때문입니다. 상관계수란 -1에서 +1 사이에 있는 값으로, 서로 다른 두 자산 간의 가격변동이 얼마나 유사한지(+1에 가까울수록), 아니면 얼마나 반대 방향으로 움직이는지(-1에 가까울수록) 계산하는 척도입니다. 지분형 리츠의 경우 미국 장기채권과의 상관계수는 -0.03, 미국 대형주Large Cap와의 상관계수는 0.53(이상 상관계수 자료 출처: CEM Benchmarking, 2019)으로 채권시장 및 주식시장과 모두 보통 이하의 상관계수를 보이고 있어, 우수한 분산투자 효과를 기대할 수 있습니다.

· 상관계수 범위별 해석 요령

상관계수값	해석	상관계수값	해석
+0.6 ~ +1.0	높은 정(+)의 상관관계	-1 ~ -0.6	높은 부(-)의 상관관계
+0.4 ~ +0.6	유의미한 정의 상관관계	-0.6 ~ -0.4	유의미한 부의 상관관계
+0.2 ~ +0.4	낮은 상관관계	-0.4 ~ -0.2	낮은 상관관계
0 ~ +0.2	상관관계 미미	-0.2 ~ 0	상관관계 미미

지분형 리츠의 평가 방법

지분형 리츠는 일반기업과 달리 보유하고 있는 자산의 대부분이 부동산이라는 특징이 있습니다. 이로 인해 지분형 리츠는 일반기업보다 훨씬 많은 감가상각비를 손익계산서에 인식하게 됩니다. 부동산 중 건물은 감가상각 대상이기 때문입니다(토지는 감가상각 대상이 아닙니다).

감가상각비는 비용이므로, 이익(영업이익과 당기순이익 모두)을 감소시킵니다. 그러나 감가상각비는 건물의 최초 구입 가격을 장기간(예: 40년)에 걸쳐서 비용 처리하는 항목에 불과하므로, 실제 현금 지출을 수반하는 비용은 아닙니다. 따라서 감가상각비가 반영된 이익을 기준으로 리츠를 분석한다면 재무적 상황과 배당 안정성에 대해 올바른 판단을 내리기 힘들어집니다.

이러한 왜곡을 줄이기 위해 지분형 리츠의 영업 성과를 제대로 반영한 새로운 집계 항목이 필요하게 되었고, 미국리츠협회NAREIT는 1991년 FFOFunds From Operations라는 새로운 지표를 만들기에 이릅니다. 오늘날 FFO는 지분형 리츠를 평가하는 대표적인 항목으로 활용되고 있으며, 이후 FFO에서 일회성 수익·비용을 가감한 AFFOAdjusted Funds From Operations와 함께 대표적인 리츠 평가지표로 활용되고 있습니다(본서에서는 FFO만을 활용해 리츠를 분석합니다. 대부분의 리츠가 AFFO보다는 FFO를 더 중점적으로 활용하여 실적을 보고하기 때문입니다).

리츠는 일반기업과는 다른 평가지표를 사용하므로, 투자 결정 시 사용하는 재무지표도 〈도표 8-37〉과 같이 달라지게 됩니다. 다행히 리츠회사들은 정기보고서에 FFO 자료를 함께 공시하기 때문에, 독자 분들도 직접 계산할 필요 없이 정기보고서에서 쉽게 찾아보실 수 있습니다.

+ 도표 8-37. 리츠 분석을 위한 재무지표 10가지

*일반기업 평가지표와 계산 방법이 다른 항목들

활용 목적	지표	계산 방법
(1) 주가의 과대평가 여부	①주가 대 FFO 비율* (Price-to-FFO Ratio)	$\dfrac{\text{1주당 주가}}{\text{1주당 FFO}}$
	②PBR (Price-to-Book Ratio)	$\dfrac{\text{1주당 주가}}{\text{BPS}}$
(2) 기업 운영의 효율성	③자산회전율 (Asset Turnover)	$\dfrac{\text{매출액}}{\text{평균자산}}$
	④입주율* (Occupancy Rate)	$\dfrac{\text{임대 중인 부동산}}{\text{전체 보유 부동산}}$
(3) 비용통제 능력	⑤순영업소득률* (NOI Margin)	$\dfrac{\text{순영업소득(Net Operating Income)}}{\text{매출액}}$
	⑥FFO 이익률* (FFO Margin)	$\dfrac{\text{FFO}}{\text{매출액}}$
(4) 기업의 안정성	⑦부채비율 (Total Debt-to-Equity ratio)	$\dfrac{\text{차입금}}{\text{자본}}$
	⑧이자보상비율* (FFO/Interest Expense)	$\dfrac{\text{FFO}}{\text{이자비용}}$
(5) 기업의 수익성	⑨FFO 수익률* (FFO Return)	$\dfrac{\text{FFO}}{\text{평균자본}}$
(6) 기업의 성장성	⑩매출액증가율 (Revenue growth rate)	$\dfrac{\text{올해 매출액 - 전년도 매출액}}{\text{전년도 매출액}}$

▶BPS
1주당 순자산가치. 자본을 현재 유통 중인 보통주식 수로 나눈 비율

(1) FFO(Funds From Operations)
= 당기순이익 + 감가상각비 - 부동산매각차익 + 부동산손상차손 ± 지분법손익

(2) AFFO(Adjusted Funds From Operations)* = FFO ± 일회성 수익·지출 항목

(3) NOI(Net Operating Income)
= 임대료 - 부동산유지관리비, 공과금, 보험료, 재산세, 이자비용(선택)

*AFFO는 <도표 8-37>에서는 등장하지 않았지만, 리츠 평가 시 등장할 수 있는 지표이므로 참고

부동산 섹터의 사이클별 수익률

부동산 섹터의 비즈니스 사이클별 평균 초과수익률과 적중률은 〈도표 8-39〉와 같습니다. 부동산 섹터는 경기와 시장이자율에 민감한 섹터입니다. 중기에 부동산 섹터의 수익률이 전체 섹터의 평균수익률을 대폭 하회하는 것은 이러한 맥락에서 이해할 수 있습니다. 중기 비즈니스 사이클 때는 초기 비즈니스 사이클 때보다 시장이자율이 소폭 상승하게 되는데, 이는 시장이자율에 민감한 부동산 섹터에 불리한 투자 환경일 뿐만 아니라 동시에 IT, 커뮤니케이션, 헬스케어와 같이 조금 더 수익률이 좋은 섹터를 찾아 부동산 섹터에서 자금이 빠져나가기 때문입니다.

반면, 후기 비즈니스 사이클에서 부동산 섹터는 5% ~ 10%의 초과수익률을 보여 주고 있습니다. 이는 인플레이션이 두드러지는 이 시기에, 상대적으로 물가상승률에 맞춰 임대 수입을 증가시킬 수 있는 부동산이 자산 가치를 방어할 수 있는 투자처(이를 '인플레이션 헷지 자산'이라고도 부릅니다)로 각광받기 때문입니다.

반면, 경제활동이 위축되는 침체기에 부동산 섹터는 평균보다 15% 이상 낮은 수익률을 보였습니다. 이는 경기에 민감한 부동산 섹터의 특성상 공실률의 상승, 임대료 미납 등으로 수익률이 타

격을 입을 것을 우려하는 투자자들이 자금을 회수한 결과입니다.

+ 도표 8-39. 각 비즈니스 사이클별 부동산 섹터 평균 초과수익률과 적중률

비즈니스 사이클	평균 초과수익률	적중률
초기(EARLY)	0%	60% ~ 70%
중기(MID)	△15% ~ △10%	20% ~ 30%
후기(LATE)	5% ~ 10%	70% ~ 80%
침체(RECESSION)	△20% ~ △15%	30% ~ 40%

▶평균 초과수익률
전체 주식시장의 평균수익률 대비 얼마나 더 높은 수익률을 올렸는지를 나타냄.

▶적중률
각 비즈니스 사이클에서 전체 주식시장 평균수익률보다 높은 수익률을 올린 비율

투자수익률이 높았던 리츠 기업: 프로로지스(NYSE: PLD)

프로로지스는 미국의 대표적인 물류창고 리츠입니다. 물류창고는 물류의 흐름에 따라 〈도표 8-40〉과 같이 3개 종류로 구분해 볼 수 있는데, 프로로지스는 이 3개 종류의 물류창고를 모두 운영하고 있습니다.

+ 도표 8-40. 물류의 흐름

공장 → ①게이트웨이 물류 시설 → ②멀티마켓 물류 시설 →
③도심 물류 시설 → 소비자

① 게이트웨이 물류 시설(Gateway distribution): 공장에서 생산된 물건이 1차적으로 집결되는 물류창고. 물건의 공급망에서 '상류'에 해당

② 멀티마켓 물류 시설(Multi-market distribution): 여러 물류 거점(시카고, 인디애나폴리스, 내슈빌 등)의 중간에 위치한 전략적 물류 허브. 물건의 공급망에서 '중류'에 해당

③ 도심 물류 시설(City distribution): 각 물류 거점(시카고, 인디애나폴리스, 내슈빌 등) 내에 위치한 물류 시설로, 여기에서 물건은 최종소비자에게 배송됨. 물건의 공급망에서 '하류'에 해당

프로로지스는 미국 주식시장에 상장된 모든 리츠를 통틀어 시가총액이 가장 큰 리츠로, 2024년 2월 말 기준 시가총액이 1,239

억 달러(한화 161조 원)에 달합니다. 미국에서 매일 소비되는 물품 중 약 36%가 프로로지스의 물류시설을 거쳐 유통되며, 프로로지스가 관리하는 전체 자산의 규모는 2023년 12월 말 기준 2,190억 달러(한화 284조 원)에 이릅니다. 프로로지스가 소유한 전체 물류창고 면적은 1.1억㎡로, 〈도표 8-41〉과 같이 미국 내 전역에 시설을 보유한 주요 물류 리츠들과 비교해 봐도 압도적인 수준을 자랑합니다.

+ 도표 8-41. 미국 주요 물류 리츠별 물류 시설 면적

2023년 12월 말 기준

회사명(티커)	전체 면적(㎡)	회사명(티커)	전체 면적(㎡)
Prologis(NYSE: PLD)	1.1억	Public Storage(NYSE: PSA)	2,043만
STAG Industrial(NYSE: STAG)	1,043만	Eastgroup Properties(NYSE: EGP)	550만

프로로지스의 사업모델

프로로지스는 물류창고의 개발, 취득, 운영, 처분 등 다양한 사업을 〈도표 8-42〉와 같은 두 개의 사업부로 나누어 운영하고 있습니다.

+ 도표 8-42. 프로로지스의 두 사업부

(단위: 백만 달러)

사업부	Real Estate	Strategic Capital
내용	- 프로로지스의 핵심사업부 - 보유 물류창고를 임대하고 임대료 수익 창출 - 토지은행(Land Bank) 관리 - 개발사업 진행	- 합작투자 중인 9개 회사의 자산을 관리해 주고 자산운용 수수료 수입 창출
2023년 매출 (전체 매출 대비 %)	$6,819(85%)	$1,200(15%)
2023년 순영업소득 (전체 NOI 대비 %)	$5,145(86%)	$815(14%)

1 ▶ 물류창고 관리 및 개발 사업부

프로로지스의 첫 번째 사업부인 물류창고 관리 및 개발Real Estate 사업부는 현재 프로로지스가 보유 중인 물류창고의 신규 임차인 모집, 기존 임차인과 계약 연장, 새로운 물류창고 건설을 담당하는 사업부로 프로로지스의 대부분의 수입(85% ~ 90%)을 창출하는 사업부입니다. 이 사업부의 성장전략은 첫째, 공실률을 최대한 줄이는 것이고 둘째, 임대료를 높이는 것입니다.

공실률을 줄이는 방법은 간단히 신규 임차인을 찾아 임대차계약을 맺는 것으로 설명할 수 있습니다. 그러나 임대료를 높이는 과정은 그리 간단하지 않습니다. 임대료는 수시로 올릴 수 있는 것이 아니라, 첫 계약 때 명시한 금액으로 임대 기간 동안 고정되기 때문입니다(물가 수준에 맞춰 연간 2~3%가량을 인상하는 것은 가능합니다).

실제 자료를 통해 예를 들어 보겠습니다. 2023년에 프로로지스가 임차인과 맺은 임대계약(신규+연장)의 평균 임대기간은 5년 6개월에 달했습니다. 최초에 임차인과 협의한 임대료는 향후 5년 6개월 동안 적용되는 셈입니다(매년 물가상승률 수준의 인상은 가능합니다). 하지만 경제 성장기에는 임대료 시세가 물가상승률보다 가파르게 상승하기 마련이므로, 최초에 계약을 맺을 때보다 창고 임대료의 시세가 급격히 상승한다면 프로로지스는 상대적으로 불리한 계약을 체결한 것이 됩니다. 첫 계약 때 임대료 협상을 최대한 높게 하는 것이 중요한 이유입니다.

프로로지스의 임대료 수준이 얼마나 시세를 잘 반영하고 있는지 이를 측정하는 지표 중 하나로 '현 시세 대비 계약 임대료 비율Net effective lease mark-to-market'이 있습니다. 2023년 12월 기준 프로로지스의 이 비율은 57%이며, 이는 프로로지스가 임차인들로부터 현

시세 대비 약 57%에 불과한 임대료를 받고 있다는 의미입니다. 한편으로는 아쉬운 수치이지만, 다른 한편으로는 프로로지스가 계약을 연장하거나 새로운 임차인을 받을 때 현 시세에 맞게 임대료를 현실화하면서 매출의 상승을 기대해 볼 수 있다는 의미이기도 합니다.

2023년 12월 말 기준, 첫 번째 사업부의 상위 10개 임차인은 전체 임대료 수입의 15.8%를 차지했으며, 임차회사들은 〈도표 8-43〉과 같았습니다.

+ 도표 8-43. 물류창고 관리 및 개발 사업부의 상위 10개 임차인(임대료 기준)

고객사	전체 실질 임대료 대비 차지 비율(%)
Amazon	6.4
Home Depot	2.2
Fedex	1.9
UPS	1.0
Geodis	0.9
Wal-Mart	0.8
DHL	0.8
Wayfair	0.6
DSV Panalpina	0.6
NFI Industries	0.6

2 전략적 투자 사업부

프로로지스의 두 번째 사업부인 전략적 투자Strategic Capital 사업부는 프로로지스가 다른 기관투자자들과 함께 합작투자회사를 만들어 물류창고 자산에 공동 투자한 후, 이 물류창고 자산을 관리해 주고 수수료를 받는 사업부입니다. 자산에 대한 소유권을 나뉘 가진다는 점에서, 프로로지스가 단독소유자가 되어 물류창고를 운영하는 첫 번째 사업부와 차이가 있습니다.

프로로지스는 물류창고 업계의 1위 회사로 다년간 쌓아 온 투자 노하우와 운영 노하우를 보유하고 있습니다. 이를 알고 있는 투자기관들이 프로로지스와 공동으로 합작투자회사를 설립하고 신규 물류창고를 매입하기 위한 자금을 대면, 프로로지스가 이 합작투자회사 자금을 운용해 물류창고를 운용하여 수익을 내고 그중 일부를 운용수수료로 가져가는 구조가 바로 두 번째 사업부의 사업모델입니다.

이 사업부의 수익은 대부분 외국에서 발생하며, 주요 합작투자회사로는 2개의 상장회사(일본, 멕시코)와 7개의 비상장회사(미국, 유럽, 중국, 브라질)가 있습니다. 이 관리자산들의 규모나 가치가 상승할수록 프로로지스의 수수료 또한 덩달아 커지는 구조를 갖고 있습니다. 이 사업부가 전체 매출에서 차지하는 비중은 약 10%~15% 수준입니다.

프로로지스에 대한 투자은행 애널리스트 보고서

웰스파고의 블래인 헥Blaine Heck은 2024년 1월 17일 자 애널리스트 보고서에서 다음과 같이 분석했습니다.

> 프로로지스가 시장 예상치에 부합하는 2023년 4분기 실적을 발표했다. 회사의 2023년 4분기 핵심사업 주당 FFO가 $1.26으로 우리 예상치인 $1.25를 상회한 점, 개발 중인 자산 현황이 지난 투자자 설명회에서 제시한 수치와 일치한 점은 긍정적으로 평가할 만하다. 다만 투자금액 수준이 높은 점은 우려

스러운데, 이 같은 점을 종합하면 동종업계 리츠들과 비슷한 주가순이익비율PER 선에서 주가가 형성될 가능성이 높아 보인다.

프로로지스가 전 세계에서 구축한 물류창고 자산 및 안정적인 현금 흐름은 프로로지스를 산업재 리츠 섹터에서 가장 주목해야 할 기업으로 꼽을 수 있는 원천이다. 또 회사가 운영 중인 유럽 및 아시아 지역 사업은 비록 실적 변동성이 클 수 있으나 회사의 미래 성장동력이 되어 줄 것이다. 마지막으로, 프로로지스의 막대한 물류센터 규모는 경쟁에서 분명한 이점이 되어 줄 것이다."

종합적으로, 블래인 헥은 투자의견 '비중 확대'를 유지하고 2024년 12월 말 목표주가로 $142를 제시했습니다.

+ 도표 8-44. 프로로지스의 최근 8년간 재무자료와 주가

재무지표	FY2016 2016/12/31	FY2017 2017/12/31	FY2018 2018/12/31	FY2019 2019/12/31	FY2020 2020/12/31	FY2021 2021/12/31	FY2022 2022/12/31	FY2023 2023/12/31
주가 대 FFO 비율	20.5	23.0	19.4	26.9	26.2	40.6	21.8	23.8
PBR	1.9	2.2	1.7	2.5	2.3	3.7	2.0	2.3
자산회전율	0.1	0.1	0.1	0.1	0.1	0.1	0.1	0.1
입주율	97.1%	97.2%	97.5%	96.5%	96.2%	97.7%	98.0%	97.1%
순영업 소득률	69.7%	71.2%	63.8%	71.8%	67.2%	68.8%	65.8%	68.0%
FFO 이익률	68.6%	66.6%	83.8%	75.6%	66.6%	82.4%	81.6%	71.6%
부채비율	64%	58%	49%	54%	54%	55%	52%	61%
이자보상비율	5.7	6.3	10.3	10.5	9.4	14.7	15.8	9.0
FFO 수익률	9.4%	9.4%	10.6%	9.7%	9.5%	10.6%	10.2%	9.9%
매출액증가율	15.3%	3.4%	7.1%	18.8%	33.3%	7.2%	25.5%	34.3%

	2017년 2월 28일	2022년 2월 28일	5년간 주가상승률
프로로지스 주가	$51.05	$145.85	+185.70%

• **2022년 이후 프로로지스의 주가에 영향을 미쳤던 뉴스**

날짜	뉴스
2022-04-29	아마존의 E-Commerce 사업부 1분기 매출이 전년 동기 대비 감소(529억 달러 → 511억 달러)하며, 산업 리츠(Industrial REITs)가 전반적으로 하락세 기록. 아마존은 현재 최소 5개의 산업 리츠(Industrial REITs)에서 가장 매출 비중이 큰 임차인인 이유로, 아마존의 부진은 산업 리츠의 실적에 악영향을 미치기 때문. BMO Capital Markets의 애널리스트인 Juan Sanabria는 "아마존의 온라인 스토어 매출 감소는 산업 리츠의 장기적인 성장성 저하를 의미한다."고 평가. 이날 프로로지스의 주가가 7.3% 하락.
2022-05-10	프로로지스가 또 다른 산업 리츠(Industrial REITs)인 Duke Realty Corp를 약 240억 달러에 인수하고 싶다는 뜻을 공식 제안. 블룸버그의 애널리스트 Lindsay Dutch는 "프로로지스는 그간 신규 물류창고를 건설하여 몸집을 늘리는 전략을 추구해 왔으나, 신규 창고 건설은 시간이 오래 걸린다는 단점이 있기에 한번에 빠르게 규모를 늘릴 수 있는 우회로로 M&A를 선택한 것."이라고 본 인수 건을 평가했다.
2022-06-13	Duke Realty Corp와 최종 인수 가격을 260억 달러에 합의.
2022-12-16	JP Morgan이 프로로지스에 대한 투자의견을 비중 확대(Overweight)에서 중립(Neutral)으로 하향. 이유로는 투자자들이 더 높은 수익률을 누릴 수 있는 다른 리츠 종목이 있기 때문이라고 언급. 프로로지스 경영진은 2023년 신규 물류창고 개발을 보수적으로 결정할 것이며, 이는 단기적으로 주가에 악영향을 미칠 것이라고 평가. 이날 프로로지스 주가는 5.3% 하락.
2023-07-18	프로로지스의 2023년 2분기 입주율이 시장 예상치를 하회하자 주가가 3.1% 하락. 투자은행 Evercore ISI의 스티브 새크와(Steve Sakwa)는 "입주율 감소는 우려할 만한 요소이다. 경영진과의 미팅을 통해 현재 주요 시장에서 물류창고 수요층이 얼마나 두터운지, 임대료 상승 전망은 어떤지에 대해 의견을 들을 것."이라고 설명하며 투자의견 '시장수익률 상회' 부여.
2023-11-14	미국 소비자물가지수가 진정되는 모습을 보이며 연준의 공격적인 금리인상이 종료될 것이라는 기대가 확산되자 부동산 섹터 주식이 S&P500 전체 섹터 중 가장 높은 일일 수익률 기록. 프로로지스 주가는 하루 동안 6.7% 상승폭을 기록.
2023-12-14	미 연준이 2024년 3번의 기준금리 인하를 암시하자 부동산 섹터가 전체 S&P500 섹터 중 두 번째로 높은 주가상승률을 기록. 이날 프로로지스 주가는 6.1% 급등.

투자수익률이 낮았던 리츠 기업: 벤타스(NYSE: VTR)

미국의 대표적인 헬스케어 리츠인 벤타스는 고령자 생활시설 Senior Housing, 의료복합시설Medical Office Buildings, 생명과학 연구시설Life Science, Research and Innovation Centers과 같이 의료서비스 산업 내에 속한 기업들에게 시설을 임대하고 받는 임대료를 주 수입원으로 합니다. 2023년 말 기준, 벤타스가 소유하거나 투자하고 있는 자산은 약 1,400여 곳에 이릅니다. 벤타스의 수익구조와 사업 전망을 이해하기 위해서는 벤타스가 어떤 자산에 얼마만큼 투자하고 있는지 아는 것이 중요합니다.

벤타스의 자산 분류 및 현황

+ 도표 8-45. 벤타스의 자산 분류와 현황(2023.12.31. 기준)

자산 분류	보유 자산 개수	전체 보유 자산 금액 내 비중*
고령자 생활시설	804	65.8%
메디컬 오피스	405	20.4%
생명과학 연구시설	29	5.7%
입원재활시설 및 장기요양병원	43	1.5%
전문간호시설	44	1.7%
기타 의료시설	13	4.8%

*나머지 0.1%는 채무상품 투자 등 기타 금융자산이 차지

1 ▶ 고령자 생활시설(Senior Housing Communities)

생활보조주택Assisted Living Facilities, 24시간 간호가 필요하지는 않지만 일상생활에 보조를 필요로 하는 고령자를 위한 시설, 은퇴자주거단지Continuing Care Retirement Communities, 건강한 노인부터 24시간 의료지원이 필요한 노인까지 돌볼 수 있는 고령자 케어 시설와 같이 다양한 필요를 가진 고령자들이 생활하는 시설을 통칭합니다. 생활공간 형태는 입주자들이 각자 독립된 생활공간을 가지고 주방만 공유하는 형태부터, 알츠하이머 환자들을 위한 특화시설까지 다양하

게 구성되어 있습니다.

임대료에 포함되어 있는 서비스로는 청소, 식사 제공, 직원들과 함께 하는 문화 활동이 있으며, 여기에 추가 비용을 부담할 경우 간병인을 1:1로 매칭해 환자의 식사 및 투약 보조, 침상목욕 등 서비스를 제공합니다. 대부분의 비용은(정부 지원이 아닌) 개인이나 민간 보험사(민간장기요양보험)가 납부하고 있습니다. 벤타스의 고령자 생활시설은 대부분 시니어 시설Senior Housing Operating Portfolio 사업부에서 관리하며, 일부를 트리플넷리스Triple-Net Leased Properties 사업부에서 관리하고 있습니다.

2 ▶ 메디컬 오피스(Outpatient Medical Buildings)

한국에는 다소 생소한 개념인 '메디컬 오피스'를 임차인으로 둔 건물입니다. 미국의 종합병원health system campus 은 한국과 같이 모든 진료 과목의 전문의를 직접 고용해서 월급을 주는 시스템보다는, 전문의들과 계약을 맺고 시설을 제공하는 경우가 많습니다. 이 전문의들은 종합병원 소속이지만 고용직은 아니며, 진료에 필요한 수술 장비나 기기는 종합병원 소유의 장비를 사용하고 주로 외래환자(입원하지 않는 환자)를 진료합니다.

이때 종합병원과 연계된 전문의들은 종합병원의 부속건물 또는 근접 거리에 사무실을 두고 외래환자들을 보게 되는데, 이같이 진료과목별 전문의들이 모여 있는 건물을 '메디컬 오피스'라고 부릅니다. 메디컬 오피스 건물의 겉모습은 일반 오피스 빌딩과 유사하나, 내부는 의료서비스 제공을 위해 특화되어 있는 것이 특징입니다(각 호마다 수전 설치, 일반 건물보다 밝은 조명, 특수 의료 장비 설치 등). 벤타스의 메디컬 오피스는 모두 메디컬 오피스 및 연구시설_{Outpatient Medical and Research Portfolio} 사업부에서 관리합니다.

3 ▶ 생명과학 연구시설(Research Centers)

대학, 연구기관, 바이오기업, 제약회사, 의료기기 제조기업들이 입주하는 연구소 및 사무실을 임대합니다. 건물의 겉모습은 일반 오피스 빌딩과 유사하나 비상발전기 설치, 유독가스 차단장치 등 전기·기계·공조 설비가 연구에 적합하도록 특화되어 있는 것이 특징입니다. 벤타스의 생명과학 연구시설은 모두 미국 내 위치해 있으며 노스캐롤라이나, 펜실베니아, 미주리에서 주로 임대 자산을 관리 중입니다. 벤타스의 생명과학 연구시설은 모두 메디컬 오피스 및 연구시설_{Outpatient Medical and Research Portfolio} 사업부에서 관리합니다.

4 ▶ 입원재활시설 및 장기요양병원(Inpatient Rehabilitation and Long-Term Acute Care Facilities)

입원재활시설은 급성기(발병 후 1일~2주일의 기간으로, 중환자실에 머무르는 기간) 이후 재활이 필요한 환자들이 입원하여 생활하는 공간입니다. 장기요양병원은 장기간 병원의 치료가 필요한 급성질환(신경질환, 뇌졸중, 심폐질환 등)을 앓는 환자를 치료하는 시설로, 의사가 24시간 상주하며 25일 이상의 입원을 전제로 합니다. 벤타스의 입원재활시설 및 장기요양병원은 모두 트리플넷리스_{Triple-Net Leased Properties} 사업부에서 관리합니다.

5 ▶ 전문간호시설(Skilled Nursing Facilities)

중증도가 낮은 단기 입원환자를 대상으로 전문 간호서비스를 제공하는 치료 기관입니다. 주로 재활서비스를 제공하며, 3일 이상의 병원 입원이 필요한 환자들을 대상으로 물리치료, 작업치료를 제공합니다. 벤타스의 전문간호시설은 모두 트리플넷리스

Triple-Net Leased Properties 사업부에서 관리합니다.

6 ▶ 기타 의료시설(Other Healthcare Facilities)

응급환자들을 대상으로 수술 전담 인력·시설을 제공하는 응급 의료기관부터 외래환자를 진료하는 시설까지 기타 의료시설을 통칭합니다. 벤타스의 기타 의료시설은 모두 트리플넷리스

Triple-Net Leased Properties 사업부에서 관리합니다.

벤타스의 사업부

벤타스는 〈도표 8-46〉과 같이 크게 3개의 사업부를 운영 중에 있습니다.

+ 도표 8-46. 벤타스의 사업부별 보유 자산, 매출 및 NOI 비중(2023년 말 기준)

사업부명	보유 자산 개수	2023년 매출(비중)	2023년 NOI(비중)
트리플 넷 리스(Triple-Net Leased Properties)	331	6.2억 달러(14%)	6.0억 달러(31%)
시니어 시설(Senior Housing Operating Portfolio)	587	29.6억 달러(66%)	7.1억 달러(37%)
메디컬 오피스 및 연구시설(Outpatient Medical and Research Portfolio)	437	8.7억 달러(19%)	5.8억 달러(30%)
기타(Non-Segment)	-	0.5억 달러(1%)	0.3억 달러(2%)

1 ▶ 트리플 넷 리스(Triple-Net Leased Properties) 사업부

트리플 넷이란 건물과 관련된 모든 비용(유지·보수비, 전기·가스·수도비, 세금, 보험료)을 세입자가 부담하고, 임대인은 임대료만을 수취하며 임차인의 사업 운영에 일절 관여할 수 없는 방식의 임대차계약입니다. 이 사업부는 미국과 영국에 있는 고령자 생활시설,

전문간호시설, 입원재활시설 및 장기요양병원, 기타 의료시설을 보유하면서 트리플 넷 방식으로 직접 건물을 임대해 주고, 정해진 임대료를 매달 수취합니다.

2 시니어 시설(Senior Living Operations) 사업부

미국과 캐나다에 위치한 고령자 생활시설Senior Housing Communities에 투자하는 사업부입니다. 이 사업부에서 관리하는 시설은 외부 업체(Atria, Sunrise 등)가 위탁 운영하지만, 임차인에게서 정해진 임대료만을 받는 트리플 넷 방식과는 달리 벤타스가 직접 사업자가 되어 시설의 운영에 관여합니다. 따라서 이 사업부는 임대료뿐만 아니라 고령자 생활시설에서 발생하는 모든 수입(고령자 생활시설 입주자들에게 받는 입주비, 생활비 등)을 매출로 계상하고(임대료만 매출로 기록하는 트리플 넷 리스 사업부와 차이), 위탁 운영업체에는 연간 매출의 4.5% ~ 7% 수준의 운영수수료를 지급합니다. 매출이 다른 사업부에 비해 월등히 많은 것은 이렇듯 시설 운영에 따른 수입을 모두 매출로 계상하기 때문입니다. 시니어 시설 사업부는 고령자 생활시설만을 관리합니다.

> ***벤타스가 고령자 생활시설의 운영에 관여할 수 있는 근거**
> 2006년까지만 해도 헬스케어 리츠는 건물을 세입자에게 임대해 주고 매달 정해진 임대료를 받는 정형화된 구조로만 사업할 수 있었습니다. 그러나 2007년 리츠 관련법이 개정되면서 헬스케어 리츠도 RIDEA(REIT Investment Diversification and Empowerment Act) 구조로 사업하는 것이 가능해졌습니다.
> RIDEA 구조란 제3의 외부 업체를 끼고 리츠가 헬스케어 시설 운영에 직접 참여할 수 있는 구조입니다. 임대료가 운영 실적에 연계되어 있어 정해진 임대료를 받는 방식에 비해 운영 실적에 따라 더 많은 임대료를 벌 수도, 더 적은 인대료를 벌 수도 있습니다. 일례로 2014년 2분기에 벤타스의 시니어 시설 사업부는 전년 동기 대비 6.6%의 수입 증가율을 기록했는데, 이는 트리플 넷 방식의 연간 증가율인 2~3%보다 월등히 높은 증가율이었습니다.

3 **메디컬 오피스 및 연구시설(Outpatient Medical and Research Portfolio) 사업부**

미국에 있는 메디컬 오피스와 생명과학 연구시설을 직접 건설, 보유, 임대하면서 임대료 수입을 창출하는 부서입니다.

4 **기타(Non-Segment) 사업부**

위 3가지 사업부와 관련이 없는 본사의 자산(현금성 자산, 대여금 등)을 관리하는 사업부입니다.

벤타스에 대한 투자은행 애널리스트 보고서

도이치뱅크의 오모타요 오쿠산야Omotayo Okusanya 는 2024년 2월 14일 자 애널리스트 보고서에서 다음과 같이 평가했습니다.

❝벤타스의 2023년 4분기 주당 FFO는 76센트로 시장 예상치를 상회했으나, 회사가 제시한 2024년 주당 FFO 전망치($3.13)가 시장 예상치($3.21)를 하회한 점은 투자자들의 우려를 자아내고 있다. 회사가 제시한 주당 FFO 전망치는 2023년에 비해 연간 5% 성장한 수치이긴 하나, 이는 경쟁사인 Welltower의 2024년 주당 FFO 성장률 전망치인 10.4%의 절반에 불과하다.

벤타스가 2024년 주당 FFO 전망치를 더 높이지 못한 이유는 높은 이자비용 때문이다. 벤타스는 이자율 상승으로 인해 2024년 부담해야 할 이자비용이 전년 대비 3,860만 달러 증가할 것이라 예측했으나, 우리 분석으로는 이는 다소 보수적인 예측이며 실제로는 증가폭이 1,370만 달러 수준이 될 것으로 보고 있다. 향후 우리는 벤타스 경영진과의 미팅을 통해 곧 만기가 도래하는 12억 달러 규모 부채의 구체적인 상환시점 및 차환 시 이자율을 문의하고자 한다.**"**

종합적으로, 오모타요 오쿠산야는 벤타스에 대해 투자의견 '매수', 2024년 12월 말 목표주가로는 $60을 제시했습니다.

+ 도표 8-47. 벤타스의 최근 8년간 재무자료와 주가

재무지표	FY2016 2016/12/31	FY2017 2017/12/31	FY2018 2018/12/31	FY2019 2019/12/31	FY2020 2020/12/31	FY2021 2021/12/31	FY2022 2022/12/31	FY2023 2023/12/31
주가 대 FFO 비율	15.1	14.2	16.1	14.9	14.6	19.3	16.0	15.3
PBR	2.1	2.0	2.0	2.1	1.8	1.9	1.8	2.1
자산회전율	0.2	0.2	0.2	0.2	0.2	0.2	0.2	0.2
입주율	88.6%	88.0%	86.4%	86.6%	83.6%	80.3%	74.1%	74.7%
순영업 소득률	58.1%	58.2%	54.2%	53.0%	48.7%	45.1%	44.6%	42.8%
FFO 이익률	41.8%	42.3%	34.9%	37.1%	33.4%	26.7%	27.6%	29.4%
부채비율	116%	116%	116%	128%	128%	120%	130%	151%
이자보상비율	3.4	3.4	3.0	3.2	2.7	2.3	2.4	2.3
FFO 수익률	14.0%	13.9%	12.1%	13.5%	11.9%	9.4%	10.5%	13.0%
매출액증가율	4.8%	3.8%	4.8%	3.4%	-2.0%	0.9%	7.9%	8.9%

	2017년 2월 28일	2022년 2월 28일	5년간 주가하락률
벤타스 주가	$65.05	$54.00	-16.98%

• 2022년 이후 벤타스의 주가에 영향을 미쳤던 뉴스

날짜	뉴스
2022-08-05	벤타스의 2022년 2분기 매출이 전년 동기 대비 11% 상승하며 견고한 성장세를 기록했으나, 2022년 3분기에는 비용 증가로 인해 실적이 악화할 것을 우려. 애널리스트들은 그럼에도 불구하고 고령인구 증가가 벤타스의 고령자 생활시설(Senior Housing Communities) 수요를 견인할 것이라 평가하며, 장기 전망을 긍정적으로 유지. 이날 벤타스의 주가는 3.7% 하락.
2022-11-04	벤타스의 2022년 3분기 주당 FFO 실적이 시장 예상치(Consensus)에 부합. 분기 매출은 전년 동기 대비 6.3% 증가하며 시장 예상치를 상회. 주가 6.7% 상승.

2022-11-08	벤타스의 2022년 3분기 실적 발표 이후 4명의 애널리스트가 벤타스의 목표주가를 평균 12% 하향 조정. 이로 인해 향후 12개월 목표주가 평균이 $54.07에서 $53.31로 소폭 하향.
2023-08-04	벤타스의 2023년 2분기 매출이 전년 동기 대비 8.2% 상승한 11.1억 달러를 기록했음에도, 2023년 주당 FFO 전망치를 하향하자 주가가 하루 동안 6.8% 급락. 벤타스는 "미국 생활보조시설(assisted living) 호조와 캐나다 투자자산들의 높은 입주율에 힘입어 우수한 2분기 실적을 기록했다."고 설명.

※참고: Consensus는 증권사 리서치센터에서 예측한 실적 예상치를 의미함.

프로로지스와 벤타스 비교 결과

2017년 2월 말부터 2022년 2월 말까지, 프로로지스와 벤타스의 주가변동은 〈도표 8-48〉과 같았습니다.

+ 도표 8-48. 프로로지스와 벤타스 주가변동 비교

	2017년 2월 28일	2022년 2월 28일	5년간 주가변동률
PLD 주가	$51.05	$145.85	+185.70%
VTR 주가	$65.05	$54.00	-16.98%

기업 운영의 효율성과 비용통제 능력

기업 운영의 효율성을 측정하는 지표에서는 두 기업이 엇갈린 결과를 보였습니다. 매출액을 평균자산으로 나눈 자산회전율은 벤타스가 프로로지스의 2배로, 보유한 자산을 보다 효율적으로 사용하여 수입을 창출하고 있음을 알 수 있습니다. 반면, 전체 자산 중 임대 중인 자산의 비율을 측정하는 연간 평균 입주율에서는 프로로지스가 벤타스보다 11.4%p 높은 수치를 기록하여, 공실 관리를 더 효율적으로 하고 있음을 파악해 볼 수 있습니다.

+ 도표 8-49. 두 기업의 6년간(FY2016-FY2021) 효율성 지표 평균 수치

	자산회전율	연간 평균 입주율
PLD	0.1	97.0%
VTR	0.2	85.6%

〈도표 8-50〉에서 보는 바와 같이, 프로로지스의 2016 회계연도부터 2021 회계연도까지 6년간 이익률 평균치는 벤타스보다 모두 높은 수치를 기록했습니다. 이는 벤타스가 시니어 시설Senior Living Operations 사업부를 순영업소득률과 FFO 이익률이 낮은 RIDEA 방식으로 운영하기 때문입니다. 시니어 시설 사업부를 제외한 벤타스의 2021년 순영업소득률은 81.3%로, 훨씬 개선된 수치를 보여 주고 있습니다(FFO는 전체 사업부를 합산한 자료만 공개). 즉, 두 회사 간 이익률 차이는 사업구조 차이에 기인한 것으로 볼 수 있습니다.

▶FFO의 계산 방법은 〈도표 8-38〉 참고

+ 도표 8-50. 두 기업의 6년간(FY2016-FY2021) 이익률 평균 수치

	순영업소득률	FFO 이익률
PLD	68.7%	73.9%
VTR	52.9%	36.1%

기업의 안정성, 수익성, 성장성

〈도표 8-51〉에서 보는 바와 같이, 두 기업의 안정성을 측정하는 두 지표는 모두 프로로지스가 우위에 있었습니다. 특히 이자보상비율은 3배가 넘는 차이를 보여, 프로로지스의 이자 지불 능력이 훨씬 안정적임을 파악해 볼 수 있습니다. 리츠의 이자보상비율 계산 시에는 분자에 영업이익이 아닌 FFO가 들어가기 때문에, 보다 실제 현금 흐름을 잘 반영한 비율로서 안정성 평가 시 활용도가 높습니다.

+ 도표 8-51. 두 기업의 6년간(FY2016-FY2021) 안정성 지표 평균 수치

	부채비율	이자보상비율
PLD	56%	9.5
VTR	121%	3.0

두 기업의 2016 회계연도부터 2021 회계연도까지 6년간 FFO 수익률 평균치는 〈도표 8-52〉와 같이 벤타스가 더 높은 수치를 기록했습니다. 리츠의 FFO 수익률 계산 시에는 분자에 당기순이익이 아닌 FFO가 들어가기 때문에, 일반기업의 ROE보다 실제 현금 흐름을 잘 반영한 지표라고 볼 수 있습니다.

+ 도표 8-52. 두 기업의 6년간(FY2016-FY2021) FFO 수익률 평균 수치

PLD	VTR
9.9%	12.5%

2016 회계연도부터 2021 회계연도까지 프로로지스의 연평균 매출성장률은 13.8%로, 벤타스의 연평균 매출성장률인 2.6%에 비해 더 우수한 성장률을 기록했습니다. 두 기업 간 매출성장률이 가장 크게 차이 났던 해는 코로나 팬데믹이 극심했던 2020년입니다(PLD 33.3% vs. VTR -2.0%).

이는 팬데믹 시기 온라인쇼핑 시장이 폭발적으로 증가하며 물류창고 리츠가 수혜를 입은 반면, 단체 시설을 운영하는 벤타스는 공실률 증가로 인한 타격을 입었기 때문입니다. 2020년은 벤타스가 2016년 이후 처음으로 역성장(매출 감소)한 해이기도 합니다. 벤타스의 2021년 매출은 2020년 대비 소폭 상승(+0.9%)하였으나, 여전히 코로나로 인한 매출 타격을 입고 있음을 확인해 볼 수 있습니다.

주가의 과대평가 여부

〈도표 8-53〉을 보면, 프로로지스의 주가 대 FFO 비율과 PBR 값이 벤타스보다 높아, 실적 대비 더 높은 가격에 거래되고 있음을 파악해 볼 수 있습니다. 이는 코로나 팬데믹을 겪으면서 희비

가 엇갈린 두 기업에 대한 투자자들의 선호도를 단적으로 보여
줍니다. 온라인 구매 증가로 큰 수혜를 본 물류 리츠와, 시설 유지
비용 상승 및 공실률 증가라는 타격을 입은 헬스케어 리츠의 대
표 주자가 바로 프로로지스와 벤타스였기 때문입니다.

+ 도표 8-53. 두 기업의 주가 대 FFO 비율과 PBR 비교(2021.12.31. 기준)

	주가 대 FFO 비율	PBR
PLD	26.1	2.4
VTR	15.7	2.0

〈도표 8-54〉는 2017년 2월 28일부터 2024년 2월 28일까지의
두 기업의 주가 차이를 보여 주고 있습니다. 빨간 그래프는 프로
로지스의 주가 흐름을, 파란 그래프는 벤타스의 주가 흐름을 나타
냅니다. 중간에 있는 검은 세로 점선은 2022년 2월 28일을 표시하
고 있어, 분석 대상이 된 2017년 2월부터 2022년 2월 이후 기간에
주가가 어떻게 움직였는지도 구분해서 확인해 볼 수 있습니다.

+ 도표 8-54. 프로로지스와 벤타스의 최근 7년(2017.2.28. ~ 2024.2.28.)간 주가 비교

출처: Bloomberg

S&P500 부동산 기업 중 최근 7년간 주가상승률 상위 20개 기업

프로로지스와 벤타스는 현재 S&P500에 편입되어 있습니다. 독자 여러분이 투자에 참고하실 수 있도록, S&P500에 편입된 부동산 기업 중 최근 7년간(2017.2.28 ~ 2024.2.28) 투자수익률(배당 재투자 가정)이 가장 높았던 상위 20개 기업을 다음과 같이 정리해 드립니다.

+ 도표 8-55. S&P500 부동산 섹터 내 최근 7년간 투자수익률 상위 20개 기업

매출 단위: 백만 달러

기업명	티커	투자수익률*	최근 12개월 매출**	주가 대 FFO 비율***
CoStar Group Inc	CSGP	325.0%	2,455	95.0****
Iron Mountain Inc	IRM	220.7%	5,480	18.4
Prologis Inc	PLD	215.6%	8,023	21.8
Equinix Inc	EQIX	169.8%	8,188	32.9
CBRE Group Inc	CBRE	156.0%	31,949	29.1****
Extra Space Storage	EXR	123.9%	2,459	17.6
American Tower Corp	AMT	97.5%	11,144	21.7
SBA Communications	SBAC	84.6%	2,712	25.4
Invitation Homes Inc	INVH	80.1%	2,432	19.6
Welltower Inc	WELL	72.8%	6,638	20.6
Digital Realty Trust Inc	DLR	69.8%	5,477	16.6
Public Storage	PSA	63.5%	4,518	17.0
Mid-America Apartment Communities Inc	MAA	54.4%	2,148	19.1
Crown Castle Inc	CCI	51.4%	6,981	17.5
Host Hotels & Resorts	HST	45.2%	5,311	9.0
Camden Property Trust	CPT	39.0%	1,545	17.0
Weyerhaeuser Co	WY	36.0%	7,674	30.2****
Alexandria Real Estate	ARE	25.5%	2,886	26.8
UDR Inc	UDR	23.4%	1,628	17.6
Essex Property Trust Inc	ESS	22.5%	1,669	15.5

*배당금은 모두 재투자 가정, **2024년 2월 말 기준, ***2023년 12월 말 기준
****CoStar Group(부동산 서비스업), CBRE Group(부동산 자문업), Weyerhaeuser(목재생산업)는 리츠가 아니므로 FFO를 계산하지 않음. 대신 2023년 12월 말 기준 PER 기재함.

U.S.
stock
investment

CHAPTER

9

워런 버핏이
사용하는 방법으로
엄선한 154개 기업

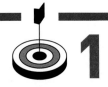

버크셔 해서웨이

**미국에서 가장 성공한 회사 중 한 곳으로 평가받는
버크셔 해서웨이**

세계에서 가장 성공한 투자회사이자, 다양한 사업을 영위하는 기업으로 미국 네브래스카주 오마하에 본사를 둔 버크셔 해서웨이Berkshire Hathaway가 있습니다. 전설적인 투자자인 워런 버핏이 CEO로 있는 바로 그 회사입니다. 버크셔 해서웨이가 얼마나 큰 회사인지 보여 주는 몇 가지 재미있는 수치가 있습니다.

첫 번째 기준은 매출입니다. 2023년 한 해 버크셔 해서웨이의 연매출은 4,393억 달러(약 571조 원)로 전체 미국 기업 중 월마트(6,481억 달러, 2023년 2월부터 2024년 1월까지), 아마존(5,747억 달러)에 이은 3위를 기록했습니다. 애플(4위 / 3,857억 달러), 구글(8위 / 3,074억 달러), 코스트코(11위 / 2,456억 달러), 마이크로소프트(13위 / 2,276억 달러) 등 이름만 들으면 누구나 아는 미국의 대표적인 기업들보다 더 많은 돈을 벌어들인 것입니다.

두 번째 기준은 시가총액입니다. 2024년 2월 말 기준, 버크셔 해서웨이의 시가총액은 8,857억 달러(약 1,151조 원)로 미국에 상장된 전체 기업 중 7위를 기록했습니다. 이는 같은 날 테슬라(9위 / 6,361억 달러), J.P.모건(12위 / 5,284억 달러), 넷플릭스(28위 / 2,604억 달러) 등 각 분야에서 미국을 대표하는 기업들보다 월등히 높은 수치이자 S&P500 유틸리티 섹터에 속한 기업 30개의 시가총액을 모두 합친 금액(9,114억 달러)에 육박하는 엄청난 금액이었습니다.

그런데 버크셔 해서웨이라는 회사명은 어딘지 모르게 생소합니다. 테슬라는 전기차, J.P.모건은 은행, 넷플릭스는 스트리밍서비스로 널리 알려져 있는 반면, 버크셔 해서웨이의 대표 제품이나 서비스는 무엇인지 잘 떠오르지 않기 때문입니다. 그러나 버크셔 해서웨이는 어떤 기업보다도 깊숙이, 미국인들의 일상과 밀접하게 연결되어 있습니다.

이번 장에서는 워런 버핏이 CEO로 있는 버크셔 해서웨이의 사업모델을 살펴보고, 버핏이 기업을 선택할 때 활용하는 기준을 적용해 2024년 기준 어떤 기업들이 이 투자 기준을 통과했는지 살펴보겠습니다.

S&P500 수익률을 압도한 버크셔 해서웨이의 수익률

1965년 당시 평범한 방직공장에 불과했던 버크셔 해서웨이를 인수한 워런 버핏은 이후 보험회사, 철도회사를 차례로 인수하며 기업을 키워 갔습니다. 버핏이 가지고 있는 투자 철학은 단순했습니다. 바로 단기차익을 얻기 위해 투자하는 것이 아니라, 장기적인 사업 역량을 보고 투자하는 것입니다.

이를 잘 보여 주는 것이 2021년 주주서한에서 버핏이 언급한 문장입니다. 버핏은 다음과 같이 말합니다. "찰리(버핏의 오랜 투자

파트너)와 나는 어떤 주식에 투자할지 고민하지 않는다. 대신 우리는 어떤 기업에 투자할지 고민한다.Charlie and I are not stock-pickers; we are business-pickers."라고 말입니다. 투자를 결정할 때 앞으로 주가가 어떻게 움직일지 예측하는 것이 아니라, 그 기업이 하고 있는 사업이 장기적으로 성과를 낼 수 있는지를 판단한다는 뜻입니다.

버핏이 역사상 가장 위대한 투자자로 칭송받는 이유는, 이런 그의 투자 철학을 바탕으로 다음과 같은 엄청난 수익률을 실제 구현했다는 점입니다. 〈도표 9-1〉은 동일한 금액을 1964년부터 버크셔 해서웨이와 S&P500에 투자했다면 얻을 수 있었던 수익을 나타내고 있습니다.

+ 도표 9-1. 버크셔 해서웨이 주식과 S&P500 비교

	버크셔 해서웨이 주식	S&P500
1964년 투자 금액	100만 원	100만 원
총수익률	4,384,748%	31,223%
2023년 말 잔고	438억 원	3억 원

출처: Berkshire Hathaway Inc. Shareholder Letter(2023)

1964년에 버크셔 해서웨이 주식에 100만 원을 투자했다면, 59년이 지난 2023년 말 자산은 무려 438억 원으로 불어나 있게 됩니다. 같은 기간 S&P500에 투자했을 때보다 자산이 무려 140배 이상 차이 나는 것입니다. 이는 우리가 워런 버핏의 투자 방식으로부터 틀림없이 배울 점이 있다는 사실을 의미합니다.

버크셔 해서웨이의 사업모델

버크셔 해서웨이는 보험, 철도, 에너지, 제조업 등 미국인들의 일상과 밀접한 다양한 사업을 운영 중에 있습니다. 각 사업부에

대한 설명과 매출액, 사업부별 매출 비중은 다음과 같습니다.

+ 도표 9-2. 버크셔 해서웨이의 사업부별 내용

사업부 명칭	사업부 설명	2023년 매출액 (매출 내 비중)
보험 (Insurance)	- 자동차보험, 손해보험, 생명보험, 재보험을 제공하고 보험료 수입 창출 - 버크셔 해서웨이는 보험 사업부에서 생긴 Float(납부 받은 보험료 중에 보험금으로 지출하지 않고 보유 중인 금액)를 투자해 이자 및 배당수익을 창출하며, 다른 보험회사들에 비해 주식에 투자하고 있는 비중이 훨씬 높음. - 2023년 말 기준, 보험 사업부에서 투자 중인 자산 규모는 총 4,923억 달러(주식 70%, 현금성자산 25%, 채권 5%)	950억 달러 (26%)
철도 (Railroad)	- Burlington Northern Santa Fe LLC("BNSF") 회사를 통해 북미의 주요 철도망을 운영 - 2023년 수송품 비중은 소비재(34%), 산업재(25%), 농산물(24%), 석탄(17%) 순	238억 달러 (7%)
에너지 (Berkshire Hathaway Energy)	- 신재생에너지(풍력·태양광·지열·수력 발전), 천연가스 수송관, 송배전망 운영	260억 달러 (7%)
파일럿 트래블 센터 (Pilot Travel Centers)	- 2024년 1월 버크셔 해서웨이는 트럭 정류장 운영업체인 파일럿 트레블 센터(Pilot Travel Centers) 지분 100% 인수. 파일럿은 디젤 및 가솔린 연료를 도매 및 소매 유통하는 업체 - 파일럿은 제너럴 모터스와 제휴해 미국 전역에 2026년까지 전기차 급속 충전소 2,000곳을 구축 예정	517억 달러 (14%)
제조 (Manufacturing)	- 산업재, 소비재, 건축자재 생산	754억 달러 (21%)
유통 (McLane Company)	- 식료품 및 주류를 도매 유통	526억 달러 (14%)
서비스 및 소매 (Service and retailing)	- 항공기 조종사 훈련 프로그램, 자동차 판매업 등 운영	400억 달러 (11%)

출처: Berkshire Hathaway 10-K(2023)

위 표에는 포함되어 있지 않으나, 버크셔 해서웨이의 손익계산서에는 '투자자산 및 파생상품Investment and derivative contract gains'이라는 항목이 별도로 존재합니다. 이는 버크셔 해서웨이가 보유하고 있는 주식가격이 변동하거나, 주식을 처분함으로써 생기는 이익과 손실을 집계하는 항목입니다.

이 항목은 비록 특정 사업부에 귀속할 수 없는 항목이지만 당기순이익에 미치는 영향은 매우 큰데, 각 연도별로 다음과 같은 당기순이익 규모를 기록했기 때문입니다.

+ 도표 9-3. 연도별 '투자자산 및 파생상품' 항목의 당기순이익 금액

사업연도	2021	2022	2023
이익 금액	623억 달러	(-)536억 달러	588억 달러

+ 도표 9-4. 연도별 버크셔 해서웨이 전체 당기순이익 금액

사업연도	2021	2022	2023
이익 금액	909억 달러	(-)220억 달러	971억 달러

2023년을 예로 들어 보면, 버크셔 해서웨이가 기록한 전체 연간 당기순이익 971억 달러 중 약 588억 달러가 이 '투자자산 및 파생상품' 항목에서 창출되었을 정도로 전체 이익에서 이 항목이 차지하는 비중(61%)은 매우 큽니다. 그러나 워런 버핏은 이 항목이 버크셔 해서웨이의 연간 실적을 분석하거나 사업 내용을 이해하는 데 있어 아무 의미가 없는 금액이라고 설명합니다. 버크셔 해서웨이가 보유 중인 주식들은 기업의 장기적 전망을 보고 투자했기에, 단기적 주가변동은 중요치 않다고 보는 것입니다.

버크셔 해서웨이의 역사

버크셔 해서웨이는 메사추세츠에 기반을 두고 각각 별개의 방직공장을 운영 중이었던 Berkshire Fine Spinning Associates와 Hathaway Manufacturing Company, 두 회사가 1955년 합병하며 탄생한 회사입니다. 1955년 합병 당시만 해도 버크셔 해서웨이는 미국에서 가장 성공한 방직공장 중 하나로 꼽혔습니다. 종업원 수는 12,000명에 이르렀으며 매출은 무려 1.2억 달러를 상회했습니다.

그러나 1950년대 후반부터 버크셔 해서웨이는 경영난에 빠집니다. 경쟁 심화로 인한 매출 감소, 섬유산업의 쇠퇴로 인해 합병 당시 1만 명을 훌쩍 넘었던 종업원 수가 1965년에는 2천 명으로, 방직공장은 단 2개로 쪼그라든 것입니다. 이때, 훗날 미국 기업 역사의 판도를 완전히 바꿔 놓게 되는 결정이 내려집니다. 1965년, 워런 버핏이 버크셔 해서웨이를 인수한 것입니다.

신의 한 수가 된 보험사 인수

버크셔 해서웨이를 인수한 워런 버핏은 본래 사업 분야인 직물제조업이 아닌 보험업 쪽으로 눈을 돌립니다. 그리고 회사가 갖고 있던 자산을 현금화해 보험사인 National Indemnity Company(1967년), National Fire & Marine Insurance Company(1967년), GEICO(1996년), General Reinsurance(1998년)를 차례로 인수하기에 이릅니다. 그리고 버핏의 핵심 투자전략으로 알려진 "Float를 활용한 투자"를 본격적으로 시작합니다.

Float란 쉽게 말해, 보험 가입자가 매달 납입하는 보험료에서 지급한 보험금을 차감한 금액을 말합니다. 만약 2023년 한 해 동안 버크셔 해서웨이가 납입 받은 보험료가 1만 달러이고 사고로 인해 지급된 금액이 5천 달러라면, 버크셔 해서웨이의 Float는 5천 달러(= 1만 달러 - 5천 달러)인 셈입니다.

Float = 보험사가 납입 받은 총보험료 – 가입자에게 지급한 보험료

버크셔 해서웨이가 주목한 것은 납입 시점과 지급 시점의 차이입니다. 소비자들은 나중에 있을 알 수 없는 사고에 대비해 현재 시점에 보험료를 납입하지만, 실제 지급받게 되는 것은 아주 오랜 시간이 지난 미래 시점입니다. 보험사 입장에서는 그 기간 동안 현금을 통장에 쌓아 두게 되며, 이 자금은 다른 기업에 대한 투자나 인수에 쓸 수 있는 좋은 자금 원천이 되는 것입니다.
버핏은 이 Float를 다른 기업을 인수하거나 주식을 매입하는 자금으로 활용했습니다. 오늘날 보험사업은 버핏이 버크셔 해서웨이의 제1 사업으로 꼽을 정도로 중요한 사업으로 성장했습니다.

2

워런 버핏의 투자 기준을 적용해 선정한 기업 154곳

워런 버핏이 오늘날 버크셔 해서웨이를 미국 내 매출 3위 기업으로 키우고, 전설적인 투자자로 일컬어질 수 있게 된 이유는 투자할 기업을 고르는 그의 안목 덕분이었습니다. 워런 버핏은 투자할 기업을 고를 때, 〈도표 9-5〉의 기준을 사용하는 것으로 알려져 있습니다.

+ 도표 9-5. 워런 버핏의 투자 종목 선정 기준

① 시가총액이 전체 상장사의 30% 이내인 기업

② 최근 3년간 ROE가 15% 이상인 기업

③ 매출액이익률이 업종 평균 이상인 기업

④ 주당 현금 흐름이 상위 30% 이내인 기업

⑤ 최근 3년간 평균 시가총액 증가율이 자본 총계 증가율 이상인 기업

워런 버핏의 투자 기준을 적용해 보았을 때, 미국 주식시장에 상장된 기업 중 이 기준을 통과하는 기업은 다음의 154곳이 있었습니다(FY2023 기준). 59년 동안 S&P500의 수익률을 큰 차이로 따

돌린 워런 버핏의 투자 기준을 통해, 독자 여러분도 장기적인 투자수익률이 시장수익률을 능가할 수 있는 투자자가 되어 보시기 바랍니다.

· 필수소비재 분야 주식(12개 기업)

회사명	티커	Return on Equity(자기자본이익률, %)		
		FY2021	FY2022	FY2023
PROCTER & GAMBLE	PG	30.8	32.4	32.1
NATL BEVERAGE	FIZZ	43.1	53.3	46.5
COLGATE-PALMOLIV	CL	320.4	353.5	455.4
GENERAL MILLS IN	GIS	26.7	27.1	24.7
CLOROX CO	CLX	107.7	95.6	38.4
COCA-COLA CONSOL	COKE	31.0	47.1	32.0
TARGET CORP	TGT	33.3	50.9	23.1
SPROUTS FARMERS	SFM	26.5	26.0	23.6
DOLLAR TREE INC	DLTR	19.8	17.7	19.6
DOLLAR GENERAL C	DG	39.7	37.1	40.9
COSTCO WHOLESALE	COST	27.9	30.6	27.5
KROGER CO	KR	28.4	17.4	23.0

· 유틸리티 분야 주식(1개 기업)

회사명	티커	Return on Equity(자기자본이익률, %)		
		FY2021	FY2022	FY2023
Otter Tail Corp	OTTR	19.0	25.7	22.1

· 헬스케어 분야 주식(10개 기업)

회사명	티커	Return on Equity(자기자본이익률, %)		
		FY2021	FY2022	FY2023
Halozyme Therapeutics Inc	HALO	231.4	110.2	222.1
Eli Lilly & Co	LLY	76.4	63.6	48.9

Gilead Sciences Inc	GILD	31.7	21.7	25.7
Medpace Holdings Inc	MEDP	20.7	36.6	59.8
IQVIA Holdings Inc	IQV	16.0	18.5	22.9
Amgen Inc	AMGN	73.2	126.5	135.8
CorVel Corp	CRVL	22.6	30.7	32.0
UnitedHealth Group Inc	UNH	25.2	26.9	26.0
AbbVie Inc	ABBV	80.5	72.1	34.9
Elevance Health Inc	ELV	17.6	16.3	15.8

· 정보기술 분야 주식(20개 기업)

회사명	티커	Return on Equity(자기자본이익률, %)		
		FY2021	FY2022	FY2023
NVIDIA Corp	NVDA	29.8	44.8	17.9
Arista Networks Inc	ANET	23.0	30.5	34.5
Broadcom Inc	AVGO	31.1	51.1	60.3
Cadence Design Systems Inc	CDNS	26.6	31.0	33.9
Applied Materials Inc	AMAT	51.6	53.4	48.0
Apple Inc	AAPL	147.4	175.5	171.9
Qualys Inc	QLYS	16.9	29.8	46.1
ON Semiconductor Corp	ON	24.9	35.3	31.3
Lam Research Corp	LRCX	69.8	74.8	62.3
KLA Corp	KLAC	68.8	139.0	156.8
Axcelis Technologies Inc	ACLS	19.3	30.4	32.1
Manhattan Associates Inc	MANH	47.1	54.0	69.9
Badger Meter Inc	BMI	15.9	15.7	19.3
Gartner Inc	IT	108.6	269.8	194.3
Amdocs Ltd	DOX	18.9	15.2	15.1
Progress Software Corp	PRGS	20.7	23.4	16.4
CDW Corp	CDW	98.7	96.5	60.6

Insight Enterprises Inc	NSIT	15.4	17.8	16.7
Flex Ltd	FLEX	19.6	24.7	16.7
Jabil Inc	JBL	35.3	43.4	30.8

· 임의소비재 분야 주식(27개 기업)

회사명	티커	Return on Equity(자기자본이익률, %)		
		FY2021	FY2022	FY2023
Grand Canyon Education Inc	LOPE	19.9	22.0	30.2
Deckers Outdoor Corp	DECK	29.6	30.3	31.3
Buckle Inc	BKE	33.1	71.8	73.9
NVR Inc	NVR	40.5	53.0	40.4
PulteGroup Inc	PHM	27.5	31.9	26.9
Wyndham Hotels & Resorts Inc	WH	23.8	34.6	33.8
Tapestry Inc	TPR	30.1	30.9	41.0
Service Corp International	SCI	43.9	31.6	33.4
Williams-Sonoma Inc	WSM	47.2	67.9	67.0
Lennar Corp	LEN	22.6	20.3	15.4
Red Rock Resorts Inc	RRR	117.4	397.9	165.6
Meritage Homes Corp	MTH	27.4	28.4	17.3
Chipotle Mexican Grill Inc	CMG	30.2	38.5	45.3
M/I Homes Inc	MHO	27.5	26.6	20.3
Boot Barn Holdings Inc	BOOT	16.6	38.7	24.8
Taylor Morrison Home Corp	TMHC	17.8	24.6	15.5
Skyline Champion Corp	SKY	16.3	35.6	39.0
Darden Restaurants Inc	DRI	24.5	38.0	44.6
MGM Resorts International	MGM	19.9	27.0	26.4
Tractor Supply Co	TSCO	50.8	53.8	52.8
Dick's Sporting Goods Inc	DKS	26.0	68.4	45.1
Texas Roadhouse Inc	TXRH	24.7	26.1	28.3

LKQ Corp	LKQ	19.1	20.5	16.1
AutoNation Inc	AN	48.9	62.3	47.9
Murphy USA Inc	MUSA	49.9	92.9	75.8
Best Buy Co Inc	BBY	44.6	64.5	48.8
Penske Automotive Group Inc	PAG	32.2	33.6	23.7

· 커뮤니케이션 분야 주식(2개 기업)

회사명	티커	Return on Equity(자기자본이익률, %)		
		FY2021	FY2022	FY2023
Alphabet Inc	GOOGL	32.1	23.6	27.4
Omnicom Group Inc	OMC	44.3	40.3	40.5

· 소재 분야 주식(12개 기업)

회사명	티커	Return on Equity(자기자본이익률, %)		
		FY2021	FY2022	FY2023
Warrior Met Coal Inc	HCC	18.9	55.3	28.8
Eagle Materials Inc	EXP	29.2	30.0	39.8
Southern Copper Corp	SCCO	44.2	32.5	31.3
Alpha Metallurgical Resources	AMR	77.3	146.6	48.1
CF Industries Holdings Inc	CF	29.9	81.0	28.3
Nucor Corp	NUE	54.8	46.7	23.0
Steel Dynamics Inc	STLD	60.4	53.5	28.8
Commercial Metals Co	CMC	19.7	43.6	23.2
Reliance Inc	RS	25.2	27.9	18.0
Sherwin-Williams Co	SHW	61.7	72.9	70.1
Cabot Corp	CBT	30.5	22.7	41.2
Olin Corp	OLN	63.2	51.1	19.3

· 에너지 분야 주식(12개 기업)

회사명	티커	Return on Equity(자기자본이익률, %)		
		FY2021	FY2022	FY2023
Black Stone Minerals LP	BSM	21.1	54.3	43.8
Diamondback Energy Inc	FANG	20.9	32.4	19.9
Range Resources Corp	RRC	22.1	47.7	26.2
Western Midstream Partners LP	WES	31.3	40.1	34.0
EOG Resources Inc	EOG	22.0	33.0	28.7
Chord Energy Corp	CHRD	32.8	65.0	21.0
Matador Resources Co	MTDR	36.6	48.4	24.1
Magnolia Oil & Gas Corp	MGY	61.1	74.7	23.8
ConocoPhillips	COP	21.5	40.0	22.5
Alliance Resource Partners LP	ARLP	15.7	39.9	35.8
Occidental Petroleum Corp	OXY	17.0	83.6	18.9
Halliburton Co	HAL	24.9	21.4	30.4

· 금융 분야 주식(11개 기업)

회사명	티커	Return on Equity(자기자본이익률, %)		
		FY2021	FY2022	FY2023
Visa Inc	V	37.5	44.1	49.1
Axos Financial Inc	AX	16.5	15.9	17.3
Mastercard Inc	MA	126.8	145.9	169.3
ServisFirst Bancshares Inc	SFBS	19.4	20.6	15.1
Bancorp Inc	TBBK	17.9	19.3	25.6
East West Bancorp Inc	EWBC	15.7	19.1	18.0
Commerce Bancshares Inc	CBSH	15.5	16.5	17.6
RLI Corp	RLI	23.6	48.5	23.5
Federated Hermes Inc	FHI	23.1	21.1	26.2
Primerica Inc	PRI	18.9	18.0	28.0
Credit Acceptance Corp	CACC	46.4	31.1	16.9

· 산업재 분야 주식(44개 기업)

회사명	티커	Return on Equity(자기자본이익률, %)		
		FY2021	FY2022	FY2023
Paychex Inc	PAYX	38.3	46.2	47.3
Union Pacific Corp	UNP	41.9	53.2	47.3
Verisk Analytics Inc	VRSK	24.2	41.8	59.7
Old Dominion Freight Line Inc	ODFL	29.5	37.6	31.3
Snap-on Inc	SNA	20.5	21.0	21.2
Automatic Data Processing Inc	ADP	45.5	66.3	101.3
Carlisle Cos Inc	CSL	16.3	32.7	26.2
United Rentals Inc	URI	26.3	32.3	31.9
Illinois Tool Works Inc	ITW	79.2	90.4	97.0
Atkore Inc	ATKR	92.7	85.0	50.0
Advanced Drainage Systems Inc	WMS	28.3	27.0	59.1
Cintas Corp	CTAS	32.1	35.3	37.6
Caterpillar Inc	CAT	40.8	41.4	58.5
PACCAR Inc	PCAR	17.0	24.3	31.7
Fastenal Co	FAST	32.0	35.0	35.5
Lincoln Electric Holdings Inc	LECO	33.4	49.8	46.5
Parker-Hannifin Corp	PH	23.9	15.3	21.7
Hubbell Inc	HUBB	18.5	23.7	28.9
Saia Inc	SAIA	23.2	25.5	20.2
Kadant Inc	KAI	15.9	19.9	16.2
Herc Holdings Inc	HRI	26.1	31.6	29.1
Simpson Manufacturing Co Inc	SSD	24.6	25.7	22.9
Encore Wire Corp	WIRE	49.7	45.5	20.9
WW Grainger Inc	GWW	55.9	71.3	65.9
Waste Management Inc	WM	24.9	32.0	33.5
General Dynamics Corp	GD	19.6	18.7	16.6

Applied Industrial Technologies	AIT	16.3	24.7	26.6
Builders FirstSource Inc	BLDR	57.9	56.3	31.8
Sterling Infrastructure Inc	STRL	20.0	25.5	25.4
Carrier Global Corp	CARR	25.6	48.7	16.4
Tetra Tech Inc	TTEK	20.5	21.8	21.1
MSC Industrial Direct Co Inc	MSM	17.6	27.2	24.3
Expeditors Int'l of Washington	EXPD	46.0	41.1	27.4
UFP Industries Inc	UFPI	30.1	29.3	18.3
Comfort Systems USA Inc	FIX	19.1	27.2	28.4
Boise Cascade Co	BCC	64.7	50.3	22.7
Owens Corning	OC	24.3	28.0	24.6
Booz Allen Hamilton Holding	BAH	63.2	44.1	26.7
TriNet Group Inc	TNET	45.4	42.9	87.9
Watsco Inc	WSO	24.2	30.9	24.2
ArcBest Corp	ARCB	24.3	28.7	16.3
FedEx Corp	FDX	24.6	15.6	15.6
Rush Enterprises Inc	RUSHA	17.7	24.4	19.2
XPO Inc	XPO	17.5	62.0	16.6

· 부동산 분야 주식(3개 기업)

회사명	티커	Return on Equity(자기자본이익률, %)		
		FY2021	FY2022	FY2023
Simon Property Group Inc	SPG	71.1	66.5	75.0
Public Storage	PSA	34.6	75.6	34.2
Lamar Advertising Co	LAMR	32.0	36.3	41.1

BPS (Book value Per Share)	1주당 순자산가치. 자본을 현재 유통 중인 보통주식 수로 나눈 비율
CDS (Credit Default Swap)	국가가 파산할 경우를 대비한 보험료 개념. 국가의 투자 위험도를 판단하는 지표로 활용.
EPS (Earnings Per Share)	주당순이익. 당기순이익을 현재 유통 중인 보통주식 수로 나눈 비율
ETF (Exchange-Traded Fund)	투자자들의 자금을 모아 특정 주식 묶음(예: 섹터, 지수 등)에 투자하는 펀드로, 거래소에 상장되어 있음.
GICS (Global Industry Classification Standard)	미국 산업을 11개의 섹터로 구분한 분류 기준
IPO (Initial Public Offering)	상장. 기업이 주식을 거래소에 등록하여 누구나 사고팔 수 있도록 기업을 공개하는 과정
ISM (Manufacturing ISM Report On Business)	제조업지수. 정식 명칭은 '구매관리자지수(PMI, Purchasing Managers' Index)'이며, 제조 기업 운영 여건이 개선(또는 악화)되고 있는지 여부를 파악하기 위해 미국 내 20개 업종(기계, 식음료, 컴퓨터, 전자부품 등)을 대표하는 400개 이상의 회사를 대상으로 설문조사한 결과를 취합해 발표하는 지수
NASDAQ (Nasdaq Composite Index) **지수**	미국 나스닥 거래소에 상장된 모든 주식을 가중평균해서 산출하는 지수
NASDAQ-100 지수	나스닥에 상장된 기업 중 시가총액 상위 100개 기업을 대상으로 1985년부터 산정한 지수
PBR(Price-to-Book Ratio)	주가순자산비율. 1주당 주가를 BPS로 나눈 비율로, 주가의 과대평가 여부를 판단하기 위해 활용.
PER(Price-to-Earnings Ratio)	주가순이익비율. 1주당 주가를 EPS로 나눈 비율로, 주가의 과대평가 여부를 판단하기 위해 활용.

ROE(Return on Equity)	자기자본이익률. 당기순이익을 평균자본으로 나눈 비율로, 주주로부터 투자받은 자금 대비 회사가 창출한 이익의 상대적인 크기를 측정.
S&P500 지수	세계 3대 신용평가기관 중 하나인 Standard & Poor's Global 그룹이 1957년 3월 4일부터 산정하고 있는 지수. 500개 대기업의 주가를 시가총액 기준으로 가중평균하여 산정.
개인소비지출 (Personal Consumption Expenditures)	미국 경제분석국에서 매달 발표하는 소비 측면 물가지수 조사 자료로, CPI보다 포함하는 지출 대상이 훨씬 넓음. CPI가 조사 대상 품목을 정하기 위해 일반 소비자를 대상으로 설문조사를 하는 데 반해, PCE는 기업체를 대상으로 해 훨씬 정확도가 높은 것이 차이점. 이러한 이유로 인해 현재 연준이 기준금리 책정 시 참고하는 물가지표는 개인소비지출(PCE)이며, 역사적으로 PCE는 CPI보다 미세하게 낮았던 것으로 알려져 있음.
고용보고서(Employment Situation Report)	노동시장에 대해 미국 노동통계청(U.S. Bureau of Labor Statistics)이 발행하는 보고서. 매월 첫 번째 금요일 오전 8시 30분(미국 동부 시간)에 발표하는 월간보고서로, 핵심적인 내용은 미국의 비농업부문 고용 인구(Total nonfarm payroll employment)와 실업률(Unemployment rate)의 두 가지가 있음.
공개시장조작(Open Market Operation)	연방기금금리가 연준이 설정한 목표 범위 이내에서 움직이도록 활용하는 수단. 구체적으로는 연준이 미국 정부 채권(Tresury bonds, notes, and bils)의 보유 수준을 조절하는 것을 지칭.
국채	국가 운영에 필요한 자금을 조달하기 위해 국가가 돈을 빌리면서 발행하는 증서. 미국 국채의 경우 만기에 따라 T-Bills(만기 1년 이하), T-Notes(만기 2년 이상 10년 이하), T-Bonds(만기 20년 또는 30년)의 세 가지 종류가 있음.
글래스-스티걸 법 (Glass-Steagall Act of 1933)	상업은행이 투자은행 업무를 겸업할 수 없도록 제한한 1933년의 은행법
글로벌 금융위기 (Global Financial Crisis)	미국의 부동산 버블이 붕괴하면서 금융시장 전반으로 위기가 확산했던 버블 붕괴 시기. 이 시기 미국의 4대 투자은행 중 한 곳이었던 리먼 브라더스(Lehman Brothers)가 파산. 2007년 10월부터 2009년 3월까지 약 1년 5개월간 나스닥지수의 하락 폭은 55.7%에 달함.
금융(Financials) **섹터**	상업은행, 투자은행, 증권사, 자산운용사, 보험사 등 금융회사를 포함하는 분야
기준금리 (Base Interest Rate)	각국의 중앙은행이 정하는 정책 금리. 미국의 경우 은행들 간 자금을 빌려줄 때 적용하는 연방기금금리(federal funds rate)를 현재 기준금리로 활용.
다우존스 산업평균 지수 (Dow Jones Industrial Average)	다우존스 회사에서 1896년부터 집계하기 시작한 지수. 미국의 대형 기업 30곳을 선정해서 주가를 가중평균함.

닷컴 버블	1990년대 후반, IT 기업을 중심으로 주가가 비이성적으로 상승했던 시기. 1995년 1,000이었던 나스닥지수는 2000년에 5,000으로 불과 5년 만에 5배 상승하기에 이름. 이후 2000년 3월부터 2002년 10월까지 약 2년 7개월간 나스닥지수는 78.4% 폭락하며 심한 후유증을 겪음.
매매수수료	주식을 사고팔 때 내는 수수료. 살 때와 팔 때 각각 따로 부과됨.
매출액순이익률 (Profit Margin)	당기순이익을 매출액으로 나눈 비율. 기업의 전체 비용통제 능력을 판단하기 위한 지표
매출액영업이익률 (Profit Margin)	영업이익을 매출액으로 나눈 비율. 기업의 영업비용통제 능력을 판단하기 위한 지표
매출액증가율 (Revenue Growth Rate)	올해 매출액이 전년도 매출액에 비해 몇 %나 증가했는지 계산하는 지표
매출채권회전율 (Receivables Turnover)	매출액을 평균매출채권으로 나눈 비율. 기업이 매출채권을 적당한 규모로 유지하고 있는지 판단하기 위해 활용.
발행시장(Primary Market)	주식이나 채권이 처음 발행되는 시장
법정지급준비금(Reserves)	총예금액 중 법에 따라 반드시 중앙은행에 보관해야 하는 금액
부동산(Real Estate) 섹터	리츠(REITs)와 부동산 관리 회사를 포함하는 산업
부채비율 (Debt-to-Equity Ratio)	부채를 자본으로 나눈 비율. 기업의 장기 안정성을 판단하기 위한 지표
비즈니스 사이클	경기순환단계를 초기(Early), 중기(Mid), 후기(Late), 침체기(Recession)의 4단계로 나누어 설명하는 이론
산업재(Industrials) 섹터	산업용 설비 제조와 물류서비스, 항공우주 산업 등. 주로 제조업 기업이 포함됨.
소비자물가지수 (Consumer Prices Index)	일반 소비자들이 구입하는 물건 및 서비스의 평균가격 변동을 측정하는 지표. 매달 물건 가격을 측정해 전월 대비 변동률, 전년 동월 대비 변동률을 발표하며 발표 기관은 미 노동통계국(U.S. Bureau of Labor Statistics).
소재(Materials) 섹터	다양한 원자재를 생산하는 산업
시장금리(Market Yield)	국채가 유통시장에서 거래되면서 형성된 수익률
액티브 ETF(Active ETF)	주식시장의 평균수익률을 능가하기 위해 만들어진 ETF
에너지(Energy) 섹터	석유와 가스의 탐사, 개발, 생산 등 전 단계를 포괄하는 분야

유동비율(Current Ratio)	유동자산을 유동부채로 나눈 비율. 기업의 단기 안전성을 판단하기 위한 지표
유통시장(Secondary Market)	주식이나 채권이 발행되어 민간투자자들 사이에 사고팔리는 시장. 미국주식의 대표적인 유통시장으로는 나스닥(Nasdaq)과 뉴욕증권거래소(NYSE)가 있음.
유틸리티(Utilities) 섹터	전기, 가스, 수도를 공급하는 산업
이자보상비율 **(Interest Coverage Ratio)**	영업이익을 이자비용으로 나눈 비율. 기업이 이자를 안정적으로 지불할 수 있는지 판단하기 위한 지표
임의소비재(Consumer **Discretionary) 섹터**	호텔, 자동차, 여행 등 생활필수품이 아닌 소비재 기업을 포함. 경기 상황에 가장 민감한 분야
자산회전율 **(Asset Turnover)**	매출액을 평균자산으로 나눈 비율. 기업이 자산을 얼마나 효율적으로 사용하고 있는지 판단하기 위해 활용.
장단기 금리 차	장기채권의 금리와 단기채권의 금리를 차감한 값. 보통 10년 만기 미 국채와 2년 만기 미 국채를 활용해서 계산.
재고자산회전율 **(Inventory Turnover)**	매출원가를 평균재고자산으로 나눈 비율로, 기업이 재고자산을 적정한 규모로 관리하고 있는지 판단하기 위한 지표
재무제표	기업의 재무 상황에 대한 정보를 담은 표로, '재무상태표·포괄손익계산서·현금흐름표·자본변동표·주석'의 5가지 서류로 구성됨.
정보기술(IT) 섹터	소프트웨어나 하드웨어 등 기술 분야 산업
주간 신규 실업수당청구건수 **(Weekly Claims for** **Unemployment Insurance)**	미 노동부에서 매주 집계하는 수치로, 지난 일주일간 신규로 실업수당을 청구한 미국인의 숫자를 나타냄. 고용 상황을 판단할 때 활용하는 가장 중요한 지표 중 하나로 꼽힘.
주식	기업에 대한 소유권을 나타내는 증서(증권)
증권사	자금이 필요한 기업과 투자자를 연결해 주는 투자중개 기관
커뮤니케이션(Communication **Services) 섹터**	통신사와 각종 콘텐츠를 제공하는 미디어 기업을 포함
티커(Ticker)	상장된 주식마다 부여되는 고유한 거래 코드로, 알파벳 5개 이내로 만들어짐.
패시브 ETF(Passive ETF)	주식시장의 평균수익률을 그대로 복제하기 위해 만들어진 ETF
표면이자율(Coupon Rate)	국채 보유자에게 지급하도록 사전에 정해진 이자금액

필수소비재(Consumer Staples) **섹터**	식품, 세제 등 일상생활에 필수적인 산업. 경기 상황에 상대적으로 덜 민감한 분야임.
핵심 소비자물가지수 (CPI for all items less food and energy)	소비자물가지수에서 농산물과 석유류를 제외하고 산정하는 물가지수. 소비자물가지수보다 장기적인 물가 추세를 파악하기 수월하다는 장점이 있음.
헬스케어(Health Care) **섹터**	의료용품이나 의약품을 제조하는 기업을 포괄하는 산업
환전우대율	원화를 달러로, 달러를 원화로 환전할 때 적용되는 수수료 할인율